히 든 해 빗

THE HIDDEN HABITS OF GENIUS

재능, IQ, 그릿, 운, 환경에 숨어 있는 천재의 비밀

T 히든 H 해빗 E
HIDDEN
HABITS OF
GENIUS

크레이그 라이트 지음
이경식 옮김

청림출판

보이지 않는 가녁을 맞이는 사람들

오늘날 천재는 우리 주변 곳곳에 널려 있다. 애플 제품의 수리를 담당하는 부서인 '지니어스바Genius Bar, 천재 바'의 고객대응 직원에서부터 어린아이들을 한층 더 똑똑하게 만들어주겠다는 의도로 출시된 '아기 아인슈타인' 제품에 이르기까지 천재라는 이름을 단 것(혹은 사람)은 수도 없이 많다. 텔레비전 리얼리티 프로그램의 스타인 킴 카다시안은 '사업 천재'로 불리고, 그녀의 세 번째 남편이었던 카니예 웨스트는 '얼간이이긴 하지만 역시 천재'로 일컬어진다. 앨런 튜링*, 마틴 루서 킹 주니어, 에이브러햄 링컨, 스티븐 호킹, 스티브 잡스 등은 당대에 이미 위대한 인물로 인정받으며 인생 이야기가 영화화됐고 모두 천재로 불린다. 또 아카데미상을 받은 다니엘 데이 루이스와 에디 레드메인 같은 배우도 있는데, 이들은 해당 영화에서 천재를 연기했다. 그렇다면 이 배우들

---

* 제2차 세계대전 당시 암호 해독 작업으로 연합군의 승리에 결정적으로 기여한 인물로, 컴퓨터공학 및 정보공학의 이론적 토대를 마련해 컴퓨터의 아버지로 불린다.

역시 천재가 아닌가? 수영 선수인 마이클 펠프스는 '기관차 같은 천재'로 불린다. 테니스 스타 로저 페더러와 라파엘 나달은 '천재적인 스트로크'를 구사한다. 요요마는 '천재 첼리스트'로 불린다. 오마하에 있는 네브래스카대학교 경영대학은 '워런 버핏의 천재성'이라는 강좌를 해마다 개설한다.* 2019년 5월 23일에 도널드 트럼프는 백악관에서 기자회견을 하면서 자신이 '극도로 안정된 천재'라고 선언했다. 미국 바깥에서도 마찬가지다. 북한 지도자 김정은은 자신을 '천재 중의 천재'라고 불렀다.

작가 조지 엘리엇(본명은 '마리 앤 에반스')은 1872년에 이런 현상을 "천재를 향한 동경"이라고 표현했는데,[1] 이런 현상을 도대체 어떻게 설명할 수 있을까? 천재라는 용어를 과도하게 사용하는 이런 현상은 미지의 것을 이해하고자 하는 시대를 초월한 심각하고 진지한 인간적 욕구에서 비롯된다. 도무지 알 수 없는 어떤 것을 이해하기 위해 사람들은 단순화라는 방식을 선택한다. 과거에 존재했던 수많은 사상가의 복합적인 작용을 단 한 명의 모범적인 개인인 어떤 '천재' 덕분으로 돌려버리는 것이다. 흔히 이 천재는 구원자의 여러 미덕을 갖고 있고, 그래서 그 사람 덕분에 좀 더 나은 세상이 올 거라는 희망을 인류에게 안겨준다. 동시에 이 천재는 위안과 함께, 우리의 단점을 설명해주거나 심지어 단점이 필연적일 수밖에 없는 변명까지도 제공한다. "아, 괜찮아. 당연하지. 쟤는 천재니까!" 하지만 그래도 우리는 여전히 놀라울 뿐이다. 어떻게 그런 마법과 같은 일이 일어났을까? 눈에 보이지 않는 이면에 무

---

* 워런 버핏이 사는 곳이 네브래스카의 오마하라는 도시인데, 워런 버핏은 '오마하의 현인'이라고도 불린다.

엇이 숨겨져 있을까? 천재를 둘러싼 신화를 벗겨냈을 때 그들의 일상과 습관은 도대체 어떨까, 혹은 어땠을까? 우리는 그들에게서 무엇을 배울 수 있을까?

1951년에 매사추세츠 종합병원 의사들은 알베르트 아인슈타인의 천재성의 비밀을 찾아내려는 시도를 했다. 그의 뇌에 뇌전도 측정 장치를 연결한 다음에 털썩거리는 바늘의 움직임을 지켜본 것이다.[2] 아인슈타인은 1955년에 사망했는데, 그가 사망한 뒤에 진취적인 병리학자이자 예일대학교에서 공부한 토머스 하비 박사가 그의 뇌를 추출한 다음 240개 조각으로 얇게 썰어서, 자신은 물론이고 다른 사람들도 그의 뇌를 살필 수 있게 했다.[3] 지금까지 많은 사람이 아인슈타인의 뇌 구석구석을 주름 하나 놓치지 않고 살폈지만, 상상과 관련된 그의 사고 과정이 어떤 방식으로 작동했는지는 여전히 설명하지 못하고 있다. 오스트리아 잘츠부르크의 법의학자들은 볼프강 아마데우스 모차르트의 두개골을 그 도시의 성 세바스찬 묘지에 있는 그의 친척들 유골 DNA와 비교하는 작업을 꾸준하게 진행하고 있다.[4] 그러나 지금까지 확인된 바로는 모차르트의 게놈은 뭐라고 딱 부러지게 규정되지 않는다. 이탈리아 밀라노에서도 과학자들이 레오나르도 다빈치의 DNA를 붙잡고 씨름하고 있지만, 여전히 '천재 유전자'를 확인하지 못했다.[5]

그런데 이런 사실에 왜 우리는 놀라지 않을까? 천재라는 단어는, 숨겨진 개인의 너무나 많은 특성을 우리의 뇌 혹은 염색체 속의 단 한 군데 지점이나 단 하나의 과정으로 뭉뚱그려 축소한 표현이다. 비범한 개인이 가진 여러 특성이 어떻게 함께 작용해서 천재성이 발휘되는지는 앞으로도 계속 수수께끼로 남을 것이다. 그러나 이런 특성이 무엇이며 또 이 특성을 어떻게 개발할 수 있을까 하는 것이 바로 이 책의 주제이다.

♦ 천재는 창의성으로 변화를 이끈다

우선 천재genius의 정의부터 내려보자. 천재란 무엇인가? 이 질문에
대한 대답은 누구에게 묻는지 혹은 언제 묻는지에 따라서 달라진다. 고
대 그리스어에는 천재를 가리키는 단어가 여럿 있었는데, 그 가운데는
'다이몬daemon(악마demon 혹은 정신spirit)'과 '마니아mania(영감을 받은 시인을
사로잡은 창의적인 격분)'가 있었다. 영어 단어 '지니어스'는 '수호신'을 뜻
하는 라틴어 '게니우스genius'에서 유래됐다. 고대 그리스 및 로마에서는
모든 사람에게 수호신이 있었는데, 그 수호신은 이상하게도 그 사람의
내면에 존재하지 않았다. 라틴어 '게니우스'에서 프랑스어 '제니génie'가
생겨났고, 다시 거기에서 영어 '지니어스'가 생겨났다. 월트디즈니의 애
니메이션 영화 〈알라딘〉에서 요술램프 안에서 바깥으로 튀어나오려고
기다리는 지니genie를 생각해보라. 또한 생일 케이크의 촛불을 바라보며
소원을 빌었던 일을 생각해보라. 로마시대 이후로 그 촛불과 소원은 사
람들이 저마다 하나씩 데리고 있는 수호신 지니에게 해마다 바치는 공
물인 셈이다. 다음 해에도 자기를 도와주길 기대하면서 말이다.

중세 이후 천재로 인식된 사람으로 단테 알레기에리*, 제프리 초서
**, 잔다르크 등이 떠오르긴 하지만, 이런 사람이 그다지 많지는 않다.

* 《신곡》의 저자.
** 《캔터베리 이야기》의 저자.

중세의 암흑시대에는 빛이 사라졌던 것일까? 그렇지 않다. 천재라는 단어는 단지 가톨릭교회에 의해 다른 이름으로 '재명명됐을' 뿐이다. 그리스-로마 시대에는 한 사람이 자신의 수호신에게 소원을 빌었지만, 중세에는 수호성인이라는 이름을 가진 어떤 정신적인 힘에 기대어 기도하면서 구원을 빌었을 뿐만 아니라 병을 낫게 해달라거나 잃어버린 머리빗을 찾게 해달라고도 빌었다. 중세의 위대한 발명품(예를 들면 하늘 높이 치솟은 고딕식 대성당) 대부분은 기독교의 신이라는 외부의 성스러운 정신에 고무됐던 이름 없고 얼굴 없는 사람들의 작품이었다.

르네상스가 시작되면서 신적인 존재가 아니라 인간적인 존재인 개혁적인 사상가들이 다시 각자의 얼굴과 이름을 회복했다. 레오나르도 다빈치, 미켈란젤로, 라파엘, 윌리엄 셰익스피어 등이 그런 천재에 속한다. 이탈리아의 몇몇 시인과 화가 이름에는 예를 들면 '신성한 사람 레오나르도il divino Leonardo'처럼 '신성한 사람il divino'이라는 수식어가 붙었다. 이제는 그들도 가톨릭교회의 성인들처럼 반신반인半神半人의 성스러운 권력을 누리게 된 것이다. 그들의 손이 신의 마음이 품을 법한 생각을 형상화할 수 있었기 때문이다. 그러나 18세기 계몽주의 시대에 천재와 신은 결별했다. 신은 뒤로 물러나고 개인이 천재성을 혼자 외롭게 짊어지는 존재로 남았다. 천재는 이제 온전히 개인 속에서만 존재하게 됐다. 개인의 탄생과 함께 등장해서 그 개인 안에 존재하게 된 것이다.

19세기의 낭만주의 감수성은 다시 한번 천재의 얼굴을 바꿔놨는데, 때로 천재는 기괴한 모습으로 표현되기도 했다. 예를 들어서 부스스한 차림으로 자신이 창작한 예술품 때문에 고통스러워하는 외로운 괴짜 예술가를 떠올려보라. 19세기 천재의 표상이라고 할 수 있는 루트비히 판 베토벤을 보자. 그는 살짝 미쳤다. 적어도 확실히 그렇게 보인다. 그는 빈의 거리를 휘청거리며 걸어가면서 고래고래 소리를 지르며 노래를 불렀다. 대략 그 무렵에 메리 셸리의 유명한 소설을 통해 미치광이 프랑켄슈타인 박사가 나타났으며, 또 빅토르 위고의 소설《노트르담의 꼽추》을 통해서는 콰지모도라는 기형적인 천재도 나타났다. 또 나중에는 파리오페라극장에 휘황하게 미친 유령이 나타났다. 화상으로 흉측해진 얼굴을 가면으로 가린 오페라의 유령, 그도 역시 흠결이 있는 또 하나의 천재이다.

오늘날 만화에서 어떤 인물의 머리 위로 백열등이 번쩍거리며 빛을 밝히는 장면은 그가 '멋진 아이디어'를 떠올렸다는 상징이다. 사실 눈이 부시게 밝은 현대 백열등이라는 천재적인 발명품은 뉴저지의 멘로파크에 있는 미국 최초의 실험실인 토머스 앨바 에디슨의 '발명 공장'의 산물이었다.[6] 현재 물리학과 화학 그리고 의학 분야의 노벨상은 대개 두세 사람에게 공동으로 수여되는데, 이런 사실은 과거 혼자로만 존재하던 고독한 아인슈타인을 이제 '팀'이 대체했음을 뜻한다.

'천재'라는 단어의 의미가 지난 수백 년 동안에 그토록 자주 바뀌었다는 사실은, 천재가 시간 및 장소에 따른 상대적 개념이라는 뜻이다. 천재는 우리 인간이 바라는 그 모든 것이다. '천재'는 우리가 그렇게 지목하기로 선택한 사람이다. 순수주의자들은 이런 유동적이고 대중 추수주의적인 접근에 반대할 것이다. 절대적인 진리나 아름다움 같은 건 없는 걸까? 모차르트의 교향곡과 아인슈타인의 물리학 이론은 보편적이고 영원한 것 아닐까? 아무래도 아닌 것 같다. 보편적이고 영원할지 어떨지는 누구에게 물어보느냐에 따라 대답이 달라지니까 말이다. 모차르트의 음악은 서구의 공연장에서 여전히 찬사를 받지만 예를 들어 나이지리아 사람들에게는 특별한 감흥을 주지 않는다. 나이지리아 사람들에게는 사랑하는 음악 및 음악 영웅이 따로 있기 때문이다. 아프로비트*의 개척자인 펠라 쿠티 같은 사람이 그렇다. 아인슈타인의 중력 설명은 고대 그리스 시대 이래로 흔들리지 않고 이어져온 네 가지 이론 중 하나일 뿐이다. 예술 및 과학 분야에서 나타나는 번득이는 천재성은 시간이 흐르면서 다른 문화권에 의해, 그리고 이런 것들을 처음 맞닥뜨리는 새로운 세대에 의해 원래와 다르게 바뀐다. 최근까지 서구에서 천재의 역사는 '위대한 남자들(백인을 뜻한다)'로 주로 채워졌으며 여자들과 유색인종이 낄 자리는 거의 없었다. 그런데 이런 현상이 지금 바뀌고 있다. 무엇을 두고 인간이 거둔 비범한 성취라고 할지 결정하는 것은 이제 우리 개개인의 몫이 됐다.

천재를 규정하는 거의 모든 사전적 정의에는 '지능 intelligence'과 '재능 talent'에 대한 언급이 포함된다. 이 책 1장에서는 '지능이 높다'는 것이 무엇을 의미하는지 살펴볼 것이다. 천재성의 필수적인 요소로 일컬어지는 '재능'이라는 개념은 곧바로 폐기돼야 한다. 뒤에서 자세히 살펴보겠지만 재능과 천재성은 전혀 별개의 개념이다. 독일 철학자 아르투르 쇼펜하우어는 1819년에 이미 이 점을 명확하게 주장했다.

"재능 있는 사람은 아무도 맞힐 수 없는 과녁을 맞히고, 천재성을 가진 사람은 아무도 보지 못하는 과녁을 맞힌다."[7]

재능 있는 사람은 누구나 금방 알 수 있는 명확한 세상을 능수능란

＊ 1970년대 나이지리아에서 탄생한 음악 형식. 서아프리카의 전통 음악과 재즈, 펑크 등의 서양 음악이 뒤섞인 흥겨운 사운드와 리듬이 특징이다.

하게 다루는 데 반해, 천재는 다른 사람들 눈에 보이지 않는 어떤 것을 바라본다는 말이다. 1998년에 스티브 잡스가 했고, 〈비즈니스 인사이더〉에 인용된 다음 말도 같은 맥락에서 볼 수 있다.

"많은 경우에 사람들은 자기가 원하는 것을 직접 보기 전까지는 자기가 무엇을 원하는지 모른다."[8]

1919년에 이미 니콜라 테슬라는 라디오, 로봇, 태양열, '손목시계만 한' 스마트폰을 예측했다.[9] 그리고 지금 전 세계 인구의 3분의 2는 테슬라가 예측했던 바로 그 인터넷 전화로 연결돼 있다. 1995년에 뉴욕의 한 헤지펀드에서 일하던 제프 베조스는 지난 한 해 동안에 인터넷 사용량이 무려 2,300배나 늘어난 것을 봤다. 그리고 상품을 사려고 자동차를 몰아서 이 가게에서 저 가게로 찾아다니는 게 무척 비효율적임을 깨달았다. 그래서 그는 아마존이라는 온라인 플랫폼을 상상했고, 우선 책 판매로 그 플랫폼 사업을 시작했다. 그로부터 20년이 지난 지금 그의 회사는 세계에서 가장 큰 전자상거래 시장으로 성장해서, 사람이 상상할 수 있는 거의 모든 제품을 팔고 있다. 이미 확인된 사실이지만, 인생에서 유일하게 절대적인 사실은 변화이며 천재는 이 변화가 다가오는 것을 바라본다.

현대적인 정의에 따르면 천재가 되려면 보이지 않게 감춰진 과녁을 맞혀야 할 뿐만 아니라 그 행위를 누구보다도 먼저, 즉 최초로 해야 한다. 독창성이 관건이다. 그러나 서구에서 천재가 언제나 그랬던 것은 아니다. 예를 들어서 고대 그리스 사람들은 호머의 시를 모방하는 능력이야말로 천재의 표식이라고 생각했다. 이와 비슷하게 중국에서도 고대 이후로 오래된 것 가운데서 가장 좋은 것을 능숙하게 모방한 것에 높은 가치를 매겨왔다. 현대의 중국 문화에서 집단적인 성취가 개인적인 성취를 계속해서 압도하는 것도 흥미로운 현상으로 지적할 만하다. 서구에서는 대략 1780년 무렵에 사물을 색다른 시각으로 바라보기 시작했다. 천재성을 "모방의 정신과 정반대 지점에 있는 것"[10]으로 여겼던 철학자 임마누엘 칸트를 시작으로 영국과 프랑스 그리고 미국의 특허권 담당자들에게 독창성은 예외적인 성취의 시금석이 됐으며 또 이 독창성은 보호를 받는 개인의 지적 재산권으로 자리 잡았다. '자수성가한 사람' 및 '단호한 개인주의자'에 대한 서구적인 신념은 그 시점으로 거슬러 올라가는데, 이 신념은 천재에 대한 서구의 전통적인 발상과도 연결된다. 그러나 독창적인 천재가 사회 혹은 개인과 마찰 없이 잘 어우러질까? 어쩌면 역사 전체를 통틀어서 모든 시기의 모든 문화권마다 천재를 다르게 정의해야 할지도 모른다.

이 책의 틀을 잡는 차원에서 오늘날 천재에 대한 나의 정의를 먼저 일러둘 필요가 있을 것 같다. 천재는 비범한 정신 역량의 소유자이며, 이들의 독창적인 활동이나 통찰은 나쁜 쪽으로든 혹은 좋은 쪽으로든 간에 시간과 문화권을 초월해서 사회에 상당한 수준의 변화를 몰고 온다. 간단히 말해, 위대한 천재는 가장 오랜 기간에 걸쳐서 가장 많은 사람에게 가장 커다란 충격을 준다. 모든 사람은 똑같은 가치를 지니고 있지만 어떤 사람들은 한층 더 큰 힘으로 세상에 충격을 준다. 위에서 내린 정의 가운데서 특히 '사회에 (…) 변화를 몰고 온다'라는 부분이 중요하다. 왜냐하면 천재성은 창의성이고 창의성에는 변화가 내포돼 있기 때문이다. 이 게임을 진행하는 데는 두 개의 주체가 필요하다. 하나는 독창적인 사상가고 또 하나는 수용적인 사회이다.[11] 그러니까, 만약 아인슈타인이 무인도에 살았고 자기 생각을 남과 나누지 않았다면 결코 천재가 될 수 없었을 것이라는 말이다. 또 만일 아인슈타인이 다른 사람들과 소통하겠다고 마음을 먹었다고 하더라도 다른 사람들이 그의 말에 귀를 기울이지 않았거나 혹은 변화를 선택하지 않았다면 그는 천재가 되지 못했을 것이다. 변화를 유발하지 못하는 아인슈타인은 아인슈타인이 아니다.

창의성의 중요성을 마음에 새길 때 우리는, 오늘날 통상적으로 '천재'로 일컬어지는 많은 사람이 그저 유명인사일 뿐임을 알 수 있다. 진정한 천재를 가려내려면 배우나 연주자 가운데 다수를 일단 제치는 데서부터 시작할 수 있다. 다른 사람이 이미 만들어놓은 것(예를 들면 완성된 시나리오나 작곡된 음악)을 기반으로 어떤 식으로든 작업을 하는 사람은 비록 재능은 있을지 몰라도 천재는 아니다. 창의성과 발명이 관건인데 이 조건을 충족하지 않기 때문이다. 그렇기에 카니예 웨스트, 레이디 가가, 베토벤 등은 천재이지만 요요마는 천재가 아니다. 대부분의 위대한 체육인도 마찬가지다. 펠프스나 페더러가 인상적인 스포츠 선수이긴 하지만 창의성 점수는 0점이다. 천재는 게임 자체를 발명한다. 워런 버핏 같은 금융계의 마법사는 어떨까? 돈을 끌어모으는 것이 변화를 유발하는 것과 다름은 두말할 필요도 없다. 돈은 천재의 연료가 될 수 있을지언정 천재 그 자체는 아니다. 천재는 그 돈이 만들어내는 기회로 무엇을 이뤘는가 하는 점으로 판명된다.

허위 변수들을 모두 제거하고 나면 비로소 앞서 규정한 진정한 천재의 행동에 초점을 맞출 수 있다. 그러나 '진정한 천재성'을 구성하는 요소가 언제나 명확하지는 않다. 만장일치 의견이 결코 존재할 수 없듯이 말이다. 이 책에서처럼 제프 베조스, 잭 마(마윈), 기업가 리처드 브랜슨[*], 그리고 미국의 노예해방운동가 해리엇 터브먼 등을 천재의 범주에 포함하면 지나치게 포괄적일 수도 있다. 천재에 대해 그리고 또 누가 천재고 누가 천재가 아닌지에 대한 나의 생각이나 기준에 어쩌면 동의하지 않을 수도 있다. 동의하지 않는 당신에게 박수를 보낸다. 나중에 자세히 살펴보겠지만, 다른 사람과 다르게 생각한다는 것 자체가 천재의 감춰진 습관 가운데 하나이기 때문이다.

◖ 천재들의 공통적인 습관

이 책은 내가 평생 관찰하고 연구해서 쓴 책이다. 지금까지 나는 일을 하면서 수학, 체스, 클래식 음악, 창의적인 글쓰기 등 여러 분야에서 비범한 재능을 가진 사람들을 많이 만났다. 그러나 나는 어떤 분야에도 특별한 재능이 없었고, 평점으로 따지면 잘해야 B^+밖에 되지 않는다. 만일 당신이 어떤 재능이든 간에 대단한 재능을 가진 천재라면, 당신은 자신이 그 일을 그렇게나 잘하는 이유나 방식을 모른 채 그냥 그렇게 잘할 수도 있다. 당신은 굳이 이런저런 질문을 하지 않아도 된다. 아닌 게 아니라 내가 만난 천재들은 천재라면 당연히 할 것 같은 행동에 몰두한 나머지 자신이 만들어낸 창의적인 결과물의 원인이 무엇인지 따져볼 생각도 하지 않는다. 어쩌면 나처럼 천재와는 거리가 먼 사람들이

[*] 버진그룹 회장.

나 천재성을 설명하겠다고 달려드는지도 모를 일이다.

"새로운 곡을 창조할 수 없다면 그냥 연주만 해라. 그런데 연주를 할수 없다면 누군가를 가르쳐라."

이는 내가 클래식 피아니스트로서 누군가를 가르치기 시작했던 이스트만음악학교Eastman School of Music 같은 음악학교들의 모토다.

작곡을 하거나 연주자로 생계를 꾸릴 수 없었던 나는 하버드대학교 대학원에 진학해서 박사 학위를 받고 강의실에서 학생을 가르치고 또 고전 음악사를 연구하는 연구자가 됐다. 말하자면 음악학자가 된 것이다. 나는 예일대학교에서 클래식의 3B(바흐, 베토벤, 브람스)를 가르치는 일자리를 얻었다. 그러나 내가 만난 가장 매혹적인 인물은 B가 아니라 M, 즉 모차르트다. 모차르트는 재미있고 열정적이었으며 무례했고 또 엄청난 재능을 타고났으며, 자기만의 독창적인 곡을 썼으며, 또 어떻게 보면 품위 있는 사람처럼 보였다. 나는 플로렌스로 자주 여행을 갔는데, 한번은 그 여행이 계기가 돼서 그곳에서 태어난 레오나르도 다빈치를 연구하게 됐다. 그런데 레오나르도와 모차르트가 천재의 여러 요소를 공통으로 가지고 있음을 금방 알아차렸다. 비범한 천부적 재능, 용기, 생생한 상상력, 다양한 방면에 대한 관심, 또 인생과 예술을 대한 '이 판사판의 올인' 접근법이 바로 두 사람의 공통점이었다.

과연 얼마나 많은 다른 천재들이 두 사람이 선택했던 이 접근법을 어느 정도로까지 밀고 나갔을까? 셰익스피어, 퀸 엘리자베스 1세, 빈센트 반 고흐 그리고 파블로 피카소를 검색해보라. 결국 이 위대한 인물들은 내가 예일대학교 학부생들을 대상으로 개설했던 '천재의 성정 탐구Exploring the Nature of Genius(이하 천재 강좌)'라는 강의의 토대가 됐다. 그런데 해가 갈수록 이 수업의 수강생이 늘어났다. 당신도 충분히 예상하겠지만, 예일대학교 학생들은 천재의 정의를 배우고 싶다거나 천재라는 용어의 역사를 시대 변천에 따라서 추적하고 싶어서 그 강좌에 등록한 게 아니다. 어떤 학생들은 자기가 이미 천재가 아닌지 그리고 자기 미래가 어떨지 알고 싶어 했다. 그러나 대부분은 어떻게 하면 자기도 천재가 될 수 있을지를 알고 싶어 했다. 이 학생들은 내가 루이자 메이 올컷*에서부터 에밀 졸라에 이르는 천재들에 대해 연구했으며 천재의 공통적 특성에는 어떤 것이 있는지 이미 파악했다는 이야기를 들어서 알고 있었다. 이들은 당신과 마찬가지로 그 천재들의 감춰진 습관을 알고 싶었던 것이다.

자, 그 습관은 무엇일까? 이 책의 각 장에서 초점을 맞춘 내용을 정리하면 다음과 같다.

- ○ **직업의식** (1장)
- ○ **회복력** (2장)
- ○ **독창성** (3장)
- ○ **아이처럼 순진무구한 상상력** (4장)
- ○ **채워지지 않는 호기심** (5장)
- ○ **열정** (6장)
- ○ **창의적인 부적응** (7장)
- ○ **반골 기질** (8장)

* 《작은 아씨들》의 작가.

- 경계를 초월하는 생각 (9장)

- 반대로 나가는 행동 (10장)

- 준비 (11장)

- 집착 (12장)

- 이완 (13장)

- 집중 (14장)

덧붙여, 나는 이 책 전체를 통해서 천재에 대한 다음과 같은 실천적인 통찰을 제시하려 한다.

- 지능지수IQ와 멘토들 그리고 명문대에서 받는 교육 등은 매우 과대평가돼 있다.

- 자기 아이가 아무리 '재능이 많다'고 해도 그 아이를 영재 대하듯 하면 아이에게 전혀 도움이 되지 않는다.

- 뛰어난 통찰력을 가질 수 있는 최고의 방법은 창의적인 이완에 몰두하는 것이다. 예를 들면 산책을 하거나 샤워를 하거나 펜과 종이를 침대맡에 두고 밤에 잠을 푹 자면 된다.

- 좀 더 생산적으로 일하고 싶으면 날마다 행하는 의례(루틴)를 정하고 실천하라.

- 천재가 될 가능성을 높이고 싶으면 대도시나 대학교가 있는 마을로 이사하라.

- 오래 살고 싶으면 열정을 쏟을 대상을 찾으라.

- 마지막으로, 힘을 내라. 창의적이지 못할 정도로 너무 늦은 때는 없기 때문이다. 모든 청년 모차르트에게는 나이 든 베르디가 있게 마련이고, 모든 조숙한

피카소에게는 모지스 할머니*가 있게 마련이다.

이 책을 처음부터 끝까지 다 읽는다고 해서 무조건 천재가 될 수는 없을 것이다. 그러나 자기 인생을 어떻게 이끌어나갈지, 아이들을 어떻게 양육할지, 아이들이 다닐 학교를 어떻게 선택할지, 자기가 가진 시간과 돈을 어디에 어떻게 할당할지, 민주주의 선거에서 어떻게 투표할지, 그리고 가장 중요하게는 어떻게 하면 창의적일 수 있을지를 생각하게 될 것이다. 천재의 습관이라는 비밀을 밝혀냄으로써 나의 세계관은 크게 바뀌었다. 이 책을 꼼꼼하게 읽고 나면 아마 당신도 나처럼 바뀔 것이다.

---

* 미국의 민속화가. 70대에 그림을 그리기 시작했지만 미국 현대 민속화에 커다란 족적을 남겼다.

차례

10 반대로 생각하기
_반대의 힘

11 행운은 준비된 자에게 온다
_기회를 잡는 법

12 속도에 집착하는 이유
_창조적 파괴의 아이콘이 되기까지

13 몸과 마음의 휴식이 선물하는 것들
_유레카의 순간

14 몰입의 순간을 찾아서
_천재의 집중력

1

재능은 유전되지만 천재성은 유전되지 않는다

_천재의 조건

"정답은 없다! 정답은 없다! 정답은 없다!"

100명의 학부생이 구호를 외치듯 큰 소리로 외쳤다. 내가 강의하는 '천재 강좌'의 첫 시간이고, 내가 그렇게 하라고 시켰다. 학생들은 보통 강의를 마치고 나갈 때 주머니에 챙겨 갈 정답을 원한다. 이렇게 챙긴 정답을 나중에 시험 칠 때 유용하게 꺼내서 사용하고자 하기 때문이다. 그러나 나는 정답이란 없음을 학생들이 곧바로 깨닫게 하는 게 중요하다고 생각했다. 천재가 선천적으로 타고나는지, 후천적으로 만들어지는지 하는 단순한 질문에 대한 정답은 정말이지 없다.

이 쟁점은 늘 내 강의에서 논쟁을 유발하곤 했다. 수학이나 과학을 전공하는 이과 쪽 학생들은 타고난 재능 덕분에 천재가 된다고 생각했다. 부모나 교사로부터 자신이 양적 추론 방면에 특별한 재능을 타고났다는 말을 자주 들었기 때문이다. 반면에 체육 특기자 학생들은 예외적인 성취는 모두 열심히 노력한 결과라고 생각했다. 고통이 없으면 얻는 것도 없다는 게 이들의 신념이었고, 이들을 가르친 해당 종목의 감독은 성적과 기록은 오로지 수없이 많은 시간을 들인 연습의 결과일 뿐이라고 이 학생들에게 강조했다. 한편 신출내기 정치학자들 가운데서 보수주의자들은 천재성은 신이 내린 선물, 즉 재능이라고 생각했으며 자유주의자들은 성장 환경 덕분에 나타나는 결과물이라고 생각했다. 선천적인가, 아니면 후천적인가? 내 강의실에서 이 양쪽 진영은 팽팽하다. 역사 속 천재들도 이와 비슷한 양상을 띤다.

플라톤은 비범한 일을 수행하는 역량은 예언자와 신이 준 선물이라고 말했다.[1] 그러나 셰익스피어는 희곡《줄리어스 시저》에서 "브루투스여, 우리가 노예인 것은 우리(의 운명을 말해주는) 별의 잘못이 아니라 우리 자신의 잘못이라네"라고 썼는데, 이걸 보면 자유의지와 독립적인 주체성을 크게 신봉했던 것 같다. 한편 찰스 다윈은 자서전에서 "우리의 덕성 대부분은 선천적이다"[2]라고 썼다. 좀 더 최근에는 프랑스 철학자 시몬느 보부아르가 "천재는 태어나지 않고 성장한다"[3]라고 선언했다. 이렇듯 천재성이 선천적이라는 주장과 힘들게 노력한 결과라는 주장은 지금까지도 계속 팽팽하게 맞선다.

천재들은 숨은 자기 재능을 인식하지 못하고 다른 사람에게 그 재능의 발견을 맡기는 습관이 있다. 르네상스 시대의 위대한 예술가들의 전기작가로 칭송받는 조르조 바사리는 레오나르도 다빈치의 타고난 재능에 탄복하며 다음과 같이 썼다.

"때로는 한 사람의 몸에 그렇게나 멋진 아름다움과 우아함과 능력이 동시에 아낌없이 부여되는 초자연적인 일이 일어나기도 한다. 그의 행동 하나하나가 모두 너무도 성스럽다. 그래서 그는 다른 모든 사람

앞에 서며, 또 신에 의해서 부여받은 천재성을 갖춘 존재로서의 자기 자신을 분명하게 드러낸다.[4]

레오나르도의 여러 재능 가운데 하나는 예리한 시각적 관찰력이다. 하늘을 나는 새의 활짝 펼쳐진 두 날개, 땅에서 펄쩍 뛰어오른 말의 다리, 잔물결이 이는 강 수면의 소용돌이 등을 그는 예민하게 포착했다. 예를 들어서 1490년 무렵에 그는 공책에 "잠자리는 네 개의 날개로 하늘을 나는데, 앞쪽의 두 날개가 올라가면 뒤쪽의 두 날개는 내려간다"[5] 고 기록했다. 오호, 이런 것까지!

레오나르도의 최대 경쟁자인 미켈란젤로는 사진처럼 정확한 기억력과 완벽한 손-눈의 조응력을 갖추고 있어서 대상을 정확한 비율로 그렸다.[6] 테슬라는 무엇이든 빠르게 익혔는데, 그 역시도 직관적인 기억력을 지니고 있었고 특히 요한 볼프강 폰 괴테의《파우스트》를 한 행도 빠뜨리지 않고 모두 암송할 수 있었다. 바실리 칸딘스키, 빈센트 반 고흐, 블라디미르 나보코프* 그리고 듀크 엘링턴**은 모두 공감각 능력을 타고났다. 그래서 이들은 음악을 듣거나 단어나 숫자를 관찰할 때 색깔을 함께 봤다. 레이디 가가도 마찬가지다. 그녀는 2009년에 〈가디언〉과 했던 한 인터뷰에서 이렇게 말했다.

"작곡할 때 멜로디가 들리고 가사가 들려요, 색깔도 보이고요. 나는 온갖 색깔로 칠해진 벽을 보는 것처럼 그렇게 소리를 바라봅니다."[7]

루트비히 판 베토벤은 툭 하면 불같이 화를 내는 것으로 유명했는데, 1806년에는 자신을 후원하던 리치노프스키 대공 카를 막스에게 마

---

*　《롤리타》의 저자.
**　피아니스트이자 재즈 음악가.

구 고함을 질러댔다.

"보세요, 당신은 출생이라는 사건을 통해서 지금의 당신이 됐습니다. 그렇지만 나는 나 자신을 통해서 지금의 내가 됐습니다. 당신 같은 대공은 과거에 수천 명이 있었고 미래에도 수천 명이 있겠지만, 베토벤은 오직 나 한 사람밖에 없다고요!"[8]

이에 대해 우리는 존경의 마음을 담아서 다음과 같이 대답할 수 있을지 모르겠다.

"옳은 말씀입니다. 루트비히. 그렇지만 당신 또한 출생이라는 사건의 결과물입니다. 당신의 아버지와 할아버지는 전문 음악가였고, 그랬기에 당신은 그분들로부터 다른 건 차치하고서라도 절대음감과 음악적 기억력이라는 재능을 확실하게 물려받으셨던 거죠."

절대음감은 유전될 수 있는 능력이며 그런 유전자가 대대로 이어지는 집안이 있다. 비록 이런 재능을 부여받으려면 1만분의 1이라는 희박한 확률을 뚫어야 하지만 말이다. 마이클 잭슨, 프랭크 시내트라, 머라이어 캐리, 엘라 피츠제럴드, 빙 크로스비, 스티비 원더, 드미트리 쇼스타코비치, 모차르트 등은 모두 비슷하게 절대음감을 천부적으로 지니고 있었다. 모차르트는 소리를 기억하는 비범한 능력을 타고났으며, 아울러 이 소리를 재현할 수 있는 기억력도 함께 가지고 태어났다. 이는 언제든 자기 마음속에서 일어나는 소리에 조응하도록 자기 두 손을 바이올린이나 오르간이나 피아노의 적절한 위치에 가져갈 수 있다는 뜻이다. 이런 그의 모든 음악적 재능은 여섯 살 때 이미 분명하게 드러났고 이런 사실을 사람들도 인정했다. 재능을 선천적으로 타고나지 않으면 도저히 불가능한 일이다.

올림픽 수영 경기에서 금메달을 스물세 개나 딴 마이클 펠프스의 신체는 상어와 같았으며 때로는 상어를 상대로 경기를 하기도 한다.[9] 펠프스는 수영을 하기에 완벽한 키(194센티미터)와 특이하게 큰 발(물갈퀴 발)과 긴 팔(노)이라는 인체공학적 강점도 타고났다. 통상적으로, 레오나르도가 그린 저 유명한 비트루비우스 인간이 보여주듯 사람이 양팔을 벌릴 때의 간격은 그 사람의 키와 동일한데, 펠프스의 양팔 간격은 204센티미터로 키보다 10센티미터 더 길다. 그러나 펠프스는 앞서 말했듯 결코 천재가 아니다. 재능을 타고나긴 했지만 전통적인 수영 훈련법에 혁신을 도입하지도 않았고, 올림픽 경기의 그 어떤 행사에도 중요한 변화를 주지 않았다.

그러나 〈뉴욕타임스〉가 "모든 시대를 통틀어서 미국에서 가장 위대한 체조 선수"[10]라고 부르는 시몬 바일스의 경우는 전혀 다르다. 그녀의 비범한 운동 능력은 체조를 혁명적으로 바꿔왔다. 2019년 8월 9일에 그녀는 평균대에서 더블 플립(공중 2회전)을 성공하고 마루에서는 트리플더블 플립을 성공함으로써 자기 이름을 딴 체조 기술을 네 개로 늘렸다. 새로운 동작이 나올 때마다 심판들은 '난이도 점수'를 새로 만들어야 했다. 수영 선수 펠프스와 달리 변화를 꾀하는 체조 선수인 바일스는 키가 작고(143센티미터) 다부지며 근육 밀도가 높다. 그래서 그녀는 공중에서 몸을 비틀거나 회전할 때 신체를 단단하게 말 수 있으며, 그 결과 움직이는 속도를 유지할 수 있다. 그녀는 2016년에 자신의 신체 조건을 놓고 "어떤 이유에선지 모르지만 내 신체는 이런 식으로 만들어졌고, 그래서 나는 내 신체를 이런 식으로 사용하려고 합니다"[11]라고 말했다. 그러나 그와 동시에 그녀는 2019년 마스터클래스*의 온라인 교육 동영상에서 다음과 같이 강조하기도 했다.

"나는 기본에 충실하려고 노력했습니다. 연습을 많이 하고, 기초를 탄탄하게 다지고, 정신력을 강화하려고 노력했습니다. 그랬기에 지금의 내가 있을 수 있는 겁니다."[12]

천재는 선천적일까, 후천적일까? 본성의 결과일까, 양육의 결과일까?

🜄 타고난 재능 vs. 1만 시간의 노력

'본성 대 양육'이라는 표현은 찰스 다윈의 외사촌인 프랜시스 골턴의 저서 《유전적 천재 Hereditary Genius: An Inquiry into Its Laws and Consequences》(1869)에서 사용되면서 유명해졌다. 골턴은 '뛰어난' 사람을 1,000명 가까이 연구했는데, 이 대상자들은 대부분 영국 출생의 남자였고, 여기에는 자신의 친척도 여럿 포함돼 있었다. 천재와 관련된 골턴의 견해는 단순하다. 천재는 가계家系를 통해서 유전적으로 이어진다. 즉 당신은 태어날 때부터 잠재력을 물려받는다.

《유전적 천재》 첫 장에서 골턴은 다음과 같이 썼다.

"신중한 선택을 통해서 달리기나 다른 어떤 기능과 관련된 특이한 능력을 타고난 개나 말의 영구적인 품종을 얻는 일은 (…) 그리고 아울러서, 여러 세대 연속해서 신중한 결혼이 이뤄질 때 탁월한 재능을 가

＊　2015년에 창업한 온라인 교육 플랫폼.

진 인간 종족이 나타나는 일은 (…) 얼마든지 가능하다."[13]

선택적 번식이라는 골턴의 개념이 우생학의 출발점이었다는 사실은 되도록 머리에서 지워버리는 게 좋다. 그의 이런 발상이 나치 독일의 국가사회주의가 만들어낸 죽음의 수용소로 이어졌기 때문이다. 골턴의 그런 발상은 틀렸다. 선택적 번식으로는 초우량 품종의 말이나 '탁월한 재능을 가진 인간 종족'을 만들 수 없다.[14] 이런 주장을 분명하게 확인하기 위해서 나와 함께 1973년의 켄터키더비*로 가서 세크리테어리엇Secretariat이라는 이름을 가진 경주마를 만나보자.

1973년 5월 5일, 맑은 햇살이 내리쬐는 오후였다. 나는 처칠다운스 경마장의 0.75마일 기둥** 바깥쪽 난간에 서 있었고, 내 손에는 2달러짜리 마권 두 장이 쥐어져 있었다. 하나는 워벅스라는 말에게 건 마권이었고 다른 하나는 친구를 대신해서 세크리테어리엇에게 건 마권이었다. 경주에 참가하는 말들이 준비운동을 하려고 트랙으로 들어오기 시작했다. 워벅스가 가장 먼저 모습을 드러냈다. 우승 확률은 7분의 1이었다. 이 말은 덩치가 작아 보이긴 했지만, 경마에서 덩치와 속도 사이에는 아무런 상관성이 없지 않을까 싶었다. 그리고 몇 마리 말들의 뒤를 이어서 세크리테어리엇이 등장했다. 우승 확률은 3분의 2였다. 딱 벌어진 가슴에 반짝거리는 밤색 코트를 걸친 녀석의 발걸음은 위세가 당당해 보였다. 만약 신이 말의 형상을 한다면 아마도 녀석을 닮은 모습이 아닐까 싶었다.

경주가 시작됐고, 세크리테어리엇이 1분 59.4초라는 1.75마일 코스

---

* 1875년에 창설된 미국의 경마 레이스.
** 출발점에서부터의 거리를 표시하는 기둥.

신기록을 세우며 우승을 차지했으며,* 그날의 다른 두 경주에서도 우승하면서 트리플크라운을 달성했다. 내 말은 꼴찌로 들어왔다. 나는 예측의 재능을 타고나지 못했던 것이다. 나는 친구를 대신해 2달러에 산 마권을 3달러로 바꾸려고 40분 동안이나 줄을 서서 기다렸다. 그때 친구에게 내 돈으로 3달러를 주고 그 마권을 소중하게 간직했어야 했다. 그랬다면 지금 이베이에 그 마권을 팔아서 훨씬 더 많은 돈을 받을 수 있을 것이다. 그러나 당시 내가 이베이라는 게 생길 줄 어떻게 예측할 수 있었겠으며, 또한 지금 '천재 경주마'로 일컬어지는 세크리테어리엇이한 세기를 대표하는 혹은 모든 시대를 대표하는 말이 될 줄 어떻게 예측할 수 있었겠는가!

재능은 유전될 수 있지만 천재성은 유전되지 않는다. 천재성(경주마의 경우, 비범한 기록)은 세대에서 세대로 이어지는 유전의 결과가 아니라어떤 '퍼펙트 스톰perfect storm'**과 비슷하다. 나중에 세크리테어리엇을해부했더니, 녀석의 심장 무게는 약 9.5킬로그램으로 녀석의 아빠 말인볼드룰러의 두 배나 됐다. 세크리테어리엇의 혈통이 좋긴 했지만, 그렇다고 해서 예외적일 정도로 좋은 혈통은 결코 아니었다. 녀석은 400회나 경주에 참가했지만 트리플크라운을 달성한 건 딱 한 번이었다. 이와비슷하게 대부분의 천재는 누가 봐도 명백하게 예외적일 정도로 비범한 부모에게서 태어나지 않았다.[15] 물론 부자가 함께 노벨상을 받은 경우가 다섯 번 있고 모녀가 함께 노벨상을 받은 경우가 한 번 있긴 하다(마리 퀴리와 이렌 졸리오-퀴리 모녀가 그랬다).[16] 그런데 어쩌면 한층 흥미로

---

* 이 신기록은 그로부터 28년이 지난 뒤에 모나코스라는 경주마가 깼다.
** 두 가지 이상의 변수가 동시에 발생해 그 영향력이 더욱 커지는 현상.

운 경우는 요한 세바스찬 바흐와 그의 세 아들 칼 필립 에마누엘, 빌헬름 프리드만, 요한 크리스티안이 아닐까 싶다. 그러나 이 가족은 유전의 규칙을 입증한 예외적 사례다. 뛰어난 화가가 되지 못했던 피카소의 네 아들을 생각해보라. 앙리 마티스의 딸 마르그리트 마티스의 그림을 인터넷으로 찾아보거나 모차르트의 아들 프란츠 크사버 모차르트의 피아노 협주곡을 들어보라(야심 찬 음악이긴 해도 아무런 영감도 얻지 못할 것이다). 그리고 어째서 천재가 천재를 낳지 않는지 생각해보라. 어딘가에서 갑자기 나타난 것 같은 다음과 같은 그 모든 천재를 생각해보라. 레오나르도, 미켈란젤로, 셰익스피어, 아이작 뉴턴, 벤저민 프랭클린, 테슬라, 터브먼, 아인슈타인, 반 고흐, 마리 퀴리, 프리다 칼로, 마틴 루서 킹, 앤디 워홀, 잡스, 토니 모리슨, 일론 머스크…. 아인슈타인은 "나의 조상들을 찾아보고 살펴봤는데 (…) 아무것도 없더라"라고 말함으로써 조상이 천재의 탄생을 예측할 수 있는 좋은 지표가 아님을 암시했다.[17] 핵심은 이렇다. 천재의 탄생은 다수의 개인적인 표현형phenotype*들이 특정한 하나의 조합으로 구성될 때 나타나는 폭발력 있는 무작위적 사건이며, 그 표현형들 가운데는 지능, 회복력, 호기심, 시각적인 사고 그리고 조금은 지나치다 싶은 집착적인 행동 등이 포함된다.[18] 심리학자들은 이것을 "돌연변이emergenesis"라고 부르지만,[19] 우리 같은 평범한 사람들은 '퍼펙트 스톰'이라는 용어를 선호한다. 이는 얼마든지 나타날 수 있지만 가능성이 희박하다.

그레고르 멘델은 유전자라는 유전 단위를 우리가 과학적으로 이해

＊　유전자와 환경의 영향으로 형성된 생물의 형질.

할 수 있게 해준 천재다. 그런데 골턴은 멘델의 저작을 알지 못했다. 골턴은 또한 해블록 엘리스의 저서인 《영국 천재 연구A Study of British Genius》 (1904)도 몰랐는데, 이 책은 천재는 대부분 장남임을 통계적으로 입증하려 했지만 엘리자베스 1세(출생 순으로 보면 셋째였다), 제인 오스틴(일곱째), 버지니아 울프(여섯째) 등이 모두 여성이었음을 편의적으로 무시했다.[20] 오늘날 골턴과 멘델 그리고 엘리스의 사상은, 사람의 유전자에는 그 사람이 장차 어떤 사람이 될지 모든 내용이 적힌 형판이 있다는 이른바 생물학적 결정론 혹은 '생물 청사진blueprint for life' 이론의 토대를 이룬다. 그러나 누구나 쉽게 의심할 수 있듯이, 천재와 관련된 결정론적인 '청사진 이론'은 정답이 아니다.

어쩌면 그 정답을 후성유전학epigenetics*에서 찾을 수도 있다. 후성epigenes은 게놈 속의 각 유전자에 달라붙은 작은 조각들이다. 출생에서부터 사망에 이르기까지 인간의 성장은 바로 이 '온-오프 스위치들'의 작동에 따라 좌우되는데, 이들이 우리 안에 있는 각각의 유전자가 발현할지 그리고 발현한다면 언제 할지를 판단하고 통제하기 때문이다. 단순하게 말하면, 유전자는 사물의 자연적인 면이고, 후성은 바로 양육이다. 우리가 양육되는 방식과 살아가는 환경 그리고 그 환경 및 우리 자신을 통제하는 방식이 유전자의 발현에 영향을 준다. 즉 후성은 환경에 의해 자극을 받는 유전적 발달의 방아쇠다. 신경과학자 길버트 고틀리프가 말했듯이, 사람이 성장하는 과정에서 유전자와 환경은 협력할 뿐만 아니라 유전자가 적절하게 기능하려면 환경으로부터 어떤 식으로든

---

* DNA 서열 이외의 요인에 의한 유전성 세포 및 생리적 특성을 연구하는 학문.

영향을 받을 필요가 있다.[21] 즉, 후성은 사람들이 저마다의 노력 여하에 따라 자신이 어떤 사람이 될지 통제할 가능성이 있음을 보여준다.

게으른 천재라는 말을 들어봤는가? 들어봤을 수 있을지는 몰라도 게으른 천재는 없다. 천재는 자기가 관심을 가지는 대상에 집착해서 끊임없이 파고들기 때문에 게으름과는 거리가 멀다. 게다가 천재들은 자기가 들이는 노력을 부모에게서 유전적으로 물려받은 선물, 즉 재능보다 한층 높게 평가하는 말을 공공연하게 하는 경향이 있다. 예를 들어 서구의 많은 천재가 이렇게 말했다.

미켈란젤로 "얼마나 많은 노력이 들어갔는지 안다면 그 누구도 천재니 천재성이니 하는 말을 결코 가볍게 입에 올리지 못할 것이다."

빈센트 반 고흐 "지금보다 더 열심히 작업에 임할 수 없다면 나는 실망하고 말 것이다."

막심 고리키 "천재는 노력의 결과이다."

빌 게이츠 "나는 주말을 잊었고, 휴가를 잊었다."

드미트리 멘델레예프 "노력 없이는 재능도 없고 천재성도 없다."

스티븐 킹 "재능있는 사람과 성공한 사람을 가르는 것은 엄청난 양의 노력이다."

모차르트 "나는 어릴 때 정말 열심히 노력했기에 지금은 그렇게 열심히 하지 않아도 된다."

프레더릭 더글러스* "사람들은 자기가 이 세상에서 노력하는 것만큼 얻지 못할 수 있다. 그러나 얻는 만큼이라도 가지려면 매우 노력해야 한다.”

일론 머스크　　　 “한 주에 40시간 일을 해서는 그 누구도 세상을 바꾸지 못한다.”

안나 파블로바[**]　 “신은 인간에게 재능을 준다. 노력은 재능을 천재성으로 바꾸어놓는다.”

나도 한때는 그렇게 믿었다. 노력만 하면 모든 게 다 되는 줄 알았다.

농담 하나 해보겠다. 어쩌면 이미 아는 농담일지도 모르겠다. 청년 연주자가 뉴욕시티에 와서는 누군가에게 “카네기홀에 가려면 어떻게 하면 되나요?” 하고 순진하게 물었다. 그러자 “죽도록 노력해야지!”라는 대답이 돌아왔다. 그렇게 나는 열심히 노력했다. 그러나 효과가 없었다. 노력만으로는 한계가 있다.

나는 네 살 때부터 아크로소닉 업라이트 피아노로 음악 훈련을 시작했다. 상냥한 테드 브라운에게서 레슨을 받았으며, 그로부터 6년이 지난 뒤에는 워싱턴 D.C에서 내로라하는 선생들을 모시고 6피트 볼드윈 그랜드 피아노로 연주 연습을 했다. 피아노 연주자가 되기 위해서 (차세대 반 클라이번이 되는 게 내 목표였다) 나는 이스트만음악대학에 입학하고 또 졸업했다. 스물두 살 때까지 대략 1만 8,000시간을 연습했지만, 내가 피아노 연주자로서 장차 벌 수 있는 돈은 동전 한 닢도 되지 않을 것임을 나는 알아차렸다. 나는 피아노 연주자로서 가질 수 있는 모든 유리한 조건은 다 가졌다. 크고 긴 손, 가는 손가락, 최고 수준의 레슨, 그

---

[*] 　노예와 백인 사이에 태어난 노예로 노예해방론자.
[**] 러시아의 발레리나.

리고 강한 근면성…. 그런데 나에게 부족한 게 딱 하나 있었다. 그것은 바로 음악적인 위대한 재능이었다. 물론 재능이 전혀 없지는 않았지만 내가 가진 음감이나 음악적 기억력 혹은 손-귀의 조응 능력은 전혀 비범하지 않았다. 게다가 또 한 가지 유전적으로 불리한 조건이 있었다. 무대 공포증이었다. 피아노 건반 위나 바이올린 현 위에서의 1밀리미터 차이가 성공과 실패를 가르는 분야에서 무대 공포증은 결코 자산이 될 수 없다. 그럼에도 피아니스트로 '데뷔하지 못하고 실패한 사실'은 나에게 이런 질문을 던지게 만든다.

'과연 노력만으로 재능이 천재성으로 바뀔 수 있을까? 연습이 과연 완벽함을 보장해줄까?'

특출한 실행 전문성 훈련 분야의 대부인 심리학자 안데르스 에릭슨에 따르면, 연습이 완벽함을 보장한다. 1993년에 〈심리학 리뷰〉에 올린 논문에서부터 로버트 풀과 함께 쓴 《1만 시간의 재발견》(2016)에 이르기까지 에릭슨은, 인간이 드러내는 위대함은 유전적인 재능이 아니라 철저한 규율 아래에서 이뤄진 각고의 노력, 즉 1만 시간의 집중적인 연습이라고 한결같이 주장했다. 이 이론을 뒷받침하는 에릭슨의 증거는, 그와 다른 심리학자들이 서베를린음악아카데미에서 바이올리니스트들과 피아니스트들의 기량 향상을 추적하는 과정에서 처음 나왔다.[22] 나이는 비슷해도 연주 수준이 다른 학생들은(이들은 중등학교 교사에서부터 미래의 국제적인 스타에 이르기까지 다양했다) 연습 시간이나 연습의 질에서 전적으로 차이가 났다. 연구자들이 발견한 사실은 다음과 같았다.

"우리는 개인이 적절한 여러 활동, 즉 신중하고 집중적인 연습을 통해서 전문 연주자들의 탁월한 특성을 사실상 모두 습득한다고 결론 내린다."[23]

1만 시간의 법칙은 매력적이었고, 많은 사람이 '연습'이라는 그 유행에 편승했다. 그들 가운데는 노벨상 수상자인 대니얼 카너먼(저서《생각에 관한 생각》)과 데이비드 브룩스(칼럼 '천재: 현대적 관점Genius: The Modern View'), 그리고 베스트셀러 작가 말콤 글래드웰(저서《아웃라이어》의 3장 '위기에 빠진 천재들')도 포함돼 있었다. 그러나 거기에는 문제가 하나, 아니 정확하게 말하면 두 개가 있다.

첫째, 베를린의 심리학자들은 처음 출발지점에서부터 그 학생들의 타고난 음악적 역량을 검증하는 데 실패했다. 그들은 사과를 다른 사과에 비교하지 않고, 재능 있는 사람들을 엄청난 재능을 가진 사람들과 비교했다. 비범한 재능을 타고난 사람들은 연습을 재미있어하고 쉽게 받아들이며 하면 할수록 더 많이 연습하고 싶어 한다.[24] 뭐든 어렵지 않게 술술 해치우는 이런 학생들을 볼 때 부모나 동료들은 강한 인상을 받게 마련이고, 그래서 감탄과 칭찬을 하는데, 이런 긍정적인 피드백은 그 학생들의 선순환을 강화한다. 그런데 에릭슨과 그의 동료들은 원인과 결과를 혼동했다. 연습은 원인이 아니라 결과다. 그것을 가능하게 하는 최초의 촉매제는 선천적인 재능이다.

두 번째 문제는 더 중요한데, 전문가의 연주performance라는 말 자체에 이미 '실행performing'이라는 뜻이 포함돼 있다. 즉 다른 사람이 이미 형성한(라틴어로 '포르마forma') 어떤 것을 통해서(라틴어로 '프레per') 작업을 한다는 말이다. 예외적으로 비범한 실행은 다음과 같은 경우에 유용할 수 있다. 엄청나게 큰 수의 제곱근을 구하려는 수학 박사에게, 라스베이거스 카지노의 카드 도박사에게, 에베레스트산 정상 등반 기록을 경신하려는 등반가에게, 혹은 '강아지 왈츠'라고 널리 알려진 프레데리크 쇼팽의 〈작은 왈츠_{Minute Waltz}〉를 57초 안에 연주하려는 피아니스트에게 말이다. 그러나 그 게임이나 기록을 재는 그 경기(혹은 등반), 혹은 그 음악은 다른 사람이 이미 만들어놓았다. 천재는 이를테면 케이블카든 헬리콥터든 뭔가 새롭거나 변혁적인 것을 발명함으로써 산 정상에 오른다. 하지만 연습은 기존의 것을 완벽하게 만들 수는 있을지언정 기존에 없던 혁신을 만들지는 않는다.

여기까지 읽은 독자는 아마도 '타고난 재능 대 후천적인 노력'은 이분법적 대립의 문제가 아니라고 추정할 것이다. 천재는 본성과 양육 둘 다의 산물이다. 이 논지를 입증하기 위해 경연대회 하나를 제시하겠다. 이 경연대회의 이름을 나는 '카타르로 가는 2억 5,000만 달러의 경주'라고 부른다. 참가자는 화가 두 명이다. 한 명은 폴 세잔이고 또 한 명은 파블로 피카소다. 이 경연대회의 승자는 카타르의 국왕에게 더 비싼 값에 팔리는 그림을 그리는 사람으로 결정된다. 먼저 태어난 사람 순으로 세잔부터 시작하겠다.

프랑스 남부의 엑상프로방스에서 태어나고 성장한 폴 세잔은 은행가의 아들이었으며 미술보다는 문학 방면의 성향을 더 많이 드러냈다. 그러다가 열다섯 살이 돼서야 비로소 공식적인 그림 훈련을 받았으며, 스무 살 무렵에 잠시 법학 공부를 하다가 그만두고 화가가 되겠다고 맹세했다. 파리에서 2년 동안 그림 공부를 한 뒤에 자신의 그림을 에콜데보자르(미술학교)의 공식적인 전시회에 출품했지만 떨어졌다. 그리고 그 뒤로 20년 동안 거의 해마다 새로운 작품을 출품했지만 번번이 낙선했다. 그러다가 마흔세 살이던 1882년에 마침내 그 전시회에 입선했으

며 화가로 공식 인정을 받았다.[25]

파블로 피카소는 1881년 가을에 화가 호세 루이스 이 블라스코의 아들로 태어났다. 어린 피카소는 말을 배우기 전에 그림부터 그렸다. 그가 열세 살 때 한 시간 만에 그린 그림인 〈살메론(늙은 어부의 초상화)〉은 심리학적 통찰과 화가 특유의 기법이 어우러진 명작이다. 어떤 미술 평론가는 이 소년이 그린 다른 그림들을 보고는 한 신문에 "이 아이의 앞날에는 영광과 찬란함이 기다리고 있다"[26]고 썼다. 그리고 피카소는 채열네 살이 되기도 전에 바르셀로나미술학교 입학 허가증을 받았다. 당시 그 학교에 함께 다녔던 학생은 이 신동을 두고 "그는 자기보다 대여섯 살 많은 다른 학생들보다 월등하게 뛰어났다. 비록 그는 교수들이 말하는 것에 거의 관심을 기울이지 않는 것처럼 보였지만, 교수들이 가르치는 내용을 곧바로 소화했다"[27]고 말했다. 피카소는 사람들이 한 번도 본 적이 없는 가장 독창적인 그림들을 20대 시절에 놀랍도록 많이 그렸다. 그 그림들의 독창성은 심지어 지금까지도 가장 뛰어나다.

장미 시대의 작품, 청색 시대의 작품*, 아프리카 원시예술 풍의 작품, 초기 입체파 대작, 그리고 초기 콜라주 작품 등이 그 시기에 나왔다. 순수하게 돈으로 환산한 가치로만 따진다면 그는 스물다섯 살 무렵에 최고의 작품들을 그렸다.[28] 〈알제의 여인들〉(1955)은 나중에 카타르의 왕족 셰이크 하마드 빈 자심 빈 자베르 빈 모하메드 빈 타니 알 타니에게 1억 8,000만 달러에 팔렸다. 엄청난 천부적 재능의 소유자였던 피카소는 단연 독보적인 존재였다.

---

* 피카소의 화풍을 분위기와 색조에 따라 시기별로 장미 시대, 청색 시대로 나눈다.

그러나 세잔은 파리와 엑상프로방스의 작업실에서 끊임없이 노력을 이어갔다. 그리고 쉰 살이 다 된 1880년대 후반에 혁신적인 미술가들이 기하학적 형태와 단조로운 색을 강조하는 그의 독창적인 화풍을 찬양하고 나서기 시작했다. 세잔은 1906년에 사망했는데 사망하기 전 10년 동안에 그는 자신의 가장 위대한 작품들을 남겼다.[29] 그 시점은 그가 미술학교에서 공부를 시작한 지 거의 반세기가 지난 때였다. 1907년에 세잔 회고전이 파리에서 열렸고, 여기에 미술계의 젊은 반항아들이 참석했다. 피카소, 앙리 마티스, 조르주 브라크, 아메데오 모딜리아니 등이었다.[30] 이때 피카소는 "세잔은 우리의 모두의 아버지다"[31]라고 선언했다. 세잔의 〈카드놀이 하는 사람들〉은 2011년 카타르 왕가에 2억 5,000만 달러에 팔렸다. 피카소의 그림보다 7,000만 달러나 더 비싼 금액이었다.

그렇지만 7,000만 달러가 무슨 의미가 있겠는가? 그러니 그냥 무승부라고 하자. 창의적인 천재로 나아가는 길에는 확실하게 구분되는 두 개의 경로가 있음이 분명하다. 하나는 즉각적으로 자명한 경로(재능)이고, 다른 하나는 한층 은밀한 경로(끊임없는 노력을 통한 자기 개선)이다. 둘 다 필요하지만, 비율로 따지면 어떨까? 연습과 훈련을 지지하는 사람들은 결과의 80퍼센트 이상이 노력으로 결정된다고 말한 반면, 일부 심리학자들은 어떤 분야인지에 따라 다르긴 하겠지만 최근 그 수치를 대략 25퍼센트로 낮춰야 한다고 말한다.[32] 재능과 노력이 상대적으로 얼마나 더 중요한지 알기 위해 나는 예일대학교에서 내 강의를 듣던 어린 천재 네이선 첸에게 물었다.

첸은 올림픽 금메달리스트로 세계 1위의 남자 피겨스케이트 선수이다. 첸은 4회전 점프에 성공한 최초의 선수로 피겨스케이트를 한층 수준 높은 종목으로 끌어올리면서 경기에 새로운 난이도 채점 기준이 도입되도록 만들었다. 시몬 바일스와 마찬가지로 첸은 키가 170센티미터가 되지 않으며 몸집이 상대적으로 왜소하고 몸무게 대비 근육 비율이 높다. 첸이 내게 보낸 이메일 답장은 재능과 노력에 대해서 그가 하고 싶은 말을 잘 요약해준다.

> 제 의견으로는 이 분야에서만큼은 키, 신체 비율, 전체적인 체력 그리고 근육 기억*을 빠르게 개선하는 능력과 같은 유전적인 요인이 있지 않나 생각합니다. 그러나 이런 것들 말고도 눈으로 볼 수 없으며 계량화할 수 없는 유전적 요인들도 많습니다. 예를 들면 스트레스 상황에서 평정심을 유지하는 능력이나 경연이 진행되는 동안에 마음속으로 작전을 새로 짜거나 시도하려던 기술을 수정할 수 있는 능력 같은 것 말이지요. 제 의견을 말하자면 유전이 80퍼센트의 비율을 차지하지 않을까 생각합니다. 금메달을 따는 선수들은 80퍼센트의 본성(유전과 행운)과 20퍼센트의 양육(노력)을 합쳐 100퍼센트를 이룹니다. 선천적으로 60퍼센트밖에 타고나지 못한 선수가 90퍼센트에서 100퍼센트까지 채운 최고의 선수들을 상대로 경쟁하려면 노력 부분의 20퍼센트를 최대한으로 끌어올려야만 합니다. 그러므로 본성과 양육 가운데서 어떤 것이 더 중요하다고 말할 수 없습니다. 둘 다 중요하지요. 하지만 유전적으로 타고난 역량 없이는 아무

---

* 특정 신체 활동을 반복함으로써 그 활동을 수행할 때 나타나는 신체의 생리적 적응.

리 훈련을 열심히 한다고 해도 최고가 되기는 거의 불가능하지 않을까 싶습니다.[33]

그런데 여기에서 주목해야 할 점은 첸이 선천적으로 부여받는 재능에 '행운'을 포함했다는 사실이다. 재원 및 좋은 교육의 혜택을 누릴 기회가 넉넉하게 주어지는 가정에 태어나는 것이 도움이 된다는 것을 인정한다는 말이다. 마지막으로 첸은, 재능과 노력의 비율이 어떻든 해당 분야에서 최고가 되려면 양쪽을 모두 극대화해야 한다고 주장한다.

🌢 IQ가 높다고 천재일까?

사람들은 특히 한 가지 타고난 재능에 오랫동안 너무도 집착해왔다. 바로 지능지수 말이다. 지능의 정량적 측정은 프랑스 심리학자 알프레드 비네가 파리공립학교의 학습 부진아를 찾아내서 적절한 도움을 주려고 고안한 검사법을 1905년에 발표하면서부터 시작됐다.[34] 그리고 1912년쯤에는 독일 용어 '인텔리겐츠크보틴트Intelligenzquotient(영어로는 IQ)'가 일상적인 것으로 자리를 잡았다. 대략 그 무렵에 미국 군대에서는 정신 건강을 검증하고 장교 훈련학교 후보생을 가려낼 목적으로 표준검사를 도입하기 시작했다. 보충 교육 활동으로 시작됐던 검사가 순식간에 엘리트 지위를 보증하는 일종의 관문이 됐다. 1920년대에 스탠퍼드대학교 심리학자 루이스 터먼이 IQ 135 이상인 영재 집단(IQ 100을 평균으로 간주)을 대상으로 연구를 시작한 뒤로, 예외적일 정도로 높은

IQ가 천재성과 관련이 있는 것으로 인식됐다. 그런데 현재, 1946년 영국 옥스퍼드에서 설립된 자칭 '천재 클럽'인 멘사MENSA는 회원 가입 조건을 IQ 132로 정하고 있다. '영재 산업'에 종사하는 몇몇 교육자들은 거기서 한 발 더 나아가 영재 등급을 따로 정해서 IQ 130에서 144까지는 수수한 영재, 145에서 159까지는 탁월한 영재, 160에서 174까지는 예외적인 영재, 그리고 175 이상은 극심한 영재로 규정한다. 그러나 스티븐 호킹이 2004년에 했던 "자기 지능지수가 높다고 자랑하는 사람들은 '찌질이'다"[35]라는 말은 분명히 틀리지 않았다. 마리 퀴리는 단 한 번도 IQ 검사를 받지 않았다. 셰익스피어 역시 마찬가지다. 그렇다면 그들이 얼마나 똑똑했는지 어떻게 알아볼 수 있을까? 아닌 게 아니라 '똑똑하다'라는 말 자체가 무엇을 뜻할까?

IQ 검사에는 논리가 포함되며 수학 및 언어와 관련된 법칙이 동원된다. 그러나 창의적인 대답을 할 때나 응답 가능성을 확장할 때에는 가점을 주지 않는다. 난관에 부닥쳐서 좌절했던 토머스 에디슨은 1903년에 어떤 문제에 순수한 논리를 적용할 때의 한계를 확인하고는, 창의적이지 못한 수습생을 다음과 같이 꾸짖었다.

"바로 거기에 자네의 문제가 있었던 거야. 자네는 이성적인 것만 줄곧 시도해왔단 말일세. 이성적인 건 절대 안 먹혀. 다행히도 자네는 이성적인 걸로는 더 생각할 수 없을 테니, 이제 비이성적인 생각을 시작할 테고, 그러면 곧 해결책이 나올걸세."[36]

이성적인 논리는 창의적인 천재성과 다르다. 비유적으로 말하면, 상자 안에서 생각하는 것은 상자 밖에서 생각하는 것과 다르다. IQ 검사에 적용된 철저한 논리적 인지 과정은 피카소 같은 예술가가 실천했던 창의성과는 전혀 별개다. 그렇기에 아마도 피카소 역시 그 문제에 관해서는 하버드대학교의 생물학자 스티븐 제이 굴드의 다음 주장에 동의할 것이다.

"지능을 단일한 어떤 실체로 추상화하는 것, 지능을 놓고 뇌의 어느 위치와 관련이 있는지 따지는 것, 개개인의 지능을 하나의 숫자로 계량하는 것 그리고 이 숫자로 사람들의 등급을 매기는 것, 이 모든 것은 분별없는 짓이다."[37]

◊ IQ와 성적이 말해주지 않는 것

1971년에 미국 대법원은, IQ 검사를 채용의 전제조건으로 삼는 것이 불법이라고 만장일치로 의결했다.[38] 미국에서 대학 입학 지원자의 합격 여부를 판단하기 위한 표준화된 시험으로 널리 이용되는 SAT는 불법이 아니지만, 이것 역시 개혁적인 잠재력을 가진 지원자를 제대로 평가하기에는 불완전한 기준이다.[39] 최근의 경제 관련 데이터가 보여주듯 학생이 취득하는 SAT 점수는 그 학생 부모의 소득 및 교육 수준과 얼추 비례한다.[40] 지금까지, 명문인 시카고대학교를 포함해서 1,000개가 넘는 전문대학 및 대학교가 입학 요건 항목에서 SAT 점수(그리고 그것과 비슷한 유형인 ACT 점수)를 제외했다.[41] 2019년 1월에 주로 흑인 및 히스패닉계가 다니는 캘리포니아의 어느 교육구 학생들이 캘리포니아대학교를 상대로 SAT나 ACT와 같은 표준화된 시험을 입학 전형에서 사용하지 않도록 소송을 제기했고, 여섯 달 뒤에 교육위원회는 만장일치로 그 주장을 받아들였다.[42] IQ와 마찬가지로 SAT 시험 점수는 고등학교 때 성적 및 대학교 1학년 성적과 상관성을 지닌다. 또 SAT 점수가 높은 학생이 나중에 일부 전문 분야에서 성공의 길을 걷고 더 높은 소득을 올리는 것으로 나타났다.[43] 그러나 이런 시험에서 받는 높은 점수가 교향곡 작곡 능력과 상관성이 있다고 입증한 사람이나 다윈이 가졌던 것과 같은 호기심과 끈기를 단 한 차례의 세 시간짜리 시험으로 어떻게 측정할 수 있을지 설명한 사람은 지금까지 단 한 명도 없다.

보다 최근에 미국의 많은 사립학교(필립스 엑스터 아카데미, 달튼 스쿨, 호레이스 만 스쿨, 초우트 로즈메리 홀 등)는 대학 과정을 고등학교에서 미리 듣는 제도인 AP 강좌 제도를 없애버렸다.[44] 이와 관련해서 2008년에 호레이스 만 스쿨의 상급학년 책임 교사인 제시카 리벤스타인 박사는 다음과 같이 말했다.

"학생들은 자기를 가르치는 교사들이 교실에서 학생들이 제기하는 이런저런 질문이나 관심거리를 존중하고 싶은 마음과 학생들이 시험을 잘 준비하도록 이끌고 싶은 마음 사이에서 갈등하는 것을 보통 쉽게 알아차릴 수 있다."[45]

'시험에 대비해 가르치는 것'은 호기심을 가로막을 뿐만 아니라 스트레스와 성적 만능주의를 조장한다.

2018년 4월 17일에 나는 영광스럽게도 예일대학교 파이베타카파 클럽*으로부터 강의 및 학위 준비 지도를 잘했다고 드베인 메달DeVane Medal을 받았다. 그 상을 받던 날 밤에 수상식장 여기저기를 돌아다니면

---

* 미국 대학 우등생들로 구성된 친목 단체.

서 사람들이 내게 하는 이런저런 말을 들으며 묘한 아이러니를 느꼈다. 고등학생 때 나는 평점을 기껏해야 B$^+$밖에 받지 못했으며 우등생 명단에는 끼지도 못했다. 예일대학교에는 음악 교육과 관련된 훌륭한 과정이 마련돼 있었지만 내 성적으로는 이 대학교의 입학은 꿈도 꿀 수 없었다. 그래서 아예 지원조차 하지 않았다. 또 비록 나는 서로 연관이 없는 일련의 강좌를 여름 학기와 가을 학기에 들었지만 우등생으로 대학을 졸업하지도 못했다. 대학원 진학 때도 하버드와 프린스턴 그리고 스탠퍼드로부터 입학 허가를 받았지만 예일은 나를 받아들이겠다고 하지 않았다. 100만 년을 대학교에 다닌다고 하더라도 아마 나는 파이베타카파 클럽 회원이 되지 못할 것이다. 내 아내 셰리는 가족 구성원들 가운데서도 똑똑한 편이다. (예일대학교 로스쿨을 수석으로 졸업했으며 파이베타카파 회원이었으니까 누가 봐도 그렇다.) 그러나 아내는 오래전에 학생들이 흔히 안전한 방책을 강구함으로써(즉 자기가 타고난 재능을 쉽게 발휘할 수 있는 강좌를 수강함으로써) 파이베타카파 회원으로 선발될 수 있는 성적을 받는다는 사실을 나에게 알려줬다. 그렇다면 어쩌면 파이베타카파의 정상적인 회원들은 시험을 잘 보는 '선수'일 뿐 위험을 무릅쓰는 사람은 아닐지 모른다. 즉 기존 관념과 반대로 생각하는 사람이라기보다는 기존의 모든 것에 자신을 맞추는 순응주의자일 수도 있다는 말이다.

와튼 비즈니스스쿨의 애덤 그랜트 교수가 신문에 기고한 에세이 〈올 A학점을 받는 학생들이 잘못 생각하는 것〉은 이런 나의 의심이 정당함을 확인해줬다. 2018년 12월 〈뉴욕타임스〉에 실린 그 글은 어떤 학생이 받은 높은 평점 평균은 그 학생의 천재성을 말해주는 것이 아님을 말할 필요도 없거니와, 그 학생이 장차 성공할 것임을 예측하는 믿을 만한 지표도 아니라고 주장했다.

"증거는 분명하다. 어떤 학생의 학업 성적이 우수하다는 사실은 나중에 그 학생의 직장 경력이 화려하리라는 것을 강력하게 예측하는 지표가 아니다. 모든 산업 분야에 걸친 연구조사 결과를 보면 평점 평균과 직무 성과 사이의 상관성은 대학 졸업 후 첫해에는 수수한 정도이며, 그리고 그 뒤 몇 년 동안에는 무시할 수 있을 정도로 사소하다. 예를 들어 구글에서 3년 차나 4년 차인 직원들을 보면, 이들의 대학교 성적과 업무 성과 사이에는 거의 아무런 상관성이 없다."[46]

이런 사실을 그랜트는 다음과 같이 설명한다.

"학교 성적은 창의성, 리더십과 팀워크 기술 혹은 사회적·정서적·정치적 지능 같은 것은 거의 반영하지 않는다. 올 A학점을 받는 학생은 정보를 머릿속에 구겨 넣고 시험을 칠 때 그 정보를 잘 풀어내는 데는 달인이다. 그렇지만 직장이나 직업에서의 성공은 어떤 문제에 대한 올바른 해법을 찾아내는 것과는 거리가 멀다. 오히려 올바른 문제를 찾아내는 것이 관건이기 때문이다."

그랜트가 내린 결론을 보면 학문의 전당에서 떠돌던 오래된 농담이 생각난다. A학점을 받은 학생은 나중에 대학교에 채용돼서 학생을 가르치고, B학점을 받은 학생은 A학점 학생보다는 훨씬 멋지고 좋은 일을 하는데, 그렇지만 사실 이 B학점을 받은 사람의 고용주는 C학점을 받았던 학생이라는 농담….

🜄 감춰진 천재성을 발견하는 검사법

IQ 검사나 SAT 시험 그리고 성적 평점이 직업적인 성공 예측에서 전혀 신뢰할 수 없는 지표이긴 하지만, 이것들이 훨씬 더 잘 못 맞히는 예측 분야가 있다. 바로 누군가가 천재냐 아니냐를 예측하는 분야다. 이런 수치는 잘못된 긍정적인 예측(위대한 사람이 될 것 같던 인물이 나중에 보니 전혀 그렇지 않다)과 잘못된 부정적인 예측(아무것도 아닌 사람으로 보이던 인물이 나중에 세상을 바꿔놓는 위대한 사람이 된다)을 모두 낳는다. 물론 가끔은 학교에서 뛰어난 성적을 올린 사람이 진짜 천재일 때도 있다. 열여섯 살 때 학급에서 1등을 했던 마리 퀴리나 고등학교를 수석으로 졸업한 지그문트 프로이트, 그리고 프린스턴대학교를 수석으로 졸업하며 파이베타카파 클럽 회원이 된 제프 베조스가 그런 경우다. 존스홉킨스대학교에서 영재들을 대상으로 한 평판 좋은 시험은 마크 저커버그, 구글의 공동창업자인 세르게이 브린 그리고 스테파니 저마노타(레이디 가가의 본명)가 천재의 잠재력을 가진 인물임을 확인했다.[47] 한편 1920년대부터 1990년대까지 스탠퍼드대학교에서 심리학자 루이스 터먼과 그의 동료들이 IQ 135 이상인 청년 1,500명을 대상으로 실행했던 그 유명한 '천재 시험'은 단 한 명의 천재도 찾아내지 못했다.[48] 이 프로젝트에 참여했던 터먼의 한 동료는 "노벨상 수상자가 한 명도 없었다. 퓰리처상 수상자도 없었다. 피카소도 없었다"[49]라고 보고했다.

이것보다 더 중요한 사실을 살펴볼 필요가 있는데, 잘못된 부정적 예측을 당한 사람들이 나중에 어떻게 됐는지 보자. 표준적인 IQ 검사에서 좋은 성적을 낼 수 없었을 것이며 파이베타카파 클럽 회원으로 선발

되지 못했을 사람들 말이다. 찰스 다윈은 어린 시절 학교 성적이 얼마나 나빴던지 그의 아버지는 아들이 자기 가문의 명예를 더럽힐 것이라고 예측했다.[50] "나의 이성이나 상상력 혹은 흥미가 도무지 발동하지 않으니 나는 제대로 공부를 하지 않거나 하려고 해도 하지 못할 것이다"라고 말하는 학생 시절의 윈스턴 처칠은 그저 그런 변변찮은 학생일 뿐이었다.[51] 물리학자로 노벨상을 받은 두 사람, 윌리엄 쇼클리와 루이스 앨버레즈는 스탠퍼드대학교의 천재 검사 대상에서 아예 제외됐다. 두 사람의 IQ 점수가 너무 낮다는 게 이유였다.[52] 《해리 포터》를 쓴 혁신적인 소설가 J. K. 롤링은 "대학교에 다니던 시절에 뭔가를 해야겠다는 동기부여가 눈에 띄게 부족했다"는 사실과 "강의를 빼먹고 커피 바에 앉아서 소설을 쓰느라고 너무 많은 시간을 보낸 바람에" 학교 성적이 형편없었다고 털어놨다.[53] 이와 비슷하게 토머스 에디슨은 학창 시절의 자기 성적이 "반에서 머리가 아니라 발바닥"이라고 묘사했다.[54] 스티브 잡스의 고등학교 평점 평균은 2.65였고, 알리바바 창업자인 잭 마는 재수까지 했지만 중국의 대학 입학시험인 가오카오高考에서 수학과목 120점 만점에 19점밖에 받지 못했다.[55] 또 베토벤은 덧셈에 서툴렀으며 곱하기와 나누기를 끝내 익히지 못했다. 월트 디즈니는 평균 이하의 학생이었으며 수업 시간에 잠을 자기 일쑤였다.[56] 마지막으로 피카소를 보자. 피카소는 알파벳 철자를 순서대로 외우지 못했으며, 또 2를 새의 날개로 본다거나 0을 몸통으로 보는 식으로 상징적인 숫자를 문자를 대체하는 것으로 바라봤다.[57] 이 사람들이 표준화된 검사를 치렀다면 어떻게 됐을까? 천재로 인정받았을 사람은 분명 한 명도 없을 것이다.

그런데 도대체 왜 우리는 그런 표준화된 검사를 계속 사용하고 의존하는 것일까? 이유는 간단하다. 표준화된 검사이기 때문이다. 공통적인 일련의 시험문제를 사용하면 수백만 학생의 인지발달 정도를 손쉽게 평가·비교할 수 있어서 미국이나 중국처럼 인구가 많은 나라에서는 무척 유용하다. 이런 식으로 우리는 효율성을 얻기 위해 이해의 폭을 희생시킨다. SAT나 가오카오는, 문제의 전제에 의문을 품거나 끊임없이 변화하는 세상 속에서 어떤 개념을 다시 생각하는 등의 여러 전략을 장려하는 게 아니라, 어떤 문제에서든 이미 딱 하나로 설정된 측정 기준표를 들이댄다. 즉 아직 보이지 않는 과녁이 아니라 미리 정해진 과녁을 맞힐 때만 유효 점수를 준다. 또 정서적이고 사회적인 소통보다는 수학과 언어 중심의 인지력이라는 제한된 범위에만 우선순위를 둔다. 내 주장의 요지는 인간이 가진 잠재력을 시험이라는 방식으로 측정하는 것 자체를 중단해야 한다는 것이 아니고, 이런 시험이 충분할 정도로 폭넓고 유연해야 하며 또 미묘한 차이를 반영할 수 있어야 한다는 말이다. 현재의 표준화된 검사들이 효율적이긴 하지만, 천재의 잠재력을 가려내기는커녕 인생에서의 성공을 도무지 예측할 수 없을 정도로 의도나 내용이라는 두 측면에서 모두 지나치게 협소하고 얄팍하다.

마사 그레이엄과 조지 발란신(게오르게 발란친)은 안무가인데, 이들은 움직임과 관련된 상상력인 운동 상상력이 탁월했다. 마틴 루서 킹 주니어와 마하트마 간디는 개인적인 차원을 넘어선 사회적 관찰에 뛰어났다. 버지니아 울프와 지크문트 프로이트는 개인적인 성찰에서 뛰어났다. 제임스 조이스와 토니 모리슨은 말과 언어로 하는 표현에 뛰어났다. 오귀스트 로댕과 미켈란젤로는 시각적·공간적 추론에 뛰어났다.

바흐와 베토벤은 청각에 뛰어났다. 아인슈타인과 호킹은 수학적·논리적 추론에 뛰어났다. 방금 언급한 인간 활동의 일곱 개 분야는 하버드대학교 교육심리학 교수이자 심리학자인 하워드 가드너가 제시한 일곱 가지 인간 지성 양상으로, 가드너는 이것을 '다중지능multiple intelligences'이라고 불렀다.[58] 그러니까 다중지능은 창의성이 샘솟듯 솟아나는 분야별 사고방식이다. 그러나 다중적인 개인 특성(지능, 호기심, 회복력, 끈기, 위험 감수, 자신감 그리고 열심히 노력하는 능력)은 각각의 창의적인 분야에 한정된다. 이러한 여러 가지 특성을 천재가 효율적으로 구사하는 능력을 나는 다중특성지수Many Traits Quotient, MQ's라고 부른다.

J. K. 롤링은 5억 부가 넘는 책을 팔았다. 살아 있는 어떤 저자보다도 많은 책을 팔았으며 젊은 사람들 사이에 독서 열풍을 일으켰다. 롤링은 2008년에 하버드대학교에서 졸업연설을 하면서 실패에 담긴 여러 미덕을 찬양하면서 상상력 및 인생에서의 열정이 얼마나 중요한지 강조했다.[59] 그리고 2019년에 자신의 웹사이트에 올린 한 게시물에서 작가로서 성공하는 데 필요한 다섯 가지 특성을 열거했다. 독서(호기심), 절제력, 회복력, 용기, 독립심이 바로 그것이다.[60] 만일 이런 개인적인 특성이 롤링 같은 천재의 눈에 중요하게 비친다면, 이를 측정할 수 있는 검사법은 왜 만들지 않을까? 어쩌면, SAT나 가오카오와 같은 대학입시 시험에 우리가 너무 집착하기 때문에 올바른 길을 찾지 못하는 것은 아닐까? 어쩌면, 학교에서 배우는 학문적인 내용을 얼마나 잘 익혔는지를 평가하는 시험(SAT)이 아니라 한층 더 포괄적인, MQ's를 포함한 천재 태도 검사Genius Aptitude Test, GAT가 우리에게 필요할지도 모른다.[61] GAT에는 하부 항목이 있을 테고, 이 하부 항목에는 WHATWork Hard Aptitude Test,

노력하는 태도 검사, PAT Passion Aptitude Test, 열정 태도 검사, CAT Curiosity Aptitude Test, 호기심 태도 검사, SCAT Self-Confidence Aptitude Test, 자신감 태도 검사, 그리고 RAT Resilience Aptitude Test, 회복력 태도 검사 등이 포함될 것이다.

호그와트마법학교나 하버드대학교에 입학하려면 GAT에서 얼마나 높은 점수를 받아야 할까? 별로 높지 않아도 된다. 현재 많은 전문가가 과학 분야에서 탁월한 성취를 이루려면 IQ로 따지면 115점에서 125점 이상만 되면 된다고 믿는다. 이보다 높은 점수 구간에서는 점수가 더 높다고 해서 창의적인 통찰이 더 많이 나타나지 않는다는 말이다.[62] 과학자 리처드 파인만과 제임스 왓슨 그리고 윌리엄 쇼클리의 IQ도 그보다 높지 않았지만 모두 자기 분야에서 노벨상을 받았다. 1949년 대학원에 지원하려면 반드시 제출해야 하는 표준화 시험 GRE가 마련됐는데 이 시험은 800점 만점이다. 그런데 대학원에서는 대부분 700점 이상을 요구한다. 대학원 당국으로서는 '자격이 없는' 지원자를 빠르고 효율적으로 걸러내겠다는 의도다. 그러나 내가 예일대학교 대학원에 진학하겠다는 지원자들의 지원서를 30년 동안 살펴본 바로는 GRE 점수가 550점만 돼도 지원자의 잠재력은 충분하다. 실제로 2014년에 〈네이처〉에 실린 논문 〈실패하고 마는 시험〉에는 메릴랜드대학교 칼리지파크의 교육학과 윌리엄 세들라첵 명예교수의 다음 말이 인용됐다. "그 시험과 궁극적인 성공 사이에는 아주 미미한 상관성만 있을 뿐"[63]이다. 세들라첵은 GRE 중심에서 탈피해서 추진력, 끈기, 위험을 감수하려는 의지 등과 같은 특성을 측정하는 과정을 입학사정 절차에서 강화할 것을 추천했다. 아울러 GRE 점수가 어느 정도 수준이면 지원자를 받아들일 수 있겠느냐는 질문에는 400점이면 된다고 답했다.[64]

마지막으로 또 하나의 의문. 아이비리그의 모든 대학을 과연 당연한 듯이 과대평가해야만 할까?[65] 노벨상 수상자들을 대상으로 한 설문조사는, 어떤 학생이 하버드나 예일 혹은 프린스턴에 입학하는 것이나 그 외 상위 15퍼센트에 드는 다른 아무 대학교에 입학하는 것이나 그 학생이 나중에 위대한 인물이 되는 데는 별 차이가 없음을 암시한다.[66] 그렇다면 어째서 미국과 중국의 학부모는 SAT 성적을 조작하고 입학사정관에게 뇌물을 주면서까지 자기 아이를 앞에 '아이비'라는 딱지가 붙는 대학교에 보내려고 할까? 이런 입시부정 사건은 실제로 일어나고 있다. 2019년에는 FBI가 '대학 대표팀의 우울 작전Operation Varsity Blues'이라는 작전명으로 위에 언급한 바로 그 부정입학 사건을 수사했다.[67] 도대체 왜 학부모들은 벌금형이나 징역형을 받을 수도 있는 위험을 감수하면서까지 가치가 의심스러운 시험 점수를 조작하려고 할까? 왜 이 학부모들은 실패를 통해서 교훈을 배우고 회복력을 개발할 기회를 자기 아이에게서 박탈하려 들까? 예일대학교 축구부 감독이던 루디 메레디스는 (나와 내 딸은 이 사람이 여자 축구팀을 이끄는 모습을 즐겨 지켜보곤 했다) 학생 두 명의 입학지원서를 허위로 조작하는 대가로 86만 5,000달러를 받아내려 한 혐의를 인정했다.[68] 이 사건뿐만이 아니다. 거의 해마다 적어도 한 곳 이상의 대학교에서 입시생의 시험 성적을 조작하는 사건이 일어난다.[69] 하지만 나는 예일대학교에 지원하려는 학생들이 부모와 함께 캠퍼스를 방문할 때마다 늘 이렇게 말한다.

"솔직히 말하면, 미국에는 훌륭한 대학교가 적게 잡아도 300곳은 됩니다. 어느 학교를 선택해서 들어가는가는 그다지 중요하지 않습니다. 중요한 것은 학교가 아닙니다. 그 학교 안에 있는 당신 혹은 당신 자녀가 중요합니다."

그러나 IQ가 천재를 가려내주며 SAT가 성공의 지름길이고 하버드나 예일이나 프린스턴이 아니면 열등한 대학교라는 오래된 그리고 잘못된 신화는 끈질기게 살아남는다. 어쩌면 지금은 한 걸음 뒤로 물러나서, IQ나 표준화된 이런저런 시험에 의지하고 엘리트 교육에 집착하는 우리 태도가 과연 사회를 이끌어가고자 하는 시민을 올바르게 육성하는지 진지하게 물어볼 때가 아닐까 싶다. 인지 분석의 천부적인 재능을 중시하는 검사(IQ)와 IQ를 포함한 다중특성지수를 따지는 검사 가운데서 어느 쪽을 더 중요하게 여겨야 할까? 다들 천재가 될 수 없으리라고 예측했지만 그 예측이 틀리고 말았음을 입증한 사람들(베토벤, 다윈, 에디슨, 피카소, 디즈니, 잡스 등)이 널려 있음은, 천재는 IQ 차원을 넘어서며 또 '똑똑하다'는 말도 여러 가지 내용을 뜻할 수 있음을 암시한다. 그러므로 감춰진 천재성을 발견하는 검사법을 찾아내는 것이 우리에게 남은 과제이다. 바로 여기에 아인슈타인이 했다는 다음 말을 덧붙이면 적절할 듯하다.

"모든 사람은 천재다. 그런데 나무 위로 기어 올라가는 능력만으로 물고기를 평가한다면, 물고기는 자기가 멍청이라고 믿으며 평생을 살아갈 것이다."[70]

게임은 이미 사전에 조작되어 있다

_천재와 성별

2014년, 성공의 꿈에 부푼 소설가 캐서린 니콜스는 실험을 하나 했다. 자기가 쓴 소설을 설명하면서 이 소설의 출판을 대행할 의향이 있을지 묻는 편지를 출판대행사 50곳에 자기 본명으로 보냈다. 그리고 이어서 이번에는 똑같은 편지를 '조지 레이어'라는 남자 이름으로 다른 출판대행사 50곳에 보냈다.[1] 그런데 조지가 보낸 편지는 열일곱 곳으로부터 원고를 검토하겠다는 답장을 받았는데, 캐서린이 보낸 편지는 그런 답장을 두 곳에서밖에 받지 못했다. 심지어 거부 의사를 밝힌 곳도 조지에게는 캐서린에 비해서 한결 따뜻한 격려의 말을 담아서 답장을 보냈다.

　성별이나 인종과 관련 있는 이와 비슷한 직장 내의 편견은 입사지원서를 검토하는 과정에서도 꾸준하게 관찰됐다.[2] 그런데 출판업계에서의 성별 편견과 관련된 놀라운 사실이 하나 있다. 그건 바로 출판업계 중에서도 출판대행사 직원의 거의 절반이 여성이고, 출판사에서 일하는 편집자의 절반 이상이 여자라는 점이다.[3] 여자가 다른 여자에 대해서 편견을 (몰래!) 가지고 있다는 사실은 놀랍다. 까마득한 옛날부터 남자가 여자를 차별해왔음은 모든 사람이 아는 사실이다. '천재 클럽'에서 여자를 배제하는 데 남성이 얼마나 크게 성공했던지 심지어 여성조차도 앞장서서 여성성의 중요성을 깎아내린다.

최근에 나는 4,000명이 넘는 성인을 대상으로 설문조사를 하면서 서구 문화사에 의미 있는 발자국을 남긴 천재 열두 명을 적어달라고 했다. 응답자들은 미국의 73개 도시에서 운영되는 평생교육 프로그램 가운데 하나인 1일대학교One Day University에 등록한 학생이었으며, 57퍼센트가 여자였고 또 대부분 쉰 살이 넘었다. 이 설문조사의 목적은 응답자가 여성의 이름을 몇 번째로 거명하는지 알아보는 것이었다. 그런데 여자가 많은 응답자 집단이었음에도 맨 처음 여성의 이름을 거명한 응답자조차 여성의 순번은 열두 명 가운데 여덟 번째였다. 과학자인 마리 퀴리와 로절린드 프랭클린, 수학자인 에이다 러브레이스, 작가 버지니아 울프와 제인 오스틴 등이 많이 거명됐으며, 그 가운데서 퀴리가 가장 많이 언급됐다. 여성 철학자와 여성 건축가 혹은 여성 엔지니어는 한 명도 거명되지 않았다.

이와 동일한 양상의 불균형은 예일대학교에서 내가 강의하는 '천재 강좌'에서도 나타났다. 예일대학교 학부생의 남녀 비율은 현재 50 대 50이고 '천재 강좌'는 누구나 수강할 수 있는 일반교양 수업인데도, 이 강좌에 등록하는 남녀 비율은 매년 60 대 40이다. 누구나 듣고 싶으면 듣고 말고 싶으면 말아도 되는 강좌이며 게다가 학점도 후하게 주는 강좌임에도 이런 차이가 난다는 사실에 비춰보면, 예일대학교의 여학생은 천재에 대해 남학생만큼 관심이 없는 듯하다. 또 강의 도중에 질문이나 반대 의견을 제시하라고 할 때 손을 들고 응하는 학생도 남학생이 압도적으로 많다. 이런 사실을 발견하고 나는 조교에게 수업시간에 그 내용이 무엇이든 발언을 하는 학생의 성별과 발언 시간을 꼼꼼하게 기록하라고 지시했다. 그 비율은 매년 70 대 30으로 남자가 압도적으로 많았다.

이런 편차를 확인하고 나는 당혹스러웠다. 그러다가 곧, 공개적인 토론 자리에서 '우두머리 수컷들alpha males'이 토론을 지배하는 반면 여자들은 처음에는 논의가 어떻게 흘러갈지 가늠하면서 말없이 듣기만 한다는 사실을 전문직의 세계에서는(페이스북의 최고운영책임자인 셰릴 샌드버그도 여기 포함된다) 이미 관찰을 통해서 알고 있음을 깨달았다.[4] 2012년에 버밍엄대학교와 프린스턴대학교 그리고 포틀랜드주립대학교의 교수들이 공동으로 진행한 어떤 논문은, 학술 총회 자리에서 참석자의 성별 비율을 고려한다고 해도 여자가 발언한 시간은 남자가 발언한 시간의 75퍼센트밖에 되지 않는다고 보고했다.[5] 여기에 비하면 여학생의 발언 비율이 남학생의 절반도 되지 않는 내 강의실 상황이 한층 열악한 셈이었다.

여자가 자기 목소리를 공개적으로 내길 꺼린다는 것은 그렇다고 쳐도, 내가 강의하는 강좌 또 내가 초점을 맞춘 주제를 여학생이 회피하는 까닭은 무엇일까? 어떤 사람이 다른 사람보다 '한층 더 비범하다'며 평가하고 비교해서 순위를 정하는 것에 여자가 흥미를 덜 갖기 때문일까? 여자는 세계에서 가장 위대한 화가니 가장 혁명적인 발명가니 하는 식으로 천재를 규정하는 것을 남자보다 덜 중요하게 여기기 때문일까? 여자는 천재나 천재성이라는 개념에 흥미를 덜 느끼기 때문일까? 만일 그렇다면, 그 이유는 또 무엇일까?

이런 궁금증을 풀어줄 단서 하나가 어떤 보고서에서 발견됐다. 미국 대학여성협회American Association of University Women, AAUW에서 2020년에 발표한 연구조사 보고서로 제목은 〈과학, 기술, 공학 그리고 수학 분야의 여성은 그 수가 왜 그렇게 적을까?〉이다.[6] 이 보고서는 대학교에 몸을 담고 있는 여자는 STEM(과학, 기술, 공학, 수학) 분야에서 온갖 고정관념과 편견 및 불리한 작업 환경 때문에 남자들과의 경쟁에서 불리한 싸움을 할 수밖에 없다고 강조한다.

이와 비슷하게, 2018년에 마이크로소프트가 발표한 논문 〈여성은 왜 STEM 분야에 흥미를 잃을까?〉는 멘토나 부모의 지원이 부족한 것도 여자가 남자보다 불리할 수밖에 없는 이유로 작용한다고 주장했다.[7] 이와 관련해 나는 그 연관성을 다음과 같이 정리했다. '천재 강좌'를 수강하는 여학생의 수와 STEM 분야에 종사하는 여성의 수가 상대적으로 적은 이유는 이 분야가 전통적으로 남성에 의해 구축됐고 또 남성 주변에 구축됐기 때문이라고. 여자들로서는 자기 롤모델로 삼을 천재가 상대적으로 적으며 또 멘토로 삼아서 유대감을 쌓을 수 있는 동시대 인물도 상대적으로 적다. 그러니 여자로서는 '위대한 남자들'의 영광스러운 업적을 주로 다루는 과목이나 분야에 굳이 눈길을 주고 싶은 마음이 없는 것이다. 이런 여러 이유로 인해 여자들은 STEM 과목이나 천재 연구를 회피해왔다.

천재를 40년 넘게 연구한 심리학자 딘 키스 사이먼턴은, 전통적으로 천재와 연관된 여러 분야에서 여자를 실제보다 적게 언급했음을 숫자로 입증해왔다. 사이먼턴의 통계에 따르면 역사상 언급할 가치가 있는 정치적 인물 가운데서 여성이 차지하는 비율은 겨우 약 3퍼센트밖에 되지 않는다. 과학 연감에 언급된 여성의 비율은 1퍼센트도 안 된다. 여자는 남자의 바다에 그저 물방울 하나 정도밖에 되지 않는다는 뜻이다. 심지어 '여성 친화적'이라고 할 수 있는 창의적인 글쓰기 영역에서도 마찬가지인데, 위대한 작가 집단에서 여성 비율은 겨우 10퍼센트밖에 되지 않는다.

고전음악 분야에서도 클라라 슈만* 혹은 파니 멘델스존** 같은 유명 여성 작곡가의 비율은 유명 남성 작곡가의 10분의 1밖에 되지 않는다.[8] 결론적으로 말하면 사이먼턴은 여성이 인구의 절반을 차지하고 있지만, 여성은 역사적으로 늘 "중요하지 않고 눈에 띄지 않으며 심지어 인간사와는 무관한 존재"로 묘사돼왔다고 봤다.[9] 사이먼턴의 이 통계수치를 믿을 수도 있고 믿지 않을 수도 있다. 그러나 사이먼턴이 궁극적으로 제기하는 의문은 이것이다.

'여자가 세운 업적은 남자가 세운 업적에 비하면 보잘것없다고 세상 사람들은 말하는데, 그렇다면 그건 유전적인 부족함 때문일까 아니면 문화적 편견 때문일까?'

많은 사람이 이 질문 자체를 모욕이라고 여길 것이다. 천재 버지니아 울프도 마찬가지일 테고….

---

*   로베르트 슈만의 아내이자 당대 최고의 여성 피아니스트, 작곡가.
**   펠릭스 멘델스존의 누나로 피아니스트이자 작곡가.

여자는 천재가 될 수 없다는 오래된 착각

버지니아 울프는 1882년에 런던의 중상류층 가정에서 태어났다. 책과 가정교사가 제공되긴 했지만 그녀가 받은 저비용의 가정교습은, 비싼 기숙학교에서 그리고 이후 케임브리지대학교에서 남자 형제들이 받은 교육 지원과 비교하면 차이가 컸다. 그녀가 시인 존 밀턴을 조사하려고 나섰을 때, 옥스퍼드대학교와 케임브리지대학교 둘 중 하나의 도서관이라고만 밝혀진 도서관은 그녀가 여자라는 이유만으로 출입 자체를 막았다. 이런 불평등에 화가 나고 또 그런 성 편견이 어떻게 형성된 것인지 궁금하기도 했던 그녀는 역사 속에 등장했던 여성 천재들을 찾아 나섰다. 그리고 마침내, 천재라는 건 남성들이 만들어낸 사회적 구조라고 결론 내렸는데, 이 내용은 1929년의 그 유명한 에세이《자기만의 방》에 잘 묘사돼 있다. 여성이 거뒀던 예외적일 정도로 비범한 업적에 대한 (그리고 그런 업적을 쌓을 수 없도록 가로막는 장벽에 대한) 울프의 관찰은 지금도 여전히 공감의 울림을 준다.

집필에 전념할 수 있는 조용한 방, 이런저런 지출을 할 수 있는 돈 그리고 육아 이외의 주제로 사색에 잠길 수 있는 시간, 이런 것들이 울프에게는 기회의 상징이었으며 또한 역사적으로 모든 여성에게서 박탈됐던 기회였다. 울프는《자기만의 방》에 이렇게 썼다.

"돈을 벌어 재산을 모으면서 열세 명의 아이를 키우는 일, 이는 그 어떤 여자도 할 수 없는 일이다. (…) 첫째, 여자로서는 돈을 벌 수가 없다. 둘째, 설령 번다고 하더라도 여자는 자기가 번 돈을 소유할 수 없다. 법이 금지하기 때문이다."[10]

또, 그러므로 지적 자본의 엔진이라는 위상은 여성에게 "아예 존재하지도 않았다. (…) 여자로서 셰익스피어와 같은 천재가 되기란 과거에 불가능했고, 현재에도 불가능하며, 미래에도 불가능할 것이다"[11]라고 썼다. 역사를 통틀어서 여자는 언제나 "너는 이것을 할 수 없어, 너에게는 저것을 할 역량이 없어"[12]라는 말을 들어야 했다고도 썼다. "너는 이것을 할 수 없어"라는 장벽을 설정한 사람들 가운데는 그 유명한 교육자 장-자크 루소도 포함되는데, 루소는 1758년에 "일반적으로 말해서 여자는 예술을 좋아하지 않을 뿐만 아니라 예술을 이해하지도 못하며 또 예술을 다룰 천재성을 전혀 가지고 있지 않다"[13]라고 썼다.

여성을 가로막는 이런 장벽 때문에 역사 속의 많은 여자 천재들은 자기 자신 혹은 자신의 성별을 위장하는 방식으로 그 장벽을 넘으려 했다. 제인 오스틴은 소설《오만과 편견》을 익명의 여성 이름으로 발표했으며, 메리 셸리도 소설《프랑켄슈타인》을 처음 내놓을 때 똑같은 방법을 동원했다.

한편 다른 여자 천재들은 자기 이름 대신 남자 이름을 필명으로 내세웠다. 예를 들어서 조르주 상드라는 필명을 내세운 오로르 뒤팡Aurore Dudevant, 다니엘 스턴을 내세운 마리 다구Marie d'Agoult, 조지 엘리엇을 내세운 메리 앤 에번스Mary Ann Evans, 커러 벨을 내세운 샬럿 브론테Charlotte Brontë, 엘리스 벨을 내세운 에밀리 브론테Emily Brontë 등이 그랬다. 본명을 숨기고 필명으로 독자를 만날 때 그들은 세상 사람들로부터 인정받는 영광은 누릴 수 없을지언정 적어도 자기 작품이 출판돼서 독자를 만날 수는 있었다. 여자 천재의 작품이 세상에 알려지지 않는다면 이 천재가 어떻게 세상을 바꿀 수 있단 말인가?

울프가 세상 사람들로부터 인정받고 또 그녀가 에세이를 통해 제기한 쟁점이 사회적인 반향을 얻자, 그녀의 뒤를 이은 많은 여성 작가가 고무되고 충격을 받았음은 말할 필요도 없다. 울프를 주제로 박사 논문을 썼던 토니 모리슨,《대지》의 작가 펄 벅, 마가릿 애트우드, 조이스 캐롤 오츠 같은 문학계의 거장들은 모두 자기 이름으로 작품을 썼거나 쓰고 있으며, 오늘날 여성 작가는 남성 작가와 동등한 지위와 영향력을 누리고 있는 듯하다. 적어도 겉보기에는 그렇다. 하지만 정말 그럴까? 만일 그게 사실이라면 어째서 조앤 롤링, 필리스 도로시 제임스, 에리카 미첼 등이 J. K. 롤링, P. D. 제임스, E. L. 제임스 같은 이름을 내세워야겠다고 생각했을까? 넬 하퍼 리는 어째서 자기 이름에서 '넬'를 떼어버렸을까? 롤링이 출판대리인이던 크리스토퍼 리틀로부터 성별을 남자로 위장하면《해리포터》가 더 많이 팔릴 것이라는 말을 들어야 했던 이유는 무엇일까?[14]

버지니아 울프는 에세이《자기만의 방》에서 또한 "천재의 작품을 쓴다는 것은 거의 언제나 엄청난 어려움을 딛고 일어서야 가능한 위업이다"라고 썼다. 그녀는 창의적인 여자가 세상을 사는 동안, 남자는 부담하지 않아도 될 짐을 추가로 부담해야 하며 또한 여자가 추가로 부담해야 하는 그 짐이 없어져야 한다는 발상에 심지어 남자 천재들이 적대적이기 때문에 그런 작품을 쓰기 어렵다고 했다.

"이 모든 어려움을 두드러지게 하고 한층 더 참을 수 없게 만드는 것은 이 세상의 악명 높은 무관심이다. (…) [그러나] 천재적인 남자들이 몹시 견디기 힘들어했던 세상의 무관심이 그녀에게는 무관심 정도가 아니라 **적대감**이었다."[15] [*강조는 저자]

적대감은 공포의 자식이다. 권위와 지위와 부를 잃을지도 모른다는 공포의 자식…. 여자가 성취한 업적을 두려워하는 경향은 울프가 "모호한 남성 콤플렉스"라고 불렀던 것의 일부다. 이 콤플렉스는 "여자가 열등해야 한다기보다는 남자가 우월해야 한다"[16]는 뿌리 깊은 욕망으로 구성된다고 울프는 말했다.

울프의 말에 따르면, 남자들은 자신의 우월성을 보장받으려고 아주 단순한 전략 하나를 만들어냈다. 바로 여자를 절반 크기로 작아 보이게 만듦으로써 남자가 저절로 두 배로 크게 보이게 만드는 것이다. 이것을 울프는 '반대looking-glass' 효과 혹은 확대 효과라고 부른다.

"여자는 지난 수백 년 동안 남자의 모습을 실물보다 두 배 크게 보이게 만들어주는 마법과도 같은 멋진 힘을 가진 거울로서 남자에게 복무해왔다. (…) 나폴레옹이나 무솔리니 두 사람 다 여자가 열등하다는 점을 그토록 강하게 주장했던 이유도 바로 여기에 있다. 여자가 열등하지 않다면 자기들이 더 크게 보일 수 없기 때문이다. 이런 사실은 여자가 남자에게 필요한 존재일 수밖에 없는 이유를 부분적으로 설명해준다."[17]

실제로 나폴레옹은 "여자는 아이를 낳는 기계일 뿐이다"라고 했다. 위대한 인물 가운데 여자를 혐오한 사람이 나폴레옹만은 아니다. 예를 들어서 낭만주의 시인 조지 고든 바이런도 여자를 두고 이렇게 말했다.

"그들은 집안일이나 걱정하면서 잘 먹고 잘 입으면 된다. 굳이 사람들과 어울려서 사회성의 혜택을 누리지 않아도 된다. 종교적으로 좋은 교육을 받기만 하면 되지, 시나 정치를 담은 책은 읽을 필요 없다. 종교와 요리 관련 책이면 충분하다. 음악, 회화, 무용 등을 조금 알면 좋고,

가끔 조경과 경작 관련 책만 읽으면 된다.”[18]

음악? 여자라고 해서 음악을 배울 수 없는 이유는 없다. 그렇다면 여성 작곡가는? 영국의 대문호로 일컬어지는 새뮤얼 존슨은 여성이 작곡 작업을 한다는 발상을 터무니없다고 여기며 “여자가 작곡 작업을 하는 건 개가 뒷다리로 서서 걷는 것이나 마찬가지입니다. 물론 쉬운 일이 아니죠. 그러니까 그런 일을 하는 여자를 보면 깜짝 놀라는 게 당연합니다”[19]라고 말했다. 이 개라는 비유는 찰스 다윈이 결혼을 놓고 고민할 때도 등장하는데, 개와 여자를 놓고 평생의 동반자로 삼기에 어느 쪽이 더 좋을지 그는 심각하게 고민했다.[20] 피카소도 개에 대해서 “어떤 푸들 한 마리와 또 다른 푸들 한 마리가 나란히 서 있을 때, 이 둘은 정말 비슷하다. 여자도 마찬가지다”[21]라고 말했다.

아무리 옛날이었다고 해도 학식 깊은 철학자들은 여성 혐오라는 잘못된 감정에 사로잡히지 않았으리라고 기대하는 사람이 있을지 모르지만, 실망스럽게도 그렇지 않은 사람이 무척 많았다. 아르투어 쇼펜하우어는 “천재성을 가진 사람은 아무도 보지 못하는 과녁을 맞힌다”[22]는 놀라운 비유를 우리에게 남겼지만, 그가 〈여성에 관하여〉에서 다음과 같이 썼을 때(1851년) 그의 발언은 과녁에서 한참 멀리 빗나갔다.

“땅딸막하고 어깨가 좁으며 엉덩이는 펑퍼짐하고 다리가 짧은 종족에게 터무니없게도 ‘어여쁜 성별fair sex’이라는 이름을 부여한 주체는 성적인 본능에 지성이 흐려지고 말았다고밖에 볼 수 없다. 왜냐하면 그 성별이 가진 아름다움의 총체라는 것도 바로 그 본능을 토대로 하기 때문이다. 그러므로 그 성별을 아름다운 성별이라고 부르기보다는 차라리 ‘미적이지 않아서 불쾌감을 주는 성별unaesthetic sex’이라고 부르는 게 타당할 것이다. 음악에서든 시에서든 또 미술에서든 간에 그들은 그 어떤 진정한 감각과 감수성도 가지고 있지 않다. 그런데 만일 혹시라도 그런 게 조금이라도 있다면 그것은 그들이 남을 기쁘게 해주고 싶다는 욕망을 갖고 있어서 그저 흉내만 내는 것일 뿐이다."[23]

객관적인 과학자들이라면 세상을 편견 없이 판단할 수도 있지 않았을까? 그러나 초기 신경과학자인 프랑스의 피에르 폴 브로카(뇌의 특정 영역이 그의 이름을 따서 '브로카 영역'이라고 명명됐다)는 1862년에 "여성보다 남성의 뇌가, 평범한 사람보다 비범한 사람의 뇌가, 열등한 인종['아프리카' 출신을 의미]보다 우월한 인종의 뇌가 크다"[24]고 선언했다. 브로카가 틀렸다. 뇌의 크기를 결정하는 가장 큰 요인은 성별이나 인종이 아닌 신체 크기로 판명됐다. 또 저명한 이론물리학자였던 스티븐 호킹도 2005년에 했던 다음 말은 하지 않는 편이 좋았다.

"여자는 언어와 인간관계 그리고 여러 가지 일을 동시에 하는 능력 등에서 남자보다 뛰어나지만, 지도를 읽는다든가 공간을 지각하는 데서는 남자보다 처진다. 그러므로 여자는 남자보다 수학과 물리학을 못할 수밖에 없다는 추론이 전혀 엉터리만은 아니다."[25]

같은 해에 경제학자이자 하버드대학교 총장을 역임했던 로렌스 서머스도 말실수로 곤욕을 치렀다. 생물학적인 차이로 인해서 남자가 여자보다 수학과 과학 분야에서 월등하게 뛰어날 수밖에 없으며, 그러므로 학계에 있는 여자들에게 가해지는 차별이 아무런 문제가 되지 않는다고 주장했다가 엄청난 물의를 일으킨 것이다.[26] 이 일로 서머스는 사임 압력을 받았고, 결국 사임해야만 했다.

심지어 알베르트 아인슈타인도 자기가 살던 시대의 패러다임을 넘어서서까지는 생각하지 못했음을, 그가 여자의 역량에 대해 일말의 의혹을 가지고 했던 다음 1920년 발언에서 알 수 있다.

"다른 모든 분야에서와 마찬가지로 과학에서도 여자가 좀 더 쉬운 길을 걸어갈 수 있도록 배려해야 한다. 이렇게 했을 때 나타나는 결과는 다소 부정적일 것이라고 생각한다. 하지만 그렇다고 해서 내 말의 의도를 나쁘게 받아들여서는 안 된다. 나는 그저 여자가 천성적으로 타고난 한계를, 남자에게 하듯 여자에게 똑같은 기대해서는 안 된다는 그 한계를 언급할 뿐이다."[27]

어쩌면 우리는 동시대인의 성차별적이며 잘못된 의견을 설명하려고 했던 아인슈타인의 (정확하게는, 아인슈타인이 했다고 알려진) 다음 발언에 주목해야 할지도 모른다.

"어리석음과 천재성의 차이점은 천재성에는 한계가 있다는 것이다."

그렇지만 어리석음은 시대를 초월한다.

⬥ 편견에 가려진 그들의 잠재력

인류의 절반이 지니고 있는 지적 잠재력을 무시하는 어리석음, 시간을 초월하는 이 어리석음이 우리 문화에 깊이 뿌리를 내리고 있음은 분명하다. 유대인과 기독교 저술가들이 번역한 내용에 따르면 《창세기》에서 이브는 "남자에게서 떼어낸 일부로 만들어졌고be formed out of man" 또한 만물의 어머니지만 죄인이며 남자를 유혹하는 존재다. 힌두교에서는 어떤가. 기원전 2세기의《마누법전》에 따르면 여자는 독립적인 존재가 아니며 여자는 모두 자기 아버지나 남편의 통제 아래서 살아간다. 고대 유교주의에서도 비슷한 맥락에서 남자와 여자의 성적 차별을 토대로 한 위계적인 사회질서를 주장했다. 서구의 주요 세 종교인 유대교와 기독교 그리고 이슬람교는 전통적으로 예배 시간에 여자를 남자와 분리해서 높이 마련된 제단이나 가운데 쪽 기도자 자리를 여자가 차지하지 않도록 했다.

세계에서 규모가 가장 큰 이 종교들을 지탱하는 법을 누가 정했을까? 두말할 것 없이, 서구에서 대학교, 전문학교, 미술학교, 음악학교 등을 포함한 교육 제도와 관련된 법률을 제정한 남성 권위자들이었다. 역사적으로 글을 읽고 쓰는 교육의 기회는 남자만 누렸으며, 오로지 남자만이 대학교에 입학했다. 여자가 대학교에서 최초로 학위를 받은 것은 1678년 이탈리아 파도바대학교에서였다. 바흐는 1723년에 라이프치히로 이사했는데, 이는 여러 아들에게 자유로운 대학교 교육을 시키기 위해서였다. 그러나 그의 여러 딸은 이런 교육의 혜택을 받지 못했다. 그로부터 150년쯤 뒤에 독일에서 여자도 대학교 강의를 들을 수 있게 됐지만, 이때도 조건이 붙어 있었다. 여자는 커튼 뒤에서만 강의를 들어야 했다. 1793년에는 여자도 파리음악학교에 입학할 수 있었지만, 건물을 출입할 때 별도의 문을 사용해야 했다. 또 악기는 다룰 수 있었지만 작곡은 허용되지 않았다. 작곡은 창의성이 요구되는 분야라 여자는 그럴 깜냥이 되지 않는다는 게 이유였다.

영국의 왕립 미술원인 로열아카데미는 1768년 런던에 설립됐는데, 이때 로열아카데미에는 여성 회원 두 명이 포함돼 있었다. 메리 모서와 앙겔리카 카우프만이었다. 그런데 그 뒤에 또 다른 여성 회원이 선출된 건 무려 1936년이 되어서였다. 여성 화가들은 1897년이 돼서야 국영 파리미술학교에 입학할 수 있었으며, 그때도 런던에서와 마찬가지로 드로잉 수업에 필수적이며 그림의 근본이라고 할 수 있는 누드 해부 강좌는 들을 수 없었다.[28] 또한 그림을 그리려면 꼭 가봐야 하는 여러 장소에 여자는 접근할 수도 없었다. 19세기 동물 화가들 가운데서 사실적이고 세부적인 묘사로는 프랑스의 로사 보뇌르(1822 – 1899)가 가장 유명하지 않을까 싶다.[29] 그러나 그녀에게는 한 가지 문제가 있었다. 대상을 정확하게 묘사하려면 마구간이나 도축장에 자유롭게 드나들 수 있어야 했지만 여자는 그런 곳에 접근이 허용되지 않았다. 그래서 그녀는 당시 여자들이 입던 긴 치마를 벗고 바지를 입어야 했다. 이에 대해 그녀는 다음과 같이 썼다.

"나로서는 달리 방법이 없었다. 내가 속한 성별 집단이 입는 옷이 문제임을 깨달았던 것이다. 내가 경찰국장에게 남자 옷을 입을 수 있도록 허락해달라고 요청한 이유도 바로 여기에 있다."[30]

여자는 바지를 입을 수 없었다. 영국과 미국에서 여자에게 투표권이 주어진 해는 각각 1918년과 1920년이다. 마리 퀴리래도 1880년대였다면 폴란드 대학교에서 과학이든 뭐든 그 어떤 연구도 할 수 없었을 것이다. 명성 높던 에든버러대학교도 1889년이 돼서야 여자를 입학시켰다. 1960년을 기준으로 했을 때 하버드대학교에 여자 정교수는 딱 한 명이었고, 예일대학교와 프린스턴대학교에는 그나마 한 명도 없었다.[31] 예일대학교와 프린스턴대학교는 1969년에 여자의 대학원 진학을 허용했다. 또 여자는 1960년대 초반에 래드클리프칼리지에 등록한 다음 이

칼리지의 학생 자격으로 하버드대학교의 강의를 들을 수 있긴 했지만, 하버드대학교가 이 자매 학교를 공식적인 부속 단과대학으로 통합한 시점은 1999년이었다. 그리고 예일대학교와 프린스턴대학교가 남녀공학으로 전환한 1969년에 하버드대학교의 신입생 학장이던 프랜시스 스키디 폰 스테이드는 다음과 같이 천명했다.

"간단히 말해, 교육을 많이 받은 여성이 가까운 미래에 우리 사회에 놀랍도록 크게 기여하리라고는 보지 않는다. 내 의견으로는, 여자들은 결혼을 하고 그리고/혹은 아이를 낳고는 도중에 그만두고 만다. 결국에는 여자로서 현재 자기가 하고 있는 역할까지도 제대로 하지 못할 것이다."[32]

당시 그의 이런 발언을 문제 삼은 사람은 아무도 없었던 것 같다. 적어도 활자화된 글로는 아무도 문제 삼지 않았다. 교육받지 않은 여자는 남자 보증인이 없이는 금융 관련 업무를 처리할 능력이 없고 대출을 하거나 신용카드를 만들거나 혹은 창업할 수도 없다고 여겼다. 현재 플로리다 남서부 지역에서 연간 20억 달러 규모의 매출을 기록하는 부동산 회사를 운영하는 마이클 샌더스는 1972년에 사업자금 대출을 신청했다가 해당 은행이 신청자 마이클이 여자임을 알고는 이미 승인했던 대출 건을 취소한 일도 겪었다. 같은 해에 미국 의회는 이런 성차별을 없애기 위해서 인종, 성, 나이 등을 신용도 산정에 넣지 못하도록 규정하는 신용기회평등법Equal Credit Opportunity Act을 의결했다. 그러나 OECD의 호세 앙헬 구리아 사무총장은 2018년의 〈반反편견 보고서〉 결론 부분에서 "우리는 지금 수백 년 동안 끈질기게 이어온 전통 및 문화를 상대로 싸우고 있다"[33]라는 씁쓸한 결론을 내렸다.

뿌리 깊은 문화적 편견은 재능 넘치는 수많은 여성의 창의적인 경력을 압살해왔다. 신출내기 작곡가 파니 멘델스존의 아버지는 딸이 열다섯 살이던 1820년에 딸에게 다음과 같이 명령했다.

"네가 자신의 음악 작업과 관련해서 또 그리고 (유명한 작곡가이자 네 남동생인) 펠릭스의 작업과 비교해서 나에게 쓴 글의 내용은 제대로 생각하고 또 표현한 것이었다. 그러나 펠릭스에게는 음악이 거의 직업이 되겠지만 너에게 음악은 네 존재의 핵심적인 부분이 아니라 그저 하나의 장식물밖에 되지 않을 수 있고 또 틀림없이 그렇게 될 것이다. (…) 너는 앞으로 한층 더 꾸준하게 집중해서 너의 진정한 소명이자 젊은 여성의 유일한 소명인 주부가 되기 위한 준비를 철저히 해야 할 것이다."

스물두 살의 클라라 슈만은 습관적인 자기 의심에 내몰려서 1839년에 다음과 같이 말했다.

"한때 나는 내게 창의적인 재능이 있다고 믿었다. 그렇지만 지금 나는 이 생각을 버렸다. 여자로 태어났다면 작곡을 하겠다는 소망을 처음부터 아예 갖지도 말아야 한다. 지금까지 그렇게 할 수 있었던 여자는 한 명도 없었다. 이런 상황에서도 내가 작곡가가 되겠다는 생각을 계속해야 할까?"[34]

오스트리아의 유망한 작곡가였던 알마 말러는 남편 구스타프로부터 1902년에 "작곡가는 나의 역할이고, 당신의 역할은 사랑스러운 동반자가 되는 것이오"라는 말을 들었다. 결국 두 사람의 결혼은 깨졌고, 좌절한 알마는 "내가 나 자신을 찾도록 누가 나를 좀 도와주시오! 나는 주부라는 수렁에 빠지고 말았다오!"[35]라고 외쳤다.

남편 레오 톨스토이와 열세 명의 자녀를 감당해야 했던 소피아 톨스토이는 창작의 열망이 "부서지고 억눌리는" 것을 지켜봤다. 그녀는 남편의 소설《전쟁과 평화》원고를 일곱 번이나 편집하면서 필사했지만 자기 자신의 창의적인 결과물은 아무것도 남기지 않았다.

> 나는 40년 가까운 세월 동안 한 천재를 위해서 봉사해왔다. 지적인 에너지 그리고 배우고 싶다는 갈망 및 음악과 미술에 대한 사랑 등 온갖 종류의 욕망이 내 안에서 소용돌이치는 것을 느껴왔다. (…) 그러나 번번이 나는 이런 욕망을 깨부수고 또 억눌렀다. (…) 모두가 내게 묻는다. "당신 같은 가치 없는 여자에게 왜 지적이고 예술적인 삶이 필요한가?" 이 질문에 나는 이렇게밖에 대답할 수 없다. "나도 모르겠다. 그러나 위대한 천재에게 봉사하기 위해서 그런 삶을 영원히 억누르고 포기하는 것은 기대한 불행이다."[36]

많은 여성 천재가 수백 년 동안 사람들의 눈에 보이지 않게 가려졌다. 남자들이 이런 여자를 역사 기술에서 배제했기 때문이다. 이집트의 파라오 핫셉수트는 기원전 1479년부터 1458년까지 이집트를 다스렸으며, 이집트를 연구한 미국의 역사학자 헨리 제임스 브레스테드는 그녀를 가리켜서 "우리가 알고 있는 역사상 최초의 위대한 여성"[37]이라고 일컫는다. 20년을 재위하는 동안 그녀의 조각상이 엄청나게 많이 제작됐기에 전 세계의 주요 박물관은 저마다 그녀의 조각상을 소장하고 있다. 그런데 그녀가 죽은 직후 그녀와 관련된 기록은 이집트 역사에서 체계적으로 지워졌다. 그녀의 조각상은 파괴됐으며, 그녀와 관련된 명문銘文들은 지워졌다. 전통에 따라서 섭정 여왕 역할을 한 게 아니라 직접 파라오가 되어 이집트를 다스렸다는 것이 그녀의 죄였고, 바로 이런

[자료 1] 핫셉수트 스핑크스의 머리 부분. 턱수염이 있으며, 이집트 북쪽 테베에 있는 디르 엘 바흐리의 폐허에서 1926년부터 1928년까지 진행됐던 발굴 현장에서 발견 됐다. 이 조각상은 기원전 1479년에서 1458년에 만들어진 것으로 추정되며 무게는 7톤이 넘는다. (뉴욕 메트로폴리탄미술관)

이유로 파괴적인 반동이 유발됐다고 역사가들은 주장한다. 1920년대가 돼서야 비로소 고고학자들은 과거에 파괴됐던 여러 증거를 발견하고 복원했다.[38] 지금은 뉴욕 메트로폴리탄미술관의 핫셉수트 사원Temple of Hatshepsut에서 화려하고 남성적인 핫셉수트의 온전한 모습을 볼 수 있다.([자료 1]) 그러나 당시에 아무리 가짜 수염을 달았다 한들 그것만으로 여성의 명성을 파멸에서 구하기에는 충분치 않았다.

중세 독일의 수녀였던 힐데가르트 폰 빙엔(1098 – 1179)은 성인聖人이 아니었다. 적어도 곧바로 성인 대접을 받지는 못했다. 대신 그녀는 레오나르도 다빈치보다 훨씬 이전에 존재한 박식한 중세 '르네상스인'이었다. 설교자, 시인, 화가, 정치인, 신학자, 음악가, 생물학을 공부하는 학생, 동물학자, 식물학자, 천문학자… 힐데가르트 폰 빙엔은 이 모든 것에 해당됐다.[39] 그녀는 네 명의 교황과 서신을 주고받았으며 (그녀는 그 가운데 한 사람을 멍청이라고 불렀다) 교회의 권위를 내세우는 사람들과 맞서서 싸웠는데, 그들은 그녀를 파문하면서까지 그녀의 입을 막으려고 애썼다. 그녀가 죽고 수백 년이 흐르는 동안 그녀는 사람들의 기억에서 지워졌다. 그러나 1980년대 초에 여성을 연구하는 여러 프로그램 및 페미니즘 비평이 등장하면서 중세의 선지자라는 힐데가르트의 명성이 복원됐다. 2012년에 교황 베네딕트 13세는 그녀를 교회 박사Doctor of the Church라는 성인으로 추서했는데, 이로써 그녀는 전체 서른다섯 명의 교회 박사 가운데서 네 번째 여성 교회 박사가 됐다.

익명성의 늪에서 되살아난 또 한 명의 여자 천재가 있다. 바로 이탈리아 화가 아르테미시아 젠틸레스키(1593 – 1656)다. 그녀의 여러 작품은 수백 년 동안 남자 화가들의 작품으로 여겨졌다. 그 남자 화가에는

그녀의 아버지 오라치오와 나폴리의 화가 베르나르도 카발리노(1616 –
1656)가 포함돼 있었다.[40] 그처럼 극적이고 격정적인 그림이 여자의 작
품임을 후원자들은 아마도 믿지 않았을 것이다. 그러나 여기에는 숨은
이야기가 전해진다.

10대 소녀였던 젠틸레스키는 교사이자 멘토이던 화가 아고스티노
타시에게 강간을 당했다. 이 사건은 재판에 회부됐고, 젠틸레스키는 신
체검사를 받는 모욕을 당했으며 결백함을 입증하기 위해 손가락을 으깨
는 도구로 고문까지 받아야 했다.[41] 결국 가해자가 유죄 판결을 받긴 했
지만 아무런 처벌도 받지 않았고, 피해자인 젠틸레스키는 순결을 잃었
다는 낙인만 찍혔다. 그 뒤 수십 년간 그녀가 그린 그림은 성폭행 행위
및 성폭행에 대한 여자의 복수([자료 2])를 묘사하는 데 초점이 맞춰졌
다. 지금은 많은 사람이 아르테미시아 젠틸레스키라는 화가를 최고 수
준의 천재라고 여기지만, 당대에 그녀는 남자의 세계를 묘사하며 그 세
계에 도사린 음험한 위험을 경계하는 보기 드문 화가로, 호기심의 대상
일 뿐이었다. 심지어 오늘날에도 그런 유산은 여전히 이어지는데, 그녀
는 자기가 그린 그림의 수준이 아니라 자기가 경험했던 어두운 뒷얘기
로 기억되어 '미투#MeToo 화가'로 알려져 있다.

아무런 명예도 누리지 못한 채 버림받고 무시당한 불행한 여자 천
재의 사례는 역사 속에서 수도 없이 많다. 수학자 에이다 러브레이스
(1815 – 1852)는, 19세기의 계산기가 단지 수학이나 숫자를 위해서만 사
용되는 게 아니라 상징(예를 들면 단어, 논리적인 생각 그리고 심지어 음악까지
도)으로 표현될 수 있다면 뭐든 저장하고 조작할 수 있음을 남자와 여자
를 통틀어서 최초로 깨달았다. 말하자면 '생각하는 기계'를 예언했던 것

[자료 2] 〈홀로페르네스의 목을 베는 유디트〉(1611 – 1612). 아르테미시아 젠틸레스키 특유의 강렬하고 극적인 표현으로 가득 찬 이 그림에서 볼 수 있듯이 천재는 전통의 경계를 허물어뜨린다. 여기서 유디트는 아시리아의 장군 홀로페르네스에게 복수를 한다. (이 이야기는 경전《유딧기》에 담겨 있다.) 이 그림은 젠틸레스키가 30년에 걸쳐서 홀로레르네스의 목을 베는 장면을 묘사했던 다섯 개 작품 가운데 첫 번째 작품이다.

이다. 영국의 천재 시인 바이런의 딸이었던 에이다는 스스로를 수학에 있어 "천부적인 천재"라고 불렀다. 오늘날 그녀는 최초의 컴퓨터 프로그래머로 인식되지만, 서른여섯 살이라는 이른 나이에 자궁암으로 사망함으로써 그녀의 천재성은 온전하게 실현되지 못했다.[42] 로절린드 프랭클린(1920-1958)은 영국의 화학자이자 엑스레이 결정학자crystallographer로, 그녀의 엑스레이 사진들은 DNA의 이중나선구조를 파악하는 데 결정적으로 기여했다. 이 사진들은 그녀의 남자 동료들이 찍었고, 노벨상은 그녀가 아닌 그 동료들에게 돌아갔다. (프랭클린에 대한 보다 상세한 내용은 11장을 참고하기 바란다.)

리제 마이트너(1878-1968)는 오스트리아 출신의 물리학자로, 원자번호 109번 원소인 마이트너륨은 그녀의 이름을 따서 명명됐다. 그녀와 오토 한은 1938년부터 1939년에, 원자폭탄을 가능케 한 과학인 핵분열 과정을 발견했다. 그러나 1944년에 화학 부문 노벨상은 오토에게만 돌아갔다.[43] 팀 버튼 감독의 영화 〈빅 아이즈〉(2014)가 다룬 내용이기도 한데, 화가 마거릿 킨(1927-현재)의 대리인이자 남편인 월터는 그녀의 독특한 표현 스타일을 가로챘다. 수십 년이 지난 뒤에 그녀는 소송을 제기했고, 캘리포니아의 판사는 두 사람에게 '커다란 눈의 소녀'를 직접 그려보라고 명령했다. 이렇게 해서 그녀의 독특한 표현 스타일인 '눈이 크고 비쩍 마른 사람'의 실질적인 창작자가 그녀임이 입증됐다. 판사는 그녀에게 400만 달러를 지급하라고 월터에게 명령했지만, 그 무렵 그는 이미 그녀의 그림을 팔아서 번 돈을 모두 탕진하고 난 뒤였다.[44]

돈은 성별과 상관없이 인간의 성취와 업적에 있어 위대한 조력자다. 버지니아 울프가 말했듯이 돈은 기회를 대표한다. 여자는 노동의 양과 질을 동일하게 제공하고도 남자보다 적은 돈을 받았기에 돈과 관련된 기회를 남자보다 덜 누려왔음을 우리는 잘 안다. 1955년에 남자가 1달러를 벌 때 여자는 65센트밖에 벌지 못했다. 2006년에는 이 격차가 1달러당 80센트로 줄어들었지만 그 이후로는 좁혀지지 않고 있다.[45] 미국 여자축구 국가대표팀이 2019년에 미국축구협회에 동일한 임금을 요구하며 소송을 제기했으며,[46] 또 할리우드에서 남녀의 동등한 임금을 요구하는 타임즈업#timesup 운동이 2019년 골든글로브 수상식장에서 관심을 끌었다. 그러나 전 세계의 개별 인종집단 내에서 여자가 남자보다 적게 번다는 사실은 변함없다. 어쩌면 천재들에게 더 중요한 사실일지도 모르는데, 미국 전체 스타트업 가운데 여자가 창업한 스타트업 비율은 겨우 17퍼센트밖에 되지 않으며, 이들에게 투자되는 벤처투자금은 전체 가운데 2.2퍼센트밖에 되지 않는다.[47]

가수 아레사 프랭클린(1942-2018)은 여성이 역사적으로 차별으로 인해 덜 받은 어떤 것, 즉 '존중'에 대한 노래를 불렀다* 2018년에 〈뉴욕타임스〉는 1851년 이후로 부고 기사의 압도적 다수가 남자에 대한 기록이었다는 사실을 사죄하기 시작했다. (약 80퍼센트인 그 비율은 지금도 여전하다.)[48] 어떤 사람이 업적을 거뒀다면 그에 상응하는 인정이 돌아가도록 하기 위해(또한 결과적으로 더 많은 여성 롤모델이 나타나도록 하기 위해서) 〈뉴욕타임스〉는 '간과되었던 인물들Overlooked'이라는 프로젝트를 시작했다. 소설가 샬럿 브론테, 브루클린 다리 건설을 감독한 건축가 에밀

---

* 그 노래 〈리스펙트〉는 지금까지도 아레사 프랭클린을 대표하는 곡이자 여성운동을 대변하는 곡이 됐다.

리 로블링, 시인 실비아 플라스 등처럼 자신들이 무시하고 간과했던 천재들의 기념비적인 작품을 본격적으로 다루는 프로젝트였다. 또한 출판계와 영화계에서도 비슷한 프로젝트를 시작했는데, 예를 들어서 베스트셀러《히든 피겨스》는 2016년에 영화로도 제작돼 큰 성공을 거뒀다. 이런 움직임은 노골적으로든 은밀하게든 간에 문화적인 편견에 경종을 울리고 또 그 편견을 떨쳐내길 촉구한다.

◊ 우리의 인식부터 바꿔야 한다

우리 눈에 보이지 않게 감춰진 또 다른 사실이 있다. 여자 스스로가 남자가 가진 편견과 똑같은 관점으로 여자를 바라본다는 것이다. 《2016년 대통령선거에서의 성과 젠더》의 저자들은 남자들 다수가 권력을 추구하는 여성을 까칠하게 바라보는데, 여자들 가운데서도 30퍼센트가 똑같은 시선을 가지고 있다는 사실을 입증했다.[49] 독일의 하인리히-하이네-대학교에서 2019년에 발표된 논문〈여성 지도자들을 향한 편견: 간접 질문 접근법을 통한 고찰〉은 실험 참가자 1,529명을 테스트했다. 공개적으로 질문했을 때 여자의 10퍼센트, 그리고 남자의 36퍼센트가 여성 지도자에 대해서 편견 어린 견해를 가지고 있는 것으로 드러났다. 그런데 비밀 보장을 확실하게 전제한 다음에는 이 수치가 28퍼센트와 45퍼센트로 각각 늘어났다.[50] 연구자들은 또한 이 실험에 참가한 여자들이 다른 여자들에 대해 편견을 갖고 있을 뿐만 아니라 대개 자기가 그런 편견을 가지고 있다는 것조차 인식하지 못한다는 사실을 확인했다. 심리학자들은 자아인식과 현실 사이의 이 불일치를 '암묵적 편견', '무의식적인 편견' 혹은 '맹점 편견'이라고 부른다.[51] 2010년에 발표한 미국대학여성협회의 보고서 〈과학, 기술, 공학 그리고 수학 분야의 여성은 그 수가 왜 그렇게 적을까?〉는 여자와 남자가 모두 갖고 있는 이러한 맹점 편견은 그 존재 자체를 인식하지 않기 때문에 근절하기가 한층 어렵다고 했다.[52]

2장 첫머리에서 소개했던 캐서린 니콜스의 실험을 기억하는가? 여성 출판대리인은 남자 이름으로 발송된 원고를 검토하는 것을 압도적으로 선호했다. 2012년에 예일대학교의 심리학자들이 127명의 남녀 과학 교수를 상대로 편견 실험을 했는데, 연구자들은 이들에게 과학 실험실 관리자로 임명할 지원자의 지원서를 검토하라고 했다.[53] 그런데 동일한 지원서를 어떤 집단에게는 남자 지원자의 이름으로, 또 어떤 집단에게는 여자 지원자의 이름으로 기입해 보여줬다. 교수들은 남자 이름의 지원서를 선호했다. 교수들은 남자 지원자가 해당 직무에 더 합당하다고 판단했을 뿐만 아니라 더 높은 임금을 줄 가치가 있다고, 또 멘토링의 질이 더 좋을 것이라고 판단했다. 그런데 때로는 여자가 여자에게 더 강한 편견을 갖기도 한다. 2013년에 하버드대학교의 두 연구자 마자린 바나지와 앤서니 그린왈드는, 직장 및 가정에 있는 여자에 대한 태도를 조사하는 〈성별과 직업 관련 내재적 연관 검사〉 결과를 발표했는데,* 남자 집단의 75퍼센트가 여자가 있어야 할 자리와 관련해서 충분히 예측할 수 있는 고정관념을 갖고 있었고, 여자 집단에서는 이 수

---

* 내재적 연관 검사(IAT)는 무의식적인 인식을 테스트하는 검사다.

치가 80퍼센트로 남자 집단보다 오히려 더 높게 나타났다.[54]

　군이 이런 이야기를 하는 이유는 비난의 초점을 여자에게로 옮김으로써 남자에게 면죄부를 주려는 게 아니다. 오히려 그 반대다. 위에서 언급한 연구들은 남자들이 성별과 관련된 편견을 얼마나 효과적으로 사람들의 무의식 속에 심어뒀는지를 잘 보여준다. 역사적으로 볼 때 성별이나 천재성과 관련된 담화를 포함해서 대부분의 일을 남자들이 통제해왔다. 만일 현재 여자가 대세를 바꿀 지도자는 키가 크고 힘이 센 그리고 서류 가방을 들고 다니는 백인 남자여야 한다고 남자와 마찬가지로 그렇게 믿는다면, 이런 상황에 대해서 비난받아야 할 사람은 과연 누구일까?

　왜 우리는 성별에 따라 천재성이 다르게 나타난다는 사실에 의문을 품을 수밖에 없을까? 성별로 인한 차이가 정말 있기나 할까? 찰스 디킨스가 정말로 루이자 메이 올컷보다 문학적인 천재성을 더 많이 갖고 있었을까? "천재는 99퍼센트의 노력으로 이루어진다"는 말로 유명한 토머스 에디슨은 온갖 위험한 조건 아래에서 여러 해 동안 그토록 많은 양의 우란광을 휘젓는 노력을 아끼지 않았던 마리 퀴리보다 정말로 더 강인한 끈기를 가졌을까? 끈기를 강조하는 대명사가 어째서 퀴리가 아니라 에디슨일까? 실제로 성공의 조건으로 끈기를 다루는 앤절라 더크워스의 인상적인 베스트셀러《그릿》(2016)은 퀴리를 전혀 언급하지 않으며 또한 '여성과 끈기'는 찾아보기 목록에도 넣어두지 않았다. 여성의 이 탁월한 습관이 어째서 우리에게 보이지 않게 감춰졌을까? 여자가 천재가 되고 또 천재로 인정받으려면 남자보다 더 많은 끈기를 필요로 한다는 점은 역사적으로 증명됐다.

노벨 문학상 수상자인 토니 모리슨은 이를 잘 알고 있었다. 그녀가 한창 바쁠 때 어떻게 살았는지 다른 노벨 문학상 수상자인 어니스트 헤밍웨이의 일상과 비교해보자. 1965년에 모리슨은 뉴욕 퀸스의 작은 월세방에서 싱글맘으로 살았다. 그녀는 새벽 4시에 일어나서 글을 썼고, 두 아들을 맨해튼에 있는 학교에 태워다준 다음 역시 맨해튼에 있던 출판사 랜덤하우스에 출근해서 일했다. 그리고 퇴근해서는 두 아이를 집으로 데리고 왔다. 아이들을 재운 뒤에는 다시 일을 시작했다. 한편 어니스트 헤밍웨이에게는 1931년에 어떤 부자가 키웨스트섬에서 가장 크고 가장 고급인 저택을 줬다. 헤밍웨이는 그 집에 딸린 별채에서 글을 쓰면서 오전 시간을 보내고 오후에는 낚시를 했다. 2019년에 〈가디언〉은 작가 브리짓 슐트가 쓴 글을 실었는데, 이 글의 제목이 내용을 압축적으로 보여준다. '여자의 가장 큰 적은? 자기만의 시간 부족이다.' 여자가 창작에 필요한 시간을 내려면 남자보다 한층 더 많은 끈기를 발휘해야 한다.[55]

　그렇다면 오늘날의 고용주 및 남편들에게 이것은 무엇을 의미할까? 그들은 남자가 누리는 것과 동일한 공간과 동일한 임금, 그리고 또 어쩌면 가장 중요한 요건일 수 있는 동일한 시간을 여직원 및 아내에게 제공해야 한다. 또 아이의 행복과 미래의 성공을 바라는 부모에게는 무엇을 의미할까? 이제 부모는, 한때 유행했던 '나는 집안일을 하기에는 너무 예뻐요, 그래서 오빠가 나 대신 집안일을 해요'라는 문구가 적힌 티셔츠를 딸에게 입히는 일을 그만둬야 한다. 그들은 또한 한층 더 미묘한 방식으로 성별 고정관념을 반복하지 않도록 조심해야 한다. 〈뉴욕타임스〉에 실린 최근 기사 '구글, 나에게 말해줘, 내 아들이 천재일까?'

는 오늘날 부모가 온라인에서 "내 아들이 천재일까?"라는 질문을 "내 딸이 천재일까?"라는 질문보다 2.5배 더 많이 하고, 또 "내 딸이 비만일까?"라는 질문을 "내 아들이 비만일까?"라는 질문보다 두 배 더 많이 한다고 지적했다.[56] 그러므로 현재 천재에 대한 편견 비율은 2.5 대 1로 여성에게 명백하게 불리하다고 할 수 있다. 이 게임은 이미 오래전에 조작됐으며 지금까지 그대로 유지되고 있다. 왜냐하면 보이지 않게 숨어 있는 문화적 편견은 심지어 진보적인 현대적인 부모들조차도 포착해서 폐기하기 어렵기 때문이다.

마지막으로 통계수치를 하나만 더 소개하겠다. 심리학자 딘 키스 사이먼턴은 《위대함: 누가 역사를 만들고 또 그 이유는 무엇일까?》에서, 여자 천재 한 명을 알아볼 때마다 남자 천재 열 명을 알아볼 수 있다고 했다.[57] 만일 이것이 사실이라면, 스무 명의 잠재적인 천재 가운데서 아홉 명이 성별에 따른 편견 때문에 천재성이 압살된다는 뜻이다. 만일 당신이 어떤 회사를 운영하고 있는데 (이 회사의 이름을 '인간의 잠재력 회사'라고 하자) 이 회사에서 일하는 천재 가운데서 스무 명에 아홉 명꼴로 역량이 충분하게 개발되지 않았다면, 과연 이 회사는 얼마나 똑똑할까? 아인슈타인이 주장했던 것처럼 어리석음이 정말 영원히 지속돼야 할까?

어리석은 습관을 깨뜨리려면 행동이 필요하며, 인식을 함양하는 데서부터 시작해야 한다. '잃어버린 아홉 명'이 성별에 따른 편견 때문에 실종됐음을 이해해야 한다. 유전적인 재능이 부족해서가 아니라 문화가 원인임을 이해해야 한다. 여자에게도 남자와 똑같이 천재의 감춰진 습관이 있으며, 어쩌면 남자보다 조금 더 끈기가 강하다는 것을 이해해야 한다. 자, 이 지점에서 당신이 집에서 아들과 딸에게 각각 과제나 성취 같은 것에 대해 어떻게 얘기하는지, 그런 얘기를 할 때의 의도와 관심이 무엇인지 곰곰이 생각해보라. 마지막으로, 만약 당신이 이 책 가운데 어느 한 장만 친구나 동료나 가족 구성원에게 소개해야 한다면, 꼭 이 2장을 소개하기 바란다.

영재가 천재가 될 수 없는 이유

_영재라는 환상

2004년에 〈60분 60 Minutes〉＊은 작곡 능력이 비범한 열두 살 소년 제이 그린버그를 다룬 특집 코너를 방송했다. 이 방송에서 자기 귀에 들리는 음악의 악보를 적으려고 컴퓨터 앞에 앉아 있던 소년은 진행자 스콧 펠리에게, 마치 머릿속을 흐르는 듯한 교향곡 다섯 곡을 기적처럼 작곡했다고 말했다.

"이미 작곡된 작품처럼 매끄럽게 그 음악이 연주되는 소리를 들었어요. 사실은 지금 방금 작곡한 것인데 말이에요."

유명한 음악대학인 줄리아드 음악대학교의 교수인 새뮤얼 자이먼 교수는 이 방송에 출연한 그린버그에 대한 후속 보도에서 "우리는 지금 역사상 가장 위대한 작곡 천재 중의 천재에 대한 이야기를 하고 있습니다. 모차르트나 멘델스존이나 생상과 동급인 그런 천재 말입니다"라고

＊ 미국 CBS 방송국의 시사 보도 프로그램.

논평했다. 얼마 뒤에 또 다른 천재인 바이올린 명연주자 조슈아 벨이 그린버그에게 협주곡을 써달라고 요청했고, 이 협주곡은 런던심포니 오케스트라의 연주로 녹음됐다. 그린버그가 현대판 모차르트라는 사실에 모두가 다 동의했다.

또 다른 음악 신동이 있다. 2017년에 〈60분〉은 영국의 음악 신동 알마 도이처를 다룬 내용을 방송하면서 열두 살의 이 소녀를 모차르트와 비교했다.[1] 도이처는 모차르트가 그랬던 것처럼 태어나고 얼마 지나지 않아서 모든 음계의 음부를 알아맞혔으며, 네 살 때는 작곡을 했으며, 열두 살에는 오스트리아의 도시 빈을 위한 오페라를 작곡했다.[2] 아닌 게 아니라 이 오페라 〈신데렐라〉는 모차르트의 음악과 매우 비슷하게 들린다. (이 오페라의 발췌 동영상은 유튜브에서도 볼 수 있다.) 그런데 사람들은 천재라고 할 법한 그린버그와 도이처를 왜 모차르트와 비교할까? 모차르트가 기준이기 때문이다.

1756년 1월 27일, 레오폴트 모차르트와 그의 아내 안나 마리아(결혼 전의 성은 '페르틀')는 아들 요하네스 크리소스토무스 볼프강구스 테오필루스 모차르트의 세례식에 참석했다.[3] 모차르트는 나중에 그리스어에서 유래된 '테오필루스'라는 이름을 포기하고 프랑스어식의 '아마데' 혹은 라틴어식의 '아마데우스'를 선택했는데, 이 말의 뜻은 '신의 사랑'이다. 유전적으로 보면 바꾼 이름이 맞았던 것 같다. 성스러운 음악적 재능을 신의 사랑으로 타고났기 때문이다. 그의 집안은 그에게 이르기까지 네 세대에 걸쳐서 음악을 했다. 그리고 모차르트의 두 아들까지 아버지의 뒤를 이어서 음악가로 살았으니 다섯 세대가 음악가로 살았던 셈이다. 그런데 그의 두 아들은 모두 자손을 남기지 않았다.[4] 하지만 모차르트에게 이렇게 음악적 유전자를 물려줬던 쪽은 친가가 아닌 외가인 프레틀 집안이었다. 그의 어머니 안나 마리아는 집안의 수준 높은 음악 작업에 참여하지 않았지만, 안나의 아버지와 할아버지는 모두 교회 음악가였다.[5] 한편 레오폴트 모차르트는 독일 아우크스부르크에서 살던 제본 기술자의 아들이었다. 레오폴트는 자기에게 부족하던 음악적 재능을 본인도 인정했듯이 야심으로써 보충하려고 노력했는데, 이 노력은 결국 아들 볼프강을 통해서 실현됐다.

아들 모차르트는 마치 음악에 사로잡힌 사람 같았다. 모차르트보다 다섯 살 많은 누나인 마리아 안나(보통 별명인 '난네를'로 불렸다)의 증언에 따르면, 그는 세 살에 건반을 치며 연주를 시작했으며 3도 화음이 내는 "달콤한" 소리를 발견할 때면 뛸 듯이 좋아했다.[6] 그런데 이 소년은 건반의 달인일 뿐만 아니라 천재적인 재능을 타고난 바이올린 연주자이기도 했는데, 뛰어난 운동 기억력motographic memory (즉 악보에서 음을 정확하게 알아보는 동시에 그 음을 내도록 손가락을 올려놓을 위치를 정확하게 기억하는 능력) 덕분에 직관적으로 연주를 할 수 있었던 것 같다. 하프시코드와 오르간도 마찬가지였는데, 소년은 여섯 살 때 이 악기의 연주를 시작했다. 페달을 밟으려면 선 채로 연주해야 했지만 말이다. 모차르트는 청각 기억력이 탁월했다. 예를 들어서 열네 살 때 2분 길이의 곡(그레고리오 알레그리의 〈미제레레〉)을 처음 딱 한 번 듣고는 곧바로 악보로 옮겼다. 절대음감, 소리에 대한 직관적인 기억력 그리고 절대적인 운동 기억력, 신동 모차르트는 이를 모두 가지고 있었다.

불도저 같았던 아버지 레오폴트는 천재적인 재능을 타고난 아들 볼프강과 역시 남다른 재능을 가졌던 딸 마리아 안나 모차르트를 데리고 유럽의 여러 궁정을 순회하는 콘서트 투어에 나섰다. 레오폴트는 연줄을 동원하고 우아한 행동거지로 왕족 청중들을 사로잡았고, 천재 소년 볼프강은 그들에게 멋진 음악을 선사했다. 왕국의 수장들과 전문 연주자들 그리고 아마추어들은 한결같이 이 소년의 재능에 놀란 입을 다물지 못했다. 잘츠부르크의 한 시민은 볼프강을 두고 "자연과 예술이 빚어낸 영재"라고 불렀다.[7]

◍ 영재에게 매료되는 사람들

'영재prodigy'라는 단어는 넓게 말해서 "자연의 평범한 이치에서 벗어난 놀랍고 신기한 어떤 것"을 연상시키는데, 반드시 나이가 어린 사람에게만 한정되지는 않는다.[8] 갈라파고스섬에 있는 300파운드(약 136킬로그램) 무게의 거북이나 캘리포니아의 4,000년 묵은 삼나무는 자연의 영재인 셈이다. 그렇지만 오늘날 이 단어는 자기 또래의 평균을 훌쩍 뛰어넘어서 성숙한 성인이나 가질 법한 능력을 가진 젊은 사람을 일컫는 말로 사용된다. 피카소는 세 살 때 그림을 그렸고, 존 스튜어트 밀은 여섯 살 때 로마의 역사를 썼으며, 빌 게이츠는 8학년(중학교 2학년) 때 12학년(고등학교 3학년)이 치르는 전국수학시험에서 최고 점수를 받았다.[9] 평범한 사람들에게 이런 재능은 도무지 이해할 수 없는 것이다.

일종의 문화 현상으로서 사람들은 이런 영재들에게 매료된다. 예를 들어서 멘사의 협력을 받아서 제작된 텔레비전 프로그램 〈어린이 천재 Child Genius〉를 보자. 케이블 채널 라이프타임에서 2015년에 처음 방송된

이 프로그램에서 시청자들은 여덟 살에서 열두 살 사이의 아이들이 그 해의 '어린이 천재' 타이틀을 따기 위해서 경쟁하는 모습을 지켜봤다. 이 프로그램에서 어린 참가자들은 (이 아이들의 IQ는 140에서 158까지였다 고 한다) 예외적일 정도로 비범한 기억력과 계산력을 보였다. 라이언은 네 자리 숫자의 곱셈과 나눗셈 계산을 암산으로 했으며, 캐서린은 쉰두 장 카드의 배열 순서를 모두 기억했다. 다른 아이는 특정한 날의 태풍 풍속과 기압을 곧바로 기억해냈다. 이 경연대회의 우승자는 10만 달러 의 장학금을 받았다.

좀 더 최근에는 NBC 방송국이 〈주니어 천재Genius Junior〉라는 프로그 램으로 영재를 찾는 시청자의 욕구를 만족시키려 했다. (이처럼 여러 텔레 비전 프로그램에서 '천재'와 '어린아이'는 동의어나 다름없다.) 이 프로그램에서 는 열세 살 미만의 어린아이 세 명이 한 팀을 이뤄서 우승상금 40만 달 러를 놓고 팀별 경연을 펼친다. 〈어린이 천재〉와 마찬가지로 참가자들 의 예외적으로 비범한 성과는 지리적 위치나 스펠링(여기에서는 스펠링의 역순 배열을 다뤘다) 그리고 수학적인 기술로 측정된다.

이 두 프로그램에 출연한 어린 참가자들의 능력은 엄청나게 인상적 이다. 그러나 이 아이들의 전문성은 특정한 몇몇 분야에 제한되고 여기 에는 수량화와 기억력이 포함되는데, 이런 능력은 정답이라는 형태로 즉각적으로 맞고 틀림을 판정할 수 있다. 사실 영재들의 영재성은 일반 적으로 체스, 수학, 음악, 기억력 등 형식적이며 규칙이 지배하는 영역 에서 맨 처음 드러난다. 그러나 〈어린이 천재〉나 〈주니어 천재〉에 참가 한 아이들은 '천재'라는 단어가 시사하는 바처럼 과연 정말 천재일까? 그렇지 않다. 이 아이들은 그저 영재일 뿐이다.

천재는 존재하지 않던 것을 창조한다는 점에서 영재와 다르다. 천재는 한 사회의 행동과 가치관을 바꾸어놓는 독창적인 생각으로 세상을 변화시킨다. 영재는 단순히 모방만 한다. 영재는 미성숙한 어린 나이에 비범한 능력을 발휘하지만, 자기가 속한 분야의 전위적 위치에 서서 그 분야가 나아갈 방향을 바꾸지는 않는다. 이 아이들이 비록 조숙하긴 하지만 그 능력에는 유효기간이 있다. 이 아이들이 만약 열일곱 살이나 열여덟 살 무렵에 자기만의 창의적인 '목소리'를 개발하지 않는다면, 영원히 그 목소리를 개발하지 못한다.

예를 들어서 첼리스트 요요마를 보자. 요요마는 어린 시절 영재였다. 그의 비범한 연주 실력이 지금 우리에게 커다란 즐거움을 주긴 하지만 그는 자기가 천재가 아님을 인정한다.[10] 그는 작곡가가 아니며, 또한 다른 사람들의 작품을 해석하는 것 말고는 우리에게 아무것도 남겨주지 않을 것이다.

고흐, 세잔, 잭슨 폴락, 안토닌 드보르작, 주세페 베르디, 마이클 페러데이, 토니 모리슨 등 만년에 가서 전성기를 구가했던 그 모든 천재를 생각해보라. 셰익스피어는 모차르트가 죽은 나이인 서른여섯 살 무렵에서야 비로소 창의성의 정점에 다다랐다.[11] 다윈의 천재성은 그의 비범한 끈기에 있었는데, 혁명적인 저서인《종의 기원》을 쉰 살에 내놨다.

몇몇 분야, 특히 관찰과 관련된 과학 분야는 장기간에 걸친 인지와 측정을 토대로 한다. 어떤 점에서 보자면 영재는 '특정 분야에만 제한되는' 특성을 지닌다. 〈어린이 천재〉나 〈주니어 천재〉에 출연했던 열 살짜리 아이들은 수학이나 철자 배열의 귀재일 수는 있어도 자아를 성찰하는 소설은 쓰지 않는다. 그러나 모차르트는 음악이라는 특정 분야에 관한 천부적인 재능을 타고났고 이 재능을 일찍 꽃피웠으며 또 대부분의 다른 영재들과 다르게 뭔가를 창조할 수 있는 드문 능력도 동시에 갖고 있었다.

⬦ 영재와 천재의 차이

순회공연을 다니던 모차르트 가족 이야기로 다시 돌아가자. 그들은 1762년 9월 18일에 잘츠부르크를 떠났고, 1766년 11월 29일에 의기양양한 승리자가 되어 다시 잘츠부르크로 돌아왔다. 무려 4년 넘게 걸린 긴 여행이었다. 그들은 고급스럽게(레오폴트는 '고상하다'는 표현을 썼다) 여행을 했는데, 때로는 말 여섯 마리가 끄는 자기 소유의 마차를 타고 이동했으며 또 어떤 때는 시중을 들어줄 하인 두 사람을 데리고 다니기도 했다. 여행 일정은 음악을 사랑하는 유럽 귀족들의 돈줄을 따라서 짜였으며 빈, 뮌헨, 프랑크푸르트, 브뤼셀, 암스테르담, 파리, 런던 등 알프스 산맥 북쪽의 주요 도시에 있는 궁전들을 모두 거쳤다.

어디에 가든 볼프강은 귀족의 사랑을 받았다. 빈에서 여섯 살 모차르트는 마리아 테레사 여왕의 무릎에 앉았는데, 이 여왕은 그에게 눈부신 의복 일습을 줬으며 자기 딸들 가운데 한 명과 (이 딸은 나중에 프랑스의 마리 앙투아네트가 된다) 결혼하라고 제안하기까지 했다. 베르사유궁전에서는 신년 만찬 때 모차르트가 루이 15세 곁에 서 있었으며 또 왕비 옆자리에서 음식을 먹었다. 당시 프랑스에서 모차르트가 사람들 앞에서 얼마나 멋졌을지는 바이올린을 켜는 레오폴트와 오르간을 연주하는 어린 볼프강을 묘사한 루이 카로지 카르몽텔의 수채화에서 잘 드러난다.([자료 3]) 그런데 이 그림 속에서 노래 부르는 모차르트의 누나 난네를은 어땠을까? 난네를도 천재였을까?

난네를 모차르트는 확실히 영재였다. 선구적인 계몽주의 사상가였던 그림의 남작_{Baron von Grimm} 프리드리히 멜키오르는 1763년에 난네를의 하프시코드 연주를 두고서 "그 누구도 이 아이보다 정확하고 뛰어난 솜씨를 가진 적이 없었다"[12]고 했다. 또 1766년에 스위스의 한 신문은 난네를을 두고 "최고의 거장들이 작곡한 가장 어려운 곡들을 그 누구보다도 깔끔하고 정확하게 연주한다"[13]고 썼다. 볼프강 모차르트가 최초로 작곡한 곡들은 사실 난네를의 음악 공책에 적혀 있었다. 그런데 왜 우리는 난네를의 이야기는 한 번도 듣지 못했을까?

난네를은 영재 연주자였지 창작자가 아니었다. 난네를이라는 이름이 붙은 음악은 지금 아무것도 남아 있지 않다. 그녀가 남긴 글에는 모차르트 이외에 다른 사람이 작곡한 음악은 아무것도 남아 있지 않다. (우리는 지금 그녀가 썼던 많은 편지 덕분에 그녀의 다양한 필체를 모두 알고 있다.) 그녀는 그 어떤 편지에서도 자신이 작곡을 한다거나 작곡을 하고 싶은 마음이 있다는 얘기를 하지 않았다. 그리고 당대의 그 어떤 사람이나 매체도 그녀의 작곡 작업을 언급하지 않았다. 작곡과 관련된 것은 그녀에게 아무것도 없다. 어쩌면 난네를 모차르트도 작곡가가 되고 싶다고 소망했지만 당시의 관습이 그 소망을 뭉개버렸을지도 모른다. 어쩌면 그녀에게도 창의성의 재능이 있었지만 기회가 주어지지 않았을지도 모른다.

[자료 3] 루이 카로지 카르몽텔이 1763년에 그린 수채화는 아버지 레오폴트가 바이올린을 연주하고 누나 난네를이 노래를 부르는 가운데 일곱 살 소년 모차르트가 건반을 연주하는 모습을 묘사한다. 의자에 앉은 소년의 발이 얼마나 높은 허공에서 흔들리는지 눈여겨보라. (샹티이성에 있는 콩데박물관)

지난 수백 년 동안 여자 천재들이 맞닥뜨렸던 그 모든 차별을 염두에 둔다면 이런 추정은 얼마든지 가능하다. 아닌 게 아니라 영화 〈모차르트의 누이Mozart's Sister〉(2010)가 이런 내용을 담고 있다. 그녀의 이야기는 영화에서 극적으로 전개되지만 역사적 증거는 다른 이야기를 한다. 난네를 모차르트는 사실 어린 동생 볼프강이 받았던 것과 똑같은 격려와 레슨과 악기를 받았다. 그런데 이 두 사람의 차이가 그렇게나 크게 나타났던 것은 가족 내의 성차별 때문이 아니라 동생에게는 있었지만 누나에게는 없었던 독창적인 음악적 창조성 때문이었다.

◊ 어린 천재, 모차르트의 창의성

모차르트 가족이 런던에 도착했던 1764년 이전까지 볼프강은 어린 창작자라는 역할을, 레오폴트는 이 창작자의 아버지이자 매니저라는 역할을 훌륭하게 수행했다. 여덟 살이던 볼프강은 버킹엄하우스(나중에 버킹엄궁전으로 바뀐다)에서 조지 3세와 샬럿 왕비 앞에서 하프시코드와 오르간을 연주했다. 그리고 볼프강은 영국 왕실이 자기를 금방 잊어버리지 않도록 샬럿 왕비에게 기념 선물을 줬다. 자기가 작곡한 바이올린-건반으로 연주하는 소나타 여섯 곡이었다.

어떤 영재가 비범한 작품을 창조했다면 사실 그 결과물에 부모가 도움을 줬을 가능성이 있다. 예를 들어서 2003년에 방송된 〈60분〉에 출연했던 네 살짜리 영재 말라 옴스테드가 그렸다는 그림은 알고 보니 아마추어 화가였던 아버지의 도움을 받은 것이었다.[14] 그러나 볼프강 모차르트는 런던에서 아버지의 도움을 받을 필요가 없었다. 적어도 난네를의 회고록을 보면 확실히 그렇다. 1764년 여름에 레오폴트 모차르트는 병이 나서 누웠고, 그래서 그는 두 아이가 자기들끼리 조용하게 놀도록 내버려뒀다.

> 런던에서 아버지가 많이 아플 때 아버지는 우리에게 피아노 근처에는 얼씬도 하지 못하게 했다. 그래서 심심해하던 동생은 오케스트라의 모든 악기가 동원되는(특히 트럼펫과 팀파니를 위한) 자신의 첫 번째 교향곡을 작곡했다. 나는 동생 곁에서 그 악보를 옮겨 적었다. 동생이 작곡을 하고 내가 그 곡의 악보를 적을 때 동생은 내게 이렇게 말했다. "호른이 중요한 역힐을 해야 한다는 걸 나중에 얘기해줘, 잊어먹지 않게!"[15]

볼프강 모차르트가 독창적인 창의성을 가지고 있었다는 또 다른 증거가 있다. 모차르트 가족은 1766년에 잘츠부르크로 돌아왔는데, 이제 열 살이 된 볼프강은 그때까지 이런 식으로 100개 가까운 곡을 작곡했다. 여기에는 건반을 위한 곡이 40개, 바이올린 소나타가 열여섯 개, 그리고 교향곡이 최소 세 개였다. 열세 살이 되기 이전에 그는 이미 혁명적인 대작인 〈장엄미사 다단조 K. 139(바이젠하우스 미사)〉(1768)를 작곡했다. 빈의 마리아 테레사 여왕의 의뢰로 작곡해 이 여왕 앞에서 처음 공개된 곡이다.

♦ 영재가 천재로 성장하지 못하는 이유

그렇다면 CBS 방송국의 텔레비전 프로그램에 출연했던 오늘날의 영재 제이 그린버그와 알마 도이처는 어떨까? 음악적 취향은 개인에 따라 다를 수밖에 없지만 알마 도이처의 음악을 듣는 사람은 누구나 이 음악이 진보적이기보다는 회고적이라는 데 동의할 것이다. 그녀가 작곡한 곡으로 2017년에 녹음한 〈피아노협주곡 내림 마장조〉를 들어보라. 유튜브에서도 찾아볼 수 있는 이 곡은 마치 모차르트의 음악처럼 들린다! 이 음악 뒤에는 자기가 우상으로 생각하는 죽은 작곡자의 음악적 스타일을 흉내 낼 수 있고 또 거기에 상응하는 음악적 소양이라는 훌륭한 재능을 갖춘 어린아이가 있다. 그러나 도이처의 이 음악은 225년이나 되는 먼 과거의 음악처럼 보인다. 도이처의 음악은 마치 오늘날 어떤 과학자가 천연두 백신을 찾으려고 하는 것이나 마찬가지다. 도이처의 음악은 즐겁고 인상적이긴 하지만 개혁적이지 않다.

제이 그린버그의 음악도 마찬가지다. 이제 서른 살이 돼가는 그린버그는 부모와 함께 뉴질랜드로 이주했고, 여기에서 작곡 공부를 계속하고 있다. 그를 따라다니던 대중의 관심은 처음 나타났을 때 그랬던 것처럼 빠르게 사라졌다. 마침내 드러난 사실이지만, 그린버그에 대한 관심은 그의 음악이라기보다 그 음악을 작곡할 당시의 나이에 초점이 맞춰져 있었다. 여자가 작곡 작업을 하는 것은 개가 뒷다리로 서서 걷는 것이나 마찬가지라고 했던 새뮤얼 존슨의 말이 새삼스럽게 떠오른다. 사람들은 어떤 행위에 담긴 창의적인 가치가 아니라 그런 행위가 가능하다는 사실 자체에 강한 인상을 받는다.

볼티모어 교향악단과 빈 라디오 심포니 오케스트라의 지휘자인 마린 올숍은 제이 그린버그의 음악을 잘 안다. 2006년에 그녀는 그린버그의 음시吟詩 〈지적인 인생Intelligent Life〉을 녹음했고, 이 음악은 소니의 CD로 유통됐다. 최근에 나는 그녀에게 그린버그의 음악을 왜 요즘에는 자주 들을 수 없는지 물었다. 그러자 이런 대답이 돌아왔다.

"만일 그의 음악이 어린 소년이 아니라 마흔 살 중년 작곡가가 작곡한 것이었다면 이 음악에 관심을 기울인 사람은 별로 없었을 것입니다. 가능성은 있지만 뚜렷한 특색이 없었거든요. 인생의 위기를 겪어보지 않은 사람이 예술적인 목소리를 얻기는 어렵잖아요."[16]

그토록 많은 영재 가운데서 창의적인 창작자가 되는 사람이 그토록 적은 이유는 무엇일까? 무엇이 위대한 예술을 만들거나 최소한 그 위대한 예술을 촉발하는 걸까? 다른 사람 눈에는 보이지 않는 과녁을 진정한 천재가 정확하게 맞추도록 몰아붙이는 것의 정체는 무엇일까? 인생에서 경험하는 위기가 예술적 목소리나 과학적 전망이 솟아나게 만드는 계기로 작용할까? 어린 시절에 경험하는 혹독한 시련의 트라우마에서 독립성과 끈기가 길러질까? 물론, 존 레논의 아내 오노 요코가 말했듯이 "그 누구도 어떤 예술가가 훌륭한 예술가가 되기를 기대하는 마음으로 그 사람이 비극을 추구하도록 등을 떠밀어서는 안 된다."[17]

그러나 인생의 결정적인 연령대에 부모 가운데 한 사람을 (흔히 어머니를) 잃은 많은 천재가 두드러진 천재성을 발휘했다. 미켈란젤로, 레오나르도, 뉴턴, 바흐, 베토벤, 표도르 도스토옙스키, 톨스토이, 윌리엄 워즈워스, 에이브러햄 링컨, 메리 셸리, 클라라 슈만, 제임스 클라크 맥스웰, 퀴리, 샬럿 브론테와 에밀리 브론테, 버지니아 울프, 실비아 플라스,

폴 매카트니, 오프라 윈프리 등이 그렇다. 존 애덤스 대통령이 물었듯이 "천재는 슬픔이 낳은 자식일까?" 고통이 전혀 다른 세계관을 만들어낼까? 레이디 가가는 2009년에 〈가디언〉과 인터뷰를 하면서 "내가 생각하기에는, 어떤 사람이 힘들게 고생할 때 그의 예술이 위대해진다"[18]고 말했다. 천재 시인 딜런 토마스의 시 한 구절이 이 경우를 말하는 것 같다.

"불행한 어린 시절을 보내는 것보다 더 나쁜 것이 딱 하나 있다. 그것은 바로 너무 행복한 어린 시절을 보내는 것이다."[19]

⬦ 비참한 실패에서 벗어나려면

1778년 봄, 모차르트는 결코 행복하지 않았다. 사실 10대 시절에 접어든 영재는 대부분 행복하지 않다.[20] 모차르트에게는 파리에서 보낸 여섯 달(1778년 4월부터 10월까지)이 인생에서 가장 우울한 시기였다.[21] 그는 아버지 레오폴트로부터 파리로 가서 직업을 구하라는 지시를 받았고,[22] 어린 모차르트는 반항했다. 왜냐하면 첫사랑을 뒤로하고 떠나야 했기 때문이다. (그러나 그 여자는 그를 금방 잊어버렸다.) 게다가 아버지 레오폴트는 어머니 안나 마리아를 보호자로 파리에 함께 보냈는데,[23] 파리에서 모차르트의 어머니는 티푸스에 걸려 고통 속에 서서히 죽어갔다. 레오폴트는 안나가 적절한 치료를 받도록 조치하지 않았다고 아들을 비난했다. 그리고 또 모차르트는 자기 능력에 어울리는 직업을 얻지 못했다. 영재의 얼굴에서 어린 티가 걷히고 나자 사람들의 관심도

시들해졌기 때문이다. 이때의 심경은 그가 1778년 7월 31일에 쓴 편지에 잘 드러나 있다.

"무엇보다 짜증이 나는 것은 이 멍청한 프랑스 사람들은 내가 아직도 일곱 살인 줄 안다는 사실이다. 그 사람들이 나를 처음 본 게 내가 그 나이 때였기 때문이다."[24]

파리에 거주하던 스물두 살 청년 모차르트는 비참한 실패자였다. 혼자였으며 돈도 없었고 직업도 없었으며 여자친구도 없었고 어머니도 없었다. 오로지 비난만 해대는 아버지밖에 없었다. 그러나 모차르트가 경험했던 그 엄청난 실패는 그의 인생을 결정짓는 그야말로 결정적인 요소였다. 그는 다른 사람이 하는 말보다는 자기가 가진 탁월한 재능에 의존해야 함을 배웠다. 그는 끊임없이 도움말을 주고 뭔가를 허락하는 '아빠' 혹은 다른 어떤 사람이 자기 곁에 없어도 인생이 이어질 수 있음을 깨달았다. 또 가장 중요한 사실인데, 그는 갑작스럽고도 엄청난 상실을 경험하고 그 슬픔을 극복했다. 이 상실은 곧바로 그의 음악에 새로운 정서적 깊이를 더했는데, 이는 황량한 마단조를 구사한 유일한 기악곡인 〈바이올린 소나타 K. 304〉에서 느낄 수 있다. 1779년 1월에 모차르트는 잘츠부르크로 돌아왔다. 그러나 채 1년도 지나지 않아서 다시 떠났다. 그는 자신을 사사건건 통제하던 아버지를 떨쳐내고서 혼자 빈으로 갔고, 거기서 오늘날 그의 존재를 알게 해준 작품 가운데 95퍼센트를 작곡했다. 이렇게 해서 비로소 모차르트는 '영재 거품'에서 벗어났다.

♦ 창의적인 천재성을 발휘하는 순간

모차르트의 아버지이자 교사였으며 멘토였던 레오폴트 모차르트는 탁월한 안내자였다. 적어도 처음 시작할 때는 그랬다. 레오폴트가 볼프강에게 음악의 기본적인 소양을 가르치며 부와 명예로 들어가는 문을 열어줌으로써 그의 음악적 발전이 한층 빨라졌음은 분명하다. 그러나 나중에 레오폴트는 모차르트에게 필요하지 않은 불필요한 짐이 되어 뒤로 처지고 말았다.

멘토는 어린 멘티에게 사람들과 관계를 맺는 법을 가르치고 좋은 일자리를 갖도록 도우며 칭찬과 격려를 아끼지 않으면서 멘티가 인생의 사다리를 하나씩 올라가게 돕는다.[25] 두 사람의 목표는 멘티의 성공이다. (그리고 이것이 멘토 혹은 부모가 바라는 것이다.) 멘토는 현재의 기준과 양상을 가르치며 이를 모방하는 방법을 가르친다. 그러나 그와 다른 새로운 것을 창조하는 법은 가르치지 않는다. 부모와 교사와 멘토는 늘 이렇게 말했다.

'나를 뒤에 두고 나에게서 멀어져가라. 최고의 기회를 잡고 독립적이며 호기심 가득한 마음을 갖출 수 있도록 최대한 멀리 나아가라. 앞으로 나아가서 대담하게 통념과 반대되는 결정을 해라. 나와는 완전히 다른 세계관을 가져라.'

완전히 다른 세계관을 어떻게 가져야 할까? 바로 이 지점에서 창의적인 천재성이 발휘된다.

알베르트 아인슈타인에게 멘토가 있었던가? 아니다. 그는 자기를 가르치던 교사들을 우습게 봤고, 교사들 역시 그를 우습게 봤다. 스물한 살에 대학교를 졸업할 때는 평소에 그가 교수들에게 얼마나 밉보였던지 아무 교수도 그에게 추천장을 써주려 하지 않았다. 그래서 그는 4년 (1901-1905) 동안 실업자로 살았다. 파블로 피카소에게 멘토가 있었던가? 있었다. 비둘기의 두 다리를 잘라내서 벽에 붙인 다음에 어린 파블로에게 그걸 그리게 하는 방식으로 그림을 배우게 한 사람, 바로 그의 아버지였다. 피카소의 아버지 호세 루이스는 부정적인 사례의 멘토였으며, 혼란스럽던 파블로는 열일곱 살 무렵부터 자기가 그린 그림에 아버지의 성 대신 어머니의 성인 '피카소'로 서명을 하기 시작했다. 성인이 된 피카소는 나중에 "돈 호세는 자기의 무능함으로 내게 모범을 보였다"[26]라는 농담을 했다.

모차르트나 피카소 같은 여러 영재가 어린 시절에 떨쳤던 위대한 명성 때문에 우리는 때로 잘못된 판단을 내리곤 한다. 이런 사람들의 삶은 영재는 성장해서 당연히 천재가 된다는 것, 그리고 영재는 천재가 되기 위한 전제조건임을 암시하는 것처럼 보이기 때문이다. 그러나 아인슈타인을 비롯한 천재 대부분은 대기만성형이다. 가장 창의적인 작가 및 예술가, 즉 규칙에 얽매이지 않는 분야에 속한 사람들은 대기만성형 천재의 범주에 속한다.

예를 들어 링컨, 마틴 루서 킹, 간디, 앙겔라 메르켈 등 공감 능력이 있는 정치 지도자들도 마찬가지다. 심리학자 하워드 가드너는 저서《열정과 기질》(1993)에서 20세기의 가장 저명한 창조자들을 다뤘는데, 그들 가운데 딱 한 사람 피카소만 영재였다. 마사 그레이엄은 스물두 살때까지 춤을 추지 않았으며, T. S. 엘리엇은 스무살 때부터 시를 쓰기 시작했다. 지그문트 프로이트는 관심 분야를 여러 번 바꾸다가 마흔 살이 돼서야 심리 분석에 몰두하기 시작했다. 아인슈타인은 STEM 과목에서 탁월한 기량을 보였지만, 나의 예일대학교 동료이자 아인슈타인의 전기를 쓴 작가이기도 한 더글러스 스톤 교수가 지적하듯이 "그는 영재가 아니었다."[27]

그런데 왜 사람들은 '아기 아인슈타인'을 찾으며 난리를 칠까? 자기 자식을 영재로 만들겠다는 부모의 기대와 야망이 그만큼 크기 때문이다. 이를 이용한 비즈니스도 많이 생겨나고 있다. 2001년에 월트 디즈니는 부모의 이 기대와 야망에 영합하려고, 자기 자식을 어떻게든 천재로 키워보겠다는 열망에 사로잡힌 전 세계 수십만 명의 부모에게 '베이비 아인슈타인'이라는 브랜드를 내걸고 어린이 교육용 완구제품을 시장에다 팔기 시작했다. 아직 말도 제대로 못하는 어린아이와 이제 막 걸음마를 시작한 아기가 부모가 틀어주는 동영상을 넋을 잃고 바라봤다. 이 동영상은 언어 구사 능력을 개선하고 숫자 개념을 소개하며 색깔 및 원과 삼각형, 사각형 등의 단순한 기하학적 형태에 대한 인지 능력을 높이도록 고안됐다. 그리고 얼마 뒤에는 '베이비 아인슈타인'에 이어서 '베이비 모차르트', ' 베이비 셰익스피어', '베이비 갈릴레오', '베이비 반 고흐'가 뒤따라 출시되었다.

또 그와 비슷한 시기에 이른바 '모차르트 효과'라는 개념이 등장했다. 이 개념을 주장하는 사람들은 모차르트의 음악을 들으면 학생의 IQ가 일시적으로 올라가고 또 어린아이들이 한층 더 똑똑해진다고 말했다.[28] 조지아 주지사 젤 밀러는 조지아에서 태어나는 모든 아이에게 모차르트의 음악을 담은 CD를 무료로 나눠주기 위해 10만 5,000달러의 예산을 책정했다. 장기적인 기대치는 어떨까? 이렇게 해서 영재가 되면, 이 영재가 나중에 천재가 될 것이라 사람들은 기대했다. 그러나 나중에 그 제품들의 효과가 그저 실망스러울 뿐임이 입증됐다. '모차르트 효과'나 '베이비 아인슈타인' 브랜드의 그 어떤 제품도 아기의 지능이나 창의성을 높이지 못했던 것이다. 결국 월트 디즈니는 사과문을 발표하고, '베이비 아인슈타인' 브랜드 제품 하나당 15.99달러를 돌려주겠다고 제안했다. 2009년 〈뉴욕타임스〉의 기사 제목은 자기 자식을 영재로 만들고자 했던 부모들에게 다음과 같이 조언했다.

"당신 가정에는 아인슈타인이 없는가? 환불을 받으시라!"[29]

영재 거품은 또한 흔히 실망스러운 결과로 이어진다. 몇몇 영재는 발전과 성공의 압박을 너무 강하게 받고 진이 빠진 나머지 영원히 그 분야를 떠나고 만다. 또 부모의 성화로 너무 이른 나이에 특정 분야에 붙박혔던 영재들은 그에 반발해서 새로운 열정을 찾아서 떠난다. 미래주의 건축가인 버크민스터 풀러는 "애벌레의 몸에는 나중에 이 애벌레가 나비가 되리라는 것을 말해줄 그 어떤 것도 들어있지 않다"고 했다. 물론 자기만의 특별한 능력을 계속 사용해서, 예컨대 심리학, 철학, 약학 등 규칙과 법칙이 지배하지 않는 과목에서 저명한 전문가가 되는 영재도 있다.[30] 그러나 대부분의 영재는 제이 그린버그가 그랬던 것처럼 그냥 사라지고 만다.

영재 거품이 생길 때는 강도 높은 긍정적 강화(정적 강화)*, 엄격한 규칙에 대한 집착, 완벽 지상주의, 한 가지 활동에만 집중되는 관심, 애정이 지나친 나머지 아이를 지배하려고 하는 부모(예를 들면 '헬리콥터 부

---

* 학습자가 긍정적으로 여기거나 바라는 어떤 것을 제시함으로써 반응의 빈도나 지속시간을 증가시키는 것.

모')의 압박 같은 여러 가지 문제가 나타난다. 앤 헐버트는 저서《뛰어난 아이들》(2018)에서 수십 명의 영재를 다뤘는데, 이들 가운데서 딱 한 명만 빼고 모두 지금은 세상 사람들의 기억에서 완전히 잊혔다. 이런 점을 지적하면서 그녀는 다음과 같이 경고하는 말로 결론을 내렸다.

"정말 너무도 자주 일어나는 일인데, 어린 영재의 등장을 사람들에게 알리고 싶은 충동은 까딱하면 자만심을 부른다거나 쉽게 실망으로 이어지고 말 기대를 하늘 높은 줄 모르고 한껏 부추길 위험이 있다."[31]

영재가 기준선에서 탈락하고 사회적으로 고립되며 또 지적으로 성장 발달이 멈추고 결국 숨 막히는 환경 속에 자신을 가두고 마는 일이 너무도 잦다.

그러므로 만일 당신이나 당신의 아이가 천재의 반열에 오르는 것을 목표로 삼고 있다면, 우선 심호흡을 하고 긴장을 풀어라. 최종 결승점에 도달하기까지는 아직도 시간이 많이 남았다. 그때까지는 단 하나의 규칙만 지배하는 과목에서 미친 악마처럼 훈련할 게 아니라 이번 장에서 또 다음에 이어질 여러 장에서 제안하는 것을 시도해보기 바란다.

생각과 행동의 독립성 및 실패에 대처하는 방법을 개발하도록 노력하라. 인생을 살면서 단 하나의 트로피를 위해서 모든 것을 희생하는 접근법은 어쩌면 현실적이지 않다. 협소한 영역의 전문화를 꾀할 게 아니라 글로벌 학습 프로그램을 마련하라. 그리고 무엇보다 중요한 점이 있는데, 멘토의 도움을 받지 않고 혼자서 학습하는 능력을 개발하는 것을 자신의 목표로 삼아야 한다. 또한 사회화가 아이에게는 공감 능력과 리더십 역량을 쌓는 중요한 과정임을 부모는 잊지 말아야 한다.

영재는 얼마 안 되는 몇 가지 형태로 나타나지만 천재는 매우 많은 형태로 나타난다. 이제는 영재가 커서 나중에 당연히 천재가 된다는 인식을 벗어던져야 할 시점이다. 천재는 대부분 어린 시절에 영재였던 적이 없으며, 영재는 대부분 천재가 되지 못한다.

4

아이의 눈으로 세상을 상상하기

_독창성의 원동력

1816년 6월 1일 저녁, 스위스 제네바호수의 남쪽 연안에 위치한 저택 다오다티에 비가 내리고 번개가 쳤다.[1] 한 무리의 영국인이자 천재성을 막 꽃피우기 시작한 천재들이 만찬에 초대를 받고 모였는데, 이들은 폭풍우가 치는 그 분위기에 고무되어 각자 유령 이야기를 하나씩 쓰기로 했다. 바이런의 초대를 받은 이들 가운데는 시인 퍼시 비시 셸리, 그의 연인 메리 고드윈(나중에 결혼해서 성을 '셸리'로 바꾼다), 그녀의 이복 자매 제인 그리고 바이런의 주치의였던 존 폴리도리 박사가 포함돼 있었다. 모두 아직 서른 살 미만이었다. 낭만적인 천재의 대명사인 바이런은 열정적이며 반항적이고 자기에게만 몰두하며 머리가 비상하게 뛰어나다고 소문이 나 있었다. 레이디 캐롤라인 램은 바이런을 두고 "미쳤고 형편없으며 알고 지내기에 위험한 사람"이라고 했는데, 아닌 게 아니라 바이런은 자기 이복 누나와 연애를 했다. 퍼시 셸리는 오늘날 영국 낭만주의 작가로 일컬어지는 위대한 인물들 가운데 한 명이 되는 과정을 거치는 중이었다. 한편 폴리도리는 나중에 단편소설 〈뱀파이어The Vampyre〉를 써서 드라큘라라는 캐릭터를 문학 세계에 등장시킨 인물이다. 그러나 그날 만찬에 참석한 그 화려한 면면 가운데서 특히 서구의 영혼 및 대중문화에 가장 오래가는 영향을 준 사람은 바로 메리 고드윈 셸리이다. 그날 밤에 그녀는《프랑켄슈타인》의 첫 반전을 상상하기 시작했다. 그때 그녀의 나이는 열여덟 살밖에 되지 않았다.

《프랑켄슈타인》으로 메리 셸리는 변화무쌍함과 살인이 난무하는 고딕호러 소설이라는 새로운 문학장르 창조에 일조했다. 나중에 이 장르에 속하는 소설들로《노트르담의 꼽추》,《지킬 박사와 하이드》,《오페라의 유령》등이 뒤따랐다. 그러나《프랑켄슈타인》이 오늘날 문화에 준 충격은 셸리의 소설에서 기인했다기보다는 이 소설을 각색한 여러 영화 덕분이었다. 예를 들면 에디슨제작사Edison Manufacturing Company의 1910년 영화 〈프랑켄슈타인〉과 보리스 칼로프가 출연한 1931년 영화 〈프랑켄슈타인〉이 그렇다.[2] 그러나 대중문화 속으로 걸어 들어온 괴물은 셸리가 처음 창조했던 프랑켄슈타인과 매우 다르다.

오늘날 과학자들은 메리 셸리가 처음 독창적으로 내놓았던 메시지, 즉 "의도하지 않았던 결과의 법칙을 조심하라"는 메시지에 새롭게 관심을 기울인다.[3] 셸리의 소설 제2부에서 빅터 프랑켄슈타인 박사의 피조물은 잉걸불 덕분에 처음에는 따뜻하게 몸을 덥혔는데 갑자기 불 속에 손을 집어넣었다가 고통을 느꼈던 경험을 놓고 다음과 같이 말한다.

"이상하기도 하지. 똑같은 원인에서 정반대의 결과가 나오다니!"[4]

프랑켄슈타인은 인간의 지식을 넓혀나가겠다는 의도를 가진 창의적인 천재였다. 마리 퀴리, 알베르트 아인슈타인 그리고 DNA의 이중나선구조를 함께 밝혀낸 제임스 왓슨과 프랜시스 크릭도 마찬가지였다. 프랑켄슈타인이 맞닥뜨렸던 도덕적 딜레마(즉 과학적 발견의 긍정적인 효과와 잠재적인 부정적인 효과를 따져서 계산하고 또 윤리적 기준을 제시해야 하는 필요성)는, 원자력과 지구온난화 그리고 유전자편집 등을 연구하는 프랑켄슈타인의 실제 현실 후손들이 직면하게 될 비슷한 딜레마의 전조였던 셈이다.

◊ 상상력과 독창성

공식적인 교육을 받지도 않았으며 자기 이름으로 책을 출판한 적도 없는 10대 소녀가 어떻게 몇 세대에 걸쳐 이어질 교훈을 이런 훌륭한 이야기 속에 담아낼 수 있었을까? 겉으로 볼 때 안정적인 중상류층 가정에 속한 사람이 인간의 어두운 측면, 즉 '우리 본성의 신비스러운 공포'를 어떻게 알게 됐을까? 그리고 그 뒤로 여러 소설을 발표하며 노력했음에도 어째서 메리 셸리는 열아홉 살 때 거뒀던 성공을 두 번 다시 구현하지 못했을까? 이 질문에 대한 답은 어린아이로서 하는 상상과 어른이 되어 맞닥뜨리는 현실 사이의 괴리와 관련이 있다.

그 어떤 천재도 섬 같은 존재가 아니며, 그 어떤 생각도 무無에서 생기지 않는다. 중상류층 가정의 어린아이였던 메리 고드윈은 폭넓은 독서를 했으며, 벤저민 프랭클린의 연날리기 실험*에 대해서도 모든 걸

＊   이 실험으로 번개가 전기 현상임이 증명됐다.

110

알았고, 또 화학이나 전기를 주제로 하는 대중 강연에도 참석했다. 그런 대중 강연 가운데는 이탈리아의 해부학자 루이지 갈바니가 동물 전기*를 발견했다는 내용도 있었다. 그녀는 또한 반골 기질이 있어서 열여섯 살에 퍼시 셸리와 함께 유럽으로 달아나기도 했다. 감수성 예민하던 이 두 청년은 라인강을 따라 내려가면서 프랑켄슈타인 성에서 20마일밖에 떨어지지 않은 곳을 지나갔는데, 그때 그 주변에서 일어났던 무시무시한 사건과 관련된 온갖 민담을 들었을 것이다. 이 경험을 통해서 그녀는 자기 소설 속 등장인물의 이름을 떠올렸을 게 분명하다. 그러나 이런 외적인 영향 가운데 그 어떤 것도《프랑켄슈타인》의 충격적인 독창성을 설명하지 못한다. 그렇다면 그 독창성은 어디서 비롯됐을까?

우리는 메리 셸리라는 개인에게도 눈을 돌려야 한다.《프랑켄슈타인》1831년판 서문에서 그녀는, 당시 어린 소녀인 자신이 어떻게 해서 그런 무시무시한 발상을 하고 또 깊이 생각하게 됐는지 설명해달라는 요청에 대한 응답으로 다음과 같이 썼다.

"어릴 때 나는 이런저런 글을 낙서처럼 쓰곤 했다. 나는 내게 주어진 몇 시간 동안의 자유시간을 가장 좋아했는데, 그럴 때면 '이야기를 썼다.' (…) 그러나 나는 나를 나 자신에게만 묶어두지 않았고, 그랬기에 나의 감정보다 훨씬 더 흥미로운, 그 나이 때의 나에게 훨씬 더 흥미로운 창조물들로 그 시간을 채울 수 있었다. (…) 허공에 온갖 성과 (…) 온갖 사건들을 만드는 데서 기쁨을 찾았다."[5]

그녀는 어렸지만 경험 많은 작가였다. 그러나 자신의 상상 속에서만

＊　동물의 몸에서 생성되는 전기.

그랬다. 제네바에서 보냈던 폭풍우 몰아치는 어두운 며칠 동안의 밤이 지난 뒤에, 그녀는 (찰스 다윈의 할아버지인) 에라스무스 다윈이 했던 전기충격 및 전기 실험들을 놓고 바이런과 셸리가 벌이던 토론을 들었다. 그런 다음에 잠자리에 들었지만 잠을 이룰 수 없었다. 그때 그녀는 "깨어 있으면서 꾸는 꿈wakeful dream"이라고 스스로 말했던 꿈 같은 상상에 완전히 사로잡혔다.

베개에 머리를 올려두고 있었지만 잠을 자지 않았다. 생각을 한다고도 할 수 없었다. 바라지도 않았던 상상이 나를 사로잡고 또 나를 안내해서, 연속적인 온갖 이미지를 내 마음속에 불러일으켰다. 그 이미지가 얼마나 생생했던지 그저 개꿈 같은 몽상이라고 할 수가 없었다. 나는 봤다, 눈을 감은 채 예리한 마음의 시각으로. 그 창백한 학자(프랑켄슈타인)를 봤다. 자기가 끼워 맞춰서 만들어낸 그 사물(thing) 옆에 무릎을 꿇고 앉은 그 죄 많은 재주의 주인공을 나는 봤다. 나는 어떤 남자(피조물)가 기지개를 켜는 무서운 환영을 봤다. 그는 어떤 강력한 엔진의 작동에 따라서 자기가 살아 있는 존재임을 보여준다. 어딘지 모르게 어색하지만 살아 있는 생물체의 동작으로 꿈지럭거린다. (…) 그는 잠을 잔다. 그러나 사실은 깨어 있다. 그는 눈을 뜬다. 그리고 자기 곁에 서 있는 그 끔찍한 존재를 바라본다. 자기 커튼을 걷어내고서는, 노랗고 물기가 가득한, 그러나 뭔가를 생각하는 듯한 눈으로 자신을 바라보는 그 존재를.
나는 공포에 떨면서 눈을 떴다. 그 상상이 얼마나 강력하게 나를 사로잡았던지 온몸에 전율이 일었다. 방금 내가 상상한 그 끔찍한 이미지를 내 주변에 놓여 있는 실제 사물들로 조금이라도 빨리 바꾸고 싶었다. 그러나 나는 지금도 그 이미지를 보고 있다. (…) 그 끔찍한 환영을 쉽게 떨쳐낼 수 없었다. 그 무서운 환영은 나를 계속 괴롭혔다. 다른 생각을 하려고 애써야 했다. 그러나 번번이 그 끔찍한 유령 이야기, 그 불행한 유령 이야기로 돌아갔다! 아, 그런데 가만… 만일 내가, 그날 밤에 내가 놀랐던 만큼이나 독자를 깜짝 놀라게 할 어떤 이야기를 만들어낸다면…?

내 머리에 떠올랐던 그 생각은 빛처럼 빨랐고 또 고무적이었다.

"그래, 드디어 내가 소재를 찾아냈어! 나를 공포에 몰아넣었으니 다른 사람들도 공포의 도가니로 몰아넣을 거야. 나는 그저 그날 밤 자정 무렵 잠자리에서 떠올랐던 그 유령을 내가 본 것 그대로 묘사만 하면 될 거야."

🌢 강력한 이미지가 빚어내는 마법

어린 시절 기억의 편린, 최근에 했던 어떤 토론, 어린아이나 느끼는 밤의 공포, 충격적으로 생생한 상상 속의 어떤 이미지…. 이런 것들이 빚어내는 마법의 힘이 가장 강력한 공포소설 및 도덕적인 우화를 낳는 데 기여했다. 그저 심심풀이였던 시도가 단편소설이 됐고, 열 달이라는 기간이 지나고 나서는 활짝 꽃을 피운 장편소설이 됐다. 이렇게 해서 《프랑켄슈타인》은 1818년 1월 1일에 출간됐다. 초판은 500부 인쇄됐고, 독자의 평은 대체로 우호적이었다. 월터 스콧 같은 유명인사가 나서서 저자가 "독창적인 천재성"을 가졌다고 논평했다.[6] 초판에는 퍼시 셸리가 쓴 서문이 담겼고 익명으로 출간됐다. 많은 비평가가 그런 '독창적인 천재성'은 오로지 남자의 정신에서만 나올 수 있다고 생각하고는, 그 소설의 저자를 셸리라고 추정했다. 메리 셸리가 저자임은 이 책의 재판이 출간된 1823년에야 공식적으로 알려졌다.

자, 여기에서 시간을 훌쩍 뛰어넘어서 1990년으로 가보자. 상상력 넘치는 젊은 여성 조앤 롤링이 잉글랜드의 맨체스터에서 런던행 기차를 기다리고 있었다. 당시 상황을 그녀는 다음과 같이 묘사했다.

> 그때 나는… 글쓰기와 아무런 상관이 없는 생각을 하면서 멍하게 앉아 있었는데, 갑자기 그 생각이 불쑥 튀어나왔다. 뭐랄까, 해리의 모습이 너무도 선명하게 보였다. 깡마른 남자아이였는데, 그때 무어라 말할 수 없을 정도로 강렬한 흥분감을 신체적으로 느꼈다. 글을 쓰는 일과 관련해서 그렇게 흥분해보기는 처음이었다. 어떤 아이디어가 떠올랐다고 해서 신체적 반응까지 동반된 적은 단 한 번도 없었다. 볼펜이든 연필이든 아무거나 손에 잡으려고 허둥대면서 가방 안을 샅샅이 뒤졌는데, 하필이면 눈썹 그리는 연필조차 하나 없었다. 그래서 가만히 앉아서 계속 생각을 이어가야만 했다, 무려 네 시간 동안이나. (다행스럽게도 하필이면 그때 기차가 연착됐다.) 그렇게 나는 그 모든 생각이 내 머릿속에서 부글부글 끓게 그냥 내버려뒀다.[7]

그 뒤 롤링은 해리 포터 이야기를 구상했고, 5년 뒤에는 마침내 그 첫 번째 이야기가 책으로 출간되었다. 1990년에 롤링은 포르투갈의 포르투로 가서 살았다. 그러다가 다시 스코틀랜드의 에든버러로 이주했는데, 여기에서 갓난아기이던 딸을 데리고 싱글맘으로 사회보장지원금을 받으며 살았다. "과장하지 말자, 종이를 살 돈이 없어서 냅킨에 글을 써야만 하는 척은 하지 말자"라고 그녀는 혼잣말을 했다. 하지만 사실 그녀는 한 주에 70파운드(약 130달러)이던 생활보조금으로 살았다. 그러면서 때로는 원룸 아파트에서 그러나 대부분은 '니콜슨스Nicolson's'라는 상호의 동네 카페에서 글을 썼다. 그리고 "수도 없이 많이 퇴짜를 맞은 뒤에"* 마침내 《해리 포터와 마법사의 돌》을 출간하겠다는 출판사를 만났다. 런던에 있던 블룸즈버리 출판사였다. 이 출판사의 편집자였던 배리 커닝엄은 2001년에 BBC와 했던 인터뷰에서, 롤링이 비록 첫 번째 권밖에 원고를 쓰지 않았지만 그 시점에 이미 전체 이야기를 훤하게 꿰고 있더라고 회상했다.

"그때 그녀는 해리 포터의 줄거리를 나에게 이야기를 했습니다. 전체 줄거리를 말입니다. (…) 그때 나는, 그녀가 그 마법 세상에 대해서 그리고 그 이야기가 어떻게 진행될지, 온갖 사건 속에 누가 어떤 식으로 엮일지, 등장인물들의 캐릭터가 어떤 식으로 발전해나갈지 정확하게 알고 있음을 깨달았습니다. 물론 그녀가 이야기해주는 소설 줄거리는 무척 매혹적이었습니다. 왜냐하면 일상에서는 일어나지 않는 일이니까요."[8]

스물네 살의 롤링은 남녀 청소년 주인공들이 등장하는 판타지 세상의 그 모든 것을 상상할 수 있었다. 그녀가 상상했던 것은 출판 역사상

---

*   정확하게는 열두 번이다.

손에 꼽히는 위대한 성공을 거뒀다. 단지 책뿐만이 아니었다. 영화, 연극, 브로드웨이 뮤지컬이 제작됐으며 '해리 포터의 마법 세계The Wizarding World of Harry Potter'라는 이름을 단 테마파크도 두 곳이나 생겨났다. 두 천재 메리 셸리와 J. K. 롤링의 공통점은 젊고 상상력이 풍부했으며 또 밤에 일어나는 일들을 무서워했다는 것이다.

💧 내면의 어린아이를 찾아서

아이는 보통 몇 살이 되면 꿈이나 영화 혹은 책에 나오는 괴물이 실제 현실에서는 존재하지 않는다는 걸 알까? '성인으로 성장'하려면 창의적인 상상력의 상실을 당연한 것으로 받아들여야 할까? 메리 셸리와 조앤 롤링은 각각 열여덟 살과 스물네 살 때 가졌던 상상력을 뛰어넘는 상상력을 나중에는 갖지 못했다. 래퍼인 카니예 웨스트는 2010년 싱글 곡인 〈파워〉에서 바로 이 점을 이야기했다. 그는 '어린아이의 창의성'이 갖는 '순수함과 정직함'을 언급하면서 "현실은 내 숨통을 조이며 / 내 내면의 어린아이를 뺏으려 해"라고 말한다.

파블로 피카소는 처음에 자기 내면에 있는 어린아이에 대한 보호권을 잃었고 이것을 되찾으려 노력하면서 "모든 아이는 예술가다. 그런데 문제는 우리가 어른으로 성장하면서도 예술가로 남아야 한다는 점이다"[9]라고 말했다. 피카소는 어릴 때 자기는 불가사의하게도 마치 성인처럼 그림 솜씨가 좋았다고 했다. 실제로 그는 열네 살 이전에 사실주의적인 대작들을 완성했다. "어린아이일 때 나는 라파엘처럼 그릴 수 있었다. 그러나 어린아이처럼 그림을 그리는 데는 평생이 걸렸다"라고 그는 말했다. 특이하게도 피카소가 어릴 때 그린 그림들은 순수하고 장난기가 섞인 그런 종류의 그림이 아니었다. 그의 멘토이자 교사이자 아버지였던 호세 루이스는 그에게 창의적인 장난을 금지했다. 아버지는 천부적으로 재능을 타고난 아들에게 상상력을 마음껏 발동하도록 권장하지 않았다. 그 대신에 고전적인 대가들의 그림을 모방하게 했다. 이런 방식으로 위대한 작품을 그리도록 아들을 강제로 몰아붙였다. 이와 관련해서 피카소는 "나는 단 한 번도 행복한 어린 시절을 누려보지 못했다"[10]고 말했다. 또 그는 이런 말도 했다.

"어린 시절에 나는 성인이 되겠다는 생각만으로 참담한 노력을 했다. 사람들이 신동의 재주라고 부르는 것은 사실 어린아이라서 당연히 가질 수 있는 천재성이다. 하지만 이것은 특정한 나이가 되면 흔적도 남기지 않고 사라져버린다. 이 아이가 커서 나중에 화가가 될 수도 있겠지만, 이 사람은 처음부터 다시 시작해야만 할 것이다. 예를 들어서 나는 이런 천재성을 갖고 있지 않았다. 내가 처음 그린 그림들은 어린이 전시실에 걸릴 수 없었다. 어린아이들만 가질 수 있는 순수함이 부족했다. (…) 어린 시절에 나는 매우 학구적인 방식으로 그림을 그렸다. 상상력이라고는 찾아볼 수도 없게 얼마나 있는 그대로 꼼꼼하게 그렸던지, 지금 봐도 충격적일 정도다."[11]

피카소는 어린 시절에 그렸던 자기 작품을 거의 모두 파기해버린 것 같다. 본인도 말했듯이 그는 예술성이 넘치는 어린아이 시절을 억지로 건너뛰어야만 했다. 그러나 나중에는 어린아이의 상상력을 마음껏 발휘했고, 그 상상력은 이후 펼쳐지는 창의적인 혁신의 촉매가 됐다. 거트

루드 스타인을 비롯한 평론가들은 피카소의 초기 입체파 작품들(1907)을 보고 그가 초등학생이 그림 직한 선과 공간과 색깔을 구사함으로써 사물을 어린아이처럼 바라보고 또 그리려 한다는 것을 알아차렸다.[12] 그리고 나중에 신고전주의 시기로 들어섰던 대략 1920년 무렵에 피카소는 사람들의 팔다리 및 손과 발을 마치 만화 속의 등장인물들처럼 크게 그렸다. 피카소는 이런 자기 화풍이 어린 시절에 자주 꾸던 꿈에서 비롯됐다고 했다.

"어릴 때 나는 엄청나게 무서운 어떤 꿈을 자주 꿨다. 팔다리가 기괴하게 커졌다가는 다시 원래대로 줄어드는 꿈이었다. 내가 꾸는 꿈에서는 사람들이 모두 다 그랬다. 엄청나게 커지거나 엄청나게 작아진 모습으로 사람들이 오가는 풍경을 봤다. 그 꿈을 꿀 때마다 나는 끔찍한 고뇌 속에서 고통스러워했다."[13]

피카소가 자기만의 전형적인 모순적인 어법으로 재치 있게 표현했듯이 "어린아이가 되기까지는 매우 오랜 세월이 걸린다."

⬥ 아이의 눈으로

메리 셸리와 조앤 롤링 그리고 파블로 피카소는 모두 감춰진 과녁을 맞힌 공상가였다. 그런데 '공상가visionary'와 '상상력imagination'이라는 단어에는 '상상vision'과 '이미지image'라는 말이 각각 들어 있다. 피카소는 이미지 속에서 자기가 바라보고자 하는 것을 봤고, 롤링은 이미지가 동반된 어떤 서사(이야기)를 봤고, 셸리에게는 문자로 표현되는 어떤 상상이 있었다. 알베르트 아인슈타인 역시 사물을 봤다.

본인의 증언에 따르면 아인슈타인은 "단어나 문구에 대한 기억력이 나빴다." 그는 대부분의 물리학자처럼 추상적인 상징 및 공식으로써 물리적인 세상을 바라보지 않았다. 그는 그림이나 상상 속에서 움직이는 물체들을 기억하는 특별한 능력을 이용해서, 그야말로 문자 그대로 세상을 마음속의 시각적인 이미지로 떠올렸다. 실제로 그는 이렇게 말했다.

"나는 단어들을 동원하는 방식으로는 거의 생각하지 않는다. 어떤 생각이 머리에 떠오르고 나면, 나중에 이 생각을 이런저런 단어를 동원해 표현해보려고 노력하는 식이다."[14]

아인슈타인은 자서전에서 자신의 상상력이 작동하는 복잡한 과정을 설명하려고 시도했다. 아인슈타인에게 있어 일련의 "기억 그림 Erinnerungsbilder"은 나중에 수학 공식이나 단어로 표현될 수 있는 '작업 도구'나 '아이디어 창고' 역할을 했다.

"'자유로운 연상' 혹은 '꿈꾸기'가 '생각하기'로 전환되는 과정에서는 발상이 다소 두드러진 역할을 하는 것이 특징이라고 생각한다. 어떤 발상이 감각적으로 인지할 수 있고 재현할 수 있는 기호(즉 단어)와 반드시 연결돼야 할 필요는 없다. 그렇지만 실제로 이렇게 된다면, 생각은 다른 사람에게 얼마든지 전달될 수 있다."[15]

아인슈타인은 이런 영상적 생각 상태를 처음에는 "이런저런 발상을 가지고 자유롭게 노는 것 free play with ideas"이라고 불렀다가 나중에는 그냥 단순하게 "놀이play"라고 불렀다.

아인슈타인이 했다는 유명한 사고실험* 들이 이미지를 동원하는 바로 이 정신적인 유희에서 비롯됐다. 그가 열여섯 살 때 했던 사고실험을 두고 그는 나중에 다음과 같이 회상했다.

"나는 특수상대성이론과 직접적인 관련이 있는 다소 유치한 첫 번째 사고실험 몇 가지를 했다."[16]

'빛줄기를 붙잡고 빛의 속도로 여행할 수 있다면 세상은 어떻게 보일까?'

여러 해가 지난 뒤, 아인슈타인이 청년 시절에 스위스 베른의 어느 특허사무실에서 일할 때였다. 그는 날마다 아파트와 직장을 오가면서 베른의 유명한 시계탑을 지나쳤다. 그런데 이때 그는 만일 전차가 빛의 속도로 달린다면 어떤 결과가 빚어질까 하는 생각을 했다. (시계탑의 시계는 멈춰 선 것처럼 보이겠지만, 전차에 달린 시계는 여전히 움직일 것이다. 이런 추정은 그의 특수상대성이론과 맞아떨어진다.) 그러다가 대략 스물여섯 살 무렵에는 높은 건물에서 사람과 어떤 물건이 동시에 떨어지는 상황을 상상했다. 만약 떨어지는 사람이 오로지 자기와 함께 떨어지는 물건만 바라본다면, 자기가 높은 곳에서 떨어지고 있음을 알까? (아니다. 모든 것이 그냥 그대로 가만히 있는 것처럼 보일 것이다.) 나중에 아인슈타인이 결혼해서 아이들을 기를 때였다. 그는 아이들이 좋아하는 방식을 사용해서 아이들에게 세상을 설명하려고 노력했다. 그래서 중력은 시공간이라는 직물의 휘어짐(일반상대성이론)이라는 위대한 통찰을 차남 에두아르트에게 다음과 같이 설명했다.

"앞을 보지 못하는 딱정벌레 한 마리가 둥그스름하게 휘어진 나뭇

---

* 머릿속에서 가상적으로 진행하는 실험.

가지 위를 기어갈 때, 이 벌레는 자기가 기어가는 그 나뭇가지 표면이 휘어져 있음을 알지 못한단다. 하지만 나는 운이 좋게도 이 벌레가 알지 못하는 것을 알아냈단 말이야."[17]

아인슈타인은 어린아이와는 거리가 먼 과학적 정보를 마음에 품고서도 어린아이의 눈으로 세상을 상상할 수 있었다. '원자폭탄의 아버지'로 일컬어지는 J. 로버트 오펜하이머는 아인슈타인을 두고 "그의 가슴에는 어린아이 같으면서도 심오하게 완강한 어떤 강력한 순수성이 깃들어 있었다"[18]고 말했다. 아인슈타인은 창의성과 어린아이 같은 마음 사이의 연관성을 자주 언급했다. 1921년에 그는 친구 아드리아나 엔리케스에게 보낸 편지에서 "진리와 미를 추구하는 것은 우리가 평생 어린아이로 남아 있어도 된다고 허락받은 일종의 창의성 영역이다"[19]라고 썼다. 그리고 삶의 끝자락에 가서는 이 내용을 다음과 같이 표현했다.

"우리는 자기가 태어난 위대한 수수께끼 앞에서 호기심 많은 어린아이의 모습을 결코 벗어던지지 못한다."[20]

'마법의 왕국'이나 '해리 포터의 마법 세계'와 같은 테마파크는 부모가 아이들을 데리고 가는 환상 세계인데, 이곳에서 부모는 자기와 자기 아이가 느끼는 경이로움을 강화하거나 혹은 꺼져버린 그 경이로움의 촛불을 다시 켠다. 《피터 팬》의 작가 제임스 매튜 배리가 상상했던 것처럼 피터 팬은 어른으로 성장하기를 거부한 소년이었다. 배리는 런던에서 살았지만 네버랜드라는 환상의 세계로 자주 날아가곤 했다. 가수 마이클 잭슨은 피터 팬처럼 인생을 살아가려고 했는데, 그 역시도 성장을 거부했다. (잭슨이 살던 세상의 어두운 부분을 2019년에 제작된 다큐멘터리 〈리빙 네버랜드〉에서 탐구했는데, 이 다큐멘터리는 잭슨이 두 소년을 성적으로 학대한 사건을 중점적으로 다뤘다.) 잭슨은 자신의 이런 특성을 언젠가 배우 제인 폰다에게 다음과 같이 말했다.

"내 방의 모든 벽에는 피터 팬을 그린 그림과 사진이 걸려 있어. 나는 네버네버랜드Never-Never Land의 잃어버린 소년 피터 팬과 완전히 하나로 합체된 인간이야."[21]

우연하게도 1983년에 마이클 잭슨이 장차 네버랜드목장*이 될 부지에 처음 눈길이 끌렸을 때 그는 폴 매카트니의 회사에 소속돼 있었는데, 그때 이 두 사람은 뮤직비디오를 함께 만들고 있었고, 나중에 잭슨은 비틀즈의 251개 노래 가사에 대한 저작권을 사들였다. 대중음악이나 클래식 분야에서 벌어들인 돈을 따진다면 (즉 음악적 영향력이라는 측면을 놓고 본다면) 비틀즈가 1위, 마이클 잭슨이 3위다. 잭슨은 스물세 살 이전에 자신의 가장 위대한 히트작을 작곡했다. 1982년에 발매된 앨범 〈스릴러〉가 음악적으로나 상업적으로 거둔 성공에 필적할 앨범은 그 뒤로 단 하나도 나오지 않았다. 비틀즈 음악의 기본적인 창의적 원동력이라고 일컬어지는 매카트니는 (그러나 어떤 사람들은 매카트니 대신 존 레논을 꼽기도 한다) 열일곱 살부터 스물일곱 살까지, 즉 그룹 활동을 하기 전부터 시작해서 그룹 활동을 하는 동안에 가장 높은 창의성을 발휘했다. 그 시기 이후에 나온 노래는 초기 노래가 선사했던 충격을 도저히 따라가지 못했다.

"천재성의 비밀은 어린아이의 정신을 어른이 된 나중까지 이어가는 데 있다"[22]고 소설가 올더스 헉슬리는 말했다. 월트 디즈니(1901-1966)

＊ 마이클 잭슨의 대저택.

가 그런 방식으로 엔터테인먼트 세계를 완전히 바꿔놨는데, 이런 사실은 그가 했던 다음 말에서 분명하게 드러난다.

"나는 어린이들을 주된 관객으로 설정하고 영화를 만들지 않는다. 나는 우리가 여섯 살이든 예순 살이든 간에 우리 모두의 마음속에 있는 어린아이를 위해서 영화를 만든다."[23]

디즈니 영화는 언제나 동화나 상상 속의 모험을 다룬다. 디즈니는 〈백설공주와 일곱 난쟁이〉(1937), 〈피노키오〉(1940), 〈판타지아〉(1940), 〈덤보〉(1941), 〈신데렐라〉(1945), 〈보물섬〉(1950), 〈이상한 나라의 앨리스〉(1951), 〈로빈후드〉(1952), 〈피터 팬〉(1953), 〈레이디와 트램프〉(1955), 〈잠자는 숲속의 미녀〉(1959), 〈메리 포핀스〉(1964) 같은 대형 히트작을 제작했을 뿐만 아니라 〈디즈니의 멋진 세상〉이나 〈미키마우스 클럽〉 같은 텔레비전 어린이 프로그램을 만들었으며, 디즈니랜드를 지었고 또 디즈니월드*와 에프코트센터**를 시작했다. 지난 50년 동안에 서구의 어린이들 가운데 미키, 미니, 도널드, 플루토, 구피를 가지고 놀지 않은 아이는 없을 것이다. 그리고 이 모든 것은 어린이 친화적인 미키마우스라는 캐릭터와 함께 시작됐다. 이 캐릭터의 탄생을 디즈니는 1948년에 다음과 같이 회상했다.

"20년 전에 맨해튼에서 할리우드로 기차를 타고 가던 중이었는데, 문득 미키마우스가 머리에 떠올랐고, 나는 이 이미지를 곧바로 그림판 위로 옮겼다."[24]

그 뒤로 텔레비전이나 애니메이션 혹은 영화에서 디즈니는 직접 미

---

* 미국 플로리다주 중부의 올랜도에 있는 세계 최대 규모의 종합 휴양지.
** 디즈니월드를 구성하는 테마파크 중의 하나.

키마우스의 목소리를 도맡았으며, 아닌 게 아니라 미키라는 역할에 완전히 동화됐다. 디즈니는 미주리에서 성장하는 동안에 앳킨스, 토페카-산타페 철로 근처에 살면서 철도에 매료됐다. 1949년에 그는 로스앤젤레스에 있던 자기 집 뒷마당에 실물의 4분의 1 크기인 철도를 깔아서 친구들과 함께 놀았으며, 디즈니랜드를 건설할 때는 절반 크기의 철도를 도입해서 디즈니랜드의 네 구역(어드벤처랜드, 판타지랜드, 투모로랜드, 네버랜드)을 연결했다. 또 그는 "왜 우리는 어른이 돼야만 해?"라는 질문을 즐겨 했다.

모차르트는 절대로 어른이 되지 않았다. 그의 누나인 난네를이 1792년에 했던 다음 말을 보면 이런 사실은 분명하다.

"자기가 하는 음악만 빼고는 그는 거의 언제나 어린아이였으며, 그런 상태에 머물렀다."[25]

모차르트의 외적인 특성 가운데 하나로 꼽을 수 있는 것이 그의 영원한 '어린이다움'인데, 이는 그가 평생에 걸쳐서 말도 안 되는 허튼소리를 했다는 사실에서 금방 확인할 수 있다. 어린아이는 문법이나 구문 규칙을 온전하게 이해하지 못하거나 이런 것들을 아예 무시해버리는 경향이 있다. 아이들은 무엇이 적절하지 않은 대화 소재인지 아직 배우지 못했거나 혹은 부적절하다는 생각 자체를 무시해버린다. 다음은 모차르트가 스물한 살 때 어떤 사촌에게 보낸 편지에서 발견되는 그런 사례인데, 이 편지에는 우리가 아는 천재의 입에서 나온 적어도 100개가 넘는 허튼소리가 담겨 있다.

그래, 잘 자. 그렇지만 우선 침대에 똥을 싸, 세게 뻥 터뜨리란 말이지. 달게 푹 잘 자, 내 사랑, 똥구멍을 입안으로 세게 들이밀도록, 잘 자. (…) 아, 내 똥구멍에 불이 붙은 것 같아! 도대체 이게 무슨 뜻이 지? 똥이 밖으로 나오려는 거 아닐까? 어째서 똥은 너를 보고 또 네 냄새를 맡을까? …그리고… 도대체 그게 뭘까? 그게 가능하기나 할 까? (…) 신들이시여! 나의 그 귀들을 내가 믿을 수 있을까? 그래 맞 아, 당연히 그렇지. 정말 우울한 메모구나, 진짜![26]

그리고 모차르트의 〈디피실레 렉투difficile lectu K. 559〉라는 제목의 캐논 (돌림노래)이 있는데, 이 노래의 가사는 단 하나의 라틴어 문장으로 돼 있다. "Difficile lectu mihi mars et jonicu difficile"라는 이 문장은 '내 엉 덩이와 불알을 핥아라'는 뜻의 독일어 "Leck' du mich im Arsch"로 들 린다.*

정말 유치한 헛소리다! 그러나 로빈 윌리엄스, 조지 칼린, 리처드 프 라이어, 모트 살, 레니 브루스, 데이브 샤펠, 사라 실버만, 크리스 록, 에 이미 슈머 등 수많은 스탠드업 코미디언들이 예전이나 지금이나 얼마 나 외설적인지 생각해보라. 얼마나 많은 코미디가 (물론 생방송 텔레비전 프로그램에서 검열이 없을 때만 가능한 얘기지만) 얼마나 한결같이 욕설을 쏟 아내며 시작되는지 주목하라. 그들의 목표는 자기가 하는 '나쁜 어린이' 의 행동뿐만 아니라 창의적인 과정에도 사람들이 관심을 쏟도록 하는 것이다. 그들은 마치 이렇게 말하는 듯하다.

"이런 파괴적인 단어들을 동원해서 나는 당신을, 그 어떤 표현도 아

---

* '조쿠니(jonicu)'도 반복되면 이탈리아어로 '불알'이라는 뜻의 '쿠조니(cujoni)'로 들린다.

무런 방해를 받지 않고 할 수 있는 새로운 세상으로 초대한다. 이 시간은 전에는 우리가 감히 말하지 못했던 것들을 툭 터놓고 다 얘기할 수 있는 멋진 순간이고 기회이다."

모차르트의 농담 및 배설물과 관련된 감정 분출은 주로 밤에 나타났는데, 그에게 밤은 긴장을 풀고 우스꽝스러워지며 무의식적으로 유치하고 장난스러운 방식으로 새로운 연결을 꾀하는 시간이다. 그가 지나치게 외설스러워졌다면 그가 '창의성의 세계' 안으로 들어갔다는 하나의 신호였다. 코미디 천재 로빈 윌리엄스는 자신의 장난감 병정들과 공상의 세계 그리고 외설증 등과 함께 창의성의 세계를 여행했다. 또 다른 코미디언인 존 클리즈는 (그는 〈몬티 파이선의 날아다니는 서커스〉와 〈폴티 타워즈〉 등의 텔레비전 드라마에 출연했다) 1991년에 '적절하지 않은' 창의적 감정 분출에 대해 다음과 같이 말했다.

"유치하고 비논리적이며 잘못된 것들을 얘기하는 위험을 감수해야 한다. 그리고 창의적인 상태에서는 아무것도 잘못된 게 없고 실수 따위는 존재하지 않으며 또 그 어떤 시도도 획기적인 돌파의 순간으로 이어질 수 있음을 알아야 한다."[27]

좋은 것들은 상상 속 친구들에게서 나올 수 있다. 화가 프리다 칼로는 여섯 살 때 툭하면 "대략 내 또래의 어린 소녀"와 함께 창문을 통해 바깥으로 빠져나가서 깔깔거리며 웃기도 하고 춤을 췄다.[28] 찰스 도지슨(필명은 루이스 캐럴)은 《이상한 나라의 앨리스》에서 앨리스가 상상 속의 토끼와 함께 신이 나서 뛰어다니는 모습을 상상했다. 모차르트에게도 상상의 세계와 상상 속 친구들이 있었다. 모차르트는 "과거의 왕국 Kingdom of Back"이라고 스스로 이름 붙인 자기만의 어린아이 세상에서 마음껏 뛰놀았는데, 그 세상은 그가 상상해낸 온갖 사람들로 가득 차 있었다.[29] 1787년이었고 그와 그의 현실 세계 친구들이 오페라 〈돈 조반니〉 초연을 하러 프라하로 가던 길이었다. 모차르트는 무료함을 달래려고 자기 아내와 친구들, 친구들의 시중을 드는 하인, 그리고 심지어 함께 데리고 가던 애완견에게 애칭을 붙이기 시작했다. 자기는 푼키티티티Punkititi였고, 그의 아내는 샤블라 품파Schabla Pumfa였고, 하인은 사가다라타Sagadarata였고, 애완견은 샤마누즈키Schamanuzky였다.[30] 그리고 나중에 모차르트는 〈마술피리〉에 파파게노와 파파게나 같은 역시 비슷한 가상의 인물들을 채워 넣었다. 모차르트가 프라하로 가면서 자기만의 상상의 세계를 만들 때 그는 대여섯 살 어린아이가 아니라 서른한 살 어른이었다! 그가 〈마술피리〉라는 유치한 왕국을 창조했던 1791년도 그가 세상에 살아 있을 날이 몇 달 남지 않은 시점이었다.

◐ 상상력은 지식보다 중요하다

2015년에 뉴저지의 자유과학센터에서 열린 지니어스 갈라Genius Gala 행사장에서 아마존의 제프 베조스는 어린아이의 성정이 넘쳐나는 창의성을 다음과 같이 설명했다.

"자기 전문성에 발목을 잡히지 않기 위해서라도 어린아이 같은 능력이 반드시 있어야 합니다. 생기 넘치는 눈빛, 초심자의 마음, 이런 것들은 일단 전문가가 되고 나면 계속 유지하기가 믿을 수 없을 정도로 어려워집니다. 그러나 위대한 발명가들은 언제나 그런 눈빛과 그런 마음을 유지합니다. 그들은 성스러운 불만을 갖고 있습니다. 그들은 어떤 것을 1,000번이나 봤을 수도 있고 그래서 거기에 익숙해져 있을 수도 있지만, 얼마든지 더 나아질 수 있다는 생각이 그들의 머릿속에 떠오릅니다."[31]

아마존, 애플, 구글 등과 같은 기술 기업들은 '초심자의 마음'을 장려하기 위해서 저마다 '창의성 구역'을 구축해왔다. 아마존은 '나무 집' 안에 와이파이가 제공되는 새 둥지를 만들었고, 픽사에는 목조 오두막집과 동굴로 된 회의장이 있으며, 구글에는 비치발리볼장과 분홍색 홍학들이 다닥다닥 내려앉은 공룡이 있다. 사실 자유과학센터는 과학기술박물관이라기보다는 거대한 놀이 공간이다. 여기서는 누구든 공룡의 뼈를 발굴할 수 있고, 레고 도시를 건설할 수 있고, 디즈니 방식으로 정글을 헤쳐 나가는 모험을 할 수 있고 또 스펀지 블록으로 멋진 동굴을 만들 수도 있다. 어린아이들도 물론 환영받는다.

월트 디즈니는 이렇게 말했다.

"모든 어린이는 생생한 상상력을 축복으로 안고 태어난다. 그러나 근육을 쓰지 않고 방치하면 축 늘어지듯이 어린이의 반짝거리는 상상력도 자주 쓰지 않으면 세월의 흐름 속에서 빛이 바래고 만다."

카니예 웨스트가 주장했던 것처럼, 어린아이에서 어른으로 변해갈 때 그리고 상상의 세계에서 성인의 실제 현실로 넘어갈 때 어째서 인간 정신의 상상력은 시들해지고 말까? 사람은 나이를 먹고 어른이 되면 실제 현실에서 자기의 생존을, 즉 의식주를 스스로 책임져야 한다. 많은 동물이 어릴 때는 장난기가 넘치고 어디로 튈지 모르는 모습을 보이지만 나이를 먹고 성체가 되면서 점점 정형화된 행동 패턴을 따른다. 이런 상황에서 유형성숙~neoteny~이 우리를 구원한다.

유형성숙은 호기심, 장난스러움, 상상력 같은 어릴 때의 특성을 성인이 돼서도 지속할 수 있는 인간의 능력을 설명하기 위해 진화생물학자들이 만들어낸 용어다.[32] 1979년에 〈내추럴 히스토리〉에 실린 〈미키마우스에게 바치는 생물학적인 헌사〉라는 논문에 고생물학자 스티븐 제이 굴드는 다음과 같이 썼다.

"인류는 유형성숙을 한다. 우리는 선조들이 가지고 있었던 유치한 특성을 어른이 돼서도 계속 가지고 있음으로써 지금까지 진화해왔다. (…) 인간은 임신 기간이 매우 길고, 어린아이로 살아가는 기간도 길며 또 그 어떤 포유류보다 수명이 길다. 영원한 젊음이라는 형태학적 특성도 우리에게 유리하게 작용해왔다."[33]

'이렇게 한번 해보면 어떨까?' 하는 어린아이 같은 상상력은 우리가 인간일 수 있도록 만들어주는 요소 가운데 하나다. 그 덕분에 우리는 예술과 과학과 사회조직에서 새로운 발견과 혁신을 수행하고 미래 세상을 바라볼 수 있다. 이런 맥락에서 영원한 어린이였던 알베르트 아인슈타인은 1929년에 다음과 같이 말했다.

"나는 나의 상상력으로 무엇이든 자유롭게 그릴 수 있으니 이만하면 충분히 예술가다. 상상력은 지식보다 더 중요하다. 지식은 제한돼 있지만, 상상력은 세상을 에워싼다."[34]

지금까지 인간이 이룬 발전의 많은 부분이 유형성숙 덕분이지만, 이 특화된 용어는 많은 사람에게 (특히 이 책의 교정교열자에게) 낯설다. 유형성숙, 즉 성인이 어린아이의 특성을 계속 가지고 있는 것. 이는 우리 인간에게는 거의 완전히 숨겨져 있을 정도로 깊이 각인된 종족 유지의 습관이다.

◊ 상상력이라는 축복을 유지하기 위해

지금까지 우리는 지난 수백 년에 걸쳐서 이름을 날렸던 천재들, 어린아이 같은 여러 천재의 마음속을 들여다봤다. 그렇다면 과연 우리는 여기에서 어떤 결론을 내릴 수 있을까? 그것은 바로, 아이에게 그리고 또 우리 자신에게 정말 도움이 안 되는 말이 "어른처럼 굴어라!"라는 것이다. 어린아이에게는 잠들기 전에 듣는 이야기, 요정과 마법사가 등장하는 동화, 장난감과 꼭두각시, 나무에 지은 요새와 인형의 집, 구석진 곳에 마련한 자기만의 아지트, 학교나 집을 떠나 경험하는 캠프, 상상 속의 친구들이, 그리고 어른에게는 일과 놀이가 함께 있는 공간, 창의적인 묵상, 코미디 프로그램을 시청하는 시간, '이러저러한 아이디어를 가지고 놀아라'라는 명령이 우리가 창의적인 마음을 계속 유지할 수 있도록 혹은 잃었던 그런 마음을 다시 찾을 수 있도록 해준다. 시인 찰스 보들레르도 1863년에 "천재성은 자유로이 되찾은 어린아이의 마음일 뿐"[35]이라고 타당하게 표현했다.

지식을 향한 끝없는 욕망을 채우기 위해

_지적 호기심에 대한 갈증

영국의 엘리자베스 1세(1533-1603)는 왕이 돈으로 살 수 있는 가장 멋진 교육 전통의 혜택을 누렸다. 그녀의 아버지 헨리 8세는 앤 불린* 과 그의 다른 아내들이 위험한 처지에 놓이자, 자식들에게 최고의 가정 교사들을 붙여줬다. 언젠가는 그 아이들 가운데 한 명이 남자든 여자든 간에 영국을 통치할 것임을 알고서 한 조치였다. 가장 나이가 어렸던 엘리자베스는 르네상스의 인본주의적 왕자들이 받았던 전형적 교육, 그러나 당시에 여자로서는 거의 받을 수 없었던 바로 그 고전적인 교육 을 받았다. 엘리자베스는 역사, 철학, 고대문학을 공부했을 뿐만 아니라 초기 교회 신부들의 저작과 그리스어《신약성서》그리고 종교개혁 신 학자들의 라틴어 저작도 읽었다. 그녀의 가정교사 옥스퍼드 돈 로저 애 스컴은 수제자이던 엘리자베스가 열일곱 살 때 그녀에 대해서 이렇게

---

* 영국 헨리 8세의 두 번째 왕비. 헨리 8세가 캐서린 왕비와의 혼인 무효를 요청했지만 교황 은 인정하지 않았고, 이 일이 영국 종교개혁의 발단이 됐다.

말했다.

"그녀의 마음속에는 여자의 약점이 없다. 게다가 그녀는 뛰어난 응용력을 갖추고 있다. 누구보다 빠르게 이해하고 누구보다 분명하게 기억한다. 프랑스어와 이탈리아어를 마치 영어처럼 자유롭게 말한다. 라틴어는 유창하게, 그리고 적절하고도 정확하게 구사한다. 또한 나와 이야기할 때는 자주 그리고 기꺼이 그리스어로 말하는데, 상당히 잘한다."[1]

그러나 엘리자베스의 학습 활동은 애스컴이 가정교사를 그만둔 뒤에도 멈추지 않았다. 심지어 1558년에 왕좌에 오른 뒤에도 엘리자베스는 평생 손에서 공부를 놓지 않았다. 헨리 8세의 여섯 번째이자 마지막 부인으로 자기의 새어머니였던 캐서린 파에게 보낸 편지에서도 그녀는 "어떤 방식으로든 늘 공부를 하지 않으면, 남자든 여자든 간에 기지가 무뎌져서 어떤 것을 제대로 실천하거나 이해하지 못하게 됩니다"[2]라고 썼다. 하루에 세 시간씩은 늘 책을 읽었기에 엘리자베스는 1585년 3월 29일에 의회에서 "나보다 책을 많이 읽은 교수가 아무도 없다는 것이 틀림없는 사실이라고 말할 수밖에 없다"[3]고 했다. 그녀와 동시대를 살았던 작가 윌리엄 캠던도 이렇게 말했다.

"그녀는 자기를 보살피는 사람에게 가장 적절한 문서와 가르침을 줬으며, 날마다 공부하고 편지를 썼는데, 이는 과시하기 위해서가 아니라 사랑과 미덕을 실천하기 위함이었다. 그랬기에 그녀는 당대의 왕족들 가운데서 학습에 관해서는 기적과도 같은 인물이었다."[4]

실제로 엘리자베스는 학습의 기적 그 자체였다. 그러나 학습, 즉 공부가 실제로 그녀에게 어떤 도움이 됐을까? 학습은 그녀에게 권력을 가져다줬다. 엘리자베스를 보필하는 사람들 가운데 한 명이었던 철학자 프랜시스 베이컨이 했던 "아는 것이 힘이다"라는 말도 사실은 엘리자베스를 염두에 두고서 했던 말이다. 이처럼 공부를 많이 하고 아는 게 많았던 엘리자베스는 당시 남자 일색이었던 외교관들과 동등하거나 혹은 더 뛰어나다는 평판을 얻었다. 라틴어와 프랑스어 그리고 이탈리아어에 능통했기에 외국에서 온 사절들과 자유롭게 대화를 할 수 있었고 또 그 사절들이 자기들끼리 얘기할 때도 무슨 말을 하는지 알아들었다. 외국에서 온 편지를 번역자의 도움을 받지 않고도 읽을 수 있었음은 말할 것도 없다. 1957년에 폴란드 대사가 라틴어로 말해서 관심을 사려고 하자 그녀는 즉석에서 라틴어로 장광설을 늘어놓으면서 그의 말을 잘라버렸다. 그런 다음에 그 불쌍한 대사에게 등을 돌리고는 자기 조신들에게 짐짓 겸손함을 갖춰 이렇게 말했다.

"여러분, 나는 오늘 내 형편없는 라틴어 실력을 어쩔 수 없이 사람들 앞에 보이고 말았네요."[5]

학습을 통해서 권력과 권위를 획득한 엘리자베스로서는 이 학습을 포기할 생각이 전혀 없었다. 그녀는 라틴어 "위데오 에트 타케오Video et taceo(나는 모든 것을 알지만 아무런 말도 하지 않는다)"를 개인적인 좌우명으로 삼았다. 엘리자베스가 머릿속에 담고 있던 것과 그녀가 공식적으로 말한 것 사이의 엄청난 불균형은 정치 영역에서 그녀에게 유리하게 작용했다. 엘리자베스의 이런 모습을 현재 영국과 미국의 정치적인 수장인 보리스 존슨과 도널드 트럼프가 날마다 트윗을 날려대는 모습과 비교해보라. 엘리자베스는 모든 것을 알지만 아무런 말도 하지 않음으로써 40년 동안 영국을 통치했다. 영국의 역대 왕 가운데서 가장 긴 재위

기간이었다. 그녀는 대영제국의 기초를 닦았고, 또 '엘리자베스시대'라는 시대 명칭으로 자기 이름을 역사에 영원히 새겨 넣었다. 천재 엘리자베스는 자기 머릿속에 입력했던 모든 것을 신중하게 통제함으로써 그 지식을 단단히 붙잡고 있었으며 또 영국이 대영제국의 큰길로 나아가게 만들었다.

◊ 참을 수 없는 호기심

학습을 향한 갈망이라고 하든 몰랐던 것을 알고자 하는 열망이라고 하든 혹은 강렬한 호기심이라고 하든 간에, 모두 똑같은 충동이다. 우리는 모두 이런 충동을 가지고 있다, 정도의 차이가 있긴 하지만 말이다. 볼 수 없고 측정할 수 없긴 해도 호기심은 각 개인의 개성에서 중요한 부분이며, 또 이것은 다른 개인적인 특성들과 (특히 열정과) 떼려야 뗄 수 없을 정도로 밀접하게 연결돼 있다. 특히 천재들에게 있어 어떤 대상을 이해하고자 하는 욕망은 참을 수 없는 가려움이나 마찬가지다. 위대한 인물의 위대한 정신은 신비스러운 문제와 맞닥뜨리면 어떻게든 답을 알고 싶어서 안달한다. 제프 베조스는 '성스러운 불만족'이라는 표현을 썼다. 현재 존재하는 것과 어쩌면 다르게 존재할 수도 있는 것 사이에서 위대한 천재들은 바로 이 '성스러운 불만족'을 경험한다. 뒤에서 살펴보겠지만 마리 퀴리는 우란광 속 방사선이 지닌 신비로움을 풀어야겠다는 충동에 사로잡혔다. 알베르트 아인슈타인은 특정한 곳에서 움직이지 않는 나침반의 바늘에 담긴 수수께끼를 반드시 풀고야 말겠다는 생각에 사로잡혔다. 헝가리 의사 이그나스 젬멜바이스(1818-1865)는 빈의 한 산부인과 병원에서 산모의 사망률이 환경에 따라 달라지는 것에 호기심을 품은 끝에 손 씻기가 얼마나 중요한 습관인지 발견했다. 호기심 많은 사람은 불편함을 편안함으로 바꾸고 싶어 한다. 자기가 보는 것과 자기가 아는 것 사이에 괴리가 있을 때 이들은 어떻게든 그 괴리를 없애야 한다는 생각에 사로잡힌다.

사람마다 빈도나 강렬함이 다르긴 하지만 우리는 모두 자기가 모르는 것을 알고 싶어 한다. 교육심리학 및 마케팅 분야의 전문가들은 인간의 이 뿌리 깊은 욕망을 이용하려고 한다. 지그문트 프로이트는 자기 아이들과 버섯을 따러 갔다가 신기하게 생긴 버섯을 발견하고는 "얘들아! 이것 좀 봐!"라고 말하지 않았다. 그는 모자를 벗어서 그 버섯을 덮었다. 그러고는 아이들이 직접 모자를 들어 올려서 비밀을 발견하게 했다. 프로이트는 2006년에 발표된 어떤 논문에서 심리학자들이 입증해낸 사실을 직관적으로 알고 있었던 것이다. 이 논문이 주장한 내용은 다음과 같다.

"실험 참가자 어린이들에게 자기가 학습한 정보를 기억에서 끄집어내라고 지시했을 때, 이 아이들은 자기가 놀랍다는 감정을 표현했던 대상을 그렇지 않았던 대상보다 훨씬 더 잘 기억해냈다."[6]

어린이들은 어떤 것을 자기가 직접 발견했을 때 그 대상을 더 잘 기억한다. 어쩌면, 학습의 올바른 방법은 누군가에게 가르침을 받는 것이라기보다는 호기심을 갖는 것일지도 모른다.

레오나르도 다빈치는 '역사상 가장 호기심이 많았던 사람'으로 일컬어진다.[7] 물론 과장된 표현이다. 그러나 레오나르도는 다른 사람에게나 자기 자신에게 엄청나게 많은 질문을 했다. 예를 들어 1495년 무렵에는 밀라노에서 살았는데, 그때 그가 하루 동안 해야 할 일이라고 적었던 목록을 보자.[8]

- 밀라노와 인근 여러 지역의 지형적 특성을 측정한다.
- 밀라노와 밀라노의 교회들을 묘사한 책을 찾는다. 이 일은 코르두시오로 가는 길에 있는 문구점에서 한다.
- 코르테 베키아(공작 궁의 오래된 안뜰)의 크기를 알아낸다.
- '산수의 달인'[루카 파치올리]에게 삼각형을 사각형으로 만드는 방법을 보여달라고 부탁한다.
- 베네데토 포르티나리[밀라노를 거쳐서 지나가던 피렌체의 어떤 상인]에게 플랑드르*에서는 얼음 위를 어떤 수단을 이용해서 이동하는지 물어본다.
- 밀라노를 그림으로 그린다.
- 마에스트로 안토니오에게 요새를 지을 때 밤에 혹은 낮에 박격포의 위치를 어떻게 설정하는지 물어본다.
- 마에스트로 지아네토가 만든 석궁을 자세하게 살펴본다.
- 유압식 기계의 달인을 찾아내서 롬바르디아 방식으로는 운하에서든 방앗간에서든 고정장치를 어떻게 수리하는지 가르쳐달라고 한다.
- 태양의 크기에 대해서 물어본다. 마에스트로 지오반니 프란체세가 대답해주기로 나에게 약속했던 일이다.

＊ 현재의 벨기에, 네덜란드 남부, 프랑스 북부에 걸쳐 있던 중세 국가.

레오나르도의 질문은 도시계획, 유압식 기계, 그림, 석궁과 전쟁, 천문학, 수학, 그리고 심지어 얼음 위의 스케이팅 이동 방식에 이르기까지 다양하게 걸쳐 있다. 이런 주제들에 대해서 그는 학교에서 얼마나 공부했을까? 학교에서 공부한 건 없다. 레오나르도는 서자로 태어났고 또 당시에는 로마가톨릭교회의 교육 체계가 유일했기 때문에 그로서는 학교 교육을 전혀 받을 수 없었다. 그는 당시 지식인의 언어이던 라틴어나 그리스어 교육을 전혀 받지 않았다. 그래서 그는 나중에 "나는 불학무식한 사람uomo senza lettere"[9]이라고 말하기도 했다. 그렇기에 레오나르도는 호기심이 강한 다음 두 가지 유형 가운데 첫 번째 유형에 속한다. 첫 번째 유형은 경험적으로 배우는 사람(즉 자기가 실천하거나 발견하는 사람)이고, 두 번째 유형은 독서로써 배우는 사람(즉 다른 사람이 했거나 발견한 것을 책을 통해 읽어서 아는 사람)이다.

레오나르도는 실천가였다. 물론 그는 그림을 그렸지만, 바위와 화석을 직접 살피기 위해서 산에 올라갔으며 또 잠자리의 비행 습성과 날개를 보려고 일부러 습지를 찾아다녔다. 기계가 어떻게 작동하는지 알아보려고 기계를 분해했으며, 사람 역시 같은 목적으로 해부했다. 그는 자기가 발견한 모든 것을 기록했는데, 이 기록은 1만 3,000쪽이나 되는 노트와 스케치 및 드로잉으로 남아 있다.

레오나르도에게 그토록 많은 호기심을 불어넣은 것은 무엇일까? 호기심 많은 그의 특성을 설명하려는 초기의 여러 시도 가운데 하나로 1910년에 지그문트 프로이트는 이론을 제기했다. 오늘날에는 이상하게 보일지도 모르지만 프로이트는 레오나르도가 가진 호기심의 원천이 그가 게이였다는 사실에 있다고 봤다. 그래서 레오나르도가 "자기 성욕을 지식에 대한 갈망으로 돌렸다"는 것이다.[10] 프로이트는 레오나르도의 필체뿐만 아니라 그가 여러 그림에서 묘사한 중성적인 얼굴에서 (특히 〈세례자 성 요한〉이라는 그림이 그렇다. [자료 4] 참조) 그가 게이라는 신체적인 증거를 확인했다고 믿었다.

역사 속에서 많은 천재가 왼손잡이였는데,[11] 어쩌면 레오나르도가 그들 가운데서도 가장 유명한 '왼손잡이'인지도 모른다. 그런데 레오나르도의 필체에는 또 다른 특이한 점이 있는데, 그는 거의 모든 글을 오른쪽에서 왼쪽으로 썼다. 물론 여기에 대한 아주 단순한 설명이 있긴 하다. 왼손잡이로서는 이렇게 쓸 때 펜을 잡은 손이 글자의 잉크를 문지를지도 모를 가능성을 줄여주기 때문이라는 것이다.

[자료 4] 레오나르도 다빈치가 그린 〈세례자 성 요한〉(1513~1516)의 얼굴. 이 얼굴은 남자의 얼굴일까, 여자의 얼굴일까? (파리 루브르박물관)

그러나 프로이트는 이런 실용적인 차원 이상의 것을 봤다. 레오나르도의 이런 필기 습관은 '은밀한 행동'의 표식이었다는 것이다. 즉 덜 개방적인 사회에 살면서 억눌려 있던 성욕이 그렇게 표현됐다는 주장이다. 이런 식의 암호화된 필기 덕분에 레오나르도는 생각이나 욕망에 관한 한 세상 사람들에게 수수께끼 같은 존재로 남았을 것이라는 말이다.

이런 맥락 속에서 프로이트는 "지식을 향한 갈망으로 승화된 성욕은 호기심과 강력한 탐구 충동을 강화한다. (…) 탐구욕은 강박적일 정도로 강화되면서 성적 활동을 대체한다"[12]고 결론을 내렸다. 요컨대 호기심이 섹스의 대체물로 나타날 수 있다는 것이다.

비록 이 모든 것이 얼토당토않은 것처럼 보일 수도 있지만 레오나르도 본인은 저서 《코덱스 아틀란티쿠스Codex Atlanticus》에서 "지적 열정은 성적인 욕망을 쫓아버린다"[13]고 했다. 과연 프로이트가 주장한 것처럼 동성애를 향한 열정이 호기심을 촉발하며 궁극적으로 창의성의 원천이 될까? 2013년에 이 문제에 관한 현재의 연구를 종합적으로 요약한 논문이 〈국제심리학연구저널〉에 발표됐는데, 이 논문에 따르면 그렇지 않다.

"현재의 연구 결과는 동성애자라고 해서 특별히 더 창의적이지는 않다는 과거의 여러 연구 결과와 양립할 수 있다."[14]

비록 게이로 살아가는 삶의 경험이 특이함이라는 새롭고 유리한 지점을 열어주긴 하겠지만 동성애자가 이성애자보다 특별히 더 호기심이 많지는 (그래서 창의적인 천재가 될 가능성이 더 높지는) 않다.

♦ 지적 욕구를 채우기 위한 열정

〈모나리자〉를 포함한 유명한 작품을 창조하기 위해서 호기심 많은 레오나르도는 한 걸음 뒤로 물러서서 "내가 그림을 그린다는 것은 도대체 무엇인가? 살아 있는 이 유기체는 어떻게 작동할까?"라고 물었다. 그는 그림을 그릴 붓을 들지 않고 대상을 잘라낼 칼을 들고서 이런 질문에 대한 답을 추구했다. 해부와 관련된 호기심을 충족하려고 그는 돼지, 개, 말, 소 그리고 심지어 사람의 사체까지 해부했다. 거기에는 두 살짜리 아기의 사체도 포함돼 있었다.

인체 해부에는 그때나 지금이나 상당한 용기가 필요하다. 열정과 위험을 감수하겠다는 마음이 있어야 한다. 레오나르도는 그런 용기를 넘치도록 많이 갖고 있었는데, 이런 점은 그의 전기를 쓴 바사리가《가장 저명한 화가들, 조각가들 그리고 건축가들》(1550)에서 여러 차례 언급했다.[15] 그런데 인체를 해부하려 할 때 가장 먼저 제기되는 문제가 있다. 사람의 사체를 과연 어디에서 구한단 말인가? 교회가 인체 해부를 이단적인 행위로 규정하던 시대에 살던 레오나르도는 출처를 분명하게 밝히지 않았지만, 그래도 그 사체들 가운데 적어도 하나는 플로렌스에 있는 산타마리아 노벨라의 병원에서 나온 것임을 우리는 알고 있다.[16]

한번은 레오나르도가 사체를 구하긴 했는데 상황이 무척 좋지 않았다. 밀라노와 플로렌스의 날씨는 때때로 더웠다. 피부층을 얇게 벗겨내고 힘줄을 들어 올리려면 해당 부위의 조직이 어느 정도는 단단해야 한다. 냉장고나 에어컨이 없는 환경에서는 살아 있는 조직이 금방 부패하고 무른다. 레오나르도의 해부는 야음을 틈타서 이뤄졌던 것 같은데, 이런 사실은 그가 남긴 다음 기록에서 유추할 수 있다.

> 그러나 해부에 관심을 가진다고 하더라도 자연스럽게 드는 혐오감은 어쩔 수 없다. 설령 이 혐오감을 이겨낸다고 하더라도 사체들과 함께 밤을 보내야 한다는 공포가 앞을 가로막는다. 그냥 사체도 아니고 토막이 나고 가죽이 벗겨진 사체이니 얼마나 무섭겠는가. 그런데 이 공포를 이겨낼 수 있다고 하더라도 사체를 세밀하게 묘사하는데 꼭 필요한 그림을 그리는 솜씨가 부족할 수 있다. 하지만 이런 솜씨를 가지고 있다고 하더라도 인체에 대한 전반적인 지식이 동반돼야 한다. 그런데 설령 이런 것들을 모두 갖췄다고 하더라도, 기하학적인 설명을 할 수 있는 여러 방법 혹은 근육의 힘과 강도를 추정하는 방법을 잘 알고 있어야 한다. 혹은, 부지런을 떨어야 하는데 끈기가 없으면 그렇게 하지도 못한다.[17]

게다가 악취도 대단했을 것이다. 그러나 레오나르도는 자기가 해야 할 일에서 결코 물러서지 않았다. 악취를 느끼기나 했을까? 아마도 그렇지 않았던 것 같다. 왜냐하면 레오나르도가 한번은 장난삼아서 지독한 악취가 나는 여러 동물 사체를 방패에 붙여놨는데, 이 악취를 정작 본인은 알아차리지 못했다고 바사리가 기록했기 때문이다.

여기에서 의문이 하나 제기된다. 천재가 열정적으로 탐구에 몰두할 때는 그게 뭐든 불편함을 전혀 느끼지 못할까? 미켈란젤로는 바티칸의 시스틴성당 천장 아래에서 '고뇌'의 시간을 보내는 동안 하루에 열여섯 시간씩 4년 동안이나 작업에 매달리면서도 자기의 운명을 한탄하지

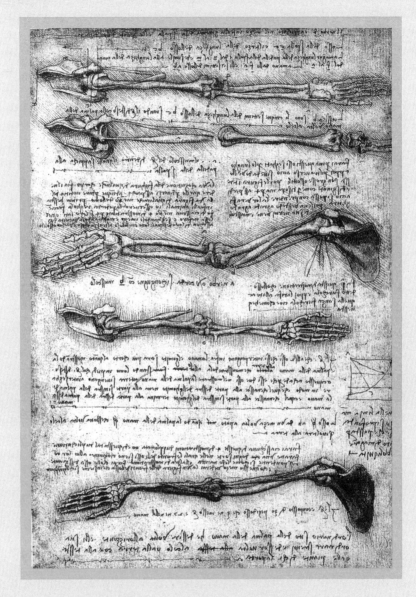

[자료 5] 레오나르도 다빈치가 그린 손, 팔 그리고 어깨의 뼈와 근육과 힘줄. 글자는 아름다울 정도로 선명한 이탈리아어로 오른쪽에서 왼쪽 방향으로 씌어 있다.(원저성 의 로열컬렉션 트러스트)

않았다. 아이작 뉴턴도 커다란 뜨개바늘을 눈 안으로 밀어 넣어 안구를 누를 때마다 인지되는 색깔이 어떻게 달라지는지 확인하면서도 불평 한마디 하지 않았던 것 같다. 니콜라 테슬라는 고전압 전류로 두 번 이상 감전당하고도 의연히 자기 길을 밀고 나갔다. 창의적인 호기심의 불꽃이 고통을 얼씬도 하지 못하게 쫓아버리는 것일까?

지독한 인내심을 발휘하며 수행했던 많은 해부 작업을 통해 레오나르도는 무엇을 배웠을까? 바로 인체의 구조, 즉 현대적 용어로 해부학을 배웠다. 그는 오늘날 우리가 동맥경화증이라고 부르는 증상을 처음으로 확인했다. 또한 사물을 바라본다는 것은 빛이 눈의 어느 한 지점이 아니라 망막 전체에 분산되는 과정임을 처음으로 알아챘다. 심장에는 방이 두 개가 아니라 네 개로 나뉘어 있다는 것도 처음으로 발견했다. 심장 안 대동맥 혈류의 소용돌이 현상으로 대동맥판막이 닫히는 현상도 처음으로 입증했는데, 이 사실은 1968년에야 비로소 의학잡지에 실렸다.[18] 이런 식이다. 그가 죽고 450년이 지난 뒤에야 의학은 신체를 절개하지 않고서도 신체 내부를 들여다볼 수 있는 컴퓨터단층촬영CAT이니 자기공명영상MRI이니 하는 기계의 도움을 받아서 비로소 레오나르도라는 천재를 따라잡았다. 심지어 오늘날에도 몇몇 의사들은 의학 교과서에 나오는 컴퓨터로 생성한 이미지보다 레오나르도가 직접 그린 그림([자료 5])을 선호한다. 이 대가가 무수히 많은 평행선을 교차로 그려 넣어서 만든 음영이 인체 내에서의 기능적 과정을 좀 더 선명하게 드러낸다고 믿기 때문이다.[19] 레오나르도가 가졌던 호기심은 그에게 모나리자가 짓는 미소의 근육 움직임을 어떻게 그릴지 가르쳐줬다.[20] 그러나 그 가르침은 미술이라는 영역에 한정되지 않았다. 그 영역을 훌쩍 넘어서서 다른 여러 분야에서의 여러 발견으로도 그를 이끌었다.

예순일곱 살 생애의 마지막 숨을 내쉰 그가 남긴 완성작은 채 스물 다섯 점이 되지 않았다.[21] 반면 그가 남긴 메모는 엄청나게 많았고, 스케치와 미리 그려본 드로잉은 10만 점이 넘는다. 모든 시대를 통틀어서 가장 위대한 화가인 그가 어째서 그토록 적은 그림만 남겼을까? 어떤 것에 대한 노하우를 알아내고 나면 그 순간 호기심이 곧바로 다음 작업으로 넘어가서 그가 새로운 작업에 매달리도록 만들었기 때문이다. 그에게는 뭔가를 끝맺고 싶다는 욕망보다 뭔가를 배우고 싶다는 욕망이 훨씬 더 컸다.

♠ 실천하는 독서가들

사람들은 대부분 레오나르도처럼 자기 호기심을 충족하려고 동물을 해부한다거나 물길을 돌려놓는다거나 하는 일을 하지 않는다. 대부분 독서를 열심히 해서 뭔가를 배운다. 그 이유는 최소한 세 가지다. 첫째, 지식, 지혜, 권위 그리고 권력으로 이어질 수 있는 정보를 얻기 위해서이다. 둘째, 자기 삶의 경험을 확장해서 인간 행동에 대한 통찰을 얻으면서도, 그 일의 성패에 직접적인 관심을 두지 않기 위해서이다. 셋째, 자신의 도덕적 잣대를 설정하는 데 기준이 될 롤모델을 찾기 위해서다.

오프라 윈프리는 수백만 명의 삶을 바꿔놓은 천재다. 텔레비전 방송 리포터이자 토크쇼 진행자였던 오프라의 호기심과 학습 욕구는 그녀가 했던 3만 7,000건의 인터뷰 과정에서 충분히 입증됐다. 그녀가 진행하던 〈오프라 윈프리 쇼〉의 시청자들은 이 프로그램의 한 꼭지인 '오프라 북클럽Oprah's Book Club'에 크게 영향을 받았는데, 이 코너는 고등학교 졸업 이후로 책을 한 권도 집어 들지 않았던 사람들이 책을 손에 들게 만들었다. 윈프리는 어린 시절 배우기 위해서 투쟁해야만 했다. 그녀는 어린 시절에 자기 어머니가 책을 뺏으면서 다음과 같이 고함을 질렀다고 회상했다.

"너는 책벌레벌레벌레 같은 인간이야! 그놈의 엉덩이 바깥나들이 좀 시키면 안 되니? 너는 바깥에서 노는 애들보다 네가 더 잘난 줄 알지? 앞으로는 두 번 다시 너를 도서관에 데리고 가지 않을 거야!"[22]

노예의 증손녀였던 윈프리는 나이 어린 싱글맘의 딸로 태어났으며, 이 집에서 저 집으로 자주 이사했고, 10대 초반까지 어린 시절 내내 성적으로 모욕과 추행을 당했으며 열네 살 나이에 유부남의 아이를 낳았다.

"그 아이가 죽은 뒤에야 학교로 돌아갔습니다. 그때 내 인생에서 두 번째 기회를 얻었다고 생각했습니다. 나는 온통 책에만 내 모든 걸 쏟았습니다. 문제를 안고 있었던 여자들, 헬렌 켈러 그리고 안네 프랑크에 대한 책에 모든 걸 쏟았습니다. 엘리너 루스벨트*에 대한 책도 읽었습니다."[23]

윈프리는 가난을 딛고 일어서서 미디어 분야의 거물이자 아프리카계 미국인으로서는 최초로 수십억 달러 규모의 부자가 됐다. 어떻게 그럴 수 있었을까? 대답은 단순하다. 독서를 통해서 자기 자신과 다른 사

＊　미국의 여성운동가이자 루스벨트 대통령의 아내.

람들을 개선하려고 끊임없이 노력했기 때문이다. 노벨 문학상 수상자인 토니 모리슨은 그녀를 두고 이렇게 말했다.

"그렇게 책이 많은 집은 별로 본 적이 없다. 온갖 종류의 책이 있었고, 모두 그녀가 만지고 또 읽은 책들이었다. 그녀는 진정한 독서가지, 장식용으로 책을 두는 사람이 아니다. 그녀는 왕성한 독서욕의 소유자다."[24]

2017년에 윈프리는 독서와 교육의 중요성을 이야기했지만 중고등학교나 전문대학 혹은 대학교에서의 학습에 대해서는 한마디도 언급하지 않았다.

"이것이 중요한 이유는 실질적인 삶으로 들어가는 문이기 때문이다. 이것 없이는 인생을 제대로 살아갈 수 없으며 또한 성공할 수도 없다. 이것은 발견과 경이로움과 매혹으로 이어지는 문이며, 자기가 누구이며 왜 존재하는지 또 무엇을 하려고 존재하는지에 대한 깨달음으로 이어지는 문이다. 그것은 인생으로의 초대장이며, 당신을 영원히 먹여 살린다."[25]

오프라 윈프리와 마찬가지로 벤저민 프랭클린 역시 평생 학습자였다. 책을 읽는 사람으로서 또한 실천하는 사람으로서 그는 평생 배움의 길을 걸었다. 프랭클린은 자서전(1771)에서 자기는 천성적으로 책을 좋아한다고 고백했다.

"어릴 때부터 나는 책을 열렬하게 좋아해서, 용돈이 조금이라도 생기면 모조리 책을 사는 데 썼다. 여행을 무척 좋아해서 내가 처음 구입한 도서는 작은 책 여러 권으로 나뉘어 있는 버니언의 저작들이었다."[26]

1727년에 프랭클린은 상인 열두 명으로 이뤄진 '준토 클럽 Junto Club'

이라는 모임을 만들었는데, 이들은 금요일마다 만나서 도덕과 철학 그리고 과학 분야의 여러 쟁점을 놓고 토론했다. 나중까지 프랭클린이 수집한 책은 4,276권이었는데, 이 정도면 당시 식민지 미국에서 공립과 사립을 통틀어서 웬만한 도서관보다 더 많은 장서 규모였다.[27]

존 버니언의 《천로역정》과 대니얼 디포의 《에세이 어폰 프로젝트An Essay upon Projects》 그리고 플루타르크의 《그리스·로마 영웅전》은 그의 초기 동반자였다. 나중에 그는 "학교 다닐 때 두 번이나 낙제했을 정도로 숫자에 무지했던 게 부끄러워서" 《코커스 애리스메틱Cocker's Arithmetick》 (런던 초판, 1677)*을 독파했으며 천문항법 조수로서 기하학을 독학으로 조금은 깨쳤다. 그는 세계적인 인물이 되기 위해 프랑스어와 이탈리아어 회화를 배웠으며 스페인어와 라틴어를 읽는 법도 익혔다. 그는 이런 자기계발을 주로 일요일에 했는데, 전통적인 기독교 신앙의 시간을 "대중이 모여서 예배를 보는 통상적인 자리에 참석하는 것보다" 혼자 공부하는 데 사용하는 것이 더 낫겠다고 판단했기 때문이다.[28] 후대의 천재인 빌 게이츠도 1997년에 프랭클린과 똑같은 말을 했다.

"시간 자원을 배분하는 점에서 보면 종교는 그다지 효율적이지 않다. 일요일 아침에 내가 할 수 있는 일들은 너무도 많다."[29]

프랭클린은 마흔두 살에 신문잡지 발행인 자리에서 물러나서 미국 식민지에서 다른 사람들을 위해 일하기 시작했다. 그의 목표는 채워지지 않는 과학적인 호기심을 충족하는 것이었다. 바이올린이 내는 고음이 어떻게 유리를 깰 수 있을까? 전기가 물에서는 통하는데 나무에서는

---

* 에드워드 코커가 쓴 유명한 산술학 교재.

왜 통하지 않을까? 이런 질문들은 오늘날 우리가 물리학이라고 부르는 자연철학에 속한다. ('과학자'라는 용어는 1833년에야 생겨났다.)

"내가 개인적인 사업에서 손을 떼고 물러났을 때, 그동안 재산을 충분하게 모았으므로 여생은 철학을 공부하고 또 즐기면서 보낼 여유가 있다는 생각을 나름대로 하고 있었다."[30]

장사꾼 수준의 수학만 알 뿐 물리학은 전혀 모른다는 사실은 문제가 되지 않았다. 프랭클린은 자기에게 필요한 것을 다시 또 독학으로 공부하기 시작했다.

전기과학에 대한 프랭클린의 호기심은 뜻밖의 사건으로 촉발됐다. 1746년에 에든버러 출신의 순회 강연자 아치볼드 스펜서가 필라델피아에 와서 정전기 효과를 시연했다.[31] 여기에 흥미를 느낀 프랭클린은 스펜서의 전기 발생 장치를 그 자리에서 샀으며, 전기와 관련된 책들을 찾아서 읽었고 실험을 하기 시작했다. 물론 그때까지만 해도 재미 삼아 한 실험이 대부분이었다. 이런 탐구에 대해 그는 이렇게 말했다.

"그때처럼 내 관심과 시간을 몽땅 잡아먹힐 정도로 어떤 연구에 몰두해본 적이 없다. 혼자 있을 때 이런저런 실험을 했고, 또 친구들이나 지인들 앞에서 그 실험들을 반복하기도 했다. (…) 나중에는 사람들이 내가 하는 실험을 보러 떼로 몰려왔고, 이런 일이 계속됐다."[32]

한번은 어떤 실험에서 프랭클린이 전기로 크리스마스 칠면조를 죽이려고 (그런 다음 요리하려고) 했다. 그런데 너무 흥분한 나머지 절연 신발을 신는다는 걸 깜빡 잊어버렸고, 그 바람에 감전돼 죽을 뻔했다.[33]

1746년에서 1750년에 프랭클린은 재미 삼아 하던 차원에서 벗어나 전기와 관련된 탐구에 본격적으로 진지하게 달려들었다. 1752년에는 뇌우 속에서 용감하게 연을 날렸는데 어느 한순간에 번개가 연을 내리쳤다. 전류가 연줄을 따라서 타고 내려오다가, 연줄에 매달아뒀던 열쇠 꾸러미까지 닿으며 번쩍거렸다. 이것은 전류가 지상에 있는 축전지(배터리)에 연결될 때와 똑같은 현상이었다. 그런데 이 실험은 무척이나 위험했다. 아닌 게 아니라 다음 해인 1753년에는 독일 물리학자 게오르그 빌헬름 리히만이 프랭클린의 실험을 재연하려다가 감전사당했다.[34] 그러나 프랭클린은 하늘에 있는 번개와 땅에 있는 전기가 동일하다는 사실, 번개가 하늘에서 땅으로 흐르는 강렬함과 똑같은 강렬함으로 땅에서 구름으로 흐른다는 사실, 그리고 전기는 공기도 아니고 액체도 아니며 중력처럼 모든 자연에 작용하는 어떤 힘이라는 사실을 입증했다. 그리고 이런 발견을 한 공로를 인정받아서 예일대학교와 하버드대학교에서 명예 학위를 받았을 뿐만 아니라 18세기의 노벨 물리학상에 해당되는, 왕립학회에서 수여하는 코플리메달을 받았다. 뭐든 끝까지 그리고 그 끝의 너머까지 꼬치꼬치 캐묻는 습관이 있었던 프랭클린은 1786년 친구에게 보낸 편지에, 자신은 세상의 많은 일을 경험했으므로 이제는 "이 세상 너머에 있는 것을 보고 싶다는 호기심이 점점 커지는 걸 느낀다"[35]고 썼다. 그리고 4년 뒤에 그는 자기가 살던 세상을 떠나서 다른 세상으로 갔다.

◊ 지식이 현실과 만났을 때

과학자이자 발명가였던 니콜라 테슬라(1856-1943) 역시 전기 관련

지식을 갈망했다. 그리고 그의 연구와 노력 덕분에 직류 대신 오늘날 사용되는 교류가 표준으로 자리를 잡았고, 또 지금도 많은 곳에서 전력 공급에 사용되는 장치인 유도전동기가 자리를 잡았다. 테슬라라는 자동차회사 이름의 원조인 그는 태양열, 엑스선, 방사선과 MRI 기계, 로봇과 드론, 휴대폰 그리고 인터넷을 예측한 선지자였다. 자서전에도 썼지만 그는 자기보다 앞선 세대인 프랭클린과 마찬가지로 어릴 때부터 못 말리는 도서 애호가였다.

> 아버지가 커다란 도서관을 가지고 있었던 덕분에 나는 언제든 마음이 내킬 때마다 독서 열정을 채우려고 했다. 그런데 아버지는 내가 책에 몰두하는 걸 허락하지 않았고, 내가 책을 읽는 모습을 볼 때마다 불같이 화를 내곤 했다. 내가 몰래 책을 읽는 것을 보면 양초를 숨겨버렸다. 내 눈이 나빠지는 걸 원치 않았던 것이다. 그러나 나는 수지*를 구하고 심지를 만들어서 깡통으로 양초를 만들었다. 그리고 불빛이 방 밖으로 새어 나가지 않도록 열쇠 구멍과 문틈을 가린 다음에 밤에 책을 읽었다. 그렇게 책을 읽다가 새벽을 맞은 적도 많았다.[36]

주로 독학으로 물리학, 수학, 전기공학을 공부하는 것 말고도 테슬라는 철학과 문학에도 심취했다. 그는 볼테르의 여러 저작을 모두 읽었으며 괴테의《파우스트》와 세르비아의 여러 서사시를 암기했다고 주장

---

* 양초나 비누의 재료로 쓰이는 동물 기름.

했다. 이는 그의 기억력이 사진기처럼 정확했기에 가능한 일이었다.

만일 사진 한 장이 단어 1,000개의 가치를 지녔다면, 적어도 [자료 6]을 놓고서는 많은 이야기를 할 수 있을 것이다. 이 사진은 니콜라 테슬라가 1899년에 자기 실험실에 있는 모습을 보여주는데, 그는 빳빳한 칼라와 반짝거리는 구두로 흠잡을 데 없이 말끔한 차림이다. 손에는 크로아티아의 물리학자 로제리오 보스코비치의 저서《자연철학 이론》(1758)을 들고 있다.[37] 테슬라는 자기 주변에 소용돌이치는 전기를 망각한 채 독서에 몰두하고 있다. 그는 콜로라도주 콜로라도 스프링스에 특별히 세운 실험실에서 제작한 '테슬라 코일Tesla coils'을 이용해서 이와

[자료 6] 콜로라도 스프링스의 자기 실험실에 있는 니콜라 테슬라, 1899년. (프란체스코 비안체티, 코비스)

같은 "정전기 추력electrostatic thrusts"(그가 직접 이런 표현을 썼다)을 만들어 냈다.[38]

테슬라의 궁극적인 목표는 비단 전기뿐만이 아니라 모든 종류의 정보와 즐거움(즉 뉴스, 주식 정보, 음악, 전화 통화)을 즉각적으로 또 별도의 전선 없이 전송할 수 있는 새로운 전기적인 '세계 체계world system'를 창조하는 것이었다. 말할 필요도 없는 사실이지만, 그가 자기 실험실에서 고압 전류를 동원해서 했던 실험들은 무척 위험했다.[39] 사실 우리가 지금 보는 사진은 테슬라가 '포토샵' 한 사진인데, 테슬라는 전기적인 파장의 이미지를 자기가 앉아 있는 단순한 사진 위에 합성했다. 이는 투자자들과 일반 대중 모두에게 강한 인상을 심어주기 위한 홍보 차원의 행위였다. 그것은 전기 폭풍의 한가운데 테슬라가 스스로 창조하고자 했던 이미지, 즉 조용히 책을 읽는 천재의 모습이다.

현대의 천재이자 기업 테슬라의 CEO인 일론 머스크 역시 어릴 때부터 지독한 독서광이었다. (테슬라는 머스크가 아니라 이 회사의 창업자가 선택한 이름이다.) 현재 전기자동차뿐만 아닐 솔라시티, 하이퍼루프, 스페이스엑스 등을 지휘하는 강력한 추진력을 가진 머스크는 어린 시절 늘 손에서 책을 놓지 않았다. 그의 형제인 킴벌은 "일론이 하루에 열 시간씩 책을 읽는 건 이상하거나 특별한 일이 전혀 아니었다. 주말에는 하루에 두 권씩 독파하곤 했다"고 말한다. 머스크 본인도 열 살 무렵의 자신을 다음과 같이 회상한다.

"(남아프리카공화국 프리토리아에 있던) 학교 도서관의 책과 근처에 있던 다른 도서관의 책을 몽땅 다 읽었다. 그때가 아마 3학년이나 4학년 때였던 것 같다. 나는 사서에게 나를 위해 책을 구입해야 한다고 열심히 설득했다. 그리고 나는《브리태니커 백과사전》을 읽기 시작했다. 무척 도움이 되는 책이었다. 사람은 자기가 알지 못한다는 사실을 알지 못한다. 그런데 그 책을 읽으면 자기가 알지 못하는 것들이 널려 있음을 깨닫는다."[40]

이렇게 머스크는 어릴 때부터 "잠에서 깨서 일어나서부터 잠자리에 들 때까지" 책을 읽었다. 얼마나 책을 많이 읽었던지 나중에는 모르는 게 없는 것 같았다. 그의 어머니는 딸 토스카가 어떤 문제에라도 맞닥뜨리면 "저기 천재 선생에게 가서 물어보렴"[41]이라고 말하곤 했다. 한 번은 어떤 사람이 머스크에게, 로켓 추진체 설계도 초안을 그릴 때 도움을 줄 수 있을 정도로 '로켓과학'에 대해 많이 알게 된 이유를 물었다. 그러자 그는 조용하게 "내가 책을 워낙 많이 읽었거든요"[42]라고 대답했다. 머스크의 목표는 화성에 가는 것이다.

♦ 호기심의 다양한 역할

그런데 일론 머스크는 태어날 때부터 호기심이 많았을까, 아니면 나중에 호기심이 생겼을까, 혹은 둘 다일까?《호기심의 두 얼굴》(2015)의 저자인 심리학자 수전 엥겔은 호기심은 지능과 마찬가지로 대부분 타고나는 것이며 쉽게 변하지 않는 개성의 한 부분이라고 말했다.

"태어날 때부터 어떤 아이들은 특이한 공간과 사물, 그리고 심지어 사람을 탐구하려는 성향을 특히 더 많이 가지고 있는 것 같다."[43]

2010년에 한 무리의 연구자들이 어린이들이 가진 '타고난 재주'를 촉발하는 매개물이 무엇인지 알아내고자 미국 50개 주를 대상으로 설문조사를 했는데, 45개 주에 있는 심리학자들이 높은 IQ를 놓고 검증했고 세 개 주에서만 호기심을 두고 검증했다.[44] 위대한 천재를 만드는 본질적인 요소는 지능과 호기심 가운데 어느 쪽일까?

엘리너 루스벨트라면 호기심이라고 대답했을 것이다. 그녀는 1934년에 다음과 같이 천명했기 때문이다.

"아기가 태어날 때 어머니가 신에게 부탁해서 이 아기가 가질 가장 유용한 재능으로 한 가지만 선물로 받을 수 있다면 아마도 어머니는 호기심을 부탁하지 않을까 싶다."[45]

실제로 최근의 연구를 보면 호기심이 행복, 만족스러운 인간관계, 확대되는 개인적인 성장, 점점 깊어지는 삶의 의미, 늘어나는 창의성 등으로 이어짐을 알 수 있다.[46] 게다가 제프 베조스가 2014년에 〈비즈니스 인사이더〉와 했던 인터뷰에서 주장했듯이 호기심은 종의 생존에도 의미 있는 역할을 할 수 있다.

"인간이 호기심을 가지고 있으며 탐험을 좋아하는 것 자체가 하나의 생존 기술이 아닐까 하고 나는 생각합니다. 호기심이 없었고 탐험을 하지 않았던 조상들은, 눈앞에 보이는 산 너머에 있는 다른 산에는 먹을 것이 더 많고 기후도 더 살기 좋지 않을까 하고 상상했던 조상보다 일찍 죽었을 겁니다."[47]

민간 우주기업 스페이스엑스를 통해서 화성 프로그램을 추진하는 머스크와 마찬가지로 베조스도 민간 우주기업 블루오리진을 통해서 호기심이 가득한 눈으로 다음 행성을 바라본다.

세상을 향한 강렬한 호기심을 가진 사람이라도 태어날 때부터 그렇지는 않았을 것이다. 사람은 태생적으로 호기심을 갖고 있지만 나이를 먹으면서 이를 잃어버린다고 많은 진화생물학자가 믿는다.[48] 그러나 어린아이와 같은 호기심이 천재에게는 언제나 따라붙는 것 같다. 알베르트 아인슈타인이 만년에 자기 이야기를 하면서 "나는 특별한 재능을 가지고 있지 않다. 그저 강렬한 호기심을 가지고 있을 뿐이다"[49]라고 했으니까 말이다.

♦ 자신만의 학습 방법을 찾은 사람들

알베르트 아인슈타인은 어린 시절에 기계 장치, 장난감 증기기관 그리고 퍼즐을 특히 좋아했다. 또 요즘으로 치면 레고 블록이라고 할 수 있는 작은 석조 벽돌도 가지고 놀았는데, 그는 자기 상상 속의 시각적 개념에 따라 이것들을 쌓고 배열하곤 했다. (아인슈타인이 가지고 놀던 이 석조 벽돌 세트는 2017년에 고문서 및 골동품 중개업체인 세스캘러에서 16만 달러에 팔렸다.) 아인슈타인은 나중에 자기가 너덧 살 때 나침반이 어떻게 자기 관심을 끌었는지, 나침반의 위치를 옮겨도 바늘은 여전히 북쪽을 가리킨다는 사실에 자기가 얼마나 넋이 나가도록 매료됐는지 회상했다.

"나는 이 경험이 나에게 깊고 오래 지속되는 강한 인상을 남겼음을 지금도 여전히 기억한다. (적어도 기억한다고 믿는다.) 깊이 숨겨져 있는 뭔가의 뒤에는 반드시 어떤 비밀이 있을 수밖에 없다."[50]

우리 모두는 한 방향을 가리키며 움직이는 않는 나침반 바늘을 보고 이상하게 여겼다. 그러나 그 가운데서 딱 한 사람만 그 호기심을 따라가서 마침내 특수상대성이론에 다다랐다.

열 살 때 아인슈타인은 아론 번스타인의 《대중을 위한 자연과학 책들》(1880)이라는 짧은 '인기 과학' 시리즈에 손을 댔고, 이 책을 "숨도 쉬지 않고 집중해서" 읽었다.[51] 그런데 몇 가지 의문이 떠올랐다. 궁금한 게 많았던 소년은 답을 찾고 싶었다. 시간이란 무엇일까? 빛의 속도라는 것은 무엇일까? 빛보다 더 빠른 게 있을까? 번스타인은 책에서 빠르게 달려가는 기차와 이 기차의 옆면을 뚫고 관통한 총알의 궤적을 상상해보라고 했다. 이때 기차 옆면을 뚫고 다른 면으로 진행하는 총알의 궤적은 휘어져 보일 것이다. 아인슈타인은 나중에 일반상대성이론과 휘어진 시공간을 놓고 연구할 때 독자에게, 매우 빠른 속도로 위로 올라가는 엘리베이터를 상상하라고 했다. 이 엘리베이터는 한쪽 면에 작은 구멍이 뚫려 있고 빛이 한 줄기 새어 들어오게 돼 있다. 그렇다면 그 구멍을 통해서 들어온 빛줄기가 엘리베이터의 다른 쪽 면에 닿을 때 이 빛줄기의 모습은 정확하게 직선이 아니라 휘어진 모습으로 보일 것이다. 아인슈타인이 어렸을 때 가족의 지인이었던 의과대학생 막스 탈마이는 당시를 회상하면서 "여러 해 동안 지켜봤지만 그가 가벼운 문학 서적을 읽는 모습은 한 번도 보지 못했다. 또 자기 또래의 아이들과 어울려서 노는 모습 역시 한 번도 보지 못했다"[52]라고 말했다.

아인슈타인은 독학을 했다. 열두 살 때 대수학代數學과 유클리드 기하학을 공부했으며, 그 직후에는 미적분을 공부했다. 대학교에 들어간 뒤에도 혼자 하는 공부는 계속됐다. 취리히폴리테크닉(스위스 공과대학)은 그가 배우고 싶어 안달하던 과목, 즉 첨단의 물리학을 가르치지 않았다. 그래서 그는 혼자서 제임스 클러크 맥스웰의 전자기 방정식, 루트비히 볼츠만의 제기한 기체의 분자 구조, 헨드릭 로런츠가 묘사한 원자론적 전하 등을 공부했다. 대학교를 졸업한 뒤에 아인슈타인과 동료 두 명은 올림피아 아카데미Olympia Academy라는 클럽을 만들어서 자기들끼리 가르치며 공부했다. 그로부터 170년 전에 프랭클린이 준토 클럽을 만들었던 것과 다르지 않았다. 이들은 많은 책을 읽고 토론을 했는데, 그 가운데는 미겔 데 세르반테스의《돈키호테》, 데이비드 흄의《인성론》그리고 바뤼흐 스피노자의《윤리》등이 포함돼 있었다. 아인슈타인은 대학 교육에서 경험했던 실망감을 두고 나중에 이렇게 말했다.

"현대의 교육 방법론들이 아직도 성스러운 탐구의 호기심을 완전히 질식시키지 않았다는 사실은 거의 기적이나 다름없다."[53]

마크 트웨인도 "나는 학교에서 받는 교육이 내 교육을 방해하도록 내버려둔 적이 한 번도 없었다"라고 말했다고 한다. 아인슈타인이 "학교에서 배운 것을 모두 잊어버렸을 때 남은 것, 그것이 바로 교육이다"라고 말했던 것을 보면 그의 교육관도 트웨인의 그것과 다르지 않았던 모양이다.[54]

아인슈타인은 다른 것을 기대하지 말았어야 했다. 대부분 학교는 심지어 최고 명문대학교라고 하더라도 인생에서 배워야 할 가장 중요한 것, 즉 평생 학습자가 되는 방법을 가르치지는 않는다. 그렇기에 모든 교육기관의 입구 아치에는 "학생들아, 스스로를 가르치는 방법을 배워라Discipule: disce te ipse docere"[55]라는 문구를 걸어야 한다. 학생들이 학교에서 정보를 전달받고 이런저런 방법론을 배울 수는 있다. 그러나 이 세상을 바꾸는 사람들은 인생에서 배운 것들 가운데 많은 부분을 스스로 배웠다. 어쩌면 공상과학소설 작가 아이작 아시모프가 1974년에 했던 다음 말이 진리에 가깝지 않을까 싶다.

"자기 교육이야말로 진정하고도 유일한 교육이라고 나는 확신한
다."[56]

🌢 배움의 문을 열어두는 법

한때 셰익스피어는 동시대인 작가였던 벤 존슨으로부터 "라틴어를
잘 모르고 그리스어는 그보다 더 잘 모른다"고 질책을 받았다. 그러나
최소한 셰익스피어는 그래도 약간의 라틴어와 그리스어를 습득했었다.
모차르트와 물리학자 마이클 패러데이는 단 한 번도 공식적인 학교 교
육을 받지 않았다. 에이브러햄 링컨이 학교 교육을 받은 기간은 채 열
두 달도 되지 않았다. 레오나르도는 의학 교육을 전혀 받지 않고서도
당대 최고의 의학자가 됐다. 미켈란젤로, 프랭클린, 베토벤, 에디슨 그
리고 피카소도 초등학교를 넘어서는 교육은 전혀 받지 않았다. 엘리자
베스 1세와 버니지아 울프는 집에서 공부했다. 아인슈타인은 고등학교
를 떠났다가 1년 뒤에 대학교 입학을 준비하려고 고등학교로 돌아갔
다. 테슬라는 대학교에 진학했지만 1년 반 만에 중퇴했으며, 그 뒤로 다
시는 대학교로 돌아가지 않았다.

물론 중퇴자 대부분은 천재가 되지도 않고 성공을 거두지도 않는다.
그러나 최근 역사에서 중퇴자이면서도 거물이 된 사람들을 꼽으면 빌
게이츠(하버드대학교), 스티브 잡스(리드칼리지), 마크 저커버그(하버드대
학교), 일론 머스크(스탠퍼드대학교), 밥 딜런(미네소타대학교), 레이디 가가

(뉴욕대학교), 오프라 윈프리(테네시주립대학교) 등이 있다. 잭 마는 대학교에 가지 않았으며 열다섯 살에 고등학교를 중퇴한 리처드 브랜슨도 마찬가지다. 창의적인 천재인 카니예 웨스트는 음악의 길을 걷겠다는 생각으로 시카고주립대학교를 스무 살에 중퇴했다. 그리고 6년 뒤에 첫 앨범 〈대학 중퇴 The College Dropout〉(2004)를 내서 비평계에서 찬사를 받고 상업적인 성공도 거뒀다. 무작정 중퇴하라는 말이 아니다. 이런 혁신적인 인물들은 자기가 알 필요가 있는 것들을 스스로 배울 수 있는 사람들이었다. 이렇게 보자면 성공한 사람과 천재에게는 공통점이 있다. 대부분 평생 학습 중독자라는 점이다. 이는 좋은 습관이 분명하다.

마지막으로, 천재가 아닌 평범한 사람은 책을 읽거나 강의에 출석하거나 다음 해에 갈 멋진 휴가지를 찾는다든가 하는 뻔한 행동을 어떻게 넘어서고 또 학습을 향한 갈망을 어떻게 배양할 수 있을까? 일상에서 실천할 몇 가지 아이디어를 소개하면 다음과 같다.

○ 새롭고 낯선 경험을 기꺼이 받아들여라. 두려운 대상을 향해 자기 자신의 등을 떠밀어라. 새로운 도시에서 길을 잃고 헤매봐라. 그러면 존재하는지도 몰랐던 많은 장소를 보고 또 알게 될 것이다.

○ 두려움을 털어내라. 처음 간 도시에서 택시를 타지 마라. 걷거나 대중교통을 이용하라. 그 도시의 지리와 역사 그리고 문화를 배우게 될 것이다.

○ 질문하라. 예를 들어서 교사나 부모 혹은 기업의 지도자로서 프레젠테이션을 해야 하는 자리에 섰을 때 소크라테스의 대화법을 구사하라. 그리고 학생이나 직원이라면 자신의 무지가 드러나는 것을 두려워하지 마라. 그 대신, 물어라.

○ 질문한 다음에는 대답을 경청하라. 뭐라도 하나는 배울 것이다. 부정적인 사례에서도 우리는 얼마든지 배움을 얻을 수 있다. 천재는 대체로 좋은 경청가가 아니다. 왜냐하면 자기 세계관에 너무 집착하기 때문이다. 그러나 기민하고 성공하는 사람은 남의 말을 귀담아듣는 방법을 안다.

어떤 현명한 사람이 예전에 "교육은 젊은 사람에게 주기 아깝다"는 말을 했다. 그러나 교육이 굳이 젊은 사람에게만 제공돼야 할 필요는 없다. 2020년 코로나19 셧다운 기간에 세상 사람들이 깨쳤듯이, 오늘날에는 젊은 사람이나 늙은 사람 모두 독학을 할 수 있다.

온라인 교육 플랫폼(예를 들면 예일대학교를 비롯한 여러 대학교의 코세라 Coursera와 하버드대학교와 MIT의 에드엑스edX 그리고 스탠퍼드대학교의 온라인 Oneline 등)은 1,000개 가까운 양질의 강좌를 일반 대중에 제공하는데, 대부분은 완전히 무료다. 내가 참여하는 온라인 예일 강좌인 '고전음악 입문'은 현재 수강자가 15만 명이 넘으며, 수강자 나이의 중간값은 마흔 살이다. 성인 독서클럽도 비슷하게 성황인데, 이렇게 된 이유 가운데 하나는 어떤 책이든 읽고 싶으면 쉽게 손에 넣을 수 있기 때문이다. 인터넷으로 책을 주문하면 하루나 이틀 만에 받아볼 수 있고, 또 전자책은 그 자리에서 킨들이나 누크 혹은 아이패드로 바로 내려받을 수 있지 않은가.

엘리자베스 여왕은 "그 어떤 교수도 나보다 책을 더 많이 읽지 않았다"고 말했다. 머스크는 "학교 도서관에 있던 책을 몽땅 읽었다"고 말했다. 윈프리는 책 읽기 및 교육을 두고서 "그것은 인생으로의 초대장이며, 당신을 영원히 먹여 살린다"고 말했다. 현대적인 기술의 혜택을 누

릴 수 있기에 자기 교육의 기회는 언제 어디서든 과거 그 어느 때보다
도 탄탄하고 다양하다. 옛날의 천재들에 비하면 우리 여건은 매우 좋은
편이다.

6

내 안의 잃어버린 조각을 찾는 여행
_열정의 대상 찾기

"열정을 가져라. 자기가 사랑하는 것을 하라."

방송 앵커 케이티 커릭이 2007년 윌리엄스칼리지 졸업연설에서 한 말이다. 오프라 윈프리는 2008년 스탠퍼드대학교에서 "만일 여러분이 진정으로 하늘을 날고 싶다면 먼저 자기 열정에 엔진을 장착하라"라고 말했다. 영화배우 엘런 드제너러스는 2009년에 툴레인대학교에서 "자기의 열정을 좇아라. 자신을 속이지 마라"라고 말했다.

2010년에 제프 베조스는 프린스턴대학교에서 "무기력이 여러분을 안내하도록 하겠는가, 아니면 여러분이 자기의 열정을 좇겠는가?"라고 물었다. 해마다 이런 메시지가 눈을 동그랗게 뜬 졸업생들을 향한다. 모두 이상적인 허튼소리일까? 그러나 플라톤이 기원전 380년에 이미 열정이 가진 힘을 강조했음을 떠올리기 바란다.

"지식을 진정으로 사랑하는 사람은 (…) 사물의 본질을 손에 잡기 전에는 결코 열정을 줄이지도 않고 열정이 시들게 내버려두지도 않는

다.”《국가론》490A)

이것은 셰익스피어가 1595년 《로미오와 줄리엣》에서, 또 고호가 1884년 10월 2일에 쓴 편지에서 했던 “지루하게 살기보다는 열정 속에 죽는 게 낫다”는 말과 다르지 않다. 그러므로 “너 자신의 열정을 좇으라”라는 고귀한 명령에는 긴요한 뭔가가 분명 있을 것이다.

물론 우리는 자기의 열정을 좇기 전에 먼저 그 열정부터 찾아야 한다. 이 열정 찾기는 순식간에 이뤄질 수도 있고 평생이 걸릴 수도 있다. 피카소와 아인슈타인과 모차르트는 다섯 살 때 자기 인생의 열정이 각각 그림과 과학과 음악임을 알아차렸다. 그러나 빈센트 반 고호가 1880년에 동생 테오에게 쓴 다음 편지에서처럼 다른 상황이 전개될 수도 있다.

“사람은 자기가 할 수 있는 것이 무엇인지 언제나 알지는 못한다. 하지만 그렇다고 하더라도 자기가 무엇을 잘하는지는 본능적으로 느낀다. (…) 내 안에 어떤 것이 있긴 하다. 하지만 과연 그게 무엇인지는 모르겠다.”[1]

고호는 자신의 열정을 찾을 때까지 다양한 시도를 했다. 미술품 중개상, 교사, 서적 판매원, 길거리 성직자 등의 여러 직업을 거친 뒤에 그는 스물아홉 나이에 다시 미술로 돌아왔다. 그의 동료 화가였던 폴 고갱은 6년 동안 뱃사람으로 산 뒤에 11년 동안 주식중개인으로 살다가 서른네 살에야 비로소 자기 영혼을 바칠 대상으로 그림에 정착했다. 미국의 국민 화가로 일컬어지는 모지스 할머니(1860-1961)는 일흔여섯 나이에 비로소 그림을 그리기 시작했다.

지그문트 프로이트가 한번은 한 환자로부터 인생에서 가장 중요한

게 무엇이냐는 질문을 받고는 "사랑하는 것과 일하는 것"이라고 대답했다.[2] 그는 이 둘을 "사랑의 노동"이라고 한데 묶었을지도 모른다. 왜냐하면 위대한 운동선수를 포함한 대부분의 사람이 이 노동에서 열정을 찾기 때문이다.

영화감독인 가베 폴스키는 한 인터뷰에서 2018년에 만든 다큐멘터리 영화 〈위대한 인물들을 찾아서〉를 설명하면서, 위대한 운동선수들을 밀어붙이는 단 하나의 가장 중요한 추동력은 그들이 경험하는 기쁨이라고 결론 내렸다.

"만일 어떤 사람이 하는 어떤 운동이 다른 어떤 것보다 재미있다면, 이 사람은 그 운동 종목에서 위대한 스타가 될 가능성이 있습니다. 그것이 그 사람에게 더는 일이 아니고 기쁨으로 바뀌었을 테기 때문입니다. 이렇게 되면 그 사람은 그 기쁨에 사로잡힐 수 있습니다."[3]

2,500년 전에 공자도 그랬다. "자기가 좋아하는 일을 찾으면 평생 하루도 일을 하지 않아도 된다"고.

🌢 잃어버린 조각의 진정한 의미

나는 셸 실버스타인이 쓴 이야기들을 아이들에게 읽어주곤 했다. 그게 그렇게 좋았다. 실버스타인은 한국전쟁에 참전했던 사람으로 〈플레이보이〉에 카툰을 연재하는 독설가로 일을 시작해서 단편소설, 영화 시나리오, 장편소설 그리고 컨트리뮤직의 가사를 썼다. 그러다가 뒤늦게 동시와 동화를 썼는데, 이 책이 2,000만 부 이상 팔리면서 엄청난 성공을 거뒀다. 천재 실버스타인은 만년에 가서야 자기 열정을 찾은 것이다. 그는 1975년에 한 주간지와 인터뷰를 하면서 다음과 같이 말했다.

> 열두 살이나 열네 살쯤일 때 나는 괜찮은 야구선수였으면 좋겠다고 생각했습니다. 여자아이를 잘 꾈 수 있으면 좋겠다고 생각했지요. 그러나 나는 야구를 할 줄 몰랐고 춤도 출 줄 몰랐습니다. 운이 좋게도 여자아이들은 나를 원하지 않았고, 내가 할 수 있는 일은 별로 없었습니다. 그래서 나는 그림 그리기와 글쓰기를 시작했습니다. 한 번 더 운이 좋아서 나에게는 모방할 사람도 없었고 나에게 영향을 줄 사람도 없었습니다. 그래서 나만의 스타일을 개발했던 겁니다. 서버, 벤틀리, 프라이스, 스타인버그 같은 사람이 그린 그림이 있는지도 모른 채로 나만의 그림을 만들어냈던 것입니다. 이 사람들의 그림을 나는 서른 살쯤 돼서야 처음 봤습니다.
> 여자아이를 꾈려고 얼쩡거릴 무렵에 나는 이미 일을 하고 있었고, 그 일이 나에게는 더 중요했습니다. 내가 연애를 일부러 하지 않으려고 했던 것이 아니라 일이 나에게는 습관이 돼버렸던 겁니다.[4]

실버스타인의 동화 《어디로 갔을까, 나의 한쪽은》은 그가 일이라는 자기의 열정적인 습관과 관련해서 내린 일종의 논평이다. 이 이야기의 주인공은 의인화된 동그라미다. 이 동그라미는 쐐기 모양으로 떨어져 나간 조각 때문에 부족함을 느끼면서 잃어버린 그 조각을 찾아서 모험을 떠난다. 동그라미는 유쾌하게 굴러가면서 노래를 부른다.

오오, 나는 잃어버린 나의 조각을 찾고 있다네

나는 잃어버린 나의 조각을 찾고 있다네

이야호 야호, 나는야 간다네

잃어버린 나의 조각을 찾아서 간다네.

마침내 동그라미는 그 조각을 찾는다. 끼워보니 딱 들어맞는다. 하지만 그 순간 동그라미는 행복은 뭔가를 찾는 과정에 있지 그것을 찾아낸 결과에 있지 않음을 깨닫는다. 그래서 동그라미는 그 조각을 살짝 내려놓고 다시 조각을 찾아 나선다.

실버스타인의 동화는 열정과 행복 그리고 사라진 조각을 찾는 또 다른 이야기로 우리를 데려간다. 마리 퀴리가 라듐을 발견하는 이야기다.

🜄 고통을 잊게 만들어주는 것

열다섯 살 이후로는 공식적인 교육을 받지 못했고 폴란드의 시골에서 간호사로 일하고 있던 젊은 여자가 장차 노벨 물리학상을 받게될 확률은 얼마나 됐을까? 거의 없었을 것이다. 그러나 피에르 퀴리와 결혼함으로써 마리 퀴리라는 이름으로 우리에게 알려진 마리아 스크워도프스카(1867－1934)는 무에서 유를 창조한 천재였다. 오로지 퀴리의 열정만이 (그리고 인내가) 도무지 설명할 수 없는 일을 설명해주는 열쇠다.

대략 스무 살 무렵에 퀴리는 문학과 사회학에 대한 관심을 끊고 수학과 물리학에서 자기 열정을 찾았다. 1891년에 그녀는 프랑스로 건너가서 대학원 수준의 물리학을 공부하기 위해서 소르본느대학교의 자연과학부에 입학했다.* 이 학교의 입학시험을 통과하기 위해서 그녀는 독학으로 지독하게 공부했다. 그녀에게는 학사 학위도 없었고 외국인 자격이었지만 전체 입학생 1,825명 가운데 스물세 명밖에 안 되는 여자 가운데 한 명에 들었다.[5]

게다가 퀴리는 무일푼이다시피 했다. 그럼에도 가난하던 유학 시절 내내 그녀는 행복했다.

내가 기거하던 방은 다락방이었는데, 겨울에는 몹시 추웠다. 난로는 작았고 게다가 땔감은 툭하면 부족했기에 온기가 거기까지 닿지 않았던 것이다. (…) 바로 이 방에서 나는 알코올램프와 간단한 주방용품 몇 가지로 음식을 해 먹었다. 음식이라고 해봐야 빵에다 코코아 한 잔, 그리고 여기에 달걀이나 과일을 곁들인 게 다였다. 살림을 도와주는 사람은 없었고, 땔감으로 쓸 석탄은 6층으로 내가 직접 날라야 했다.

이런 생활은 사람에 따라서 고통스러워 보이기도 하겠지만 나에게는 정말 매력 그 자체였다. 나에게 귀중한 자유와 독립을 보장해줬기 때문이다. 아는 사람 하나 없는 파리라는 대도시에서 나는 길을 잃었지만, 거기에서 다른 누구의 도움을 받지 않고서 오롯이 혼자

---

* 당시에 폴란드의 바르샤바대학교에는 여학생 입학이 금지돼서 남녀공학인 대학교를 찾아서 파리로 갔다.

그런데 퀴리의 만족스러운 결핍은 학교생활 이후에도 이어졌다.
"끔찍하기 짝이 없던 낡은 헛간"이라고 나중에 본인이 회상하는 곳에서
고통스러운 연구 작업을 10년 동안이나 해야 했던 것이다.[7]

1897년에 물리학과 수학에서 두 개의 석사 학위를 받은 뒤에 퀴리
는 물리학자인 피에르 퀴리와 결혼하고 그의 지도를 받으며 박사과정
을 시작했다. 그녀의 논문 주제는, 1896년에 앙리 베크렐이 발견한 우
라늄염에서 방출되는 고에너지 파동인 베크렐선Becquerel rays이었다.

연구 과정의 중대한 시점에서 퀴리는 갑작스러운 '아하!'의 순간이
라기보다는 '어머, 이상하네?'라는 통찰을 경험했다. 우라늄광에서 우
라늄 에너지를 추출해도 거기에서 방출되는 강력한 방사선이 여전히
설명되지 않았던 것이다. 당시 마리는 언니에게 보낸 편지에 이렇게
썼다.

"브로냐 언니, 내가 도저히 설명할 수 없는 방사선은 어떤 새로운 화
학원소에서 나와. 이 원소가 분명히 존재하는데, 그걸 내가 찾아야 해."[8]

이렇게 해서 마리 퀴리는 자신의 잃어버린 조각을 찾아나섰다. 그리
고 마침내 우란광에서 우라늄을 추출하고 남은 찌꺼기인 피치블렌드
(역청) 깊은 곳에서 그것을 찾아냈다.

그 기나긴 세월 동안 퀴리는 임시변통의 그 끔찍한 실험실에서 대
략 8톤이나 되는 피치블렌드를 처리했다. 국립묘지 팡테옹 바로 남쪽

에 있던 별채 건물의 그 실험실은 예전에 소르본느대학교 의과대학의 해부실습실이었지만 그 뒤로는 시체들조차도 들어오길 거부한 곳이다. (지금 마리 퀴리는 그 팡테옹에 잠들어 있다.) 난방과 전기 공급조차 잘 되지 않던 바로 그 으스스한 실험실 및 인근 마당에서 퀴리는 처음에 대형 솥에다가 피치블렌드를 끓였고, 분별결정*을 통해서 각각의 요소를 분리했으며, 마지막으로 방사성 물질의 양을 1,000분의 1밀리그램 단위로 측정했다. 그녀는 우란광 내의 각 요소를 하나씩 차례대로 부지런하게 검사하고 분리했고, 방사성 물질로 추정되는 성분이 마침내 두 개로 압축됐다. 이 둘 가운데 첫 번째에 그녀는 자기 조국의 이름을 따서 '폴료늄'이라는 이름을 붙였다.

그러나 폴료늄은 그녀가 찾던 원소가 아니었다. 그녀가 찾던 사라진 조각은 그보다 방사성이 훨씬 더 강했다. 그리고 마침내 1902년에 퀴리는 드디어 그 조각을 손에 넣었다. 아니, 정확하게 말하면 유리시험관 안에 넣었다. 8톤이나 되는 피치블렌드를 증류해서 마침내 1그램 분량의 치명적인 순수한 라듐을 얻은 것이다.

많은 사람이 자기의 열정을 유지한다. 책 읽기에서, 그림 그리기에서, 또 여행에서…. 그러나 그들은 세상에 커다란 영향을 주지 않는다. 만일 우리 가운데 어떤 사람이 텔레비전에 나와서 노래를 부른다거나 미식축구공을 던진다거나 하는 행위로 다른 사람들의 관심을 불러일으키는 일에 열정적이며 또 예외적으로 재능이 비범하다면, 이 사람은 곧바로 유명인사가 될 수 있다. 그리고 만일 어떤 사람의 열정이 사회를

---

* 한 용액 내에 존재하는 각 성분을 농도 혹은 온도 변화로 단계적으로 결정화하여 분리하는 과정.

바꾸어놓는 방향으로 그를 몰아간다면, 이것은 그 사람이 천재라는 증거이다.

마리 퀴리는 라듐을 발견했고, 이런 사실을 세상이 인정해줬다. 그래서 그녀는 노벨상을 두 차례나 받았다. 한 번은 방사선을 발견한 공로로 물리학 분야에서 받았고(1903) 또 한 번은 라듐을 분리 추출한 공로로 화학 분야에서 받았다(1911). 퀴리는 폴로늄과 라듐이라는 두 개의 원소를 발견했으며, '방사능radioactivity'이라는 단어를 만들어냈고, 라듐이 치명적인 종양을 파괴하는 데 사용될 수 있음을 입증했다. 아닌 게 아니라 이 특성은 지금 방사성종양학의 토대이다. 그런데 역설적이게도, 의도하지 않은 결과의 법칙에 따라서 그녀의 라듐 발견은 1939년에 원자폭탄 개발로 이어졌다.

피치블렌드에서 라듐을 추출하는 작업은 짐작건대 유쾌한 작업이 아니었을 것이다. 그러나 이는 재미와 유쾌함의 정의를 어떻게 내리느냐에 따라서 달라진다. 퀴리에게는 그게 재미있고 유쾌한 작업이었기 때문이다. 그녀는 자기가 작업했던 그 허름한 실험실에 대해서 "여름이면 뜨거운 열기로 숨이 막혔으며 겨울에는 쇠 난로만으로는 도저히 감당할 수 없을 정도로 추웠다"[9]고 회상했다. 이런 환경에서 그녀는 '자극적인 가스'에 시달렸으며 라듐은 그녀의 손과 손가락을 태웠고, 그 뒤로 그녀는 물건을 만질 때마다 고통을 느꼈다.

"때로 나는 내 키만큼 길고 무거운 쇠막대를 들고 피치블렌드를 저어서 끓이며 온종일을 보내야 했다."

라듐을 분리하는 작업에는 여러 해가 걸렸고, 그녀의 남편인 피에르 퀴리는 당장이라도 아내가 두 손을 들고 포기하게 할 준비가 돼 있었다.[10] 그러나 그녀는 고통을 잊은 채 계속 쇠막대를 저었다. 그녀의 열정이 그녀의 고통을 마비시켰을까? 나중에 그녀가 말했듯이 그들 부부가 "모든 나날을 작업에만 쏟아부으며 생애에서 가장 행복했던 최고의 여러 해를 보낸 곳은 바로 그 끔찍하고 낡은 헛간이었다."[11] 퀴리의 경험은 '열정passion'이라는 단어의 라틴어 기원이 '고통'을 뜻하는 '파시오passio'임을 상기시킨다. 화가 프리다 칼로도 "열정은 당신을 고통에서 변화로 데려다주는 다리다"라고 말했다.[12]

결국 퀴리의 열정이 그녀를 죽였다. 그녀는 늘 라듐을 주머니에 넣고 다녔다. 방사성 원소와 기체는 그녀의 실험실과 그녀의 연구 논문에 스며들었다. 실제로 당시에 그녀가 작성했던 문서들이 지금 파리국립도서관에 보존돼 있는데, 이 문서들은 미래 세대가 방사능에 노출되지 않도록 납으로 된 상자 안에 들어 있다. 퀴리 부부는 재미 삼아서 밤에 라듐을 라바 램프처럼 사용하며 의자에 앉아 있곤 했는데, 이렇게 두 사람은 방사능에 노출됐다.

지금은 그녀 덕분에 모두가 다 알게 된 사실이지만 방사능은 악성 종양뿐만 아니라 건강한 세포까지 죽일 수 있다. 그런데 퀴리는 스스로 "악마"라고 불렀던 그 원소의 치명성을 어느 정도 알고 있었지만, 1920년대까지는 안전상의 조치를 거의 취하지 않았다. 그녀는 예순여섯 살 나이에 골수와 그 안에 있는 조혈모세포가 손상을 입는 희귀병인 재생불량성 빈혈로 사망했다. 그녀의 딸인 이렌 졸리오 퀴리도 라듐 연구로 노벨상을 받았는데, 자기 어머니와 비슷하게 쉰여덟 살 나이에 백혈병으로 사망했다. 그들이 가졌던 열정은 치명적이었다.

🜄 몰입을 경험하기까지

철학자 존 스튜어트 밀은 자서전에서 행복은 우리가 다른 목적을 추구할 때 생긴다고 썼다. 행복은 "마치 게처럼" 조용하게 옆 걸음으로 다가온다고 했다.[13] 마리 퀴리는 자기가 그 끔찍하던 헛간 실험실에서 피치블렌드를 끓이고 있을 때 가장 행복했다는 사실을 깨달았다. 철학자 아르투르 쇼펜하우어는《의지와 표상으로서의 세계》(1818)에서 열정적인 산만함을 천재성과 연결 지었다.

> 천재성이란 자기의 관심거리와 바라는 것 그리고 목적을 완전히 잃어버리는 것, 그렇게 함으로써 자기 개성을 한동안 완전히 포기하는 힘이다.[14]

심리학자 미하이 칙센트미하이는《몰입》(1990)에서 이런 초월적인 상태를 '몰입flow'이라고 부른다. 작곡가, 화가, 작가, 암호를 만드는 사람, 건축가, 변호사, 요리사 등 모든 창의적인 사람들은 사라진 조각을 찾을 때 몰입 상태를 경험한다. 그때 행복은 게걸음으로 우리에게 다가온다. 시간은 흘러가고… 이런 상태에서 자기 이메일 주소도 잊어버리고, 점심을 먹어야 한다는 사실조차 잊어버린다.

작가 루이자 메이 올컷은 자기가 경험한 초월적인 상태를 몰입이나 어떤 구역zone이 아니라 소용돌이라고 불렀다. 올컷는 두 권 분량의 소설《작은 아씨들》을 하루에 한 장(챕터)씩 쓰는 것을 목표로 삼아서 넉달 남짓한 기간 만에 완성했다.[15] 학자들은 이구동성으로《작은 아씨들》을 자전적인 소설로 분류한다. 아래의 인용에서 우리가 '조'나 '그녀'에 관한 이야기를 읽을 때, 열정이 어떤 것인지 드러내는 주체는 올컷 그 자신이다.

> 몇 주에 한 번씩 그녀는 자기 방에 틀어박혀서 헐렁한 옷을 입고는, 본인이 했던 표현을 빌리자면 "소용돌이 속으로 떨어져서", 더는 쓸 게 없을 때까지 전심전력으로 소설을 써 내려갔다. (…) [그녀의 가족은 이따금 방문을 열고 머리만 들이민 채 이렇게 묻곤 했다.] "조, 천재 씨는 다 타서 재가 되셨나?" (…)
> 그녀는 자기가 천재라고는 조금도 생각하지 않았다. 그러나 글쓰기에 가속도가 붙을 때는 모든 걸 포기하고 오로지 글을 쓰는 데만 자기를 던졌다. 필요한 것도 신경 써야 하는 것도 혹은 날씨가 나쁜 것도 전혀 의식하지 않고서 더없이 행복한 삶을 살았다. 그렇게 그녀는 마치 실제로 존재하는 것과 다름없는 허물없고 친절한 친구들로 가득 찬 상상의 세계에서 안전하고 행복했다. 잠도 달아나고 없었다. 밥도 먹지 않았다. 오로지 그 순간에만 그녀를 축복해주는 행복을 온전하게 누리기에는 밤이고 낮이고 간에 시간이 너무도 짧았다. 설령 아무런 열매가 맺히지 않는다고 하더라도 그렇게 사는 것은 너무도 큰 가치가 있었다. 이 성스러운 영감의 시간은 보통 한두 주 동안 이어졌으며, 그러다가 그 시간이 끝나면 그녀는 "소용돌이"에서 빠져나온다, 배고프고 졸리고 예민하고 허탈한 모습으로…[16]

"오로지 그 순간에만 그녀를 축복해주는 행복"은 모두 소비됐다.

《작은 아씨들》을 쓰는 동안 "얼마나 일에 몰두했던지 먹을 수도 없었고 잠을 잘 수도 없었으며 화장실에 가는 것 말고는 다른 어떤 것도 할 수 없었다"[17]고 올컷은 말했다.

⬤ 끝까지 포기하지 않을 때

열정, 단호함, 투지, 충동 혹은 집착… 이들 각각의 의미는 미묘하게 다르다. 이 모두는 긍정적인 것에서 부정적인 것까지 전체를 포괄한다. 긍정적인 열정은 과연 스펙트럼의 어떤 지점에서 부정적인 집착으로 돌변할까? 전자는 해야 할 것 같은 생각을 들게 하며 자제할 수 있는 반면에, 후자는 싫어도 어쩔 수 없이 밀어붙이게 되며 자제할 수 없다. 전자는 건전하게 여겨지고, 후자는 그렇지 않다.

마리 퀴리는 라듐을 갖고 작업을 하는 것이 위험한 줄 알면서도 그렇게 했다. 1962년에 앤디 워홀은 섹시함의 상징인 마릴린 먼로를 묘사해 열세 개의 서로 다른 모습을 만들어냈으며, 그런 다음에는 각각을 250개의 석판 인쇄물로 만들어냈다. 1964년에는 한 걸음 더 나아가서 먼로의 한층 큰 이미지들을 만들었다. 이것은 열정일까 아니면 집착일까?

"천재는 매우 특이하다."[18]

경제학자 존 메이너드 케인스가 1946년에 아이작 뉴턴을 칭송하면서 썼던 에세이에서 한 말이다. 아닌 게 아니라 뉴턴은 특이했다. 학생 때 그리고 케임브리지대학교의 트리니티칼리지에서 조교수로 있을 때 그는 어떤 문제에 집착해서 자기 방에서 거의 먹지도 않고서 또 '흐름'을 깨지 않으려고 선 채로 여러 날 연속으로 보내곤 했다.[19] 학생식당에서 밥을 먹을 때도 그는 대부분 혼자 앉아서 먹었다. 동료들은 그가 혼자 상념에 잠겨 있도록 방해하지 말아야 한다는 걸 알았기 때문에 그의 주변에는 얼씬도 하지 않았다. 식사를 마치고 연구실로 돌아가는 길에서도 뉴턴은 걸음을 멈추고 서서 스틱으로 자갈길에다 도형을 그리곤 했다. 이런 집착적인 집중은 그의 모습 가운데 한 부분이었고, 이런 모습은 결국 그가 우주의 작동원리를 새롭게 깨치는 길을 열어줬으며 또 세상 사람들이 지금까지 알던 사람 가운데서 가장 위대한 물리학자라는 명성을 그에게 안겨줬다.[20]

그러나 그에게는 알려지지 않은 면이 있었다. 적어도 그가 썼던 모든 문서가 빛을 보게 된 1936년 이전에까지는 알려지지 않았던 일면이다. 그것은 바로 연금술사 뉴턴의 모습이다.[21] 나중에 드러나는 사실이지만 뉴턴이 잃어버렸던 자기의 작은 조각은 금으로 만들어진 것이었다. 뉴턴이 평생을 사는 동안 연금술과 신비주의(오컬트)*에 대한 생각을 적어놓은 노트의 분량은 수학과 물리학 관련 생각을 적어놓은 노트 분량의 두 배이다. 개인적인 노트 1,752권 가운데 170권이 오늘날 우리가 신비주의 마법occult magic이라고 부르는 내용을 다룬다.[22]

사실 당시에는 어떤 금속이 다른 금속으로 바뀌는 과정에 대해서 알려진 바가 거의 없었으며 또 진정한 화학과 연금술이라는 사이비 과학 사이에 명확한 경계선이 그어져 있지도 않았다.[23] 어떤 물질이 현재의

---

* 인간 이성으로 규명하기 힘든 현상을 연구하는 비학을 총칭하는 용어.

모습을 그대로 유지하도록 단단하게 붙잡아주거나 혹은 그 물질을 여러 개의 요소로 분리하는 힘에 대한 뉴턴의 관찰이, 양자물리학 분야를 어렴풋이 멀리 내다보는 것이라 해석할 수도 있다.

그러나 화학적 변환에 대한 뉴턴의 독서 내용 대부분은 질병을 낫게 하고 납을 황금으로 바꿔놓을 수 있다고 여겨지던 신비로운 물질인 '현자의 돌 philosopher's stone'에 초점이 맞춰져 있었다. 본인의 표현을 빌리자면 뉴턴은 "수은을 점점 뜨겁게 만들어 마침내 수은을 황금으로 바꾸어 놓을 정도로 내가 많은 지식을 가지고 있는지 어떤지"[24] 알아내고자 했다. 뉴턴은 퀴리가 그랬던 것처럼 실험실로 사용하던 헛간에 마련한 용광로 앞에서 20년 동안 비지땀을 흘렸다. 그의 이 실험실은 케임브리지 대학교 트리니티칼리지에 있던 그의 숙소 바로 옆에 있었다.

해방의 날은 1700년에 찾아왔다. 물리학자로의 명성뿐만 아니라 금속을 향한 그의 열정을 높이 산 국왕 윌리엄 3세가 그를 조폐국장으로 임명했다. 왕립 화폐의 수호자가 된 뉴턴은 과학적 탐구는 거의 모두 내팽개치고 런던에 커다란 집을 마련했다. 여기에서 그는 국왕의 화폐 가치를 떨어뜨리는 짓을 하는 사람들을 무자비하게 추적했고, 많은 사람이 위조지폐범이라는 혐의로 교수형을 당했다.[25] 그러나 자기의 잃어버린 황금 조각은 끝끝내 찾아내지 못했다.

그래서 뉴턴은 마지막 탐색에 나섰다. 세상이 언제 종말을 맞을지 알아보기로 한 것이다. 뉴턴의 조카딸이자 법률적인 피보호자이던 캐서린의 남편 존 콘듀이트는 다음과 같이 말했다.

"나는 뉴턴이 말년에 앞을 거의 보지 못하면서도 세상의 역사 작업에 강박적으로 몰두하는 것을 봤다. 그는 《수정된 고대 왕국 연대기 The

Chronology of Ancient Kingdoms Amended》의 초고를 적어도 열두 번은 썼다. 그는 국왕들의 재위 기간과 노아의 후손 세대들을 계산했으며, 천문학적 계산을 활용해서 (고대 그리스 신화에 나오는) 아르고선 선원들의 항해 날짜를 추정했고, 또 고대의 여러 왕국이 일반적으로 알려진 것보다 수백 년씩 현재와 가깝다고 선언했다."[26]

그리고 마침내 뉴턴은 예수가 재림하며 세상이 종말을 맞이하는 연도를 특정했다. 바로 2060년이다.

뉴턴의 '바보의 황금' 이야기와 지구 종말 예측 이야기가 암시하듯이, 열정은 때로 천재성을 엉뚱한 길로 엇나가게 만들기도 한다. 베토벤은 대중이 찬사를 보낼 대중추수적인 〈웰링턴의 승리〉 혹은 〈전투교향곡〉(1813)과 같은 작품을 쓰고 싶어 안달했다. 그러나 지금 이 곡은 진부하게 들리며 거의 연주되지도 않는다. 그러나 어쨌든 간에 베토벤은 꿋꿋하게 앞으로 나아갔고 〈환희의 송가〉가 있는 〈9번 교향곡(합창교향곡)〉이라는 대작을 작곡했다.

스티브 잡스는 1983년에 자기 딸 '리사'의 이름을 붙이고 애지중지하면서 새로운 컴퓨터를 개발하는 데 열을 올렸다. 결국 이 프로젝트는 망했다. 그러나 잡스는 꿋꿋하게 앞으로 나아가서 매킨토시와 아이패드와 아이폰을 만들어냈다.

1920년대에 조지 허먼 '베이브' 루스는 사람들의 눈이 휘둥그레진 홈런 기록으로 미국 야구가 나아갈 길을 새로 열었다. 1927년 9월 30일에 그는 시즌 60호 홈런을 쏘아 올림으로써 한 시즌에 60개 홈런이라는 장차 34년 동안 깨지지 않을 MLB의 대기록을 세웠으며, 또 통산 714개의 홈런을 기록했다. 그는 또한 스트라이크 아웃을 1,330번 당해서 천재 타자도 늘 안타를 치지는 못함을 입증했다. 그러나 그는 홈런을 치든 헛스윙 아웃을 당하든 간에 늘 펜스를 넘기겠다는 마음으로 방망이를 휘둘렀다.

◊ 결핍이 힘이 되는 순간

찰스 다윈은 자연계를 향한 열정에 내몰렸다. 처음에 다윈은 유산 상속인으로 새 사냥과 벌레 수집에만 열정을 가진 것처럼 보였다. 그런데 벌레를 수집하다가 기괴하게 보이는 어떤 행동을 하기 시작했다. 이는 비록 처음에는 기괴하게 보였지만 나중에 돌아보면 박물학자로서의 천재성을 일찌감치 엿볼 수 있는 조짐이었다.

젊은 다윈은 딱정벌레에 대한 집착증을 키웠는데, 다음은 그가 자서전에서 했던 말이다.

"나는 사람 한 명을 고용해서, 겨울에 늙은 나무의 이끼를 걷어내서 커다란 가방에 담게 하고 또 바지선 바닥에 갈대로 뒤덮인 채 쌓인 쓰레기도 모으게 했다. 이렇게 해서 나는 매우 희귀한 종들을 수집했다."[27]

이렇게 해서도 잃어버린 조각들이 충분하게 많이 나오지 않을 때는 자기 손으로 직접 그 일을 하기도 했다. 한번은 뱀을 땅에 묻은 다음에 몇 주 지난 뒤에 다시 파내서 뱀의 사체를 파먹는 벌레들을 찾아내기도 했다.[28] 때로는 이런 작업이 얼마나 성과가 좋았는지 자서전에 자세하게 서술하기도 했다.

"내 열정이 얼마나 강렬했는지 증거를 보여주겠다. 어느 날엔가 오래된 나무의 껍질을 찢다가 희귀한 딱정벌레 두 마리를 발견하고 두 손으로 한 마리씩 잡았다. 그런데 또 한 마리가 나타났다. 그 녀석을 놓치고 싶지 않았던 나는 오른손에 쥐고 있던 딱정벌레를 얼른 입에다 넣고 마침내 빈 그 손으로 그 녀석을 붙잡았다."[29]

그렇다면 도대체 무엇이 다윈을 그렇게 만들었을까? 물론 호기심이다. 그러나 궁극적으로 보면 호기심과는 다른 어떤 것이다. 그것은 바로 자존감의 결핍이었다.

특별히 뛰어난 학생이 아니었던 다윈은 1827년에 에든버러대학교에서 자퇴했다. 그리고 다음 해에 케임브리지대학교에 입학했다. 그런데 그는 여기에서 음주, 도박, 사냥, 사격에만 몰두했던 것 같다.[30] 형편없는 성적과 종잡을 수 없는 아들의 행동에 화가 난 아버지 로버트 다윈은 아들을 단단히 꾸짖었다.

"허구한 날 사격이니 개니 쥐잡기니 하는 따위에만 정신을 팔고 있다니, 나중에는 결국 너 자신과 가문을 수치스럽게 만드는 인간밖에 더 되겠느냐?"[31]

결국 아버지는 아들을 비글호에 태워서 세계 여행을 보냈다. 장차 5년 동안 이어질 다윈의 여행은 그렇게 시작됐다. 이 항해는 진정으로 커다란 자기의 잃어버린 조각에 대한 다윈의 탐색 결과가 무엇인지 알려주는 계기가 됐다. 다윈이 잃어버린 그 조각은 바로 숱하게 많은 생물종이 시간의 흐름 속에서 왜 그리고 어떻게 살아남았을까 하는 문제를 과학적으로 엄정하게 설명하는 것이었다.

1836년에 다윈이 다시 영국으로 돌아왔을 때 그는 진화와 관련된 여러 문제에 초점을 맞췄다. 그때부터 그는 자기가 하는 일에서 강렬함을 놓치지 않았고, 그래서 죽는 날까지 일 중독자로 살았다. 다윈은 자서전에서 자기의 강점과 약점을 솔직하게 밝히면서 자신의 열정에 대해서 다음과 같이 말했다.

"[관찰력보다] 훨씬 더 중요한 점인데, 자연과학을 향한 나의 사랑은 지금까지 늘 꾸준했고 또 열렬했다. 그러나 이 순수한 사랑은 동료 박물학자들로부터 존경을 받고 싶다는 야망에 크게 힘을 입었다."[32]

다윈은 자연을 사랑하는 마음을 타고났지만, 과학적으로 뛰어난 사람들, 즉 에든버러대학교와 케임브리지대학교에서 자신이 강한 인상을 심어주려 했지만 그러지 못했던 그 사람들과 자기가 동등하다는 사실을 그들에게, 또 가능하다면 자기 아버지에게 입증하고 싶다는 욕망을 마음 깊은 곳에 키웠다. 이것을 열등감에서 비롯된 호전성이라고 부를 수도 있겠고 혹은 낭비해버린 시간을 벌충하겠다는 마음으로 바라볼 수도 있다. 위에 언급한 다윈의 진술은 영화 제작자 오슨 웰스가 했던 다음 발언을 연상시킨다.

"나는 성인기 대부분을 내가 책임감 없는 사람이 아님을 증명하려고 노력하며 보냈다."[33]

🜄 열정을 가진 대상을 추구하라

1903년에 토머스 에디슨은 천재성의 원천이 무엇이냐는 질문을 받고 "천재성은 1퍼센트의 영감과 99퍼센트의 노력이다"[34]라고 대답했다. 그런데 이 비율은 세월이 지나면서 수정된 것이었다. 그로부터 5년 전인 1898년에 그는 "2퍼센트는 천재성이고 98퍼센트는 노력이다"라고 말했다. 하지만 어쨌거나 에디슨이 전하고자 했던 메시지는 일관된다. 실제로 에디슨은 열심히 노력했다. 그의 실험실 조수 에드워드 존슨의 증언에 따르면 에디슨은 하루에 열여덟 시간을 책상에 앉아서 보냈다.

"그는 며칠 동안 집에도 가지 않고 먹지도 않고 잠을 자지도 않는다."

집이 코앞에 있었음에도 그랬다.[35] 1912년에 예순다섯 살 나이에 에디슨은 펀치카드 방식의 시계를 발명한 다음 사무실에 설치해서, 사장인 자기가 한 주에 몇 시간이나 일하는지 계산했다. 에디슨으로서는 자기가 직원들보다 일을 더 많이 한다는 사실이, 설령 그게 별것 아니라고 할지라도, 일론 머스크의 경우와 마찬가지로 하나의 명예였다. 주말에 그는 기자들을 불러서 허풍을 떨어대며 소식을 전했다. 직원들보다 두 배나 더 많은 시간을 일했다는 얘기를….[36]

무엇이 에디슨을 이토록 열정적으로 만들었을까? 에디슨은 심지어 다윈보다도 경쟁심이 더 강했다. 1878년에 "나는 돈벌이보다는 다른 사람을 앞지르는 것에 더 많이 신경을 쓴다"[37]고 말했으며, 1898년에도 "성공하고 싶으면 적을 많이 만들어라""[38]라고 말했다.

에디슨은 돈에 신경을 많이 썼으며 적도 많이 두고 있었다. 조지 웨스팅하우스와 J. P. 모건도 그에게는 적이었다. 비록 에디슨이 자기 연구소에 과학팀을 두긴 했지만, 어떤 특허든 간에 특허를 출원할 때는 출원자 명단에 자기 이름을 맨 위에 올려뒀다. 니콜라 테슬라나 프랭크 스프레이그와 같은 다른 위대한 발명자들은 에디슨 밑에서 일했지만 1년도 버티지 못하고 나갔다. 그들은 자기만의 열정과 자아를 가지고 있었기 때문이다. 그러나 에디슨은 털끝만큼도 양보할 줄 모르는 독립심을 가지고 있었다. 에디슨은 평생에 걸쳐서 여러 가지 표현으로 "나는 실패한 적이 없다. 효과가 없는 1만 가지의 방법을 발견한 것뿐이다"[39]라고 말했다. 그러나 사실 그가 발견한 방법은 1,093가지였다. 1,093개의 잃어버린 조각을 찾아낸 것이다. 이 숫자는 그가 특허출원에 성공한 횟수이며, 이 기록은 미국에서 지금도 깨지지 않았다.

일론 머스크는 2004년에 이렇게 말했다.

"사람은 자기가 열정을 가진 대상을 추구해야 한다."[40]

어떤 열정은 타인을 향한 사랑에서 비롯되며, 어떤 열정은 단순한 오락이나 게임을 추구하는 데서 비롯된다. 골프를 친다거나 자기가 좋아하는 스포츠팀을 응원한다거나 하는 열정이 그렇다. 또 어떤 열정은 질투심("나는 제일 큰 집을 갖고 싶어!")에서 비롯되거나 탐욕("나는 10억 달러를 더 벌고 싶어!")에서 비롯된다. 어떤 사람은 자기가 가진 재능을 최대한으로 발휘하는 것에 그리고 무슨 일을 하든 그 일을 잘해내는 것에 열정을 가진다. 그러나 이런 열정이 천재성으로 이어지는 경우는 드물다. 일상의 열정에서 비롯되는 결과는 독특할 수 있지만, 변혁적이지는 않다.

천재성은 전혀 다른 추동력에서 비롯된다. 이 책에서 다루는 천재들을 살펴보면, 천재들의 공통점이 드러난다. 바로 세상을 있는 그대로 받아들이지 못한다는 점이다. 모든 천재는 세상을 사분오열된 불완전한 상태로 바라보며, 이 상태가 올바르게 정돈되기 전까지는 도저히 가만있지 못한다.

자, 여기에서 나는 독자에게 이렇게 묻고 싶다. 세상 사람들이 당연하게 여기지만 당신이 보기에는 그렇지 않은 것이 있는가? 그 맹점 때문에 짜증이 나는가? 그 문제를 해결할 사람이 지구상에 오로지 당신 한 사람뿐이라고 믿는가? 그 문제를 제대로 해결하지 않고서는 도저히 마음 편하게 살 수 없을 것 같은가? 만일 그렇다면 당신은 자기의 열정을, 어쩌면 천재성을 찾은 셈이다.

그러나 열정을 찾은 당신에게 해줄 말이 있다. 조심하라는 것이다. 조각가 헨리 무어는 이렇게 말했다.

"인생의 비밀은, 그게 뭐든 과제를 갖는 것이다. 자기 인생 전체를 바칠 과제, 자기가 가진 모든 것 및 생애의 마지막 순간을 맞을 때 남아 있는 마지막 1분까지도 바칠 과제를 갖는 것이다. 그런데 가장 중요한 점은, 그 과제는 아무리 해도 도저히 수행할 수 없는 어떤 것이라는 사실이다."[41]

무어와 셸 실버스타인은 그 과제를 해냈다. 행복 및 인류의 진보에는 티 한 점 섞이지 않은 순수한 열정이 반드시 필요하다. 그러나 잃어버린 조각은 정말 '바보의 황금'일 뿐이다.

7

차별성을 레버리지로 활용하는 법

_다름을 긍정하기

1888년 12월 23일 프랑스 남동부의 도시 아를, 빈센트 반 고흐는 동료 화가이자 어쩌면 낭만적인 동반자일 수도 있는 폴 고갱이 자기 곁을 떠나려 한다는 사실에 격분한 나머지 면도칼로 자기 귀를 잘라냈다. 조금 잘라낸 정도가 아니라 전체를 싹둑 잘라버렸다.[1] 고흐는 잘라낸 귀를 손에 들고 인근 사창가로 걸어가 (가끔 만나곤 했다는) 젊은 창녀 가브리엘르 베를라티에게 그 전리품을 건넸다. 이 자해 사건은 당국에 알려졌고, 당국은 고흐를 체포해 정신병원에 입원시켰다.

고흐가 자기 귀 하나를 잘라낸 일은 널리 알려져 있으며, 〈파이프를 물고 귀에 붕대를 한 자화상〉(1889)이라는 그림을 통해서 불멸의 사건으로 남았다.

고흐를 생각하면 정서불안 및 난폭한 행동이 떠오르고, 또 이런 모습을 그의 미술 작품에 투영해 바라본다. 고흐는 정말로 자기가 환각 상태에서 바라본 이미지를 그림으로 그렸을까? 이와 비슷한 질문은 또 있다. 반미치광이 괴짜 베토벤은 정말로 자기가 듣지도 못하는 음악을 작곡했을까? 비슷한 일화들을 살펴보면 복잡한 문제를 이해하는 데 도움이 될지도 모른다. 그러나 '미치광이 천재'에 관한 이런 이야기는 과연 실제로 일어났던 일을 정확하게 표현한 것일까? 천재들에게서는 정신이상과 자살이 더 많이 발생할까, 아니면 심각한 정서불안에 시달렸던 소수의 창작자가 우리 인식을 왜곡하는 걸까?

🔅 생각의 탄생인가, 질병인가

고대 그리스 이후로 천재와 미치광이를 가르는 경계선은 늘 흐릿했다. 플라톤은 천재를 "신성한 미치광이"[2]라고 말했다. 그의 제자 아리스토텔레스는 "약간의 광기도 없는 천재는 없다"[3]라는 말로써 창의성을 광증과 연결시켰다. 이와 똑같은 내용을 17세기 시인 존 드라이든은 운을 살려서 "위대함과 광증은 거의 한 몸이며 / 이 둘의 경계선은 가늘고 희미하다"[4]라고 썼다. 소설가 에드거 앨런 포는 자기가 미쳤다는 소리를 듣고는 다음과 같이 대응했다.

"사람들은 내가 미쳤다고들 한다. 그러나 광증이 가장 고귀한 지성일까 혹은 그렇지 않을까, 영광스럽고도 심오한 것이 생각의 질병에서 비롯될까 혹은 그렇지 않을까 하는 문제는 아직 풀리지 않았다."[5]

찰스 도지슨은《이상한 나라의 앨리스》에서 (자기가 미쳤냐고 묻는 모자 장수에게 앨리스의 입을 빌려서) "당신은 미쳤어요, 제정신이 아니고, 머리가 완전히 돌았어요. 그런데 비밀을 하나 얘기하자면, 멋진 사람은 모두 미친 사람이에요"[6]라는 말을 한다.

코미디언 로빈 윌리엄스는 천재는 미치광이라는 오래된 비유를 "그 사람들은 광증의 아주 작은 점 하나를 가지고 있을 뿐이야. 그런데 이 점을 잃어버리고 나면 그 사람들은 아무것도 아닌 게 되지"[7]라는 말로 현대화한다.

심리학자들이 천재성과 정신적인 질병 사이의 관계를 놓고 지금까지 갑론을박을 해왔지만 아직도 만장일치의 의견을 내놓지 못하고 있다. 일찍이 1891년에 이탈리아의 범죄인류학자 체사레 롬브로소는 《미쳤거나 천재거나》에서 유전, 정신장애, 도착증, 범죄 행위 등의 연결점을 주장하며 이 모든 것을 천재성과 연관 지어 "천재성은 광증의 여러 형태 가운데 하나이다"[8]라고 썼다.

좀 더 최근에는 케이 레드필드 제이미슨을 비롯한 여러 임상심리학자가 권위 있는 《정신질환 진단 및 통계 편람DSM》에서 확인하고 식별 가능한 정신질환과 걸출한 창작자들을 연결 지었다.[9] 정신적인 불안정의 비율은 정밀하게 계량화될 수 있는 듯하다. 마흔일곱 명의 '저명한 영국 작가 및 예술가들'을 대상으로 한 1989년 논문에서 제이미슨이 시인에 대해서 내린 결론은 다음과 같다.

"전체 집단과 순환성장애 집단 그리고 심각한 우울장애 집단에서 나타나는 조울증 비율이 각각 1퍼센트, 1~2퍼센트, 5퍼센트이지만, 이 영국 시인 집단이 조울증을 앓을 가능성은 그들에 비해서 열 배에서 스무 배까지 높으며, 자살을 시도할 가능성은 다섯 배 이상이고, 정신병원에 수용될 가능성은 적어도 스무 배나 된다."[10]

어떤 논문에 따르면 과학자 집단은 정신병에 걸릴 가능성이 상대적으로 가장 낮아서 전체 집단보다 17.8퍼센트 높은데, 이 수치는 작곡가, 정치인, 예술가 등의 집단 순으로 점점 높아지며, 작가와 시인은 각각 46퍼센트와 80퍼센트를 기록한다.[11] 예술을 하는 사람들에게서 나타나는 높은 수치는 래퍼 카니예 웨스트가 했다는 다음 말이 전혀 근거가 없지 않음을 확인해준다.

"위대한 예술은 위대한 고통에서 나온다."[12]

그러나 고통은 위대한 예술을 보장하지 않는다. 많은 사람이 심리적 고통을 당하지만 이렇다 할 예술 작품 혹은 과학적 성과를 전혀 내지 못한다. 거꾸로, 많은 사람은 고통 없이도 위대한 예술 작품을 창조하고 과학적 성과를 올린다. 바흐, 브람스, 스트라빈스키, 매카트니 등은 원만한 인격을 갖춘 작곡가다. 패러데이, 제임스 맥스웰, 아인슈타인 역시 그런 과학자다. 누가 보더라도 광증의 소유자인 보비 피셔 같은 체스 선수도 있지만 누가 봐도 멀쩡한 매그너스 칼슨 같은 체스 선수도 있다. 고흐 같은 화가가 많지만 마티스 같은 화가도 그만큼 많다.

천재성과 정신장애를 매우 비과학적으로 바라보고 접근할 때, 이 책에서 언급되는 거의 100명이나 되는 특수 분야의 권위자들이 우리에게 하는 말은 무엇일까? 그 집단의 적어도 3분의 1은 (이것은 매우 높은 비율이다) 기분장애에 심각한 영향을 받았거나 받고 있다.

중세 독일의 수녀 힐데가르트 폰 빙엔, 뉴턴, 베토벤, 테슬라, 쿠사마 야요이, 반 고흐, 울프, 헤밍웨이, 디킨스, 롤링, 플라스, 피카소 등은 정동장애* 증상을 드러냈다. 천재는 정신적인 불균형의 습관을 갖고 있지

---

* 기분이 너무 좋거나 우울한 것을 주요 증상으로 하는 정신장애.

않지만 그런 성향은 분명 있다.

전문가들이 하는 말로는, 수학자와 과학자는 예술가들보다 정신장애를 덜 가진다고 하는데, 아마도 경계선이 없는 정서적인 표현보다는 논리적인 수칙 및 이성적인 한계를 다루기 때문이 아닐까 싶다.[13] 정해진 순서대로 진행되는 단계적 접근법은 수학의 방정식을 풀 때뿐만 아니라 흔히 과학적인 방법론의 범위 안에서도 적용된다.

노벨상을 받은 경제학자이자 수학자인 존 내시는 (그는 영화 〈뷰티풀 마인드〉의 실제 주인공이기도 하다) '정신이 온전한 과학자'라는 규칙의 예외였다. 10대 후반부터 조현병을 앓았던 내시는 2008년에 〈예일 이코노믹 리뷰〉와 인터뷰를 하면서 다음과 같이 말했다.

"창의적인 통찰은 신비한 것입니다. 똑똑한 생각과 미친 생각이 서로 얽히는 특별한 영역입니다. 만일 어떤 사람이 예외적인 발상을 발전시키려 한다고 칩시다. 이때는 단순히 실용적인 생각이 아닌 또 다른 유형의 생각이 필요합니다."[14]

그는 또 다른 곳에서 이런 말도 했다.

"초자연적인 것에 대한 내 생각은 내가 가진 수학적 생각과 똑같은 방식으로 내게 찾아왔습니다. 그렇기에 나는 이것들도 똑같이 중요하게 여겼던 겁니다."[15]

내시가 그런 생각들이 "똑같은 방식으로 내게 찾아왔습니다"라고 말했을 때 그는 다음과 같은 추가적인 질문을 암묵적으로 제기한 셈이다. 불균형적인 뇌에서 발생한 창의성은 인과관계에 따른 것일까, 아니면 우연적일 것일까? 달리 표현하면, 뭔가를 창조하는 역량이 정신병 때문에 생긴 것일까, 아니면 정신병과 함께 나타나긴 하지만 정신병과는 별개인 것일까? 이 질문에 관해 분명한 대답을 내놓을 수 없는 시험 케이스를 반 고흐가 제공한다.

◐ 광증이 만든 작품

의학계에서는 고흐의 정신이상 상태의 원인을 수도 없이 제시해왔다. 예를 들면 양극성장애, 조현병, 중추신경계의 매독, 뇌전증간 불쾌장애, 일사병, 급성간헐포르피린증, 압생트*를 마심으로써 발생한 측두엽 간질, 아급성폐쇄각녹내장, 황시증, 메니에르병** 등이다.[16]

게다가 불안정한 그의 정신 상태에는 강력한 유전적인 요소도 작용했다. 그는 서른일곱 살 나이에 자살했다. 그의 남동생 테오는 정신이 이상해져서 서른세 살 때 정신병원에서 죽었는데, 형 빈센트가 죽고 여섯 달 뒤였다. 테오보다 어린 남동생 코르넬리우스 역시 서른세 살에 죽었는데, 사망 이유는 자살이 거의 확실하다. 그리고 여동생 빌헬리마는 40년을 정신병원에서 보낸 뒤에 일흔아홉 살이던 1941년에 죽었다.[17]

고흐는 자기가 자주 미친다는 것을 알고 있었다. "나를 정신병원에 처넣는다고 하더라도 내가 틀렸다면 나는 저항하지 않을 거야. 그게 아니면 내가 모든 힘을 다해서 작업에 몰두하게 내버려둬"라고 1889년 1월 28일에 동생 테오에게 보낸 편지에서 썼다.[18]

---

* 술의 일종.
** 알레르기성 미로수종(迷路水腫)으로 난청, 현기증, 구역질 등이 동반된다.

그런데 그 두 가지 일이 모두 일어났다. 넉 달 뒤인 그해 5월에 고흐는 프랑스 생레미에 있는 정신병원에 들어갔는데, 여기에서 그는 창문 앞에 바_{bar}가 설치된 방 두 개를 배정받고는 방 하나를 그림을 그리는 작업실로 썼다. 그리고 다음 해인 1890년에 고흐는 자기가 가장 사랑하게 되는 작품 여러 편을 그렸다. 생레미의 뜰에서 바라본 붓꽃을 그린 〈붓꽃〉과 병실 창문을 통해서 바라보고 그린 〈별이 빛나는 밤〉이 여기 속한다. 병원에서 퇴원한 뒤에 그린 그의 마지막 작품은 〈나무뿌리〉인데, 이 작품을 두고 미술사가 닝커 베이커는 "가끔씩 고문을 당했던 고흐의 정신 상태를 엿볼 수 있는 그림이 여러 개 있는데, 그 가운데 하나"[19]라고 말했다.

하지만 의문은 여전히 남는다. 빈센트 반 고흐는 미쳤기 때문에 천재였을까, 달리 말해 그를 사로잡았던 광증이 그가 그린 작품의 시각적인 측면을 규정했을까, 아니면 그는 그저 어쩌다 보니 광증에 사로잡히게 된 천재였을까?

고흐만의 스타일이라고 할 수 있는 모든 특성(즉 그림과 색깔과 원근법에 대한 그의 이론, 소용돌이치는 질감 그리고 희미하게 반짝거리는 불빛 등)은, 그가 캔버스에 충실하게 구현한 만년 훨씬 이전에 이미 동생에게 보냈던 여러 편지에 꼼꼼하게 설명됐다.[20] 노란색을 많이 쓰는 것이나 강렬한 빨간색과 초록색을 함께 쓰는 것 또 두 가지 색을 묶어서 한 번에 칠하는 붓질 등은 모두 근본적으로 새로울 뿐만 아니라 총체적으로 이성적인 미적 특징이다.[21]

고흐의 경우에 정신적인 분열과 예술적 생산은 그가 경험했던 생애 가운데서 별개로 존재했던 것 같다. 정신이 멀쩡할 때 그는 자기가 무엇을 하고 있는지 정확하게 알았다.

그런데 가장 중요한 사실은 고흐는 자기가 언제 제정신이 아니며 또 언제 제정신인지 알았다는 점이다. 그래서 제정신이 아닐 때는 그림을 그리지 않았다. 이런 사실은 1882년 7월에 썼던 편지 구절인 "환자가 되면 자유롭게 그림을 그릴 수 없다. 그린다고 해도 잘 그릴 수도 없다"[22]를 보면 알 수 있다. 환각은 그에게 예술적인 소재였을 수도 있고 아니었을 수도 있었겠지만, 어쨌거나 피하고 싶은 끔찍은 경험이었음은 분명하다. 환각을 피하려고 또 살아남으려고 그는 그림을 그렸다. 이런 심린 상태는 1882년에 그가 동생 테오에게 쓴 편지에서 잘 드러난다.

"그래, 물에 뛰어드는* 사람들이 있는 이유를 나도 알 수 있어. (…) 그러나 나는 아무리 그래도 정신을 바짝 차리고서 약을 먹어가며 그림 작업을 하는 게 훨씬 더 낫다고 생각했어."[23]

그리고 또 1883년에는 "그림 그리는 작업이 유일한 치료약이야. 만일 이게 통하지 않으면 무너지고 말 거야"[24]라고도 썼다. 생존을 위해서 고흐가 필사적으로 소리쳤던 외침은, 그가 편지에서 여러 차례 또 여러 방식으로 강조했듯이 "나는 그림을 그려야 한다"였다.

그렇게 그는 그림을 그렸다. 마지막 1년 동안에는 그야말로 미친 듯이 그렸고, 이때 그린 그림이 150점 가까이 됐다. 그는 결국 조증과 울증 사이를, 광증과 멀쩡함 사이를, 또 정신병원과 바깥세상을 끊임없이 오갔다. 그림을 그리는 일도 그에게는 충분한 치료약이 되지 못했던지

---

* '자살하는'의 뜻이다.

1890년 7월 27일에 고흐는 파리 북쪽에 있는 우아즈강 인근의 들판을 헤매다가 리볼버 권총으로 자기 배를 쐈다.

🌢 상상 속에서 나오는 법

1941년 3월 28일 아침, 쉰아홉 살의 버지니아 울프는 런던 북쪽의 우즈강 속으로 걸어서 들어갔다. 주머니에는 돌멩이가 가득 채워져 있었다. 울프도 그렇게 자기 목숨을 스스로 끊었다. 울프의 정신적인 불균형 상태는 조현병과 조울증 진단의 임상적 기준을 넘어섰다.[25] 이와 관련해서 울프의 조카인 쿠엔틴 빌은 다음과 같이 썼다.

"이런 증상은 그녀가 살아가면서 짊어져야 했던 여러 어려움 가운데 하나였다. 그녀의 상상력에는 가속기가 장착돼 있었지만 제동장치는 없었다. 상상력은 빠르게 멀리 달려갔고, 그러다 보니 현실과 동떨어질 수밖에 없었다."[26]

한편 오랜 세월 동안 그녀의 버팀목이었던 남편 레너드 울프도 같은 생각을 했다.

"조증 상태일 때 그녀는 극단적으로 흥분했다. 그녀의 마음은 마구 내달렸다. 증상이 심할 때는 말을 무척 많이 했으며, 그 말들은 조리에 맞지 않았다. 그녀는 환각을 봤고 환청을 들었다. 예를 들어서 두 번째 발작 때는 창문 바깥 정원에 있는 새들이 그리스어로 나누는 대화가 들린다고 했다. 또 간호사들에게 폭력적인 행동을 했다. 1914년에 시작된 세 번째 발작 때는 이런 상태가 여러 달 이어졌으며, 나중에는 이틀 동안 혼수상태에 빠져 있었다."[27]

그보다 앞서 1904년에 울프는 창문 밖으로 몸을 던졌는데, 죽지 않고 살아남았다.

울프는 자기성찰적인 여러 소설의 아이디어를 어디에서 얻었을까? 허먼 멜빌은 포경선을 타고 남태평양을 항해하면서《모비딕》의 '배경 속속들이 깊숙한 내용'을 습득했고, 어니스트 헤밍웨이는 1차 세계대전과 2차 세계대전 때 전선에서 기자로 활동하면서 저널리즘의 '기본적 맥락'을 얻었다. 어떤 작가들은 일상을 예리하게 관찰한다. 또 어떤 작가들은 자기 자신의 생생하면서도 이성적인 상상력에 크게 의존한다. 예컨대 셰익스피어는 예리한 눈과 광활한 상상력을 동시에 갖고 있었던 것 같다. 그런데 때로 작가는 자기가 앓는 정신병 속으로 깊이 파고들기도 한다.

《댈러웨이 부인》은 울프의 내면을 가장 잘 보여주는 소설인데, 여기에서 울프는 등장인물들 속에 자기 경험을, 현실과 환상의 그 모든 경험을 녹여낸다. 댈러웨이 부인은 멀쩡한 정신의 소유자이며 전통적인 버지니아인이고, 피터 월시는 경조증을 가진 그녀의 또 다른 자아이며, 셉티머스 워렌 스미스는 새들이 그리스어로 노래하는 걸 들으며 직원이 자기를 해치려 한다고 생각하고 또 그래서 창문 밖으로 뛰어내림으로써 공격을 피하려 하지만 결국 죽고 마는 것으로 그려지는 등 그녀의 정신병적인 도플갱어로 묘사된다.

아닌 게 아니라 울프 본인도 "경험을 해본 사람으로서 분명하게 하는 말이지만, 광증은 끔찍하다. 간단하게 넘어갈 문제가 결코 아니다. 나는 내가 쓰는 글의 글감 대부분을 여전히 그 광증의 용암 속에서 찾아낸다"[28]고 말했다.

　글쓰기는 울프가 자기 안의 악마들을 몰아내는 방식이었고, 그 악마들이란 바로 그녀의 천재성을 이끌어낸 광증이었다. 대부분의 환자는 '대화 치료'의 한 방편으로 심리치료사와 대화를 나누지만, 울프는 자기 스스로 심리치료사 역할을 하면서 그저 글을 썼다. 1931년에 썼던 한 에세이에서 그녀는 글쓰기를 통해서 정신병적인 경험과 자가치료 사이의 연결성을 입증했으며, 또 그렇게 해서 위협적인 또 다른 자아를 제거했다.

　어느 순간인가 나는 내가 어떤 책들을 논평하려 할 때마다 어떤 유령과 전투를 벌여야 함을 깨달았다. (…) 내가 논평을 쓸 때 나와 종이 사이에 끼어드는 게 바로 그 유령이었다. 이 유령은 나를 귀찮게 하고 내 시간을 낭비토록 하며 나를 지독하게 괴롭혔다. 그래서 나는 결국 그 유령을 죽여버렸다. (…) 나는 그 유령에게 대들어서 목을 붙잡고 늘어졌다. 그 유령을 죽이려고 있는 힘껏 발버둥을 쳤다. (…) 나는 잉크병을 집어 들고 유령에게 던졌다. 유령은 쉽게 죽지 않았다.[29]

　많은 조울증 환자가 그렇듯이 울프는 기분이 한껏 고조된 상태와 한껏 떨어진 상태 그리고 그사이의 균형 잡힌 (즉 정상적인) 상태를 오갔다. 조증 상태에서 정상적인 상태로 내려오는 과정을 그녀는 다음과 같이 썼다.

　"나 자신, 나의 현란한 재치, 나의 천재성, 나의 매력 그리고 나의 아름다움이 점점 줄어들더니 어느 순간엔가 완전히 사라지는 것을 봤다. 어느새 나는 볼품없이 까다롭기만 한 추하고 무능한 여자, 쓸모없이 수다만 떨어대는 별 볼 일 없는 여자가 돼 있었다."[30]

그러나 바로 이 정상적인 상태에서만, 즉 그녀의 불협화음이 일관된 서사의 흐름 속으로 통합될 수 있을 때만, 울프는 글을 써 내려갈 수 있을 정도로 안정적이었다. 이런 사실을 울프 본인은 1933년 6월의 어느 날 밤에 자기가 살던 런던 교외 지역으로 자동차를 운전하고 가다가 문득 깨달았다.

"어젯밤에 자동차를 몰고 리치먼드를 지나가고 있었는데, 문득 내 존재의 통합성과 관련된 심오한 생각이 떠올랐다. 그것은 오로지 글쓰기를 통해서만 구성할 수 있다. 내가 글을 쓰지 않고서는 절대로 해낼 수 없는 것이다."[31]

몇몇 천재들의 감춰진 습관 가운데 하나는 상상의 세계 속으로 발을 들여놓은 다음에 다시 거기에서 빠져나오는 능력이다. 울프는 그걸 할 수 있었다. 그러다가 끝내 못 하게 되고 말긴 했지만 말이다.

◖ 창의성의 연료를 바라보는 시각

현대 미술가 쿠사마 야요이草間彌生(1929년생)는 일본 도쿄에 있는 세이와정신병원과 바깥세상 사이를 오가고 있다. 쿠사마는 1977년부터 여기에서 살고 있는데, 2016년에는 〈타임〉이 선정한 가장 영향력 있는 100인 가운데 한 명으로 꼽히기도 했다. 세계에서 가장 유명한 생존 예술가이기도 한 쿠사마 역시 집착적·강박적인 체제를 따르고 있다. 다음은 그녀가 자서전에 쓴 하루의 일상적인 시간표이다.

"나는 내가 거주하는 병원 길 건너편에 스튜디오를 만들고, 날마다 두 건물 사이를 오가며 거기에서 일한다. 병원에서 보내는 생활은 고정된 일정에 따라 돌아간다. 나는 오후 9시에 병원으로 돌아오고, 다음 날 아침 7시에 혈액검사를 받는다. 그리고 10시 정각에 스튜디오로 가서 저녁 6시나 7시까지 일한다."[32]

이 자서전의 다른 곳에서 그녀는 또 이렇게 덧붙였다.

"나는 두 가지 극단을 오간다. 예술가가 창조 과정에서 얻는 충족감 그리고 창의성의 연료가 되는 격렬한 내면적인 긴장이 그 두 개의 극단이다. (…) 그것은 현실감의 극단과 비현실감의 극단이기도 하다."[33]

쿠사마는 어린 시절부터 비현실성을 경험해왔다. 그녀는 뉴욕시티에 머물던 1957년에서 1973년까지의 청장년 시절에 처음 나타난 정신병을 다음과 같이 묘사했다.

나는 심각한 노이로제에 시달리곤 했다. 나는 캔버스를 점으로 구성된 무한한 그물net로 채우곤 했다. 그러다가 그걸 탁자에도 그리고 바닥에도 그리고 마침내 내 몸에도 그렸다. 이런 과정을 여러 차례 반복하자 그물이 영원으로 확장하기 시작했다. 그것들이 나를 뒤덮고, 내 팔과 다리와 옷에 달라붙고, 마침내 방 전체를 가득 채웠고 나는 나 자신에 대한 모든 생각을 까맣게 잊어버렸다. 어느 날 아침에 눈을 떠보니 전날 그렸던 그물이 창문에 매달려 있었다. 놀란 나는 그 그물을 만지려 했고, 그 순간 그물들이 내게로 기어오더니 내

[자료 7] 설치 공간에 있는 쿠사마 야요이의 사진. 이 사진은 〈튤립을 향한 내 모든 사랑을 가지고서 나는 영원을 기도한다With All My Love for the Tulips, I Pray Forever〉라는 제목을 달고 '영원한 영원성의 영원성Eternity of Eternal Eternity'이라는 제목을 내건 전시장에 전시됐다.(일본 마쓰모토 나가노, 시립미술관)

손의 피부 안으로 스며들었다. 심장이 쿵쾅거리면서 사납게 뛰었다. 공황 상태에서 나는 구급차를 불렀고, 구급차는 나를 태우고 벨뷰병원으로 달려갔다. 그런데 불행하게도 이런 일은 그 뒤로 정기적으로 일어났다. (…) 그러나 나는 미친듯이 계속 그림을 그렸다.[34]

무한한 그물에서 벗어난 쿠사마는 무한한 물방울무늬 혹은 빠르게 만들어낼 수 있는 형태를 강박적으로 그렸다.([자료 7] 참조)* 비평가들은 그녀에게 "물방울무늬의 제사장"이니 "최초의 강박적 예술가"라는 호칭을 붙여줬다. 그런데 본인은 자기 작품에 정신병에서 비롯된 작품이라는 뜻으로 "정신병적인 작품"이라는 딱지를 붙여왔다. 그녀의 목적은 무엇일까? 자기가 고통스럽게 겪는 강박장애를 제거해서 자기 정신이 (또 작품을 바라보는 사람의 정신이) 무한하며 구분되지 않는 "무無의 현기증" 속으로 초월하도록 하는 것이다. 그녀는 이렇게 말한다.

"나의 예술은 오로지 나만 볼 수 있는 환각에서 비롯됐다. 나는 나를 괴롭히는 그 환각과 집착적인 이미지를 조각과 그림으로 번역하는 셈이다. 파스텔로 그린 나의 모든 작품은 집착적인 노이로제의 산물이며, 따라서 내가 앓는 질병과 떼려야 뗄 수 없게 연결돼 있다. (…) 환각 및 환각에 대한 공포를 그림으로 번역함으로써 나는 내가 앓는 질병을 치료하려고 노력해왔다."[35]

그리고 자서전에 이런 말도 했다.

"그러니까 내 그림은 '예술'과 거의 아무런 관련이 없는 어떤 원시적

---

* 그녀의 초기 작업 모티브는 유기적으로 연결된 그물과 물방울무늬였고, 이 모티브는 현재까지 이어지고 있다.

이고 직관적인 방식으로 생성된 것이라고 말할 수 있다."[36]

🜄 장애를 작품으로 만든 사람들

빈센트 반 고흐와 버지니아 울프 그리고 쿠사마 야요이의 사례가 점점 확실하게 보여주듯이, 정신적인 '장애'는 뭔가를 가능하게 할 수도 있고 불가능하게 할 수도 있다. 창의적인 표현은 정신을 보호하고 치료할 수 있으며, 바로 이 개인적인 생존 과정에서 예술 작품이 생성된다. 예술가는 독자나 관람자나 감상자에게 자기 삶의 경험을 보여준다. 즉 이때 예술가는 '나는 그것을 본다. 나는 그것을 느낀다. 나는 당신 역시 그것을 보고 또 느끼길 바란다. 그리고 당신이 그렇게 할 때 나와 당신은 우리라는 울타리 안에서 개별적으로 그리고 함께, 한층 더 무한한 조화 속에 놓이게 될 것이다'라고 말한다.

다음은 정신적인 '불균형'이 작품 창조의 동력으로 작용했던 몇몇 비범한 예술가들이 했던 말이다.

빈센트 반 고흐	"나는 그림을 그려야 한다."
버지니아 울프	"나는 나 자신을 안정시키려고 글을 쓴다."
쿠사마 야요이	"예술은 치료일 뿐만 아니라 해방이다."
파블로 피카소	"〈아비뇽의 처녀들〉은 나의 첫 악령 쫓기 캔버스 작품이다."
앤 섹스턴	"내가 광증의 손에서 빠져나올 수 있도록 시가 나

를 이끌었다."

윈스턴 처칠	"그림은 내가 가장 힘들 때 나를 구원했다."
마사 그레이엄	"춤추기를 멈췄을 때 나는 삶의 의지를 잃어버렸다."
로버트 로웰	"글쓰기 안으로 숨어 들어가서 치유받겠다."
척 클로스	"그림이 나를 구원했다."
에이미 와인하우스	"내가 노래를 작곡하는 이유는 내 머릿속이 엉망 진창이고 어떤 나쁜 것에서 어떤 좋은 것을 취해야 할 필요가 있기 때문이다."*37*

모든 사람에게는 앞으로 나아갈 수 있는 유익한 활동이 필요하다. 설령 자기가 창조하는 것이 다른 사람들에게 무의미하다 할지라도 그 것이 중요하다고 생각하는 것 자체가 그의 인생을 구하는 치유약이 될 수 있다.

�♦ 약점이 강점이 되기까지

편지가 쓰였던 지명을 따서 '하일리겐슈타트 유서'라고 불리는 편지 가 있다. 1803년의 이 편지는 당시 자살 충동을 느끼던 루트비히 판 베 토벤(1770‒1827)이 쓴 것인데, 이 편지에서 베토벤은 자기가 그때까지 스스로 목숨을 끊지 않았던 이유를 설명했다.

"그런 생각에서 나를 구해준 것은 오로지 나의 예술뿐이다. 내 안에 있다고 느끼는 모든 것을 내놓기 전까지는 어찌 이 세상을 떠날 수 있을까 하는 생각에 사로잡히기도 한다. 그렇기에 이 비참한 삶을 힘겹게 지탱해왔다."[38]

베토벤이 목숨을 끊겠다는 생각을 한 건 그때가 처음이 아니었다. 예를 들어서 1811년에 그는 숲에서 사흘 동안 행방불명이었는데, 다른 음악가의 아내가 그를 도랑에서 발견했다. 그때 베토벤은 그 부인에게 "굶어 죽게 나를 그냥 내버려두면 좋겠다"[39]고 말했다. 베토벤에게는 문제가 많았다. 조울증, 편집증, 만성 소화기 질환, 납 중독 등으로 힘들어했으며 고기능알코올중독자*이기도 했다.[40] 그러나 우리가 지금 기억하는 그의 질병은 청각장애다.

베토벤은 20대이던 1790년대에 이미 이명증을 앓고 있었으며 그때부터 높은음을 듣기가 점점 어려워졌다. 1801년에는 친구에게 쓴 편지에서 이렇게 호소했다.

"내 귀에서는 밤낮으로 우우웅 하는 소리가 들린다네. (…) 극장에 가서도 나는 오케스트라 쪽으로 몸을 최대한 가까이 붙여야 해, 난간에 몸을 걸치다시피 하면서 말이야, 그래야 배우들이 하는 말을 알아들을 수 있거든. (…) 때로는 작게 말하는 사람들의 소리는 거의 알아들을 수 없어. 들리기는 하지만 단어를 알아들을 수 없단 말이야."[41]

1814년 무렵부터 그는 연주자로서 대중 앞에 더는 서지 않았다. 마흔일곱 살이던 1817년에는 청각장애가 한층 더 심해져서 음악을 전혀 들을 수 없었다. 그가 죽은 뒤에 실시된 부검 결과를 보면, "그의 청각신경은 오글쪼글하게 말라 있었으며, 주변 동맥은 까마귀 깃펜**과 연골

---

* 알코올중독자이긴 하지만 자기 기능을 제대로 수행하는 중독자.
** 잔글씨용 철펜.

보다 더 크게 부풀어 있었다."[42]

여기에서 우리는 두 가지 점에 주목해야 한다. 첫째, 오늘날 음악 애호가들로부터 가장 많은 사랑을 받는 음악(즉 가장 인기 있는 교향곡들, 협주곡들, 피아노 소나타들)을 작곡했던 1803년부터 1813년까지의 10년이라는 기간 내내, 베토벤은 비록 청력이 상당히 줄어들긴 했지만 그래도 소리를 들을 수 있긴 했다. 그러므로 '귀가 먼 베토벤'이라는 관념은 100퍼센트 정확하지는 않다. 어느 시기의 베토벤이냐에 따라서 맞을 수도 있고 틀릴 수도 있기 때문이다.

둘째, 모차르트로 대표될 수 있는 천부적인 재능을 가진 작곡가들은 외부에서 들리는 소리 없이도 '내면의 귀'를 사용해서 작곡할 수 있다. 베토벤 역시 머리로 음악을 듣고는 메모를 한 다음에 소리를 내는 악기의 도움을 받지 않고도 책상에 앉아서 최종 악보를 완성하는 능력이 있었다.

그러나 장애라는 조건은 다른 결과를 빚어낸다. 베토벤의 음악을 고전의 반열에 올려놓은 것은, 부분적으로는 '결핍'에 대한 그의 대응이었다. 역설적이게도, '귀가 먼' 베토벤은 그가 음악적 소리를 발견했다는 점에서 음악사에 기여했다. 무슨 말이냐 하면, 그의 음악은 음악적 발상보다는 그 발상이 여러 차례 반복됨으로써 명성을 얻었다. 베토벤은 화음이나 멜로디 혹은 리듬을 설정해놓고 이를 음량을 높여 다시 한번 반복하고 또다시 음을 높여가는 방식으로 자기만의 독특한 음악을 창조했다. 음악의 기본적인 요소들로 음악을 축소한 다음에 이것들을 갈수록 점점 커지는 음량으로 밀어붙이는 전개 방식은 그때까지 전례가 없던 힘을 베토벤의 음악에 부여했다. 어떻게 보면 베토벤이 "소리가 들리지 않아, 소리가 들리지 않아, 소리가 들리지 않아! 더 크게, 더 크게!"라고 말하는 것 같다.

청각이 손상된 사람이 음악을 경험할 때는 오로지 진동만을 '듣는다.' 베토벤이 양식화된 춤곡(즉 기본적인 진동으로 축소된 음악)을 그렇게나 많이 작곡했던 이유가 이것일까? 춤을 추는 베토벤과 진동하는 대지를 경험하는 가장 좋은 방법은 그의 〈7번 교향곡〉의 1악장을 듣는 게 아닐까 싶은데, 여기에서 작곡가는 동일한 모티프를 57회나 연속해서 반복한다. 흔히들 이제 완전히 귀가 먼 베토벤이 마지막에 작곡한 사중주 및 피아노 소나타에서 아름답고도 낯선 질감과 추상적인 탈구脫臼, dislocation*(이것을 극단적인 내면성이라고 부르자)를 찾아볼 수 있다고 말한다.[43]

베토벤 전문가인 메이너드 솔로몬은 "귀먹음은 작곡가로서의 그의 능력을 손상하지 않았으며, 어쩌면 그 능력을 최고조로 높여줬을지도 모른다"[44]라고 결론 내렸다. 사실 베토벤의 천재성은 어느 정도 그의 청각장애 덕분이기도 하다. 이 장애 덕분에 그는 내면의 소리를 들어야 했고 또 그 소리를 악보에 옮겨 적었기 때문이다.

🜄 자신만의 방식으로 창조하라

소리를 듣지 못하는 작곡가와 사물을 온전하게 보지 못하는 화가,

---

* 기존의 관행에서 벗어났다는 뜻으로 사용됐다.

[자료 8] 척 클로스의 빌 클린턴 초상화(2006). 이 초상화는 676개의 마름모꼴을 조합해서 만든 것으로, 안면실인증이라는 자기 장애에 대한 클로스의 예술적 대응을 반영한다.(워싱턴 D.C, 국립미술관)

이 둘 가운데서 누가 더 혹독한 시련의 주인공일까?

세계적인 화가인 척 클로스(1940년생)는 친구도 가족도 지인도 알아보지 못한다. 아무리 많이 만나도 누가 누구인지 알아보지 못한다. 난독증과 그 밖의 여러 인지장애 외에도 사람의 얼굴을 인식하지 못하는 안면실인증이라는 장애를 가지고 있기 때문이다.[45] 시각적인 인지와 관련된 신경 경로를 연결하는 측두엽의 방추상회 내부에 있는 방추형 얼굴인식 영역FFA의 장애가 안면실인증의 원인이다.[46] 노벨상 수상자인 신경과학자 에릭 캔들은 한 인터뷰에서 클로스에게 다음과 같이 말했다.

"서구 미술사에서 당신은, 초상화가의 길을 선택한 유일한 안면인식장애 화가입니다."[47]

척 클로스가 다른 사람의 얼굴을 인식하지 못하는 데는 여러 이유가 있지만, 그 가운데 하나는 3차원 이미지를 개념화하지 못하기 때문이다. 그러나 대상이 2차원일 때는 얼마든지 가능하다. 초상화를 그리기 위해서 클로스는 대상의 얼굴 사진을 찍고, 그런 다음 이 2차원 이미지를 수많은 작은 단위로 분할하고, 그 각각을 따로 독특한 방식으로 그린다. 친구이던 빌 클린턴의 초상화([자료 8])를 그리기 위해서 클로스는 마름모 676개를 따로 하나씩 그린 다음에 조합했다. 이렇게 해서 나타난 결과물은 대상의 얼굴을 세분화·원자화한 것으로, 어떤 사람이든 (그리고 모든 잠재적인 천재는) 함께 합칠 수도 있고 합치지 않을 수도 있는 수많은 작은 요소들의 합성체임을 깨닫게 해주는 일종의 해체다.

클로스는 특히 클린턴의 해체된 치아들을 놓고 이렇게 말했다.

"각각의 치아는 서로 분리돼 있었다. 그래서 나는 그것들이 치아처럼 보이도록 매끄럽게 처리해야 했다."[48]

세상을 어쩔 수 없이 다른 방식으로 봐야만 했던 안면실인증 환자 척 클로스는 자기 나름의 해결책을 찾았다. 클로스의 클린턴 초상화는 빌 클린턴이라는 대통령과 안면실인증이라는 장애를 기념하면서 워싱턴 D.C에 있는 국립박물관에 걸려 있다.

척 클로스는 사람의 얼굴을 기억하지 못하는 반면, 스티븐 윌트셔라는 화가는 모든 것을 보고 또 기억한다. 그야말로 사진기와 같은 기억력을 가지고 있다. 그는 런던, 뉴욕, 로마, 두바이 혹은 도쿄의 경관이나 어떤 장면을 딱 한 번 20분쯤 보고 나서 나중에 자기가 봤던 것들을 세밀한 부분까지 하나도 빼놓지 않고 모두 복제하듯 그려낼 수 있다. 몇 시간 만에 뚝딱 그려내는 그의 그림은 런던에 있는 자기 화랑에서 수만 달러에 팔려 나간다.

스티븐 윌트셔는 천재일까? 아니다. 기억력이 놀랍긴 하지만 그는 천재가 아니다. 자폐증 석학autistic savant*인 윌트셔는 시각 정보를 컴퓨터처럼 빠르게 처리하는 능력을 갖고 있지만, 일반인지발달은 다섯 살 유아의 수준밖에 되지 않는다.[49] 윌트셔는 자기가 바라보는 것을 더도 아니고 덜도 아니게 딱 그만큼만 정확하게 그려낸다.

다른 서번트 천재들은 어떨까? 영화 〈레인맨〉의 실제 주인공으로 계산의 천재인 킴 픽이나 어떤 곡조든 딱 한 번만 듣고도 연주할 수 있는 음악 신동 데릭 파라비치니가 그런 사람들이다. 그러나 빛처럼 빠른 속도로 어떤 것을 처리한다는 것과 독창성은 서로 아무런 관련이 없다.

척 클로스는 개별 단위의 소재를 그리고 이것들을 자기만의 독특

---

* 자폐증을 앓고 있지만 특정 분야에 대해서만은 비범한 능력을 보이는 사람.

한 방식으로 하나로 결합함으로써 자기 그림에 가치를 부여하지만, 스티븐 윌트셔와 데릭 파라비치니는 기존에 존재하던 것들을 단순히 복제만 할 뿐이다. 신경과학자 올리버 색스가 윌트셔를 비롯한 자폐증 석학들과 관련해 지적했듯이, 진정한 예술은 다른 데서 빌려 온 소재들을 창작자가 "자기와의 관계 속에서 위치시키고 또 이것을 자기만의 새로운 방식으로 표현하는" 개인적인 과정까지 포함하고 있어야 한다.[50]

◔ 다름이 만들어내는 것들

"과학 및 예술 분야에서 성공하려면 약간의 자폐증은 필수적이다."

오스트리아의 소아과 의사 한스 아스페르거가 했던 말인데, 아스퍼거 증후군*이라는 용어는 그의 이름을 딴 것이다.[51] 약간의 자폐증이 필요할 수도 있겠지만, 그와 함께 많은 상상력, 즉 시각화 능력 및 새로운 연관을 만들어내는 능력도 필요하다.

은하계에 존재하는 온갖 관계들을 봤던 아이작 뉴턴, 도저히 풀 수 없다는 수학 문제를 푼 스리니바사 라마누잔(1887 – 1920), 나치의 암호 기계 에니그마의 암호 교신을 해독했을 뿐만 아니라 현대의 컴퓨터학 발전 과정에서 핵심적인 역할을 한 앨런 튜링(1912 – 1954), 이 모두는 자폐 스펙트럼 장애 증상을 어느 정도 갖고 있긴 했지만 그 외에도 엄청난 상상력을 가지고 있었다. 라마누잔과 튜링은 각각 영화 〈무한대

---

* 자폐 스펙트럼 장애의 여러 임상 양상 중 하나. 비정상적인 사회적 상호작용 및 제한되고 반복적인 행동 문제를 보인다.

를 본 남자〉(2015)와 〈이미테이션 게임〉(2014)의 실제 주인공으로 알려지면서 새삼스럽게 유명해졌다. 그러나 비범한 능력과 장애를 동시에 가지고 있었던 최근의 유명인사들 가운데서 코미디언 로빈 윌리엄스(1951-2014)보다 더 미쳤고 또 더 광대한 우주적 상상력을 가진 사람은 없다.

로빈 윌리엄스를 두고 폭넓은 관점의 소유자라고 말하는 것은 오히려 그를 깎아내리는 발언이다. 한번은 그가 근동의 테러리스트들을 한창 비판한 뒤에 갑자기 비판 대상을 미국으로 바꾸고서는 이렇게 덧붙였다.

"만일 당신이 아미시 공동체에 살고 있는데, 어떤 남자가 말 엉덩이에 총을 숨기고 있는 것을 봤다고 치자. 이 사람은 테러리스트일까? 아니다. 그저 정비공일 뿐이다."[52]

윌리엄스는 빛처럼 빠른 속도로 움직이는 정신의 소유자였다. 코미디언이자 영화감독인 빌리 크리스탈이 한번은 친구 윌리엄스를 두고 "내가 오늘 밤에 머리가 빠르게 돌아간다고 할 수 있을지 모르겠지만, 그 친구라면 나보다 훨씬 더 빠르게 돌아갈 거야"라고 말했다. 배우 제임스 립튼은 어떤 텔레비전 토크쇼 프로그램에서 윌리엄스를 소개하면서 "그토록 무시무시한 속도로 전개되는 당신의 정신 반사 반응을 당신은 어떻게 설명하시겠습니까? 당신은 여기에 있는 다른 사람들 모두보다 빠르게 생각합니다. 도대체 어떻게 된 겁니까?"[53]라고 물었다. 이 질문에 대한 대답은 아마도 주의력결핍장애 ADD가 아닐까 싶다.[54]

드라마스쿨에서 윌리엄스와 함께 공부했던 조엘 블룸은 이렇게 말했다.

"로빈과 대화를 한다고 해보자. 대화를 시작하고 10초 동안에는 별 문제 없이 대화가 잘 진행된다. 그러다가 그는 어떤 캐릭터의 목소리로 이야기를 할 것이고, 잠깐 그렇게 이야기를 이어갈 것이다. 그리고 거의 미친 사람처럼 흥분해서 방방 뜰 것이다. 그러고는 자리를 떠버릴 것이다."[55]

비록 공식적으로는 주의력결핍장애 진단을 받은 적이 한 번도 없지만, 이 분야의 수많은 전문가는 그가 이 장애를 가지고 있었을 것이라고 짐작한다.[56]

주의력결핍장애를 가진 많은 사람은 고도로 활성화되는 상상력 덕분에 특별한 창의적 재능을 지닌다고 알려져 있다.[57] 이들은 또한 대뇌피질의 특정 핵 안에 신경화학 단백질이 비정상적으로 침착해서 발생하는 이른바 '루이 소체 치매Lewy 小體癡呆, 루이 신체 치매, LBD'*를 앓는 경향이 있다.[58]

윌리엄스는 이 병 때문에 고생했는데, 그래서 예순세 살 나이에 자살을 선택했을지도 모른다. 많은 경우에 ADD와 LBD에는 우울증이 동반된다. 그러나 의기소침한 분위기는 블랙 유머의 원천이 되기도 하는데, 그래서 역설적이게도 치료 효과가 있는 좋은 농담이 거기에서 나오기도 한다. 낭만파 시인 조지 고든 바이런도 "나는 진작에 내 머리를 수도 없이 날려버렸어야 했는데, 그때마다 나의 계모가 너무 좋아할 것 같다는 생각이 드는 바람에 번번이 실패했다"[59]는 농담을 했다.

정말 많은 천재가 심각한 상황에서 툭 던지는 이런 으스스한 농담을

＊ 대뇌피질의 특정 핵 안에 루이 소체가 침착하여 생기는 뇌 질환으로 운동장애, 손발 떨림, 다리 끌며 걷기, 근육 경직, 환시, 망상, 치매, 우울증 등의 증상이 나타난다.

잘 했다. 구덩이가 깊을수록 거기에서 빠져나오려면 유머가 더 많이 필요하다. 코미디언 조너선 윈터스는 윌리엄스의 멘토이기도 했는데, 그가 한번은 "나에게는 고통이 필요하다. 이따금 불러낼 수만 있다면 아무리 고약한 고통이라도 상관없다"[60]라는 말을 했다. 윌리엄스도 "이 모든 사람에게 커다란 행복을 안겨주면서 정작 나 자신에게는 그렇게 하지 못한다는 게 우습지 않나?"[61]라고 말했다. 윌리엄스는 자기 내면의 어두운 생각을 토대로 밝은 웃음을 만들어낸다. 예를 들어서 다음과 같은 자위의 농담이 그렇다.

"텍사스에는 전기의자가 얼마나 많은지 산타클로스도 하나 가지고 있을 정도이다. 또 이 의자를 제공하는 사람들이 얼마나 친절한지 독극물을 주사할 때도 주사 맞는 사람이 병균에 감염되지 않도록 주삿바늘을 찌를 자리를 알코올 솜으로 청결하게 소독해준다."[62]

윌리엄스는 그 마지막의 순간이 자기에게 다가오는 것을 봤다.

"실험적으로 한번 해보는 것, 이게 정말 흥미진진한 일이다. 바로 이런 일을 예술가와 코미디언과 배우가 하고 있다. 낭떠러지 끝으로 다가가서 아래를 내다보고, 때로는 그 낭떠러지 밖으로 발을 디디고, 그러고는 다시 원래 자리로 돌아온다. 아니, 그렇게 되기를 희망한다."[63]

🌢 불균형이 세상을 구한다

로빈 윌리엄스가 코미디를 할 때 빛처럼 빠른 연결성을 발휘하도록 해준 것이 주의력 결핍장애였을까? 척 클로스는 안면실인증을 앓고 있었고, 그래서 클로스로서는 현대 미술의 새로운 방향을 열어주는 '제2의 해결책'이 필요했다. 스티븐 호킹은 루게릭병을 앓았다. 그래서 그의 친구이자 노벨상 수상자인 이론물리학자 킵 손의 말에 따르면, 호킹은 물리학자로서의 자기 길을 걸어가기 위해 "완전히 새로운 방법을 익혀야만 했다."[64]

영국 과학자들은 반복 이미지를 만들어내는 앤디 워홀의 경향성뿐만 아니라 아이작 뉴턴의 비범한 집중력이 아스퍼거 증후군 덕분이라는 데 동의했다.[65] 아스퍼거 증후군은 1995년에 《DSM》에 추가됐다가 2013년에 삭제되면서 자폐 스펙트럼 장애라는 진단 범주 안으로 재분류됐다. 시간이 흐르면 문화도 바뀐다. 천재성 및 감지된 장애를 바라보는 시각 역시 그렇게 바뀐다.

2015년 4월에 뉴욕시립대학교 대학원센터의 저명한 교수인 조셉 스트라우스가 내가 강의하는 예일대학교의 '천재 강좌' 시간에 자폐를 주제로 강연을 하러 왔다. 스트라우스는 장애가 음악적 수용에 미치는 영향을 주제로 한 책(《특별한 조치들: 음악에서의 장애Extraordinary Measures: Disability in Music》(2011))을 썼는데, 그가 이 주제에 관심을 갖게 된 것은 장남이 자폐증을 앓고 있기 때문이었다. 프레젠테이션 형식의 강연이 끝난 뒤에 스트라우스와 약 80명의 학생이 열띤 토론을 이어갔다. 많은 수강생이 심리학이나 신경생물학을 전공하고 있었으며, 또 국립보건원 예산으로 자폐 연구를 지원받는 이런저런 심리 실험실에서 지난여름에 인턴으로 활동한 사람도 여럿 있었다. 그들은 모두 자폐증을 '치료'하는 방안이 최근에 얼마나 발전했는지 알고 싶어서 눈빛을 반짝이며 스트라우스의 강연에 임했다.

그런데 스트라우스는 그런 치료 방안은 아무것도 애기하지 않았다. 그와 그의 아내는 아들이 가지고 있는 그 모든 다양성과 충만함의 가능성을 포용하고 수용하며 생의 많은 시간을 보냈다. 그는 다음과 같이 말했다.

"자폐증을 가진 사람들의 특별한 관심거리, 혹은 특별한 재주나 기술은 자폐증을 앓고 있음에도 생긴 것이 아니라 바로 그 자폐증으로 인해 생긴 것입니다. 자폐 자체가 재주나 기술을 가능하게 해준다는 말입니다. 장애는 다름이지 결핍이 아닙니다. 의료 전문가가 보통 사람과 다르지 않도록 치료하거나 해결해야 하는 결핍이 아니라는 말입니다."

강의와 토론이 모두 끝났을 때 의견이 대립했던 양측이 동의할 수 있었던 단 하나의 결론은 수백만 명에게 해당되는 긴급한 윤리적 딜레마가 존재한다는 점이었다. 그 딜레마는 바로 이것이다.

과연 우리는, 할 수만 있다면 자폐증이나 그 모든 장애를 완전히 뿌리 뽑기를 원하는가? 혹시, 이런 '또 다른' 심리적 특성들이야말로 천재성으로 이어질 수도 있는 지성의 대안적인 양태는 아닐까?[66]

마틴 루서 킹 주니어는 노벨 평화상 수상 연설문에서 "인류의 구원은 창조적이며 불안한 부적응자들의 손에 달려 있습니다"[67]라고 말함으로써 불균형 자체를 옹호했다.

천재들은 창조를 필요로 하고, 우리로서는 그 창조가 필요하다. 비슷하게, 여러 신경학적인 차이가 천재성 발현의 동력임이 입증됐다. 즉 그런 차이를 넘어설 수 없는 장벽이나 장애라고 바라보기보다는 독창적인 생각이 나타나는 기회로 바라봐야 한다는 말이다.

만일 베토벤이 지금 시대에 산다면 그가 고통받았던 귀경화증을 외과 수술로써 완치하거나 적어도 상당히 개선할 수 있을 것이다. 또 울프도 심리치료사와 항우울제의 도움을 받아서 창작을 이어갈 수 있을 것이다.

그러나 그렇게 하려면 어떤 대가를 치러야 할까? 쿠사마는 6년 동안 프로이트적인 심리 분석을 기반으로 한 '대화 치료'를 시도했지만, 그녀의 미술은 상실을 겪었다. 예컨대 "무엇을 그리려고 해도 아이디어가 뚝 끊어져버렸던 것이다." 그렇게 되고 만 이유를 그녀는 "모든 게 입을 통해서만 바깥으로 나왔기 때문이다"[68]라고 설명했다.

로빈 윌리엄스는 자기 정신이 결코 균형을 잡지 못할 것임을 알았으며 또 자기가 정신적인 균형을 과연 바라는지도 의심했다. "그렇게 되면 난 끝장이거든!"이라고 했던 그의 말에서 알 수 있듯이, 자기의 정신이 균형을 찾으면 코미디의 천재성이 사라져버릴지 몰라서 두려웠기 때문이다.[69]

과학자들은 미래의 어느 날엔가 귀먹음, 자폐, 아스퍼거 증후군, 강박장애, 주의력결핍장애 등과 같은 '장애'를 제거하거나 획기적으로 줄여줄 방법을 찾아낼 것이다. 그러나 과연 이것을 좋다고 말할 수 있을까? 이제 더는 〈환희의 송가〉도 없고, 중력 법칙도 없고, 커피를 담아 마시는 머그잔에 〈별이 빛나는 밤〉 그림도 없고, 눈물이 찔끔 나올 정도로 배꼽 빠지게 웃을 농담도 없다면, 과연 그것을 발전이라고 말할 수 있을까?

♦ 천재처럼 생각하라

자, 이제 마지막 한 가지 논점만 남았다. 우리는 흔히 천재라고 하면 찬란한 불꽃으로 타올랐다가 금방 사라지는 별처럼 생각하곤 한다. 이런 전형적인 사례로 우리는 고흐를 든다. 서른일곱 살이라는 나이에 자살을 선택한 미친 남자….

그러나 고흐는 천재 가운데서도 평균적인 존재가 아니라 특이한 존재였다. 비록 세상을 깜짝 놀라게 한 그의 인생이 매력적인 이야깃거리이긴 하지만 이 예외가 천재는 오래 산다는 기본적인 사실을 모호하게 만든다는 것을 알아야 한다.

우리는 화가나 과학자, 혹은 고전음악가 사이에서 누가 가장 위대한 천재인지를 놓고 토론할 수 있지만, 각자의 가치관과 문화적인 관점에 따라서 선택은 달라질 수 있다.

그러나 나는 수명과 관련한 쟁점을 정리하려고 매우 비과학적인 연구 하나를 진행했다. 구글에서 '가장 위대한 열 명의 클래식 작곡가'를 검색한 것이다. 그랬더니 검색 결과에 베토벤, 모차르트, 바흐, 리하르트 바그너, 표트르 차이콥스키 등이 포함됐다. 그런데 이렇게 나온 음악 천재들의 평균수명을 계산했더니 51.4세였다. 미술 분야에서는 피카소, 레오나르도, 고흐, 미켈란젤로, 앤디 워홀, 프리다 칼로 등이 열 명에 포함됐고, 이들의 평균수명은 67.2세였다. 천재 화가들은 고흐보다 평균 30년을 더 살았다는 뜻이다.

과학 분야에서도 마찬가지 방식으로 검색했더니 뉴턴, 갈릴레오, 아인슈타인, 퀴리, 호킹, 테슬라 등이 나왔고 이들의 평균수명은 75.3세였다. 이들의 평균수명에 실질적으로 어떤 의미가 담겨 있는지 알려면, 거의 모든 천재가 태어난 시점이 항생제가 널리 사용되기 시작하던 1940년 이전이라는 사실, 즉 수명이 지금보다 훨씬 짧았던 시기였다는 사실을 고려해야 한다. 유아사망률이라는 변수를 고려해서 보정한 백인 남성 전체 개체군의 수명이 1750년에는 대략 35세, 1830년에는 대략 40세, 1900년에는 대략 47세였다. 그렇다면 대충 계산하더라도 천재들은 전체 개체군 평균보다 무려 10년씩은 더 산 셈이다. 이런 결과를 놓고 보자면 "숨을 쉬는 동안에는 희망이 있다Dum spiro, spero"라는 라틴어 속담을 의심할 필요가 있다. 우리가 확인한 천재들은 이 속담의 반대, 즉 '희망을 갖는 동안에 숨을 쉰다'가 참임을 증명했다. 왜 그럴까?

2019년에 하버드대학교와 보스턴대학교가 공동으로 진행한 연구 결과에 따르면, 낙관주의자들이 비관주의자들보다 평균 10년 더 오래 산다.[70]

"각 개인이 인생 초기에 갖고 있었던 낙관주의 수준을 놓고 비교할 때, 가장 낙관주의적인 남자와 여자가 평균 11~15퍼센트 더 오래 살며, 85세까지 사는 비율은 가장 덜 낙관적인 집단에 비해서 50~70퍼센트 더 높다는 사실을 연구자들이 확인했다."[71]

비록 '왜?'라는 질문에 대답해줄 생리학적 이유는 여전히 밝혀지지 않았지만, 낙관주의자가 천재와 마찬가지로 상대적으로 더 오래 산다는 중요한 사실만큼은 분명해졌다.

그러나 천재들은 (즉 창의적인 부적응자들은) 주로 낙관주의자다. 페이스북의 마크 저커버그도 2017년에 다음과 같이 말했다.

"낙관주의자는 성공하는 경향이 있으며, 비관주의자는 옳은 경향이 있습니다. (…) 만일 당신이 뭔가가 잘못된 방향으로 진행되고 있으며 실패할 것 같다고 생각한다면, 당신은 당신의 그런 판단이 옳음을 입증할 데이터를 찾을 것입니다. (…) 그러나 만일 당신이 어떤 것이 가능하다고 생각한다면, 당신은 그것이 가능해지도록 만들 방법을 찾으려 할 것입니다."[72]

'그것이 가능해지도록 만들 방법'을 찾는 것이 바로 천재의 과제이자 열정이며 또한 어쩌면 강박적인 집착일 수 있다. 천재든 노력가든 간에 우리 모두에게는 우리가 달성할 수 있다고 생각하는 어떤 과제가 필요하다. 아무리 '미친 소리'라거나 '부적응자의 망상'으로 보일지라도, 그저 그 과제를 자기의 것으로 간직하는 것만으로도 의미 있는 삶을 이어가는 데 도움이 된다.

'남다르게' 생각하는 사람들

_반항아와 부적응자 그리고 말썽꾼

미친 사람도 있고 부적응자도 있고 반항아도 있고 말썽꾼도 있다. 네모반듯한 구멍에는 맞지 않는 원기둥 모양 같은 사람들 (⋯) 사물을 바라보는 시각이 보통 사람들과는 다른 사람들이다. 그들은 정해진 규칙을 좋아하지 않는다. (⋯) 당신은 이 사람들이 하는 말을 이용할 수 있고, 그 말에 동의할 수 있고, 또 그 말을 찬양하거나 비난할 수 있다. 그러나 당신이 유일하게 할 수 없는 것이 하나 있는데, 그것은 바로 그들을 무시하는 것이다. 왜냐하면 그들은 사물과 세상을 바꿔놓기 때문이다. (⋯) 그들은 인류를 좀 더 나은 방향으로 전진시킨다. 누군가는 그들을 미치광이로 바라볼 수도 있지만 우리는 그들을 천재로 바라본다. 왜냐하면 자기가 세상을 바꿀 수 있다고 생각할 정도로 미친 사람이야말로 세상을 바꾸는 사람이기 때문이다.

천재 스티브 잡스는 1997년에 '다르게 생각하라_{Think Differen}'라는 텔레비전 광고에서 이 말을 함으로써, 당시 힘겹게 버둥대던 애플컴퓨터의 전환점이 될 움직임을 시작했다. 수백만 명이 이 광고를 봤다. 이 광고는 1997년부터 2002년까지 계속 방송됐는데, 배우 리처드 드레이퍼스가 목소리로 출연했으며 (처음에는 잡스가 직접 목소리로 출연했다) 20세기의 상징적인 천재들이 텔레비전 화면을 장식했다. 알베르트 아인슈타인, 밥 딜런, 마틴 루서 킹 주니어, 존 레논, 토머스 에디슨, 무하마드 알리, 마하트마 간디, 아멜리아 에어하트, 짐 헨슨, 파블로 피카소, 프랭크 로이드 라이트 등이 그런 인물들이었다. 종교음악 풍의 느린 음악을 배경으로 펼쳐지던 그 메시지는 어쩐지 광고처럼 들리지 않았다. 오히려 사람들이 가장 소중하게 간직하는 믿음 가운데 하나, 즉 반골 기질을 가진 천재가 우리가 사는 세상을 좀 더 나은 곳으로 만든다는 믿음에 바치는 찬가 같았다. 광고 멘트 안에 등장하는 '미친 사람', '말썽꾼', '부적응자' 등은 비난이 아니라 찬사처럼 들렸다. 이 천재들이 우리의 친구고 영웅이며 신이라는 뜻으로 들렸다.

우리는 반골 기질이 있는 천재를 존경한다. 우리가 세상을 다른 눈으로 바라보게 만드는 힘을 가졌기 때문이다. 판에 박힌 듯이 살아가는 사람들이 한 일을 우리가 과연 기억이나 할까? 현재의 상태에 저항하는 반역이 없다면 천재도 없다. 물론 모든 반역이 다 천재성의 발현은 아니다. 모든 파괴적인 생각이 다 좋지는 않으니까 말이다. 예를 들어서 반골 기질이 농후하던 이카루스는 태양과 너무 가깝게 높이 날다가 밀랍으로 붙여서 만든 날개가 녹아버리는 바람에 비극을 맞이하지 않았던가. 그렇지만 천재는 반역의 습관뿐만 아니라 잘못된 것을 바로잡는 습관도 가지고 있다.

그러나 천재라고 해서 언제나 모든 사람에게 사랑을 받지는 않는다. 소크라테스가 너무 위험한 인물이어서 아테네의 시민들은 그가 독배를 마시고 죽게 만들었다. 마르틴 루터와 갈릴레오 갈릴레이는 가택연금 조치를 당했다. 넬슨 만델라, 마틴 루서 킹 주니어, 마하트마 간디 등은 감옥에 갇혔다. 잔 다르크는 화형을 당했다. 심지어 소박하기 짝이 없던 인상주의 화가들도 처음에는 사람들로부터 외면당했다. 역사학자 존 윌러에 따르면 빈센트 반 고흐, 알베르트 아인슈타인, 윈스턴 처칠 그리고 예수 그리스도는 모두 실제로든 비유적으로든 간에 공식적인 망명 경험을 해야만 했던 선지자들이다.[1] 사회 변화에는 시간이 필요하며 또 변화를 수용하려는 의지가 필요하다. 미친 발상은 시간이 흐른 뒤에야 비로소 새로운 표준이 된다.

그런데 이렇게 수용되기까지 걸리는 시간이 때로는 매우 길다. 수천 년 동안 적지 않은 과학자들이 제각기 다른 시대에 지구가 아니라 태양이 우주의 중심이라고 주장했다. 그러나 그 믿음이 로마 교황청으로부터 공식적으로 승인받은 시점은 지금으로부터 멀지 않은 과거인 1820년이다.[2] 대략 1796년에 에드워드 제너는 우두에 감염된 소에서 고름을 채취해서 이것을 사람에게 주사했다. 모차르트 가족을 비롯한 일부 가족은 이 접종을 받지 않겠다고 거부했다가 결국 천연두를 앓았다. 천연두는 1980년에 이르러서야 완전히 뿌리가 뽑혔다. 아인슈타인의 일반상대성이론은 1919년에 증명됐지만, 그 이론에 따른 당연한 귀결인 블랙홀의 존재가 시각적으로 증명되기까지는 정확하게 100년이 걸렸다.[3] 이에 비해서 마틴 루서 킹 주니어가 감옥의 수감자에서 워싱턴 D.C 내셔널몰에 시민운동의 상징으로 '승천'하기까지는 고작 수십 년이 걸렸다. 어떤 발상이 사회에 받아들여지기까지는 왜 이렇게 오랜 시간이 걸릴까? 천재를 제외한 나머지 사람들이 파괴적인 발상 및 이런 발상을 내놓는 천재를 좋아하지 않기 때문이다.

조너선 스위프트는 1728년에 이렇게 말했다.

"진정한 천재가 세상에 나타났다는 사실을 사람들은 어떻게 알아볼까? 멍청한 사람들이 모두 나서서 손에 손을 잡고 그 사람을 반대한다면, 그 사람이 바로 진정한 천재다."[4]

그렇다면 왜 우리 멍청한 사람들은 손에 손을 잡고 한결같은 목소리로 (적어도 처음에는) 천재를 반대하고 나설까? 천재는 말썽꾼이며, 말썽꾼은 세상의 나머지 사람들을 힘들게 하기 때문이다. 천재는 우리에게 불편한 마음을 안긴다. 천재는 우리를 강제로 변하게 만든다. 그런데 변화에는 추가 노동이 필요하다. 창의적인 새로운 발상과 실용적인 기존의 발상 가운데서 하나를 선택하라고 할 때 사람들은 대부분 후자를 선택한다. 2011년에 학술지 〈심리과학〉에 발표된 어떤 실험의 결과에 따르면 그렇다.[5] 현재 상태는 우리의 디폴트(초기 설정) 모드이다. 심지어 학생들을 창의적으로 이끄는 일이 직업적인 의무인 교사조차도 교실에서 창의적인 학생을 파괴적인 말썽꾼으로 바라본다.[6] 《무엇이 이 나라 학생들을 똑똑하게 만드는가》의 저자 아만다 리플리는 이 책에 다음과 같이 썼다.

"다른 어떤 것을 말하더라도 교사는 대부분 자기가 가르치는 학생들이 드러내는 창의성과 비판적인 사고를 사실상 높이 평가하지 않는다. 꼬마 천재들이 학습 기회를 박탈당하는 사례는 얼마든지 있다."[7]

♦ 진실을 믿지 못하는 사람들 사이에서

갈릴레오 갈릴레이는 1962년에 교황 우르바노 8세를 "얼간이"라는 말을 동원하면서까지 여러 차례 비난했다.[8] 교황은 지구가 태양 주변을 공전한다는 급진적인 발상을 도저히 받아들일 수 없었고, 이런 교황의 무지를 갈릴레오는 도저히 받아들일 수 없었다. 그러나 우르바노의 관점에서 생각해보자. 모든 경험 증거를 놓고 볼 때 해는 동쪽에서 떠서 하늘을 가로지른 다음에 서쪽으로 진다. 아닌 게 아니라 성서도 67개 장소에서 이런 사실을 확인해준다.[9] 시속 50만 마일(약 80만 5,000킬로미터)의 속도로 내가 빙글빙글 돌고 있다는 느낌은 전혀 들지 않으며, 이런 사실은 교황 우르바노 8세에게도 마찬가지였다. 그러나 갈릴레오는 자기가 발명한 30배율 망원경을 사용해서 목성 및 목성 주변을 도는 네 개의 위성을 봤다. 그래서 지구를 목성에 빗대어서 생각했다. 만일 목성이 네 개의 위성을 거느린 채로 태양 주변을 돈다면 지구도 목성과 마찬가지로 한 개의 위성을 거느린 채로 태양 주변을 돌지 않을까?

니콜라우스 코페르니쿠스(1473 - 1543)도 갈릴레이와 같은 주장을 하긴 했다. 그러나 그는 자신의 태양중심설은 단지 하나의 개념적인 가설일 뿐이라고 말함으로써 위험을 최소화했고, 그 덕분에 목숨을 건졌다. 그로서는 조심해야 할 이유가 있었다. 종교재판은 막강한 힘을 발휘하고 있었으며, 교회는 이단과 맞서 싸우려고 고문과 처형을 당연한 것으로 만들어뒀기 때문이다. 그의 제자였던 철학자 조르다노 브루노는 1600년에 코페르니쿠스의 비정통 이론을 학생들에게 가르쳤다는 이유로 화형당했다. 그러나 갈릴레오는 연설문에서나 인쇄된 출판물에서나 똑같이 코페르니쿠스보다 한 걸음 더 앞으로 나갔다. 코페르니쿠스의 이론은 단순한 가설이 아니라 현실의 실체라고 공공연하게 말한 것이다. 1616년 로마의 종교재판정에 출두했을 때 갈릴레오는 잠깐이긴 하지만 지동설을 철회했다. 그리고 다시 1632년에 《두 가지 주요 세계관에 관한 대화Dialogue Concerning the Two Chief World Systems》를 출간했는데, 이 책에서 몇 가지 증거를 추가로 제시하면서 코페르니쿠스의 지동설이 옳다고 주장했다. 그래서 갈릴레오는 1633년에 다시 로마로 가 종교재판에서 자기 주장을 설명했다.

우리에게는 천체물리학의 이런 측면이 일상의 생활과 멀리 동떨어진 내용으로 보이겠지만, 당시의 로마 교황청은 교회의 존재를 위협하는 심각한 현실적인 문제로 바라봤다. 현대 이전의 기독교적인 관점에서 볼 때 지구는 우주의 중심이고 로마는 영적인 중심지였다. 세속 세상 위에는 성인들과 천사들이 있는 천국이 있었고, 세속 세상 아래에는 죄를 지은 자들과 악마들이 있는 지옥이 있었다. 그런데 지구가 우주를 날아서 빙빙 돌고 있고 사실상 여러 행성 가운데 그저 하나의 행성일 뿐이며 또 태양도 수많은 별 가운데 하나라는 갈릴레오의 주장은 신성모독이었다. 지구와 교회 그리고 모든 기독교적 종말론은 우주 속에서 단 하나의 움직일 수 없는 중심을 차지하는 게 아니라 이제는 빠르게 바뀌어가는 부차적인 문제로 내팽개쳐질 위기를 맞았다. 신이 주관하는 성스러운 계획이 아니라 어쩌면 현실 자체가 어떤 신비로운 사건에 더 가까운지도 모른다. 정말이지 혁명적인 전환이었다!

갈릴레오는 허위 주장을 한 죄로 화형을 당할 수도 있었다. 이런 상황에서 갈릴레오는 종교재판 법정에서 타협했다.[10] 자기가 쓴 글들이 의도하지 않게 태양중심설을 지지하는 것처럼 보인 점에 대해서 유죄를 인정하고, 그 대신 여생을 가택연금 상태로 살기로 한 것이다. (그리고 갈릴레오는 가택연금 상태로 8년을 더 살다가 죽었다.) 그렇게 재판은 끝났다. 그러나 반항아 갈릴레오는 재판정 의자에서 일어나면서 이렇게 말했다고 한다.

"그래도 지구는 돈다."

지구가 태양 주위를 돈다는 사실이 오늘날에는 너무도 명백한 진실로 보인다. 그러나 어떤 사람들은 압도적인 과학적 증거가 있음에도 지금까지도 여전히 그 사실을 받아들이려 하지 않는다. 1953년에 조너스 소크가 소아마비 백신을 개발했다고 발표했지만, 아프리카의 몇몇 나라는 지금도 여전히 이 백신 배포에 소극적이다. 1961년에 존 앤더스는 홍역 백신을 발견했지만, 지금도 여전히 이 백신을 거부하는 사람들이 있다. 또 자기 아이들에게 인간유두종바이러스HVP는 말할 것도 없고 디프테리아, 파상풍, 백일해 예방주사를 맞히지 않으려는 사람들이 있다. 또 대규모 산불과 바다 폭풍이 점점 더 잦아지고 규모가 커지는 것이 지구온난화와 관련이 있다고 주장하는 과학자가 그렇지 않은 과학자보다 훨씬 더 많지만, 기후변화를 부정하는 사람들은 그 인과관계를 부정한다. 코로나19 팬데믹 초기에 세계의 몇몇 지도자들은 전염병 대유행을 시사하는 과학을 부정했다. 그렇다면, 현재 우리 모두가 진실이라고 믿는 것 가운데 과연 무엇을 미래에 어떤 천재가 진실이 아니라고 입증할까?

◊ 변화를 이끌어낸 천재

　오늘날 우리는 별생각 없이 '프로테스탄트_{protestant, 개신교·개신교도}'라는 단어를 사용한다. 누구든 간에 '프로테스탄트는 가톨릭교도가 아닌 기독교인이다'라고 매우 두루뭉술하게 말할 수 있다. 그러나 엄격하게 말하면 애초의 프로테스탄트는 경전에 철저하게 의지해서, 종교가 로마 교회와는 다른 새로운 체제에 따라 새로 조직될 수 있다는 저항적인 발상을 지지하는 증인(찬성하는_{pro}+언약_{testamentum})을 제시하는 사람들이었다. 비슷하게 우리는 '프로테스터_{protestor, 시위자}'를, 1960년대에 베트남전쟁에 반대했던 반전 시위자들이나 국경에 장벽을 세우고 반反이민 정책을 펼치는 트럼프 대통령에게 반대했던 시위자들처럼, 현재의 상태를 바꾸자고 주장하며 외치는 반대자로 여길 수 있다. 마르틴 루터 (1483-1546)는 프로테스탄트이자 프로테스터였으며 새로운 종교를 주장하며 기존의 종교에 저항했다. 변화를 이끌어낸 천재가 있다면 그 사람이 바로 루터다.

　마르틴 루터는 인생의 끝자락에서 독자적인 신학과 전례 의식을 갖춘 새로운 종교를 만들어냈으며, 수도원 해체 운동을 시작했고, 북유럽을 남유럽으로부터 재정적으로 독립하게 만들었으며 또 개인주의적인 자본주의 정신 및 민주주의의 씨앗이 뿌리를 내릴 수 있는 환경을 강화했다. 위에서부터 아래로, 즉 교황에서부터 고위 성직자를 거쳐서 일반 사제에게 그리고 다시 교구 신자에게로 명령이 내려가던 권력 구조가 역전돼서, 이제는 교구 신자들이 자기가 뽑은 지도자들에게 자기 뜻을 전달했다. 마르틴 루터가 신정神政에서 민주주의 정치로 나아가는,

또한 중세에서 현대로 나아가는 문을 열었음은 이론의 여지가 없는 사실이다.

이 모든 일은 독일의 비텐베르크라는 도시에 있던 소박한 한 교회의 문에 나붙은 대자보에서 비롯됐다. 1517년 10월 31일, 마르틴 루터는 저 유명한 '95개조 반박문'을 그 문에다 붙였다. 교황이 하던 일반적인 행위들 및 특히 면죄부 판매 행위를 조목조목 반박하는 내용이었다.[11]

"돈 상자에 동전 떨어지는 소리가 나는 순간, 영혼이 연옥에서 빠져나온다."[12]

이 문구는 돈을 내기만 하면 영원한 영적인 자비를 베풀겠다고 약속하는 로마 교황의 수금 대리인들이 독일인의 돈을 빼가려고 사용하던 선전 문구였다. 그렇기에 마르틴 루터의 저항은 종교적인 차원의 저항이기도 했지만 경제적인 차원의 저항이기도 했다. 그리고 또 독일 대공들 가운데 적지 않은 수가 루터와 비슷한 믿음을 갖고 있었고 이들이 루터를 도운 덕분에 루터는 1518년에 진행된 교회재판에서 유죄를 받기 전에 탈출했다. 1521년에 진행된 세속 재판에서도 마찬가지였다.[13] 당시의 어떤 교황 특사는 "내가 3주 안에 그 이단자를 불구덩이에 쳐넣을 것이다!"[14]라고 선언하기도 했다. 신성로마제국의 카를 5세는 루터를 체포하라고 명령했지만 루터는 체포를 피해서 무사히 빠져나갔다. 루터는 자기와 믿음을 같이하는 도시국가나 성채에서 보호를 받으면서 평생을 살 수도 있었다. 그러나 양심상 그렇게 하지 못했다. 죽음을 무릅쓰고 자기가 믿는 진실을 천명했는데, 보름스 제국회의* 석상에서 한 해 전인 1520년에 출판된 자신의 책을 철회하라는 명령을 받았을 때 그는 그 유명한 다음 입장을 밝혔다.

"저는 저의 주장을 철회할 수 없으며, 또 그럴 생각도 없습니다. 왜냐하면 양심에 어긋나는 행동은 안전하지도 현명하지도 않기 때문입니다. 저는 이렇게 할 수밖에 없습니다. 제가 여기에 서 있으니, 신이여 저를 도우소서. 아멘."[15]

⬤ 혁신을 수용하는 데 걸리는 시간

또 다른 어떤 분열주의자가 목숨을 걸면서까지 신념을 지키는 용기를 가졌을까? 다른 사람들이 고개를 저을 때도 크리스토퍼 콜럼버스는 서쪽으로 항해를 해서 극동을 발견했고, 카를 마르크스와 프리드리히 엥겔스는 《공산당선언》을 썼고, 구스타브 에펠은 에펠탑을 세웠다. 찰스 다윈은 인간은 신이 여섯 번째 날에 창조한 존재가 아니라 진화가 덜 된 영장류에서 점차 진화한 그들의 후손임을 이해하고, 《창세기》는 기껏해야 하나의 비유일 뿐이라고 결론 내렸다.[16] 니콜라 테슬라는 1884년에 미국으로 이주해서 토머스 에디슨 밑에서 일했지만, 에디슨의 직류 전기가 아니라 자신의 교류 전기가 세상을 밝게 비출 것이라고 믿었기에 에디슨의 둥지를 박차고 나갔다. 알베르트 아인슈타인은 1953년의 한 라디오 방송에서 '과학과 관련된 여러 문제에서 일반적인 관행을 따르지 않는 행동'을 했다는 이유로 자기에게 상을 준 사람들에

---

*   1521년 3월 신성로마제국 황제 카를 5세가 보름스에서 제국의회를 소집하고 종교개혁가 루터를 소환해 루터의 견해를 심의한 일.

게 다음과 같은 말로 고마움을 나타냈다.

"일반적인 관행을 고집스럽게 따르지 않는 행동이 따뜻한 박수를 받는 모습을 바라보는 것은 저에게 커다란 기쁨입니다."[17]

이런 천재들 한 명 한 명이 모두 금과옥조로 지켜지던 기존의 지혜에 반기를 들고 저항했다. 그런데 과연 어떤 충동이 그런 저항을 유발할까?

그것을 한 단어로 말하면 '불만'이다. 앞에서도 말했지만 천재는 사물을 바라볼 때 다른 사람이 보지 못하는 것을 보고 흥분하거나 깜짝 놀라거나 혹은 이 둘 다를 한다. 루이 파스퇴르는 오염된 우유를 먹고 죽는 사람이 그렇게나 많다는 사실에 깜짝 놀랐고, 그래서 살균 처리 과정을 개발했다. 팀 버너스-리는 네트워크들이 지역별로 연결돼 있지 않은 것을 보고 이 지역별 네트워크들을 묶어서 월드와이드웹www을 만들었다. 제프 베조스는 인터넷 사용량 데이터를 보고는 기존의 상업 체계를 파괴하면 새로운 수익원이 창출되리라고 예측하고는 흥분했다. 스티브 잡스는 중앙컴퓨터든 가정용 컴퓨터든 간에 모두 금속 소재의 틀로 마감된 것을 보고는 얼마나 짜증이 났던지 "컴퓨터 케이스를 플라스틱 소재로 만들고 싶어서 온몸이 근질거렸다"[18]고 1997년에 회상했다. 또 일론 머스크는 화석 연료의 위험성 및 기후변화 양상을 알고는 깜짝 놀랐고 그래서 테슬라, 솔라시티, 스페이스엑스 등의 기업을 만들었다.

앤디 워홀은 그저 모든 것이 다 불만이었던 것 같다. 그는 부모가 지어준 워홀라Warhola라는 이름을 워홀Warhol로 바꿨고, 부모가 기대했던 성적 취향을 거부하고 동성애자로 살았으며, 자기 실제 머리카락을 숨기고 가발을 썼고, 또 코 성형수술을 했다. 1949년에 그는 광고 그래픽 디자이너로 일하려고 고향 피츠버그를 떠나서 뉴욕으로 터전을 옮겼다. 그리고 유서 깊은 미술관 및 맨해튼의 화랑들을 지배하는 '구닥다리 대가들의 가치관'과 기업계를 움직이는 뻔뻔스러운 상업적 가치관 사이에 존재하던 불협화음을 경험했다. 그리고 이런 의문을 품었다.

'어째서 시각 예술은 내용, 상징, 의미, 전형적인 그리기 기법만을 고민해야 할까?'

이 모두는 과거 예술이 품었던 암묵적인 쟁점들이었다. 워홀은 자기 도취, 노출증, 상업성 그리고 피상성이라는 현대사회의 강박관념에 초점을 맞춤으로써 미술계를 바꿨다. 그는 이런 사고방식을 즉각적으로 인식되고 또 즐길 수 있는 시각적인 이미지로 표현했다. 코카콜라의 콜라병이나 캠벨 통조림 수프 캔 그리고 브릴로 상자 같은 상업적인 오브제는 물론이고 마릴린 먼로, 말런 브랜도, 마오쩌둥, 엘비스 프레슬리같이 돈 잘 버는 유명인사 덕분에 우리는 '지금 이 순간'의 활력을 새삼스럽게 느낄 수 있다. 워홀은 미술 작업실을 만들었는데, 그는 광고 산업의 정신을 되새기면서 이 공간을 '공장'이라고 불렀다. 이 공장이 1960년대 문화 엘리트들의 메카가 되면서 워홀은 뉴욕의 아방가르드 명사들을 적극적으로 만났고 또 만남을 청하는 요구에 응했으며, 그러다 보니 그에게는 '대중문화pop의 교황pope' 그리고 드라큘라와 신데렐라의 합성어인 '드렐라'라는 별명이 붙었다.[19]

그러나 많은 말썽꾼 혁신자들에게 그랬듯이 사람들은 워홀의 창의적인 전망을 곧바로 알아보지 못했다. 1964년 뉴욕세계박람회에서 워홀의 창의적인 시도는 커다란 물의를 빚었다. 박람회 주최 측으로부터 작품을 의뢰받고는 '뉴욕 스테이트 파빌리온' 건물 외벽에 미국의 일급 수배자 열세 명의 머그샷*을 실크스크린 기법으로 인쇄해서 붙인 것이다. 그러자 뉴욕 주지사는 격분해서 워홀에게 작품 철거를 요구했고, 결국 이 범죄자들의 사진에는 은색 페인트가 덧칠해졌다. 1962년에 워홀은 로스앤젤레스의 페루스갤러리에서 첫 번째 전시회를 열고, 맛이 제각기 다른 캠벨 수프 캔 그림 32개에 개당 300달러 가격을 매겨서 전시했다. 그러나 이 그림은 단 하나도 팔리지 않았고, 갤러리 주인 어빙 블룸이 전체를 1,000달러에 산 다음에 나란히 정렬해뒀다. 1996년에 블룸은 워홀의 이 〈32개의 캠벨 수프 캔〉을 뉴욕현대미술관에 1,500만 달러에 팔았다.[20] 무려 30년이라는 시간이 지나고 나서야 이민 철강 노동자의 아들이던 워홀은 20세기 미술가들 가운데서 피카소 다음으로 영향력이 큰 인물로 인정받았다. 저항적인 인습 파괴자가 기득권층의 우상이 되기까지 그렇게나 오랜 시간이 걸렸다.[21]

창의적인 사람들이 가진 특성

버클리대학교의 조직심리학자 배리 스토는 〈왜 각각의 개인은 창의성을 거부하는가?〉라는 에세이에서 반골 기질의 혁신가들이 보이는 특성을 다음 몇 가지로 요약해서 제시했다.

"창의적인 사람들은 획일적이지 않다. 그들은 새로운 발상을 찾아

---

*   범죄자를 식별하기 위해 구금 과정에서 촬영하는 범죄자의 얼굴 사진.

내고 진리를 얻기 위해서라면 기꺼이 전통을 부정하며 심지어 권위 체계에도 도전한다. 창의적인 사람들은 끈기가 있다. 그들은 실패하거나 퇴짜를 맞아도 포기하지 않고 계속해서 밀고 나간다. 창의적인 사람들은 유연하다. 그들은 실패했을 때 포기하지도, 실패한 그 길을 고집하지도 않으면서 문제를 새롭게 바꿔서 새로운 해결책을 찾는 능력이 있다."

그러나 무엇보다 중요한 점은 모험을 기꺼이 감수하는 것이라고 스토는 강조했다.

"그들은 이미 증명된 해결책을 추구하기보다는 아직 입증되지 않은 새로운 해결책으로 모험을 시도하려고 한다."[22]

🜄 세상을 바꾸는 모험가

모든 천재가 위험을 무릅쓰고 모험을 한다. 1891년에 마리 퀴리는 전망이 뚜렷하지도 않은 상황에서 얼마 되지도 않는 돈을 들고 4등실 기차를 타고 폴란드를 떠났다. 혁명가 마오쩌둥은 1927년부터 1947년까지 자기들보다 훨씬 좋은 무기를 갖춘 국민당의 장제스 군대에 맞서서 싸웠고, 마침내 승리를 거두고 중화인민공화국을 세웠다. 작가 살만 루시디는 1988년에 장편소설《악마의 시》가 알라를 모독하는 내용으로 해석될 것임을 알고도 이 소설을 출판했다. 결국 이란의 최고 지도자는 루시디의 목에 현상금을 걸어서 전 세계의 무슬림에게 루시디 암살을 종용했다. 제프 베조스는 1994년에 잘나가던 직장에서 나와서 자기가 가진 돈을 몽땅 긁어모으고 가족과 친구들에게까지 돈을 빌려서 아마존을 창업했다. 스티브 잡스도 "시도해서 부딪혀보고 박살이 날 각오를 해야 한다"[23]고 말했다.

만일 당신이 1870년으로 시간여행을 가서 메릴랜드 케임브리지의 남쪽이 있는 마을을 찾아가 아무나 붙잡고 "해리엇 터브먼이 천재입니까?"라고 묻는다면 어떤 대답이 돌아올까? 분명 "무슨 소릴! 그 여자는 말썽꾼이고 반역자인데!"라는 대답이 돌아올 것이다. 터브먼은 메릴랜드의 도체스터 카운티에서 노예로 태어났으며, 남북전쟁 때 필라델피아로 도망쳐서 남부연맹* 반역자들의 법률 체계에 맞서서 싸웠다.[24] 물론 대부분의 반역자가 천재는 아니다. 왜냐하면 그들이 가진 생각이 결국에는 사회에 쓸모가 없다고 판명되기 때문이다. 그런데 조금 전의 그 질문을 1870년에 북부 사람에게 물어보더라도 "누구 말인가요?"라는 대답이 돌아올 것이다. 당시에도 작은 체구의 여자이던 터브먼이 지하철도Underground Railroad**를 만드는 데 힘을 보탰으며, 필라델피아에서 적지인 메릴랜드로 침투하는 구출 작전을 열세 번이나 이끌면서 70명이 넘는 노예를 해방했다는 사실을 아는 사람은 별로 없었다. 그녀는 또한 사우스캐롤라이나에서 손에 직접 총을 들고 기습 작전을 지휘하면서 750명이 넘는 노예를 해방시켰다. 그러나 그녀가 1913년에 91세의 나이로 사망했을 때 그녀의 사망을 알리는 기사는 별로 없었다. 〈뉴욕타임스〉의 부고 기사도 고작 네 문장이 다였다.[25]

하지만 그 뒤로 시대가 바뀌었다. 1913년 이후로 사회적인 가치관

---

* 당시 미국 남부의 여섯 개 주가 연방에서 탈퇴하고 수립한 정치 체계.
** 남부의 노예를 북부로 탈출시켰던 비밀조직.

236

이 바뀌면서 반역자 터브먼은 미국의 영웅이자 천재가 됐으며, 최근에는 영화 〈해리엇〉(2019)의 주인공으로 등장했다. 2016년에 버락 오바마 행정부는 10달러 지폐의 인물을 알렉산더 해밀턴에서 터브먼으로 바꾸겠다는 계획을 세웠다.[26] 그러나 당시에 린-마누엘 미란다의 뮤지컬 〈해밀턴〉이 대대적인 성공을 거두면서 해밀턴이 미국 연방준비제도[FRS]의 아버지라는 인식이 널리 퍼졌다. 그래서 결국 터브먼은 '인기에 영합한 대중 추수주의자' 노예주였던 앤드루 잭슨 대통령을 20달러 지폐에서 밀어내고 그 자리를 대신 차지하는 것으로 계획이 잡혔다. 그러나 미국 유권자들은 다시 '인기영합주의자' 도널드 트럼프를 대통령으로 선택했고, 트럼프는 백악관 집무실 벽에 잭슨의 초상화를 자기 초상화 옆에 걸어두면서 20달러 지폐의 인물을 터브먼으로 변경하려던 계획을 백지화했다. 정치적인 풍향에 따라서 사회적인 가치도 바뀌며, 천재를 규정하는 기준도 바뀐다. 사회는 감춰진 과녁을 끊임없이 움직인다. 저항의 반역자 터브먼은 160년 전에 화살을 쐈고, 대중은 그녀가 쏜 화살이 인종적 정의와 성 평등이라는 과녁의 한가운데 명중하도록 과녁을 천천히 움직여왔다. 그리고 160년이 지난 지금에야 미국인 대부분이 그녀를 엄청난 역경 속에서도 용기 있는 행동을 보인 인물의 전범으로 인식하게 됐다.*

몇몇 천재는 크지 않은 모험을 감행해서 사람들을 도발한다. 2005년 3월 13일 일요일, 후드를 쓴 어떤 사람이 쇼핑백을 들고 뉴욕현대미술

---

* 바이든 행정부는 오바마 행정부에서 세웠던 화폐 도안 계획을 추진할 계획이며, 그러면 터브먼은 미국 화폐에 얼굴을 올리는 최초의 여성이 된다.

관으로 들어가서, 졸다 깨다 하던 경비원들을 지나쳐서 앤디 워홀의 대표작인 〈32개의 캠벨 수프 캔〉이 전시된 3층으로 올라갔다. 그러고는 워홀의 작품과 크기와 형태가 동일한 세 가지 색깔로 된 자기 작품을 쇼핑백에서 꺼낸 다음에 벽에다 붙였다. 세 시간 뒤에 경비원들이 왔지만 그때는 이미 범인이 도망친 뒤였다. 기념품 가게를 통해서 빠져나간 게 분명했다.[27] 범인은 거리의 미술가로 잘 알려져 있던 뱅크시였음이 나중에 밝혀졌는데, 뱅크시는 이전에도 이와 비슷한 도발을 여러 차례 했었다. 2004년에 뉴욕자연사박물관에서는 박물관 직원인 것처럼 위장한 다음에 〈뱅크수스 밀리투스 라투스 Banksus Militus Ratus〉라는 제목과 함께 쥐 모형을 전시작품처럼 내걸었다. 그리고 같은 해에 루브르박물관에 잠입해서, 레오나르도 다빈치의 〈모나리자〉를 패러디한 신비스러운 미키마우스 미소를 한 '모나리자'를 설치했다.[28] 이런저런 추정이 많지만 뱅크시의 본명이 무엇인지 또 어떤 사람인지 정확하게 알려진 바는 없다. 이 익명의 미술가는 길거리 미술 활동을 하면서 '공공기물 파손자'로서의 명성을 쌓아왔다. 그래서 〈타임〉은 2010년에 그를 세계에서 가장 영향력이 있는 인물 100명 가운데 한 명으로 선정하기도 했다.

캠벨 수프 캔 패러디 사건이 일어나고 13년이 지난 뒤인 2018년 10월 5일에 런던 소더비경매장에서 뱅크시의 작품 가운데서 가장 유명한 〈소녀와 풍선〉이 104만 달러에 낙찰됐다. 반골 기질의 거리 미술가가 마침내 기존 체제에 의해서 인정을 받는 순간이었다. 적어도 그렇게 보였다. 그런데 경매가 끝나고 작품을 벽에서 떼어내는 순간 이 작품의 캔버스 천이 저절로 잘게 찢어졌다. 뱅크시가 처음부터 액자에 파쇄장치를 설치해뒀던 것이다. 104만 달러가 허공으로 날아가는 순간이었다.* 앤디 워홀은 미술 작품에 상업적인 가치를 부여하기 위해서 전통적이지 않은 방식을 택했다. 그러나 뱅크시는 자기가 생각하는 진실, 즉 현대 미술 대부분은 쓰레기라는 진실 혹은 가격이 매겨져서는 안 된다는 진실을 드러내기 위해서 모험을 감행한다.

🌢 회복탄력성은 필수다

위험을 당연한 것으로 받아들이는 것은 천재의 습관이며, 회복력 또한 마찬가지다. 예를 들어서 프리다 칼로의 1944년 작품 〈부러진 기둥〉([자료 9])을 보자. 이 그림은 척추를 단단하게 잡아줄 목적으로 사용되는 의료용 코르셋을 입고 있는 어떤 여자(칼로 자신)를 묘사하고 있다. 그림에서 부러진 이오니아식 건축 양식의 기둥은 손상된 척수를 나타내며, 황량한 배경의 균열들은 부서져 폐허가 된 외로운 세상을 암시한다. 그리고 예수의 열정과 고통을 상징하는 데 사용되는 못이 여자의 온몸에 박혀 있다. 그런데 이 못들은 여자의 오른쪽 다리까지 내려와서 박혀 있지만 왼쪽 다리에는 못이 박혀 있지 않다. 여자의 두 눈에서는 눈물이 마구 쏟아지지만 여자의 표정은 단호하며 심지어 저항의 정신까지 드러낸다.

프리다 칼로는 여섯 살 때 소아마비에 걸려서 오른쪽 다리가 짧고 또 그 바람에 척추측만증이 생겼다. 열여덟 살에는 버스를 타고 가다가

---

* 그런데 손상된 〈소녀와 풍선〉의 가치가 오히려 더 올라갈 것이라는 전망이 우세하다고 한다.

[자료 9] 〈부러진 기둥〉(1944)은 멕시코 화가 프리다 칼로가 감내해야 했던 육체적 및 심리적 고통을 묘사한다.(멕시코시티, 돌로레스 올메도 미술관)

교통사고를 당했는데 많은 사람이 사망했고, 그녀는 갈비뼈 여러 개와 두 다리 그리고 쇄골 하나가 부서졌으며 골반 뼈에는 쇠 난간이 박혀서 반대쪽으로 튀어나왔다.[29] 그녀는 석 달 동안 입원해서 치료를 받았고, 그 뒤로는 평생 플라스틱과 금속 그리고 가죽으로 만든 여러 종류의 의료용 코르셋을 착용해야 했다. (가죽 소재의 코르셋은 〈부러진 기둥〉에서 볼 수 있다.) 이동이 불가능하던 바로 그 시기에 칼로는, 가끔 스케치만 하던 화가에서 본격적인 화가로 변신해서 아버지가 침대 곁에 설치해준 이젤을 사용해 그림을 그렸다. 1940년대까지 그녀는 앉거나 설 때마다 고통을 참아야 했다. 그리고 뉴욕과 멕시코에서 척추융합 수술 및 이식 수술을 여러 차례 받았으며, 수술은 성공보다 실패가 더 많았다. 1953년 8월에는 오른쪽 다리의 통증이 너무 심한 나머지 무릎 아래쪽을 절단해야 했다.[30] 그러나 그녀는 참아냈다, 때로는 휠체어에 앉아서 또 때로는 병상에 누워서.[31] "그 고통은 삶의 일부가 아니라 삶 그 자체로 변환될 수 있다"[32]고 그녀는 말했다.

다른 천재들도 신체적인 장애를 참아냈다. 예를 들면 척 클로스(척수 동맥이 막힘), 존 밀턴(눈이 멂), 베토벤(귀가 멂), 스티븐 호킹(루게릭병) 등이 그랬다. 그러나 그 어떤 천재도 칼로보다 더 큰 회복력은 보이지 않았다. 다음은 그녀가 한 말이다.

"나는 아프지 않다. 나는 부러졌을 뿐이다. 그러나 그림을 그릴 수 있는 한 살아 있다는 게 나는 행복하다."[33]

⬦ 실패는 없다

역경은 결심을 단단하게 만들 수 있고 실패는 기회가 될 수 있다. 오프라 윈프리가 2013년에 하버드대학교 졸업연설에서 말했듯이 "실패라는 것은 없다. 실패는 인생이 우리를 다른 방향으로 이끌려고 하는 것일 뿐이다."[34] 천재들은 애초에 실패하려고 시작하지는 않지만, 대부분 어떤 시점에선가 실패를 맛보며 또 어떤 천재들은 엄청난 규모로 실패한다. 1891년에 토머스 에디슨은 뉴저지에서 고품질 철광석을 채굴해서 제련하려고 처리 공장 설비를 지었다. 그런데 마침 그때 미네소타에서 싼 광석이 발견됐고, 결국 그 처리 공장은 철거됐다. 또 에디슨은 품질 좋은 전화 송화기를 만드는 작업에 매달려 있을 때 진동판에서 음파를 전기적인 충격파로 전환할 적절한 소재를 찾아야 했다. 이 소재의 후보 물질로는 유리, 운모, 딱딱한 고무, 알루미늄 포일, 양피지, 피치*, 가죽, 스웨이드, 면직류, 비단, 젤라틴, 상아, 자작나무 껍질, 생가죽, 돼지 오줌보, 생선 내장, 그리고 5달러짜리 지폐 등이 있었다.[35] 당시에 에디슨은 이렇게 말했다.

"부정적인 결과야말로 내가 바라는 것이다. 부정적인 결과도 긍정적인 결과만큼이나 나에게는 소중하다."[36]

1901년에 니콜라 테슬라는 거대한 탑으로 막대한 양의 순수한 전기를 송전할 수 있으리라 생각하고 뉴욕에 워든클리프 타워를 지었다. 그러나 이 시도는 탑을 다 짓기도 전에 실패로 끝났고, 이 탑은 1917년에

---

* 석유 석탄에서 추출되는 검고 끈적한 물질로 갑판 등에 방수재로 쓰인다.

고철로 팔렸다. 러시아 출신의 무용인 조지 발란신은 뉴욕에 발레단을 만들어서 성공하기까지 네 차례나 시도해야 했고, 일론 머스크도 로켓을 다섯 번째 발사해서야 비로소 성공적인 발사-귀환을 기록했다. 머스크는 2015년에 "실패하지 않으면 제대로 혁신을 하고 있지 않다는 뜻이다"[37]라고 말했다. 2019년에 제프 베조스가 주주에게 보낸 편지를 보면 그 자신이 세운 아마존을 일부러 실패의 구렁텅이로 밀어 넣는 것 같다.

"아마존은 우리 규모 회사가 감당하기에 적절하다고 생각하는 규모의 실험을 앞으로 계속해나갈 것입니다. 설령 때로는 수십억 달러를 잃어버리는 실패를 한다고 하더라도 말입니다."[38]

스티브 잡스도 2004년에 엄청난 실패를 했는데, 그 일을 두고 이렇게 말했다.

"내가 아는 사람 가운데서 한 해에 2억 5,000만 달러를 잃은 사람은 내가 유일하다. (…) 이 일은 매우 멋진 소양교육 과정이다."[39]

◊ 끈기와 자신감을 가져라

직접적인 경험을 통해 실패를 배운 작가 J. K. 롤링은 2008년에 이렇게 썼다.

"대학교를 졸업하고 무려 7년 동안이나 나는 거대하기 짝이 없는 규모로 실패를 거듭했다. 결혼 생활은 터무니없을 정도로 짧게 끝나버렸고, 실업 상태였으며, 싱글맘이었으며, 또 노숙자가 아니었을 뿐이지 영국에서 그 누구 못지않게 가난했다. 부모님이 혹시 내가 잘못될까 싶어서 가졌던 두려움과 나 자신이 나에 대해 가졌던 두려움이 둘 다 현실에서 실현됐으며, 어떤 기준으로 바라보더라도 나는 내가 아는 한 가장 거대하게 비참한 실패자였다."[40]

그런데 역설적이게도 자기가 아주 약간이라도 성공했더라면 천재성이 영원히 발현되지 못했을 것이라고 롤링은 생각했다.

"만일 내가 그 어떤 것에 조금이라도 성공했더라면, 내가 진정으로 속해 있다고 믿었던 한 분야에서 성공하고야 말겠다는 투지를 아마도 나는 결코 발견하지 못했을 것이다. 나는 그야말로 자유로웠다. 내가 가장 두려워하던 일이 현실에서 일어났지만, 그래도 나는 살아 있었기 때문이다. (…) 내가 떨어진 바닥은 내가 인생을 다시 튼튼하게 세울 수 있는 단단한 기초가 됐다. (…) 바닥을 치고 나서 자신이 예전보다 더 현명해지고 더 강인해졌음을 깨닫는다는 것은 앞으로의 자기 생존능력에 강력한 믿음을 갖는다는 뜻이다. 사람은 누구나, 자기 자신이나 자기가 가진 인간관계의 힘이 시련으로 검증받는 과정을 거친 뒤에야 비로소 그것들의 힘을 온전하게 알 수 있다."[41]

스티븐 킹의 소설《캐리》는 그가 첫 번째로 출판한 소설인데, 이 소설은 무려 서른 개 출판사로부터 퇴짜를 맞은 뒤에야 더블데이 출판사에 선인세 2,500달러에 팔렸다. 2018년 기준으로 킹은 83편의 소설을 발표했으며, 이 소설들은 총 3억 5,000만 부가 팔렸고, 킹은 대략 4,000만 달러의 인세를 벌어들였다. 비슷하게 테오도르 수스 가이젤(닥터 수스)도 첫 번째 어린이 책《나는 그것을 멀버리가에서 보았다고 생각하는데 And to Think That I Saw It on Mulberry Street》를 대략 서른 개 출판사로부터 퇴짜 맞았다. 그러다가 우연히 다트머스해군사관학교에 함께 다녔던 친구 소개로 어떤 출판사를 소개받아서 1937년에 이 책을 출간했으며, 그 뒤로 '닥터 수스'라는 이름으로 팔린 책은 대략 6,000만 권이나 된다. 롤링의 첫 번째 소설《해리 포터》는 열두 개 출판사에 퇴짜를 맞은 뒤에 1996년에 런던의 블룸즈버리 출판사에 선인세 1,500파운드(약 2,200달러)에 팔렸다. 그 뒤로 롤링의 소설은 지금까지 5억 부 넘게 팔렸다. 그러나 심지어 블룸즈버리의 편집자 배리 커닝엄조차도 당시에 롤링에게 이런 말을 하면서 의심을 거두지 않았다.

"조, 당신은 앞으로 어린이용 책으로는 절대로 돈을 벌지 못할 겁니다."[42]

지금은 전 세계적으로 유명한 미국 작가들이 맨 처음 받았던 출판 거절 편지들에 담긴 내용을 몇 개 소개하면 다음과 같다.[43]

허먼 멜빌	《모비딕》(1851)에 대해서: "먼저 한 가지 묻고 싶은 게 있는데, 굳이 고래 이야기여야 합니까?"
루이자 메이 올컷	《작은 아씨들》(1868-1869)에 대해서: "가르치는 일에나 계속 집중하시죠."
조지프 헬러	스물두 번이나 퇴짜를 맞은 뒤에 소설의 제목을 《캐치-22》로 정했다: "아무리 봐도 작가는 자기 원고를 우스꽝스럽게 만들고 싶어 하는 것 같네요."
어니스트 헤밍웨이	《태양은 다시 떠오른다》(1926)에 대해서: "당신이 클럽에 앉아서 한 손에는 펜을 들고 다른 손에는 브랜디를 들고서 이 원고를 모두 썼다고 하더라도 나는 전혀

놀라지 않을 정도입니다. 과장되고 술에 취해 갈팡질팡하는 등장인물들 때문에 어느새 나도 브랜디를 마시고 있으니까 말입니다."

스콧 피츠제럴드 《위대한 개츠비》(1925)에 대해서: "개츠비라는 인물을 빼버리면 무척 우아한 책이 되겠네요."

이들 작품이 발표된 연도로 알 수 있듯이 이 위대한 작가들은 끈기와 자신감을 가졌다. 당신도 이들의 모범을 따라야 한다. 만일 당신이 창의적인 유형이거나 기꺼이 변화를 추구하는 모험가라면 쉽게 동요하지 않는 굳은 심지를 가져라. 그리고 퇴짜 역시 전체 과정의 한 부분임을 이해하고 오랜 기간 인정받지 못할 수 있음에 대비해라. 갈릴레오와 워홀과 뱅크시가 그랬던 것처럼 반대로 생각하는 비주류의 지위를 즐겨라. 그리고 마지막으로, 빈센트 반 고흐의 격렬하고도 단호한 태도를 기억하라. 1886년 1월에 앤드워프미술학교의 교장 카렐 베르라트는 고흐의 비전통적인 작품을 지그시 살펴보고는 이 작품이 "부패했다"고 판단하고는 이 학생을 초급반으로 돌려보냈다.[44] 그러나 고흐는 베르라트가 정해뒀던 원칙을 무시하고 〈해바라기〉나 〈별이 빛나는 밤〉과 같은 지금은 상징적인 작품이 돼 있는, 패러다임을 바꿔놓는 그림을 계속해서 그렸다. 이 천재는 그 어떤 반대에 맞닥뜨리더라도 코웃음을 치며 무시했다. 그 판단과 비평과 증거가 모두 잘못됐다고 확신했다. 해결책이 가까운 곳에 있음은 분명하다.

나는 2차 세계대전 직후 미국에서 성장하면서 숲에 나무로 요새를 짓고 하수관 안을 탐험하고 또 다른 아이가 길에 버려두고 간 자전거를 혼자 배우면서 어린 시절을 보냈다. 내가 이런 일을 할 때 그 누구도 나를 감독하면서 이래라 저래라 하지 않았다. 그런데 오늘날에는 이 모든 게 달라졌다. 요즘에는 부모가 자기 아이를 지나칠 정도로 보호한다. '헬리콥터 엄마'니 '제설기 아빠'니 또 '버블랩 아이'*니 하는 용어가 그렇게 해서 생겼다.[45] 아이들의 교육과 관련된 환경이 자유방임식 육아에서 강도 높은 통제식 육아로 바뀌었다. 앞에서도 잠깐 언급했지만 2019년에 '대학 대표팀의 우울 작전'이라는 수사를 통해 알려진 대학입시 비리에는 저명한 사업가와 유명한 배우가 포함된 서른세 명의 학부모가 연루됐고, 그들은 자기 아이의 입학시험 점수를 부풀려서 아이가 명문대학교에 쉽게 입학하도록 입시 담당자에게 뇌물을 준 혐의로 기소됐다. 이들은 천재가 아니다. 그 학부모들은 자기 아이가 모험과 실패에 노출되는 것으로 많은 것을 배울 수 있고 또 그 과정에서 끈기를 키우는 인생 경험이 아니라 될 수 있으면 피해야 하는 시련으로 바라봤다.

그렇다면 우리는 이 장에서 소개한, 두려움을 모르고 독립적인 생각을 하며 모험을 감행하고 끈질긴 인내심을 가진 영웅들의 이미지를 오늘날 우리가 아이들을 키우는 방식과 어떻게 일치시켜야 할까? 결론부터 말하면, 그렇게 할 수 없다. 통계에 따르면 어린 학생들이나 대학생들은 점점 더 불안해하고 두려워하며 모험을 회피하는 경향이 있다.[46] 미국 법무부의 사법통계국에 따르면 우리가 오가는 거리가 30년 전보다 훨씬 더 안전해졌음에도 그렇다.[47] 부모 및 '걱정이 많은 시민들'은

---

* 기포가 들어 있어서 완충 작용을 하는 비닐 포장재를 '버블랩'이라고 한다.

불안감 때문에 아이 주변을 맴도는 경향이 더 높아졌으며, 아이 혼자 공원을 돌아다니게 하는 부모는 아동학대죄로 체포된다.[48] 2019년에 학술지 〈네이처 인간 행동〉에 발표된 한 논문은 이런 지나친 규제가 오히려 나쁜 결과를 빚어낸다고 주장하면서 실험 하나를 소개했다. 쥐 한 마리를 미로 속에 넣고 뒤를 따라가면서 전기 충격을 주면, 그 쥐는 마침내 미로를 통과하는 안전한 경로를 찾아내고 그 길만을 고집하면서 그 뒤로는 다른 길을 탐색하려 들지 않는다. 그 쥐는 모험을 감행해야 할 이유나 위험을 극복할 방법은 결코 배우지 못할 것이다.[49]

다행스럽게도 적지 않은 교육자와 학부모가 아이들을 '위험한' 운동장으로 떠밀어 넣고 창의성과 모험을 장려하는 이른바 '방목 양육' 운동을 펼치고 있다.[50] 자, 당신 아이를 대담하고 똑똑하며 독창적으로 생각하는 인간으로 키우고 싶은가? 그렇다면 아이가 혼자서 탐험을 하도록, 모험을 하도록, 그리고 실패를 경험하도록 해줘라. 아이들이 가끔씩 규칙을 어기며 재밌게 놀게 해라. 물론 부모로서는 걱정스럽기도 하고 뒤치다꺼리를 해야 할 일도 많아지고 또 고통스러워할 일도 생길 것이다. 그러나 궁극적으로 보면 훨씬 더 나은 결과가 만들어질 것이다. 스티브 잡스도 "해적이 될 수 있는데 왜 굳이 해군에 입대한단 말인가?"라고 하지 않았던가?

9

경계를 넘어 생각한다는 것

_생각의 확장법

이솝 우화 〈토끼와 거북이〉는 누구나 다 아는 이야기다. 이 이야기에서 토끼는 타고난 강점을 갖고 있지만 이 강점의 잠재력을 발휘하지 못한다. 그러나 이솝은 이보다 덜 알려진 〈여우와 고슴도치〉라는 우화도 썼다. 이 우화에서 여우는 사소한 것들을 많이 알고 있는 반면에 고슴도치는 중요한 것 하나만 알고 있다. 잠시도 가만히 있지 못하는 여우가 온갖 가능성을 따지며 이것저것 마구 헤집고 살필 때 한자리를 고집하면서 움직일 줄 모르는 고슴도치는 단 하나의 커다란 생각에만 몰두한다.

이 이야기는 상반되는 두 개의 인지 방식을 제시한다. 여우는 제각기 다른 문제에 대해서 제각기 다른 전략을 갖는다. 호기심이 많고 미묘한 차이를 밝혀내길 좋아하며, 모순적인 상황이나 상태를 잘 견딘다. 이에 비해서 고슴도치는 단 하나의 커다란 문제에 집중하며, 매우 중요한 단 하나의 해결책을 찾는 데 초점을 맞춰서 집중한다.

1779년에 영국의 대문호 새뮤얼 존슨이 인지 방식의 이 차이를 다음과 같이 정식화했다.

"진정한 천재란, 폭이 넓으면서도 커다란 능력을 갖고 있으면서 어쩌다 보니 어떤 특정한 방향으로 깊이 파고들기로 단단히 마음먹은 사람이다."[1]

사실 폭이 넓은 생각과 폭이 좁은 생각은 서로 배타적이지 않다. 그렇다면 이 둘 가운데 어느 것이 당신을 드넓은 곳으로 혹은 깊은 곳으로 이끌어서 획기적인 돌파를 이루게 할까? 당신이 타고난 성향은 여우와 고슴도치 가운데 어느 쪽인가? 이 장에서 내가 제시하는 메시지의 핵심은 천재의 감춰진 습관을 자기 것으로 만들고 싶다면 여우가 돼야 한다는 것이다.

천재는 여우처럼 드넓은 곳을 어슬렁거리면서 온갖 것들에 무작위로 호기심을 갖는다. 그런데 때로 이 호기심은 통제불능 상태로 폭주하기도 한다. 천재의 타고난 호기심은 그가 감당할 수 있는 자제력의 범위를 넘어서는 경우가 흔한데, 그러다 보니 천재는 자기의 기본적인 관심 분야를 훌쩍 넘어선다.

르네상스 시대를 살았던 레오나르도 다빈치는 "모든 것을 두루두루 다 알기란 쉽다"[2]고 말했다. 그러나 이것은 레오나르도처럼 박학다식해야만 가능한 일이다. 아인슈타인은 1915년에 일반상대성이론을 완결 지으려고 노력하던 중에 "끊임없이 솟아나는 호기심 때문에 이 작업에 집중할 수가 없네!"[3]라며 답답해했다. 일론 머스크는 하이퍼루프*,

---

* 머스크가 구상하는 진공튜브 열차 유형의 고속철도.

로켓 우주선, 전기차, 태양에너지 패널, 인공지능 등을 분주하게 오가면서 하나에 '집중'하지 못한다. 그러나 바로 이런 유형의 '잠시도 가만히 있지 못하는' 특성이 세상을 바꾼다.

영역을 넘나드는 생각이 가져다주는 편익의 예를 들기 위해서 우선 전혀 다른 두 가지 유형의 여우 얘기부터 시작하겠다. 여우 하나는 겉으로 보기에 터무니없을 정도로 별나고 정신없으며 다른 여우는 차분하고 침착하다. 레이디 가가와 벤저민 프랭클린이 각각 전자와 후자의 사례라고 할 수 있다.

내 이름은 스테파니 조앤 앤젤리나 제르마노타*입니다. 나는 이탈리아계 미국인입니다. 나는 태어날 때부터 화끈한 아이는 아니었습니다. 나는 자라는 동안에 책을 무척 많이 읽었고 영화를 무척 많이 봤으며 그림을 많이 그렸고 또 조각가들, 영화 제작자들, 시인들, 연주자들, 길거리 예술가들을 무척 많이 만났습니다. 그러다 보니 어느 사이엔가, 태어날 때부터 가지고 있었던 것보다 훨씬 더 강력한 어떤 것을 나도 모르게 만들어냈습니다.[4]

이것은 레이디 가가가 비영리 문화단체인 미국예술연합AFA의 2015년 시상식 개회 인사말을 하면서 했던 말이다. 모차르트와 마찬가지로 스테파니 제르마노타는 네 살 때부터 피아노 레슨을 받기 시작해서 열심히 연습한 끝에 능숙한 클래식 피아노 연주가가 됐다. 고등학생 배우로

---

* 레이디 가가의 본명.

출연하며 연극 활동을 했고 재즈 밴드 및 학교 합창단을 둘러 세우고서 노래를 불렀다. 그녀는 탁월한 학생이었지만 인기 있는 학생은 아니었다.

"얼마 동안 나는 여자아이들이 나를 질투하는 것으로만 생각했습니다. 그렇지 않다면 나에게 그렇게 쌀쌀맞게 굴 이유가 없었거든요. 아마도 그 아이들은 겁이 없는 내 모습을 질투했을 겁니다."[5]

'겁이 없다'는 말은 레이디 가가를 비롯해서 온갖 분야를 넘나드는 사람들을 설명하는 데 자주 사용되는 표현이다.

스테파니 제르마노타는 열일곱 살에 명문으로 손꼽히는 뉴욕대학교 티시예술대학에 조기 입학했다. 여기에서 그녀는 음악뿐만 아니라 미술사와 극작도 공부했다. 그러나 1년 뒤에 작곡 및 공연예술가로 활동하려고 자퇴했다. 그리고는 로어이스트사이드에 있는 술집들을 전전하면서 댄서로 일했다. 그 무렵에 스테파니 제르마노타는 레이디 가가라는 예명으로 활동하기 시작했다. 그녀가 레이디 가가라는 예명을 정한 것은 퀸의 노래 〈라디오 가가〉를 들으며 자기 정체성을 깨달았기 때문이라고 한다.

레이디 가가는 다른 사람의 노래를 부르는 '카버cover' 가수들과 다르게 독창적인 창작자이자 많은 예술 장르를 통합하는 예술가이다. "내가 하는 공연은 공연예술과 대중 행위예술 및 패션 등 모든 것을 아우르는 예술이다"[6]라고 그녀는 말했다.

2017년 슈퍼볼경기 하프타임에서 했던 그녀의 공연은 혁신적이었는데, 1억 5,000만 시청 기록으로 텔레비전 역사상 가장 많은 생방송 시청자 수를 기록했다. 그녀는 그래미상을 아홉 차례 받았다. 2019년에는 아카데미 여우주연상 후보로 선정됐으며 동시에 아카데미 주제가상을 받았는데, 전혀 다른 두 부문에서 인정을 받은 것은 그녀가 처음이다. 작곡가, 안무가, 스타일리스트('하우스 오브 가가'는 레이디 가가의 개인적인 패션스타일 팀이다), 패션 디자이너, 배우, 음반 제작자, 자선사업가, 사회활동가 등 여러 방면에서 활동하는 레이디 가가는 혁신적인 팝아티스트로, 그녀의 변신 범위와 활동 폭은 앤디 워홀을 연상시킨다. 이와 관련해서 그녀는 다음과 같이 말했다.

"나는 단 하나만의 아이콘이 아니다. 나는 모든 것의 아이콘이다. 언제나 나는 팔레트에 있는 모든 색상으로 만들어내는 아이콘이다. 나에게는 한계가 없다. 내가 넘어서지 못하는 한계는 없다."[7]

🝆 가치를 찾아서

한때 밤늦은 시각의 공연자로 일했던 레이디 가가와 정반대의 생활을 했던 사람을 꼽자면 '일찍 자고 일찍 일어나는' 벤저민 프랭클린을 따라갈 사람이 없을 것이다. 그러나 프랭클린 역시 엄청난 영역을 아우르는 박학다식한 사람이었다. 그에게는 자기가 경험한 모든 이상한 일이 탐구 대상이었다. 회오리바람은 왜 회오리를 칠까? 런던에서 필라델피아까지 항해하는 데 걸리는 시간은 왜 필라델피아에서 런던으로 가는 시간의 두 배나 될까? 바이올린이 내는 고음에 거울이 깨지는 이유는 무엇일까? 호기심 많은 프랭클린에게 설명은 늘 눈에 보이는 표면 아래에 감춰져 있었다.

그런데 그 감춰진 지점이 표면에서 그다지 멀지 않은 곳이었다! 그러니 전형적인 여우인 프랭클린으로서는 굳이 깊이 파고들어야 할 이유를 전혀 느끼지 않았다. 그가 비록 다양한 방면(물리학, 천문학, 식물학, 기상학, 해양학 그리고 정치학)에 관심을 갖고 탐구하긴 했지만 언제나 실용적인 가치를 추구했으며, 또한 결국에는 늘 유용한 목적에 이바지하는 통찰에 다다르곤 했다. 여기저기 기웃거리기를 좋아하던 그의 상상력이 생각해낸 몇 가지를 소개하면 다음과 같다.

- 프랭클린 난로: 일반적인 벽난로보다 열기는 더 많이 내고 연기는 적게 내는, 금속을 댄 상자 형태의 난로.
- 이중 초점 안경: 안경을 두 개가 아니라 하나만 들고 다니면 더 편리하지 않을까?
- 피뢰침: 낙뢰 전기를 안전하게 접지함으로써 건물과 입주자를 보호한다.
- 글래스하모니카: 모차르트와 베토벤도 프랭클린이 발명한 이 독특한 3옥타브 악기로 작곡을 했다.
- 수영용 물갈퀴: 그의 발명품들 가운데서 가장 재미있고 또 수명이 긴 발명품이다.
- 긴 팔(집게): 높은 곳에 있는 물건을 집으려는 사람이나 허리를 구부리지 못하는 사람을 위해서 만들었다.
- 의료용 카테터: 미국에서 최초로 사용된 유연성이 있는 요도 카테터이다.
- 프랭클린 고딕체: 1726년에 프랭클린이 만든 서체를 기념하기 위해서 1902년에 명명됐다.
- 서머타임제: 낮 시간이 긴 기간에 시곗바늘을 한 시간 앞당김으로써 양초나

전기의 소비를 줄인다.

- ○ **프랭클린 표음문자**: 대안적인 알파벳 체계로 c, j, q, w, x, y를 제거하고, 자음 네 개와 모음 두 개를 추가해서 영어 철자법에 일관성을 확보하려고 했다.
- ○ **멕시코 만류**: 미국에서 영국으로 항해하는 데 걸리는 시간이 반대 방향의 항해에 걸리는 시간보다 짧은 이유를 설명했으며, 또 서쪽으로 항해할 때는 남쪽으로 항해해야 할 필요성을 설명했다. 또한 유럽의 겨울이 서반구의 기후보다 따뜻한 이유도 설명했다.
- ○ **공공도서관**: 프랭클린은 필라델피아에 미국 최초의 도서 대출 기관을 설립했다.

그의 관심사가 정말 다양하지 않은가! 또 그가 1749년에 설립한 펜실베이니아대학교의 커리큘럼을 살펴보자. 하버드대학교와 예일대학교는 성직자 배출을 목표로 삼고 라틴어와 그리스어 그리고 히브리어를 가르쳤지만 프랭클린은 세속적인 기업가의 눈으로 바라보고 또 생각했다.

그는 학생들에게 '실제 현실에서 유용한 모든 것'을 접해야 한다고 요구했다. "예술은 길고 학생들이 가진 시간은 짧다"[8]는 게 그가 내세운 이유였다. 교수진 임명도 이런 관점에서 이뤄졌는데, 회계학과 농업뿐만 아니라 물리학, 기계공학, 경제학에도 우선권을 줬다. 프랑스어와 스페인어 그리고 독일어 역시 필요하다고 봤는데, 기업계에서는 이런 언어들이 유용하기 때문이었다. 1749년에 프랭클린이 원하던 교육 과정은 전문 분야의 지식을 수박 겉핥기로만 지나가는 교양교육 과정이었다. 프랭클린의 이 교육 모델은 그때 이후로 지금까지 미국의 많은 중고등학교 및 전문대학(칼리지)에서 채택하고 있는데, 이것은 현재 우리가 '교양과목 liberal arts'이라고 부르는 것의 발판을 놓았다. (여기에서 '자유 liberal'는 학생들이 너무 이른 나이에 전문 분야에만 몰입하지 않도록 폭넓은 분야를 아우른다는 뜻이다.)

세상을 움직이고 또 뒤흔드는 사람들은 다양한 분야의 기술과 관점 그리고 정신적인 습관을 포용하는 것 같다. 2015년에 알리바바의 창업자 잭 마는 학교 공부와 관련해서 자기 아들에게 했던 다음 말을 회상했다.

"반에서 3등 안에 들 필요는 없다. 중간쯤만 하면 돼. 성적이 너무 나쁘지만 않으면 된다는 말이다. 학교 성적이 중간쯤 되는 이런 아이들만이 학과 공부 이외에 다른 기술을 배울 자유시간을 충분하게 누리거든."[9]

기술 분야의 기업가인 마크 큐번은 2017년에 〈비즈니스 인사이더〉와 했던 인터뷰에서 다음과 같이 말했다.

"개인적인 생각이긴 하지만 앞으로 10년만 지나면 인문학*을 전공한 사람들 수요가 프로그래밍을 전공한 사람들 수요보다 훨씬 더 많아질 겁니다. 왜냐하면 데이터나 선택권이 엄청난 양으로 각자에게 제시될 텐데, 그렇게 제시되는 데이터를 색다른 관점으로 바라볼 수 있으려면 그런 색다른 관점을 갖고 있어야 하기 때문입니다."[10]

린-마누엘 미란다는 웨슬리언대학교에서 연극학 전공으로 인문학을 전공한 뒤에 중학교 1학년 영어 교사로 취직했다. 그러다가 2008년 휴가 때 론 처노가 쓴 알렉산더 해밀턴의 전기를 읽었다. 이를 계기로

＊ liberal arts는 인문학을 뜻하기도 한다.

연극에 대한 관심과 정치사에 대한 관심이 하나로 합쳐졌고, 마침내 그는 브로드웨이 히트작 뮤지컬 〈해밀턴〉을 제작하는 데까지 나아갔다. 〈해밀턴〉의 대본을 쓰는 동안에 그는 "나는 지금 내 머릿속에 여러 개의 앱을 동시에 실행하고 있다"[11]고 말했다. 좀 더 다양한 정보를 머릿속에 여기저기 널어놓을수록 전혀 다른 발상이 하나로 합쳐질 가능성이 그만큼 더 커진다.

◆ 생각을 합쳐라

박식한 사람들은 지난 수천 년 동안 서로 관련이 없는 것들을 결합해서 변혁적인 새로운 것들을 창조해왔다. 고대 이집트인은 사람의 머리와 사자의 몸을 하나로 합쳐서 스핑크스의 외형을 만들었다. 아르키메데스는 스크루와 파이프를 연결해서 물을 높은 곳으로 퍼 올려서 농업용수로 쓰거나 수해 지역에서 물을 퍼내는 데 사용하는 이른바 '아르키메데스의 나선식 양수기'를 만들었다.

요하네스 구텐베르크는 인쇄에 사용되는 목판 글자 스탬프와 포도즙을 짜는 기구를 보고는 이 둘을 합쳐서 금속활자를 만들었는데, 이 발명은 바퀴 발명과 컴퓨터 발명 사이를 잇는 가장 중요한 발명이라고 한다. 사이러스 매코믹은 낫과 빗을 보고 이 둘을 결합해서 곡물 수확기를 발명했다. 새뮤얼 F. B. 모스는 전기신호를 단거리에서 송신하는 방법을 알고 있었는데, 먼 거리를 이동할 때 말을 여러 차례 갈아타는 것을 보고는 주기적인 신호 부스터와 효과적인 전신 체계에 대한 아이디어를 얻었다.

빈센트 반 고흐는 네덜란드에서 방직공들 사이에서 성장했는데, 두 가지 색깔의 양모 실타래가 가득 찬 상자를 평생 곁에 뒀다. 그리고 1885년에 붓질을 할 때 이 양모 실타래를 함께 사용하는 방법을 생각해냈으며, 그 결과, 〈별이 빛나는 밤〉(1889)과 같은 작품에서처럼 두 색조의 둥근 형태 소용돌이가 나타났다.

평범한 사람들도 역시 서로 관련 없는 것들을 결합한다. 예를 들어서 스위스의 엔지니어였던 조르주 드 메스트랄은 사냥 여행을 나갔을 때 바지에 달라붙었던 산우엉 가시를 보고는 오늘날 우리가 벨크로라고 부르는 새로운 접착 방식을 합성섬유로 만들 수 있겠다는 깨달음을 얻었다.*

3M 직원이던 아트 프라이(1931년생)는 스카치테이프의 접착력을 잘 알고 있었고 또 그걸 성가집의 책갈피로 자주 사용했다. 그러다가 이 둘을 결합했고, 마침내 포스트잇이 탄생했다.

로니 존슨(1949년생)은 미국항공우주국 NASA 산하기관인 제트추진연구소에서 일하던 과학자였는데 프레온가스가 아닌 물을 사용하는 새로운 열펌프를 설계해야 했다. 그런데 고향 집의 수영장에서 물총을 봤고, 물총을 그 열펌프와 결합하면 어떻게 될까 하는 생각을 떠올렸다. 이렇게 해서 생긴 상품이 슈퍼소커이고, 이 장난감 물총은 여름철만 되면 전 세계에서 날개 돋친 듯 팔려나간다. 자, 그러니 당신도 눈을 크게 뜨고 주변을 둘러봐라.

* 벨크로는 프랑스어로 벨벳을 뜻하는 블루아르(velours)와 걸이나 걸쇠를 뜻하는 크로세(crochet)를 합쳐서 만든 이름이다.

다양한 생각들을 하나로 합쳐서 독창적인 것을 만들 수 있게 하는 힘은 무엇일까? 2019년에 아마존의 제프 베조스는 주주들에게 보낸 편지에서 "기업계에서 초대형 발견, 즉 '비선형적인' 발견이 이뤄지려면 여기저기 특별한 목적 없이 기웃거리며 돌아다니는 행동이 매우 많이 필요합니다"[12]라고 썼다. 월드와이드웹 탄생의 숨은 천재인 팀 버너스-리(1955년생)는 그 창의적인 과정을 다음과 같이 묘사한다.

"반쯤 형성된 생각들, 이런 생각들은 둥둥 떠서 그냥 제멋대로 돌아다닙니다. 이것들은 제각기 다른 곳에서 온 생각입니다. 그런데 사람의 정신은 멋진 방식으로 이 생각들을 결합합니다. 이것들을 한데 넣고 돌리고, 그러다 보면 어느 날 갑자기 전혀 서로 붙을 것 같지 않던 생각들이 아귀가 딱 맞게 달라붙습니다."[13]

창의적인 정신은 곧은 길을 따라 달리지 않고 어디로 튈지 모르게 사방으로 움직인다. 마치 사방치기를 하는 아이들처럼 온갖 관념과 발상은 뛰어오르기도 하고 방향을 바꾸기도 한다. 이 놀이의 공간이 넓고 길이가 길수록 서로 다른 생각이 결합했을 때의 잠재력은 그만큼 더 커지며 비범한 독창적인 아이디어가 나타난다. 알베르트 아인슈타인이 1901년에 친구에게 썼듯이 "처음에는 서로 아무런 관련이 없어 보이던 일련의 현상에서 어떤 통일성을 발견하는 기쁨은 눈부시게 장엄한 감정이다."[14] 작가 블라디미르 나보코프는 이것을 천재성의 행동이라고 바라보면서 1974년에 천재성이란 다른 사람이 보지 못하는 것을 보는 것, 사물들 사이에 존재하는 보이지 않는 연관성을 보는 것이다"[15]라고 썼다. 관련이 없는 사물들을 어떻게든 결합하기, 당신도 이 시도를 해 보라.

🜆 사물을 연결하라

스티브 잡스는 1996년에 〈와이어드〉와 했던 인터뷰에서 이렇게 말했다.

"창의성은 여러 개의 사물을 연결하는 것일 뿐입니다. 어떤 창의적인 사람에게 어떻게 그렇게 멋진 일을 할 수 있었느냐고 물어보면 그 사람은 어쩌면 약간의 죄의식을 느낄지도 모릅니다. 왜냐하면 그는 그것을 '한do' 게 아니라 그저 '봤을see' 뿐일 테기 때문입니다. 얼마간의 시간이 지나고 나면 그 일은 그 사람에게 너무도 자명하게 보였을 겁니다. 그 사람은 자기가 과거에 했던 경험들을 하나로 엮어서 새로운 것으로 합성하는 능력을 가졌기 때문입니다."[16]

잡스는 비록 리드칼리지를 중퇴했지만, 선불교 수도자에게 캘리그래피를 배웠고 그가 특별히 관심을 가졌던 여러 강좌를 청강할 정도였으니 충분히 오래 학교에 머문 셈이었다. 그런 경험 덕분에 그는 첫 번째 매킨토시 컴퓨터에 사용됐던 여러 폰트에 깊은 관심을 가질 수 있었고, 결과적으로 그 폰트들은 애플의 모든 컴퓨터에 탑재되는 고전적인 폰트가 됐다.[17]

2007년에 잡스는 가장 개혁적인 (그리고 가장 수익성이 높은) 발상을 실현했다. 그것은 바로 애플의 모바일 음악 재생기(아이팟)를 애플의 새로운 전화(아이폰)와 결합하는 것이었다. 그 이전까지만 하더라도 그 두 개의 기능은 전혀 다른 기기에 탑재돼 있었다. 결국 애플은 카메라, 계산기, 녹음기, 알람 시계, 이메일, 뉴스, GPS 내비게이션, 음악 그리고 또 전화를 모두 결합한 새로운 기기를 만들어냈다.

애플이라는 기업은 1976년에 스티브 잡스와 스티브 워즈니악이 캘리포니아의 한 차고에서 창업했다. 워즈니악은 애플이 맨 처음 만든 컴퓨터의 내부장치, 즉 잡스가 충분히 잘 알지 못하던 기술 분야인 하드웨어(회로판과 운영시스템)를 맡아서 꾸몄다. 그리고 잡스는 기능, 사용자 경험, 다른 기기와의 호환성 등과 같은 컴퓨터의 외부적인 측면에 초점을 맞췄다. 컴퓨터 사용의 미래는 소프트웨어 디자인을 컴퓨터 하드웨어 생산과 결합할 수 있는 회사가 좌우할 것이라는 좀 더 큰 그림을 본 사람은 워즈니악이 아니라 잡스였던 것이다.

말하자면 워즈니악은 고슴도치였고 잡스는 여우였다.[18] 여러 해에 걸쳐서 두 사람이 함께 위대한 팀을 만들긴 했지만, 과연 지금 우리가 기억하는 천재는 누구일까?

잡스가 주장했듯이 발명품은 대부분 발명자가 서로 관련이 없는 것들을 관찰하고 그들 사이에 존재하는 전혀 예상치 않았던 관계를 바라보는 데서 비롯된다. 과학에서도 예를 들어서 $E=MC^2$이라는 방정식을 사용할 때 그렇고, 시에서나 일상적인 대화에서 은유나 직유와 같은 비유법을 사용할 때도 그렇다. 아리스토텔레스는 비유는 일상적이지 않고 특별해야 한다고 생각했다.

"비유 단독으로는 메시지가 전달될 수 없다. 비유는 천재성의 표식인데, 왜냐하면 좋은 비유를 구사한다는 것은 닮음을 포착하는 눈을 가지고 있다는 뜻이기 때문이다."[19]

유추적 사고 분야의 전문가인 노스웨스턴대학교의 데드레 겐트너 교수도 유추를 놓고서 같은 말을 한다.

"관계를 생각하는 우리 인간의 능력이야말로 우리가 지구를 다스리게 된 여러 이유 가운데 하나이다."[20]

때로는 우리가 온전하게 이해하지 못하는 유익한 관계가 존재한다. 예를 들어서 전문가들은 프리칼리지*가 제공하는 폭넓은 미술 및 음악 관련 교육을 받은 학생이 수학 및 구술 능력과 관련된 표준화된 시험에서 높은 점수를 받는다는 사실을 확인했다.[21] 왜 그럴까? 적어도 수학과 음악 사이에는 보이지 않는 공통점이 있다. 수학은 숫자들의 여러 패턴인데, 음악도 자세히 들여다보면 마찬가지다. 음악은 소리와 이 소리가 지속되는 시간이라는 두 가지 기본적인 요소로 이뤄진다. 음(소리)의 높이와 화음은 1초당 정확한 진동수(음파)로 측정되며 리듬은 예컨대 4분의 4박자와 같은 박자로 구성된 비례적인 지속 시간으로 설정된다. 우리가 유쾌한 멜로디를 즐길 때 우리는 수학적으로 조직된 음높이의 패턴에 반응하며, 또 체육 시간에 일정한 박자에 맞춰서 춤을 출 때는 지속 시간의 패턴에 반응한다.

음악과 수학은 각각 논리를 기반으로 해서 미적인 만족감을 생성하는 일련의 과정으로,[22] 많은 위대한 인물들이 이 둘을 연결시켰다. 예를 들어서 레오나르도 다빈치는 비올라 다 브라초**에 관한 한 전문가 수준의 연주자였으며, 세계적으로도 유명한 음악이론가의 아들이었던 갈릴레오는 어려운 악기인 류트***를 연주했다. 수소폭탄의 아버지로 일컬어지는 에드워드 텔러는 탁월한 바이올린 연주자였으며, 양자역학의 토대를 닦았으며 노벨상 수상자이기도 한 물리학자 베르너 하이젠베르

---

* 대학교가 방학 때 재학생 및 예비 대학생을 대상으로 실시하는 예비대학 강좌 프로그램.
** '팔의 비올라'라는 뜻으로, 지금의 비올라와 비슷하다.
*** 기타와 비슷한 악기의 일종.

크는 노련한 피아니스트였다. 역시 노벨 물리학상을 받은 막스 플랑크는 오페라 작곡가이기도 했다. 천재의 대명사인 알베르트 아인슈타인은 자기는 만일 물리학자가 되지 않았다면 음악가가 됐을 것이라고 말했다.[23] 그가 가장 좋아한 작곡가는 볼프강 아마데우스 모차르트였다.

모차르트가 수학자였다는 사실을 아는 사람이 있을까? 모차르트는 음악에 본격적으로 빠져들기 시작하던 무렵인 네 살 때 수학을 공부하기 시작했다.[24] 이와 관련해서 그의 누나 난네를은 다음과 같이 회상했다.

"그 무렵에 그는 무엇이든 배우고 싶어서 안달했다. 아버지가 써준 것은 무엇이든 즉각적으로 열심히 매달렸다. 그럴 때 그는 다른 모든 것, 심지어 음악조차도 잊어버릴 정도로 몰두하곤 했다. 예를 들어서, 산수를 배울 때 그는 탁자며 의자며 벽이며 바닥을 온통 숫자로 가득 채웠다."[25]

청년이 됐을 때 모차르트는 숫자와 관련된 이론, 숫자를 동원한 수수께끼나 퍼즐, 그리고 도박에 완전히 매료됐다. 스물네 살 무렵에는 조지프 슈펭글러Joseph Spengler의 《산술과 대수학의 기초》(3판, 1779)를 손에 넣고는 독학 일정을 짜고 공부를 시작했는데, '관계와 비율'을 다루는 절에 특히 관심을 기울였다.

[자료 10]은 모차르트가 남긴 소품곡 악보 가운데 하나인데, 이것을 보면 숫자 패턴들을 갖고 작업하겠다는 욕망이 음악을 작곡하겠다는 욕망을 무색하게 만든다는 것을 알 수 있다.

모차르트는 2, 3, 5, 6, 28이라는 다섯 개의 수를 선택했다. 이들 가운데서 세 개의 숫자로 구성되는 모든 조합(예를 들면 '2, 3, 5' 혹은 '3, 5, 6')

을 취해서 이것을 악보 오른쪽에 세로로 적어 내려갔다. 여기에 '세 개 집단'이라는 뜻의 이탈리아어 '테르나리오ternario'의 약어인 'tern'을 이름처럼 붙였다. 그런 다음에는 또 그 다섯 개 숫자 가운데 둘을 선택해서 만들 수 있는 모든 조합에 대해서도 똑같이 하고 (이 조합은 열 개까지 가능하다) 이 과정에는 '둘 다'라는 뜻의 이탈리아어 '암베두에ambedue'의 약어인 'amb'라는 이름을 붙였다. 그리고 어떤 지점에서 그는 두 개의 세로줄 숫자들을 보고서는, 현대의 숫자 이론가가 하는 방식과 비슷하게 어떤 사실 하나를 깨달았다. 두 개 숫자 조합으로 가능한 모든 쌍인 열 개 쌍의 숫자 합(176)이 원래의 다섯 개 숫자의 합(2+3+5+6+28=44)

[자료 10] 모차르트는 1782년에 3성 푸가three-voice fugue 작업을 하다가 수학적인 계산에 몰입했다.(Mozart, Skb 1782j, recto, 빈 국립도서관)

의 네 배이며, 또 세 개 숫자 조합으로 가능한 모든 쌍의 숫자 합(264)은 다섯 개 숫자 합(44)의 여섯 배임을 깨달은 것이다.

그런데 이것은 그 어떤 다섯 개 숫자로 구성된 조합을 가지고 하더라도 똑같다. (믿지 못하겠다면 직접 한번 해보라.) 그러나 모차르트는 거기에서 그치지 않았다. 그는 역행 패턴을 보이는 숫자들, 즉 '1936, 484, 1936' 와 '44, 176, 264, 484, 264, 176, 44'을 가지고서 연구하기 시작했다. 이런 집착적인 계산이 보여주듯이 모차르트는 숫자의 관계에 깊은 관심을 가졌다. 수백 년에 걸쳐서 음악 감상자들이 모차르트의 음악이 '완벽한 비율'을 갖추고 있다고 말해왔다는 사실은 우연이 아니다. 아닌 게 아니라 아인슈타인은 모차르트의 음악을 "우주가 가진 내적 아름다움의 반영"[26]이라고까지 했다. 버클리대학교의 심리학자인 도널드 맥기넌이 관찰해서 포착한 내용은 과학뿐만 아니라 예술에도 적용될 수 있다.

"가장 창의적인 과학적 성취를 이룬 사람들은 어느 한 분야에서 훈련을 받은 뒤에 다른 분야로 진입한 사람들이다."[27]

자기도 모르는 자기 안의 천재성을 발휘하고 싶은가? 그렇다면 기차를 갈아타고 다른 분야로 진입할 필요가 있다.

🜄 천재는 훔친다

역시 만물박사였던 파블로 피카소가 했던 "나는 빌리지 않고 훔친다!"는 밀은 유명하다. 도둑질하는 여우처럼 피카소는 17세기 대가들

266

[자료 11] 파블로 피카소의 〈아비뇽의 처녀들〉(1907). 모더니즘의 벼락 같은 작품으로, 부분적으로는 화가가 아프리카의 가면들을 보고 받았던 충격에 영향을 받았고 또 부분적으로는 폴 세잔의 작품을 보고 느꼈던 새로운 각성에 영향을 받았다.(뉴욕 현대미술관)

에게서도 훔치고 고물상에게서도 훔쳤다. 그야말로 닥치는 대로 훔쳤다. 그는 자기 머릿속에 있는 아이디어를 자기가 봤던 이미지나 사물과 결합해서 전혀 다른 새로운 것을 창조했다. 낡은 자전거 안장과 핸들을 어린 시절 투우장의 기억과 결합해서 현대적인 조각품을 만들었다. 피카소의 정신은 바깥에 존재하는 이미지나 사물에서 활력을 얻었으며, 그에게는 자기가 훔친 것을 원래대로 돌려놓을 마음이 전혀 없었다.

피카소의 〈아비뇽의 처녀들〉(1907, [자료 11])은 큐비즘의 첫 번째 작품이자 현대미술을 무자비하게 공격하는 새로운 장을 연 20세기의 가장 중요한 회화로 일컬어진다. 이 작품에서는 두 가지의 외부 경험이 피카소의 정신과 결합했다.

첫째, 1907년에 피카소는 파리의 프티팔레미술관에서 열린 폴 세잔 (1839-1906)의 회고전에서 세잔의 작품을 봤다. 여기에서 그는 새로운 종류의 회화를 발견했다. 단순한 형태와 이차원적인 평면 그리고 기하학적인 형태를 활용하는 회화였다.

그리고 같은 해 얼마 뒤에 피카소는 센강을 가운데 두고 에펠탑을 바라보는 트로카데로광장의 고색창연한 민속박물관에서 아프리카 가면들을 처음 봤다.[28] 세잔의 작품을 접하면서 그는 미술에서 순수한 형태가 갖는 힘이 어떤 것인지 새롭게 깨달았다. 그리고 아프리카의 가면들 역시 마찬가지였는데, 거기에는 어떤 원시적인 공포도 함께 포함돼 있었다. 그 가면을 바라본 순간은 피카소에게 결정적인 순간이었다.

"나는 내가 화가인 이유를 알았다. 그 멋진 박물관의 그 가면들, 붉은 피부의 인형들, 칙칙한 마네킹들, 그 모든 것을 나 혼자서 바라보던 그 순간… 〈아비뇽의 처녀들〉은 그날 그 순간에 나에게 다가왔던 게 틀림없다."[29]

피카소는 그 두 개의 시각적인 요소들을 자기가 기존에 갖고 있던 초자연적인 강렬함과 결합했고, 그 순간 세계 미술사의 경로가 바뀌었다.

그러나 여기서 잠깐… 피카소가 했던 '도둑질'은 불법이 아닐까? 그 것들을 자기만의 독창적인 소재와 결합해서 새롭고 변혁적인 어떤 것을 창조하기만 하면 그런 도둑질은 불법이 아니다. 피카소는 진짜 신문 및 저작권이 있는 다른 사물들을 자신의 콜라주 작품에 녹여냈지만 그 누구도 저작권을 문제 삼아서 소송을 제기하지 않았다.

워홀은 엘리자베스 테일러, 말론 브란도, 엘비스 프레슬리, 마릴린 먼로, 마오쩌둥의 이미지를 자기 작품 안에 결합했지만 그들 가운데 그 누구도 소송을 제기하지 않았다. 당신도 창의적인 여우가 될 수 있다. 1976년에 제정된 미국저작권법의 '공정 사용 원칙Fair Use Doctrine'에 따라서 누구든 '훔친' 저작물을 사회적이거나 문화적인 공익을 위해서 재구성하거나 바꿀 수 있다.[30]

◊ 고슴도치의 옷을 입은 여우

찰스 다윈 역시 남의 것을 닥치는 대로 훔쳤기에 신사였다고 할 수는 없다. 그러나 19세기 초, 그는 당시 세상에 알려져 있던 전혀 상관없는 이론 두 개를 결합했다. 진화상의 변이transmutation 이론과 맬서스의 인구 이론이었다.

다윈의 할아버지였던 이래즈머스 다윈(1731 – 1802)이 제기했으며 프랑스 식물학자 장 바티스트 라마르크(1744 – 1829)가 한층 더 선명하게 다듬은 변이 이론은 지구상의 종들은 오랜 시간에 걸쳐서 자기가 놓인 환경에 적응하면서 진화하며 당대의 획득 형질*을 다음 세대로 전해준다고 주장했다.[31] 한편 맬서스의 인구 이론은 만일 기근이나 질병이나 전쟁과 같은 '유익한' 효과로 제어되지 않으면 인구가 통제할 수 없을 정도로 많아진다고 주장했다. 찰스 다윈은 에든버러에 있는 대학교에 가기 전에 그리고 이 학교에 다니면서, 자기 할아버지의 저작과 라마르크의 저작을 공부했다. 그러나 다윈이 토머스 맬서스의《인구론》을 우연히 읽은 것은 비글호를 타고 갈라파고스제도 주변을 여행한 (이 여행 기간은 1831년부터 1836년까지였다) 뒤였다. 천재 다윈은《인구론》을 읽고서야 비로소 결합이 가져다주는 '유레카'의 순간을 경험했던 것 같다.[32]

1838년 10월이었다. 그때는 내가 체계적인 연구를 시작한 지 15개월이 지난 뒤였는데, 우연히 재미 삼아서 맬서스의《인구론》을 읽었다. 그리고 그때 나는 동식물의 습성을 오랜 세월에 걸쳐 관찰했고, 그래서 어디에서나 진행되는 이들의 생존투쟁을 눈여겨서 살필 준비가 돼 있었다. 그리고 그때 문득 이런 생각이 들었다. 이런 환경에서라면 생존에 유리한 형질은 보존되고 불리한 형질은 파괴되지 않을까? 이런 과정이 쌓이고 쌓이면 새로운 종이 형성될 수 있지 않을까? 그리고 마침내 나는 내가 도구로 삼아서 연구할 이론 하나를 마

---

* 후천적인 환경 요인이나 훈련으로 획득한 생물의 변화된 기능이나 구조.

련했다.[33]

그 이론이라는 것은 물론 우리가 다윈의 진화론이라고 부르는 이론으로 유전적인 강점 혹은 '자연선택'을 토대로 한다.[34] 오로지 특정 환경에 생존하기에 적합한 유전자를 가진 동물만 생존의 행운을 누릴 수 있다는 다윈의 '잔인하기 짝이 없는' 모델보다 과학과 신학 둘 다에서 잠재적인 파괴력이 큰 이론은 없었다. 그럼에도 그 뒤 20년 동안 다윈은 자기가 확보한 이 획기적인 발상을 입증하며 정교하게 다듬는 작업을 이어갔고, 마침내 1859년에《종의 기원》을 내놨다.

그렇다면 이렇게 해서 다윈은 여우가 됐을까, 아니면 고슴도치가 됐을까? 짐작건대 고슴도치인 것 같다. 다윈은 그 모든 것 가운데서 가장 위대한 단 하나의 생각만을 집요하게 추구했기 때문이다.

그러나 창의적인 발상은 '여기저기 특별한 목적 없이 기웃거리며 돌아다니는 행동'에서 비롯된다고 했던 베조스의 말을 떠올려보라. 빅토리아 시대를 살았던 이들 가운데 찰스 다윈만큼이나 그랬던 사람은 아마도 없을 것이다. 1831년에 그는 상대적으로 안락했던 영국(잉글랜드)에서의 삶을 뒤로하고 비글호를 타고 지도에도 없는 곳을 여행했으며, 그러다가 결국 지구를 한 바퀴 돌기까지 했다. 그러나 그는 비글호의 선원들과 다르게 배가 육지에 닿으면 배에서 내려서 육지를 탐사했다. 파타고니아 평원을 걸었고, 아마존 우림으로 들어갔으며, 안데스산맥의 바위 봉우리에 올랐다. 그리고 이때 그는 상상할 수 있는 거의 모든 종을 보고 먹고 또 그것들에 매료됐다. 사실 그는 비글호를 타고서 5년 동안 여행을 했지만 그사이에 육지에 머물렀던 기간이 전체 여행 기간의 3분의 2나 된다. 이 시간 동안 그는 여우처럼 부지런히 여기저기 쏘다녔다.[35] 그렇게 해서 그는 결국 일류 동물학자이자 식물학자, 지리학자이자 고생물학자가 됐다. 다윈은 고슴도치의 옷을 입은 여우였다.

⬤ 터널시야에서 벗어나라

때로는 여우도 고슴도치의 굴에 떨어지기도 한다. 바로 이런 일이, 북아메리카의 모든 곳을 연결하는 송전 체계를 구축하려고 애썼던 토머스 에디슨에게 일어났다. 에디슨은 1879년에 수명이 긴 전구를 발명했다. 그리고 나자 벽에 부착하는 전기 소켓과 배선판, 전선, 변압기 그리고 발전기가 필요했다.[36] 그러나 직류와 교류 가운데 어느 것을 선택해야 할까 하는 문제부터 해결해야 했다. 직류는 저전압과 단거리에 유리하고 교류는 고전압과 장거리에 유리하다. 에디슨은 전구를 막 발명하고 들떠 있던 터라서 직류에 모든 것을 걸었다. 1881년 2월에 에디슨은 시골에 있던 멘로파크 연구소를 떠나 로어맨해튼으로 가족을 데리고 이사하고 에디슨일렉트릭의 생산 기지도 그곳으로 옮겼다. 거기에서 그와 그의 직원들은 거리를 따라서 직류 전선관을 땅에 묻었다.([자료 12])

그러나 에디슨은 실패했다. 대도시나 국가 전체를 감당하기에 직류는 효과적인 수단이 아니었다. 왜냐하면 부하전류의 양에 따라서 약 반마일(약 800미터)마다 새로운 전류를 생성하기 위한 값비싼 발전기가 있어야 했기 때문이다. 자본 집중적인 직류 체계를 구축하려면 돈이 많이 필요했다.

[자료 12] 1882년 6월 21일 자 〈하퍼스 위클리〉에 실린 어떤 삽화의 부분도. 이 삽화에는 '집집마다 도입되는 전깃불. 뉴욕의 거리에서 인부들이 전선관을 매설하고 있다'라는 설명이 달려 있다. 에디슨은 전선을 전봇대에 거는 방식 대신에 지하에 매설하는 방식을 선택했다.

　　그래서 에디슨은 에디슨일렉트릭의 자기 지분을 J. P. 모건과 동업자들에게 팔기 시작했다. 그런데 10년 만에 그들이 가진 지분이 에디슨의 지분을 압도했고, 동업자들은 에디슨일렉트릭을 처음에는 에디슨제너럴일렉트릭으로 바꿨다가 나중에는 '에디슨'을 빼고 제너럴일렉트릭으로 바꿨다.[37] 에디슨이 더는 회사에 영향력을 행사하지 못하게 되자 J. P. 모건과 제너럴일렉트릭은 직류를 포기하고 교류를 선택했다.

　　터널시야*는 흔히 '매몰비용 신드롬'의 결과로 나타난다. 에디슨은 하나의 구멍을 너무 깊이 팠으며 또 너무도 많은 비용을 들였다. 그래서 자기가 잘못했다는 걸 인정하고 경로를 바꿀 수 없었다. 에디슨과 같은 천재가 안고 있는 문제는, 상식 앞에서는 때로 투지와 끈기를 포기해야 하는데 그렇게 하지 못한다는 점이다. 그러나 여우 같은 에디슨에게는 관심사가 단 하나만이 아니었다. 그는 전구, 축음기, 활동사진뿐만 아니라 방송 설비, 보청기, 말하는 인형 그리고 심지어 조립식 시멘트 주택 등과 같은 온갖 실용적인 제품들로 상업적인 성공을 거뒀다.

♦ 무식함의 대범함을 가져라

에디슨은 매몰비용 신드롬과 함께 자만심에도 사로잡혔다. 그 바람에 '멘로파크의 마법사'는 사용할 수 있는 다른 해결책을 무시함으로써 실패의 구렁텅이에 떨어지고 말았다.

"기존의 스키마(사고 체계)에서 벗어나서 문제를 해결할 새로운 방법을 찾지 못하면, 즉 인지 고착cognitive entrenchment에 사로잡히면, 아무리 해당 분야의 전문가라고 하더라도 창의적인 문제 해결 방법을 찾아내지 못한다"*38*

데이비드 롭슨이 2019년 저서 《지능의 함정: 똑똑한 당신이 어리석은 실수를 하는 이유와 지혜의 기술》에서 한 말이다. 고슴도치는 나무를 보느라 숲을 바라보지 못한다.

---

* 터널에서 출구만 밝게 보이고 주변은 잘 보이지 않는 것처럼 눈앞의 상황에만 집중하느라 주변 상황을 제대로 파악하지 못하는 현상.

한편 여우는 너무도 뻔뻔스럽게 여기저기 쑤시며 쏘다니기 때문에 숲에 도사리고 있는 위험을 바라보지 못한다. 아닌 게 아니라 '만일 그때 내가 하려던 일이 무슨 일인지 제대로 알기만 했더라도 그 일에는 절대로 손도 대지 않았을 텐데!'라는 후회를 사람들이 얼마나 많이 하는지 모른다. 창의성 전문가인 도널드 맥기넌은 전문성 부족이 오히려 유익할 수 있는 이유를 다음과 같이 설명했다.

"전문가는 어떤 일이 이러저러하지 않다거나 혹은 실행 불가능하다는 사실을 이론적으로나 경험적으로나 너무 '잘 안다.' 그러나 순진무구한 초보자는 전문가가 절대로 시도하지 않을 일을 무모하게 시도하며, 또 그렇게 해서 충분히 자주 성공한다."[39]

맥기넌의 충고를 한마디로 줄이면 좁은 시야에 사로잡힌 고슴도치가 되지 말라는 것이다. 멀리 바라보는 여우인 니콜라 테슬라도 무식함의 대담함을 가지라고 강력하게 권고했다.[40]

노벨상 수상자인 대니얼 카너먼(《생각에 관한 생각》)과 필립 테틀록(《슈퍼 예측》)과 경제학자들도 여기에 동의한다. 미래를 예측하며 앞으로 닥칠 문제를 해결하는 일에 관한 한, 협소한 주제에 초점을 맞추는 전문가들은 (비록 이 사람들이 아무리 유명하다고 하더라도) 넓은 주제들을 두루두루 많이 아는 사람들을 따라가지 못한다고 그 경제학자들은 지적한다.[41] 테틀록의 저작에 힘을 입어서 4년이라는 기간에 걸쳐서 진행된 미래 예측 경연대회가 열렸고, 미국의 정보 분석가들이 각자 팀을 구성해서 이 경연대회에 참가했다.

그런데 국제정세와 관련된 문제 예측에서는 좁은 분야를 깊고 파고드는 전문가들보다 넓은 분야에 대해서 다양하게 많이 아는 사람들이 더 정확하게 예측을 한 것으로 나타났다.[42] 최근의 여러 연구 역시 노벨상 수상 과학자들이 이들보다 업적이 적은 다른 과학자들에 비해서 예술 활동에 몰두하는 비율이 세 배 가까이나 되며, 특히 음악 활동을 가장 많이 한다는 사실을 확인했다.[43] 같은 맥락에서 그들은 연기나 춤 혹은 마술 등의 분야에서 아마추어로 활동하는 비율도 스물두 배나 된다.

그러나 미국의 정치인들은 이 메시지에 소극적으로만 대응하고 있다. 적어도 교육에 관한 한 확실히 그렇다. 주지사 및 주의회는 교육을 '취업 가능성'과 연계시키는데, 이런 사실은 예를 들어서 'STEM 과목에 예산 지출을 높이고 교양과목에는 예산 지출을 줄이라는 요구가 커진다'와 같은 기사들에서 확인할 수 있다.[44] 심지어 몇몇 대학은 고전과 미술사 전공을 폐지하고 있다.[45] 설상가상, 진보주의를 표방한 버락 오바마 대통령조차도 최근에는 '쓸모없는' 교양과목들을 대놓고 비난했다.[46]

그러나 이 장에서 소개한 천재들은 전혀 다른 교훈을 가르쳐준다. 그들은 우리더러 이렇게 하라고 말한다. 두루두루 넓게 살피며 돌아다니라고, 서로 아무런 관련이 없어 보이는 것들을 하나로 묶어보라고, 걸어가던 경로를 바꿔서 다른 길로 가라고, 두려워하지 말라고, 눈을 크게 뜨라고, 매몰비용 신드롬에 빠지지 않도록 조심하라고, 또 무식함의 대담함을 가지라고 말한다. 그들은 또 아이들을 대상으로 하는 교육이 반드시 그 아이들의 평생 직업으로 곧바로 이어져야 한다는 발상을 경계하라고 주의를 준다.

1920년대에는 기술자의 '지식 반감기'[*]가 35년이었다. 그런데 이것이 1960년대에는 10년이었고, 지금은 기껏해야 5년밖에 되지 않는다.[47] 우리 모두가 가슴에 새겨야 할 교훈은 민첩해야 한다는 것이다. 기술 교육 분야의 교육자들 사이에서, 지금처럼 사람들이 일자리를 자주 옮기는 상황에서는 (지금 이직은 5년에 한 번이라는 속도로 일어나고 있다) 이른바 '60년 커리큘럼'이라고 불리는 평생 교육이 이뤄질 수 있도록, 다양한 주제를 망라하는 대학교 수준의 단기 강좌에 이들이 쉽게 접근할 수 있도록 해야 한다는 믿음이 점점 더 커지고 있다.[48]

2011년에 스티브 잡스는 기술이 진정으로 뛰어날 수 있으려면 예술성을 가져야 하다고 말했다.

> 기술만으로는 충분하지 않다는 것이 애플의 DNA이다. 우리의 심장이 노래를 부르게 만드는 결과를 낳는 것은 교양과목들과 결합한 기술, 인문학과 결합한 기술이다.[49]

그러니까 STEM 과목을 전공하며 야망을 품은 청년이라면 노벨상 수상자이자 바이올리니스트인 알베르트 아인슈타인이 1950년에 전문성을 탐탁지 않게 여기면서 했던 그의 다음 주장에 귀를 기울일 필요가 있다.

> 진지한 과학자라면 모두 자기도 모르게 어느 사이엔가 편협한 지식세계에 갇혀버렸음을, 또 이 편협한 세계가 자기가 가졌던 드넓은 지평을 박탈해서 자신을 한낱 기계 부속품으로 전락시키고 있음을

---

* 어떤 분야 지식의 절반이 쓸모없는 것으로 바뀌는 데 걸리는 시간.

고통스럽게 깨닫는다.[50]

우리가 진정으로 사랑하는 것들이 잘못됐을 때 이것을 바로잡으려면 고슴도치가 필요하다. 그러나 새롭고 더 나은 세상을 만들고자 한다면 여우를 찾는 게 낫다.

반대로 생각하기
_반대의 힘

크리스토퍼 콜럼버스는 동쪽에 있는 세상을 발견하기 위해서 서쪽으로 항해했다. 에드워드 제너는 사람들에게 천연두 예방주사를 놓으려고 그들에게 천연두균을 주입했다. 제프 베조스는 고객을 제품이 있는 곳으로 불러오는 방식이 아니라 자기 제품을 고객에게 가져다주는 방식을 선택했다. 아이작 뉴턴의 운동의 제3법칙(작용과 반작용의 법칙)에 따르면, "모든 작용에는 동일한 크기의 반작용이 있다." 셰익스피어의 햄릿도 "친절해지기 위해서 나는 잔인해야만 한다"고 말했다.

이와 같은 반대 통찰은 산업에서뿐만 아니라 예술과 과학에도 깊이 뿌리박혀 있는 오래된 전략인 '반대로 생각하기'의 과정을 잘 보여준다. 어떤 대상이나 개념을 좀 더 잘 이해하려면 그것의 반대를 생각하면 된다. 어떤 기계 장치가 어떻게 조립돼 있는지 알고 싶으면 그것을 분해해보면 된다. 어떤 특정한 결과를 성취하고 싶으면 최종 목표의 구체적인 내용을 규정한 다음에 시자점에서부터 거기까지 이르는 과정을 그려보면 된다. 반대로 생각하기의 실용적인 이점은 최소 네 가지로 정리할 수 있다. 첫째, 다른 방식으로는 알 수 없는 해결책을 알 수 있다. 둘째, 정신적으로 한결 유연해지고 상상력이 풍부해질 수 있다. 셋째, 모호함과 역설을 편안하게 받아들이는 법을 배운다. 넷째, 자주 웃게 되는데, 이것은 우리가 행복해진다는 확실한 증거다.

반대의 중요성을 바라보는 재능은 천재의 감춰진 습관이다. 과학과 산업 분야에서 특히 더 그렇다. 번개는 왜 칠까? 벤저민 프랭클린이 알아냈듯 대지와 공기 중에 있는 음전하와 양전하가 반대 방향에서 달려와서 만나기 때문에 번개가 친다. 비행기는 어떻게 상승할까? 라이트 형제가 입증했듯이 비행기 날개가 그 위에 있는 공기를 아래로 끌어내려서 아래에 있는 공기를 위로 띄워 올리기 때문이다. 천체물리학에서의 빅뱅 순간을 우리는 어떻게 이해할 수 있을까? 스티븐 호킹이 주장했듯이 우주를 단 하나의 고밀도 원자 단위로 축소하면 된다.

1953년에 케임브리지대학교의 그 유명한 캐번디시연구소에서 제임스 왓슨과 프랜시스 크릭이 살아 있는 모든 생물의 구성 요소인 데옥시리보핵산DNA 구조를 발견했다. 두 사람의 통찰에는 반대의 원리를 이해하는 것이 포함돼 있었다. 각각의 DNA 가닥 안에는 분자의 어떤 회문palindrome, 팰드롬*이 숨어 있다. 예를 들면 이렇다.

XXGATCXXXXXXGATCXX—

XXCTAGXXXXXXCTAGXX

＊ 앞에서부터 읽으나 뒤에서부터 읽으나 똑같은 배열.

전자의 배열을 반대로 한 것이 후자이다. 모든 생물체는 회문 패턴을 한 유전자를 갖는다. 만일 세포가 증식할 때 이 세포들이 회문 과정을 정확하게 복제하지 않는다면 악성 종양이나 그 밖의 여러 결함이 나타날 수 있다. 오늘날에는 이것을 이해하는 것이야말로 생체의학 연구 및 유전자공학의 중요한 한 부분이다. 왓슨과 크릭 그리고 두 사람의 동료인 모리스 윌킨스는 DNA 발견으로 1962년에 노벨 화학상을 받았다.

때로 반대로 생각하기는 어린아이의 놀이처럼 쉽기도 하다. 수학 천재인 요한 카를 프리드리히 가우스가 여덟 살이던 1785년에 교사는 그에게 다음과 같이 어려운 문제를 냈다.

'1부터 100까지의 숫자를 모두 더하면 얼마일까?'

이 문제를 낸 목적은 매우 조숙한 그 아이가 잠시나마 조용히 집중하게 하기 위해서였다. 그런데 가우스는 금방 5,050이라는 해답을 들고 돌아왔다. 1부터 100까지의 모든 수를 더하며 시간을 낭비하지 않고 반대로 생각하기의 통찰을 적용한 것이다. 즉, 50을 한가운데 숫자로 고정하면 양쪽 끝에 있는 두 숫자씩 서로 만나서 균형을 이룬다는 점을 깨달은 것이다. 1, 2, 3, 4, 5로 100까지 이어지는 숫자 배열의 회문을 만들 수 있다. 자, 그런데 여기에서 나나 당신 같은 천재가 아닌 보통 사람을 위해서 이 문제를 쉬운 것으로 바꿔보자. 즉, 1부터 100까지의 합이 아니라 1부터 9까지의 합을 구해보자. 이렇게 하면 가우스가 했던 통찰을 쉽게 도식화할 수 있는데, 가우스는 해법으로 쉽게 이어지는 역배열 패턴을 시각화했다. 1부터 9까지의 합을 구하는 우리의 문제에서 아홉 개의 숫자 배열을 이것의 회문 배열과 나란히 설정하면 다음과 같다.

$$1 + 2 + 3 + 4 + 5 + 6 + 7 + 8 + 9 \longrightarrow$$
$$9 + 8 + 7 + 6 + 5 + 4 + 3 + 2 + 1 \longleftarrow$$

　여기에서 아래위의 두 숫자를 합하면 10이고, 이것이 아홉 개이므로 모두 합하면 90이다. 그런데 이것은 1부터 9까지의 합을 두 번 합친 숫자이므로, 우리가 구하는 값은 이것을 2로 나눈 45이다. 멋지지 않은가! 그런데 가우스는 여기에서 귀납적인 추론을 통해서, 이런 종류의 그 어떤 문제에도 적용할 수 있는 공식을 생각했다. 1부터 N까지 연속하는 정수의 합계 값 T는 다음 공식으로 구할 수 있다.

$$T = N(N + 1) \div 2$$

　미심쩍으면 N에 아무 숫자나 넣어서 직접 계산해보라. 가우스의 반대 방향 통찰은 '반대로 생각하기'가 수학 계산에 드는 시간을 얼마나 단축할 수 있는지 입증했다.

　우주로 발사한 로켓 추진체를 다시 돌아오게 만들어 회수하면 로켓 추진체 제작비용은 엄청나게 절약된다. 2011년에 일론 머스크의 스페이스엑스와 미국항공우주국은 과거의 적대적인 태도를 버리고 손을 잡고 공동으로 프로젝트를 추진했다.[1] 그 뒤로 머스크가 발사한 로켓들은 미국항공우주국의 운송 수단이 되어 화물과 우주인을 우주 공간으로 보냈다. 스페이스엑스는 로켓 추진체를 안전하게 회수할 수 있음을 입증함으로써 (그렇게 해서 로켓 발사 비용을 최대 80퍼센트까지 줄임으로써) 우주 운송 분야에서 최강자가 됐다.[2] 로켓 추진체 회수는 다섯 번 만에 성공했지만, 어쨌든 간에 머스크는 성공했다. 2013년 테드 강연해서 그가 말했듯이 "직관과 반대되는 새로운 사실들을 발견하는 방법을 알아내는 학문이 바로 물리학이다."[3]

🌢 시간을 거슬러서 거꾸로 생각하기

'반대로 생각하기'는 예술에서도 유용한 구조를 제공할 수 있다. 작곡가 요한 세바스찬 바흐는 어떤 곡이 멜로디의 왕복 여행을 하게 하는 방법을 알아냄으로써 국왕을 즐겁게 했다. 1747년에 바흐는 라이프치히를 떠나 베를린으로 갔다. 음악을 사랑하던 프러시아의 국왕 프리드리히 대제를 만나기 위한 여행이었다. 이 국왕은 바흐에게 멜로디 하나를 주고는 이것을 재미있게 발전시켜보라고 했다. 바흐는 이 멜로디를 들고 고심하던 끝에 〈음악에의 헌정〉이라는 곡을 국왕에게 바쳤다. 그런데 이 곡에서 바흐는 국왕이 준 멜로디를 음악적으로 뒤집었으며 (즉 올라갔던 음들을 동일한 폭으로 내렸다) 멜로디 진행 순서를 거꾸로 뒤집는 역행 구조를 채택했다. 프란츠 요제프 하이든, 모차르트, 베토벤, 프란츠 슈베르트, 이고르 스트라빈스키, 아르놀트 쇤베르크 등도 똑같은 역행 기법을 사용했다.

트라촘Trazom*이라는 이름으로 서명을 하곤 했던 모차르트는 창의적인 회문을 무척 좋아해서, 한번은 [자료 13]에서처럼 동일한 내용이 정

---

* 'Mozart'를 거꾸로 쓴 것이다.

[자료 13] 모차르트가 대위법을 한창 배우던 열여덟 살 때 스케치북에 쓴 20마디짜리 멜로디(Sk 1772o). 그는 오로지 멜로디(상단부)만을 썼지만, 문맥상 이 멜로디를 거꾸로도 연주해야 한다는 뜻을 내비쳤다.

반대 방향으로 진행되는 멜로디를 만들기도 했다. 때로 그는 완성된 곡에도 이처럼 반대로 진행되는 과정을 집어넣기도 했지만, 대부분은 연습 과정에 이런 방식을 활용했다. 이처럼 반대로 생각하기를 빌려서 그는 자기의 기량을 개발하고 상상력을 확장했다.

우리에게 그런 것처럼 모차르트에게도 '반대로 생각하기'는 좀 더 나은 결과를 가져다주는, 쉽지 않은 도전 과제였다. 연주자들은 어떤 소나타에서 한 음계를 매끄럽게 연주하려면 지나칠 정도로 당김음을 많이 사용하는 식으로 연습하라는 말을 듣는다. 선천적으로 오른발잡이인 축구선수는 기회를 놓치지 않는 킬러 스트라이커가 되려면 왼발을 사용하는 훈련을 끊임없이 하라는 말을 듣는다. 레오나르도 다빈치는 글을 오른쪽으로 써나가는 법과 왼쪽으로 써나가는 법을 모두 다 익혔는데, 이 훈련 덕분에 그는 화가로서의 기량을 한층 세련되게 다듬을 수 있었다. 이 모든 '거꾸로 훈련'은 신경가소성*을 증진함으로써 신체적인 유연성을 높인다.

레오나르도 다빈치는 전체 개체군의 10퍼센트에 해당하는 왼손잡이였다.[4] 그가 그렸던 10만 장의 스케치와 드로잉에는 '반대로 생각하기'에 담긴 창의적인 가치를 그가 인정했음을 보여주는 증거가 남아 있다. 루브르박물관이 소장하고 있는 네 개의 레오나르도 걸작 가운데 하나인 〈성 안나와 함께 있는 성 모자〉가 적절한 사례이다.[5] 1478년부터 1480년까지의 시기에 그는 자기가 그리고자 했던 장면의 두 가지 버전을 상상했는데, 그 장면은 바로 마리아와 양을 안고 있는 아기였다. (고

---

* 뇌가 외부 환경의 양상이나 질에 따라 스스로 자기의 구조와 기능을 변화시키는 특성.

양이는 양이 놓일 자리에 양 대신 놓인 대체물이었다). 하나는 오른쪽을 향하고 있고([자료 14A]) 다른 하나는 왼쪽을 향하고 있는데([자료 14B]), 이 둘은 거울 이미지처럼 좌우가 바뀐 채 거의 똑같다. 왼쪽을 바라보는 구성에서 두 번째 여성의 머리가 등장한다. 약 10년 뒤에 한층 더 완성된 오른쪽을 바라보는 버전이 나타나지만, 이번에는 두 번째 (성 안나의) 머리는 마리아의 거울 이미지로 등장한다.([자료 15A]) 그리고 이 둘은 서로를 사랑스럽게 바라본다. 완성된 그림(ca. 1503. [자료 15B])에서 성 안나의 머리는 마리아의 머리와 일직선상에 있지만 아기 예수의 모습과 양의 모습은 180도 다른 방향을 향하고 있다. 루브르박물관에서 이 작품을 바라보는 사람은 이 최종 버전이 사실은 극적인 반대 방향에 놓인 인물들을 가장 잘 표현하기 위한 20년에 걸친 노력의 결과물임을 알아보지 못할 것이다. 이 작품에서는 '반대로 생각하기'의 과정이 본질이지만 사람들 눈에는 보이지 않게 완전히 숨어 있기 때문이다.

루브르박물관, 〈성 안나와 함께 있는 성 모자〉가 있는 곳에서 75피트(약 23미터) 북서쪽으로 걸어가면 세계에서 가장 유명한 그림인 레오나르도의 〈모나리자〉가 걸려 있다. 이 작품 역시 생각의 전환 요소를 담고 있는데, 생각의 전환이 한결 미묘한 방식으로 녹아 있다. 레오나르도가 등장하기 전인 중세 말기 및 르네상스 초기의 그림은 종교적이거나 역사적인 주제를 다뤘다. 그림은 기독교적인 신념을 묘사하거나 재임 중인 국왕이나 여왕을 시각적으로 기록했다. 이때는 주로 상징물을 사용했는데, 예를 들어서 예수의 출현을 발표하는 비둘기나 왕을 암시하는 왕관이 그런 상징물이었다. 그림에 담긴 메시지는 화가에게서 그림을 감상하는 사람에게로 전달됐으며, 감상자는 그 메시지를 받아들 수

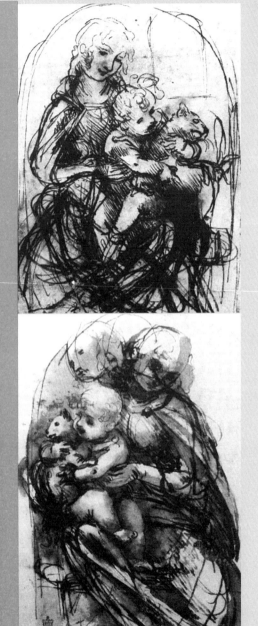

[자료 14 A, B] A. 레오나르도 다빈치의 〈마리아와 고양이를 안은 아기 예수〉, ca. 1487.(Department of Prints and Drawings, 런던 대영박물관) B. 그 뒤에 그가 그린 드로잉 작품 〈마리아와 고양이를 안은 아기 예수〉(런던 대영박물관)

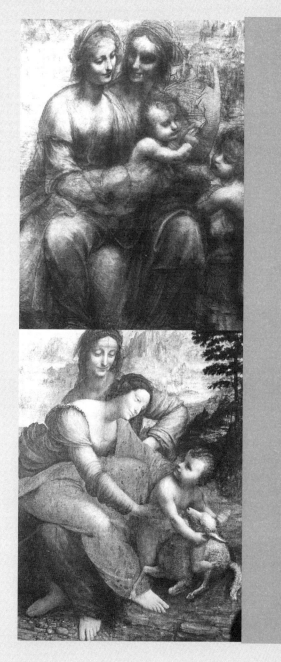

[자료 15 A, B] A. 레오나르도의 완
성된 드로잉 작품, ca. 1499.(런던
내셔널갤러리)
B. 그의 그림 〈성 안나와 함께 있는
성 모자〉, ca. 1503. (파리 루브르박물
관)

도 거절할 수도 혹은 믿을 수도 믿지 않을 수도 있었다. 전통적인 방식의 상징적인 그림에서 의사소통은 단방향으로만 이뤄졌다.

그런데 레오나르도의 〈모나리자〉가 등장하면서 그림은 획기적으로 바뀌었다. 의사소통의 방향이 역전된 것이다. 화가가 사람들에게 무어라고 말하는 대신에 그림 속의 이 여자가 화가와 감상자가 나누는 대화에 끼어들고 싶어 한다. 알 듯 말 듯한 기묘한 미소라는 형태로 드러나는 여자의 질문은 도발적이다. 이제 그림은 단방향의 도그마이기를 그만두고 양방향의 참여가 된다. 〈모나리자〉를 이해하려면 어떤 그림의 의미가 작품에 있기보다는 감상자에게 있을지도 모른다는 점부터 인정해야 한다. 미술사가들은 이것을 '반관점 reverse perspective, 역관점'이라고 부른다.

심리학자들은 '반심리학 reverse psychology'이라는 용어를, 어떤 것을 말하긴 하지만 이것이 사실은 반대의 효과를 내기 위한 의도적인 전략*이라고 정의한다. 작가들은 때로 극적인 효과를 내기 위한 스토리텔링 기법으로 '역순행적 구성'을 선택하는데, 그 역사를 따지자면 로마시대 베르길리우스의 《아에네이드》로까지 거슬러 올라간다. 작곡가 리하르트 바그너는 열일곱 시간짜리 악극 드라마인 〈니벨룽겐의 반지〉의 대본을 만들 때 이 역순행적 구성 기법을 사용했다. 그는 신들과 영웅들의 죽음으로 시작해서(〈신들의 황혼〉), 과거로 거슬러 올라가 그들이 살았던 삶 속의 사건들을 다루고 (〈지크프리트〉와 〈발퀴레〉), 마지막으로 전후 맥락을 설정하는 프리뷰로 이 3부작의 서문을 썼다(〈라인의 황금〉).

＊ 뭐든 반대로 행동하려는 인간의 본성.

조지 루카스도 영화 〈스타워즈〉 시리즈를 제작할 때 이와 비슷한 방식을 썼는데, 3부작을 먼저 만든 다음에 시간적으로 이들보다 앞선 사건을 다루는 영화를 나중에 다시 만들었다. 1922년에 F. 스콧 피츠제럴드는 단편소설 〈벤저민 버튼의 기이한 사건〉을 썼는데, 이 소설에서 주인공의 일생이 거꾸로 흘러가는 시간 속에서 펼쳐진다. 즉 여든 살 노인으로 태어나서 중년이 되고 청년이 되며 어린아이가 되어 죽는다.[*]

"나는 미스터리소설을 쓰기 전에 언제나 결말을 알고 있습니다."

살인 미스터리소설 베스트셀러 작가인 필리스 도러시 제임스가 한 말이다.[6] 미스터리소설 작가들은 흔히 '누가 무슨 일을 했는지' 그리고 어디에서 어떻게 했는지 이미 알고 있는 상태에서 사건이 처음 시작된 시점으로 돌아가서 복잡한 이야기 구조 속에서 독자들을 이리저리 끌고 다닌다. 아닌 게 아니라 미스터리 작가인 브루스 헤일은 블로그 포스트인 '글쓰기 팁: 역순행적 구성'에서 "살인 미스터리들은 역순행적 구성의 결과물이다"[7]라고 썼다. 지금 미스터리소설에 대해 이야기하고 있지만, 이 원리는 폭넓게 적용될 수 있다. 야망 있는 작가라면 당연히 결말을 어떻게 처리할지를 두고 고민할 것이다. '시간을 거슬러서 거꾸로 생각하기'는 글로든 말로든 간에 또 비즈니스계에서든 결혼식장에서든 간에 공개적인 프레젠테이션을 준비하는 모든 사람에게 훌륭한 도움이 될 수 있다. 소재를 충분히 살펴본 다음, 가장 멋지고 설득력 있는 부분을 마지막을 장식하는 부분이 되도록 아껴두고, 그 밖의 모든 것들이 이 결말로 이어지도록 구성하면 된다. 그러면 그 소재가 '흠잡을

---

[*] 이 소설은 2008년에 〈벤저민 버튼의 시간은 거꾸로 간다〉라는 제목으로 영화화됐다.

데 없이 온전하게' 유지될 뿐만 아니라, 한층 더 중요하게는, 관객(혹은 독자)이 '빅뱅' 결말을 높이 평가할 것이다.

🌢 역설을 거부해서는 안 되는 이유

정의대로라면 광선(빛살)은 물총에서 발사된 물줄기의 첫 몇 미터 모습처럼 직선이다. 파동은 호수에 던져진 돌멩이가 수면에 일으키는 잔물결처럼 곡선이다. 그러므로 '광선'과 '파동'은 비록 정반대 개념은 아닐지라도 서로 완전히 다르고, 빛이 광선이 될 수도 있고 파동이 될 수도 있다는 말은 역설이다. 그런데 역설이라는 단어 '패러독스paradox' 는 '반대의 의견'을 뜻하는 그리스어 '파라독손paradoxon'에서 유래됐다. '반대로 생각하기'를 하려면 때로 역설에 거부감을 느끼지 않는 마음을 가져야 한다.

알베르트 아인슈타인은 여러 차례 역설적인 조건들과 씨름했다. 1905년에 그는, 빛이 입자들의 일직선 흐름인지 아니면 파동인지를 두고 오랜 세월 학계에 미해결 상태로 남아 있던 토론을 깔끔하게 정리했다. 아이작 뉴턴은 입자설을 손을 들었으며, 빛을 구성한다고 봤던 입자를 '알갱이들corpuscles'이라고 불렀다. 뉴턴과 거의 동시대를 살았던 네덜란드의 물리학자 크리스티안 하위헌스(1629-1695)는 파동설을 주장했다. 뉴턴의 입자설이 우세했지만, 제임스 맥스웰(1831-1879)이 새로운 주장을 내놓으면서 파동설이 다시 우세해졌다. 맥스웰은 자신이 정리한 전자기파 법칙(1895)으로 파동설의 근거를 한층 더 단단하게 다졌다.[8]* 1905년에 아인슈타인은 파동-입자 이중설wave-particle duality이라는 이론을 제시하면서 이 정반대의 이론이 하나로 합쳐질 수 있음을 증명했다. 빛의 파동이 어떤 물질을 때리면, 이 물질이 광전자를 방출한다는 것이다. 이것이 아인슈타인의 광전효과이다. 아인슈타인은 다음과 같이 설명했다.

"우리에게는 동일한 현실을 묘사하는 두 개의 서로 모순되는 그림이 있다. 그런데 이 둘은 모두 저 혼자서는 빛의 현상을 온전하게 설명하지 못한다. 온전한 설명은 오로지 둘이 함께해야만 가능하다."[9]

이 이중성이 양자물리학의 일부가 됐다. 그야말로 역설로 만들어진 새로운 정설이 탄생한 것이다. 게다가 광전자 에너지는 언제나 빛의 파장에 반비례하는데, 이것은 '반대'가 내재돼 있다는 뜻이다. 빛과 관련된 수수께끼를 풂으로써 아인슈타인은 1921년에 노벨상을 받았다.

높은 건물에서 떨어지는 여자가 있다. 떨어지는 이 여자가 떨어지지 않는 게 되는 것은 언제일까?

정답은 '다른 모든 것이 그 여자와 함께 떨어질 때'이다. 알베르트 아인슈타인이 이 가상의 수수께끼를 풀었을 때 그는 또 다른 질문의 해답도 함께 발견했다. 1907년에 아인슈타인은 서로 명백하게 반대되는 두 이론 때문에 몹시 불편하고 화가 났다. 하나는 뉴턴의 천체 중력이론으로 모든 물체는 서로 끌어당긴다는 것이었다. 또 하나는 자기의 특수상대성이론으로 모든 물체는 자기만의 독특한 규칙에 지배를 받는다는

---

* 맥스웰 이전에 패러데이의 실험으로 자기장의 변화가 전류를 유도함은 이미 밝혀져 있었다. 그런데 맥스웰은 전기장이 변하면 자기장을 유도할 수 있다는 역과정을 제안했다.

것이었다.

"근본적으로 다른 두 개 이론이 동시에 존재한다는 사실이 나로서는 참을 수 없을 정도로 답답하고 화가 난다."[10]

그런데 모든 것이 동시에 떨어지는 어떤 상황을 상상하자 갑자기 "내 인생이 그 어느 때보다도 행복해졌고" 참을 수 없이 무겁던 마음의 짐이 사라져버렸다. 정지 상태와 이동 상태가 어떻게 동시에 가능할 수 있을까? 이를 아인슈타인은 다음과 같이 설명했다.

"왜냐하면, 건물 지붕에서 자유낙하 하는 사람의 관점으로는, 적어도 이 사람이 바라보는 눈앞의 시야에서는, 중력장이 존재하지 않는다. 즉 이 사람이 낙하하는 동안에 어떤 것을 손에서 놓는다고 하더라도 그 물건은 그 사람이 보기에는 여전히 정지 상태로 존재한다는 말이다."[11]

중력이 작용하겠지만 또 다른 힘이 중력과 인접해서 그리고 중력과 동일한 힘으로 작용할 수 있다. 과학적으로 설명하자면 '정반대 효과, 즉 균일중력장의 완벽한 물리적 등가 및 동시성'이 존재한다는 말이다.[12] 과학자가 아닌 일반인의 용어로 풀어서 설명하면, 물체의 속도와 중력장의 힘에 따라서 여러 힘은 직선상에서 작용할 수도 있고 곡선상에서 작용할 수도 있다. 뉴턴의 중력이론이 틀리지는 않았지만, 모든 상황에서 정확하지는 않았다. 뉴턴의 사과가 일직선으로 떨어질 수도 있지만 아인슈타인의 시공간에서는 곡선을 그리며 떨어진다는 말이다. 비슷하게, 특정한 환경에서는 단일한 원자가 분리된 두 개의 원자처럼 행동할 수 있다는 사실은 양자 컴퓨팅이라는 신흥 분야와 미래의 컴퓨터를 뒷받침하는 근본적인 논리다.[13]

🜄 모순의 매력

"내가 경험한 가장 추운 겨울은 샌프란시스코에서 보낸 여름이었다."

마크 트웨인이 한 말이다. 이 말의 앞부분을 들을 때까지만 하더라도 우리는 트웨인이 어느 겨울에 했던 경험을 말하려나 보다 하고 생각하다가, 사실 그가 어떤 여름날의 경험을 이야기한다는 사실을 알고는 깜짝 놀란다. 그런데 그보다 아주 오래전에 윌리엄 셰익스피어도 희곡 《리처드 3세》의 1막 1장 도입부에서 이 기법을 사용했다.

"이제 요크의 태양에 의해 불만의 겨울이 가고 찬란한 여름이 왔다 Now is the winter of our discontent, made glorious summer by this sun of York."

셰익스피어는 겨울과 여름이라는 반대되는 개념을 충돌시켰을 뿐만 아니라 말장난pun을 구사했다. '요크의 태양sun of York'은 요크 공작의 아들son로 지금은 요크 왕가의 창공에 높이 뜬 밝은 태양인 에드워드였다. 《리처드 3세》는 정치적인 내용을 담은 비극이지만 리처드를 바라보는 반대되는 관점 덕분에 유머로 가득 차 있다. 시민들은 그를 악당으로 바라보지만, 본인은 망상에 사로잡혀서 자신을 관대한 인물이라고 여긴다. 셰익스피어의 작품 가운데서 정반대되는 장면을 대조시킨 가장 유명한 사례는 살인자 맥베스에 이어서 술에 취해 우스꽝스럽기 짝이 없는 말을 늘어놓는 문지기가 등장하는 장면이다. 부정적인 힘과 긍정적인 힘이 연결되는 극적인 전개는 번개가 치듯이 무대를 뒤흔들어 놓는다.

셰익스피어 작품의 대사는 대부분 서로 관련이 있는 개념을 한 쌍으로 묶어내는 비유와 상징과 직유로 구성돼 있다. 이런 '시적 짝 이루기'는 서로 반대되는 것들끼리 짝이 될 때 효과가 배가된다. 이런 종류의 천재성을 알아보기 위해서 《로미오와 줄리엣》에서 로미오가 하는 대사를 살펴보자. 여기서 이 연인은 두 배로 다가오는 (여덟 줄의 대사에서 열네 개나 되는) 모순적인 감정을 경험한다. 어떤 표현은 나나 독자와 같은 평범한 사람들도 충분히 예상할 수 있다. '아픈 건강함'이나 '차가운 불' 등이 그렇다. 그러나 '미워하는 사랑'이나 '납으로 만든 깃털' 같은 표현이야말로 감춰진 천재성에서 비롯됐다고밖에 볼 수 없다!

미움은 왜 이렇게 많은가, 하지만 그보다 사랑이 더 많아.
그러면, 오 미워하는 사랑이여! 사랑하는 미움이여!
오, 그 어떤 것도 아무것도 아닌 것에서 생겨나네!
오, 무거운 가벼움이여! 진실한 허영이여!
보기 좋은 것으로 빚어낸 보기 흉한 혼돈이여!
납으로 만든 깃털, 밝은 검은 연기, 차디찬 불, 아픈 건강함이여!
늘 깨어 있는 잠이여, 그것은 존재하지 않는 존재!
이런 사랑을 내가 느끼고 있으나, 여기에는 사랑이 없구나. [나는 그녀를 사랑하지만, 그녀는 나를 사랑하지 않아.]

마지막으로 셰익스피어가 구사했던 가장 간결한 모순어법의 사례가 보여주는 강력한 힘을 살펴보자.

"죽느냐, 사느냐To be or not to be."

이 표현에서 셰익스피어는 서로 모순되며 양립할 수 없는 존재론적인 조건 두 개를 나란히 늘어놓는다.

◊ 역발상이 만드는 새로운 세상

헨리 포드는 1913년에 조립 라인을 도입해서 저렴한 승용차인 모델 T의 대량생산을 시작함으로써 공장 작업 및 자동차 산업을 혁명적으로 바꿔놨다. 포드는 시카고의 어떤 도살장을 방문했을 때 죽은 소가 거꾸로 매달린 채로 강철 사슬을 따라서 이동하면서 해체되는 속도 및 작업 효율성에 깊은 인상을 받았다. 이때 그는, 해체 작업이 이렇게나 빠르게 진행되는데 다른 추가 장치를 하면 해체가 아닌 반대의 조립 작업도 빠르게 진행할 수 있지 않을까 생각했고, 이것을 자동차 조립 라인에 적용했다.

역발상의 귀재인 일론 머스크는 포드와 정반대되는 접근법을 자기가 생산하는 자동차의 가격 정책에 적용했다. 테슬라 사업을 시작할 때 머스크는 가격이 싼 모델에서부터 시작해서 가격이 비싼 모델로 점차 나아가지 않고, 그 반대 방향으로 나아갔다. 그가 맨 먼저 내놓은 모델은 2011년의 로드스터로 가격이 20만 달러였는데, 2015년에는 가격 8만 달러의 모델X를 내놨으며, 2017년에는 3만 5,000달러의 모델3를 내놓았다. 이처럼 현재 테슬라는 고가 제품을 소량생산 하는 회사에서 저가 제품을 대량생산 하는 회사로 변신하는 중이다. 머스크가 2006년에 '테슬라 자동차의 비밀 마스터플랜'이라는 공시 문건에서 큰 소리로 공표했듯이, 그의 계획은 이랬다.

스포츠카를 만든다.

벌어들인 돈으로 사람들이 쉽게 구매할 수 있는 경제적인 자동차를 만든다.

벌어들인 돈으로 사람들이 훨씬 더 쉽게 구매할 수 있는 좀 더 경제적인 자동차를 만든다.

(…)

그 누구에게도 이 얘기를 하지 마라.[14]

제프 베조스는 1990년대 초에 헤지펀드 회사인 D. E. 쇼앤컴퍼니에서 데이터 관리자로 일했다. 이 청년 시절에 베조스는 투자 자산의 위험을 분산하는 헷징 작업을 하면서 마음 편히 잘 지내고 있었다. 그런데 그때 인터넷 사용량이 연간 2,300퍼센트라는 무서운 속도로 늘어나고 있고, 전 세계적인 성장이야말로 '큰 그림'임을 깨달았다. 그가 해결해야 할 과제는 이런 성장을 일반 사람들과 연결해서 돈을 버는 것이었다. 그래서 그는 자기가 해결하기만 하면 돈을 벌 수 있는 문제를 찾아나섰다. 그리고 반대로 생각한 끝에 한 가지를 발견했다. 바로 장터-쇼핑이었다. 소비자는 자신이 사고 싶은 물건을 찾아서 집에서 자동차를 몰고 밖으로 나가지만 흔히 빈손으로 돌아온다. 그런데 이 과정을 뒤집을 수는 없을까? 소비자가 인터넷을 사용해서 자기가 원하는 상품을 찾아내면 판매자가 그 상품을 소비자에게 전달할 수 없을까? 이런 방식으로 시간과 돈을 절약할 수 있지 않을까? 베조스는 이런 일이 가능하도록 했고, 그가 창업한 아마존은 현재 미국 내 전자상거래의 40퍼센트를 장악하고 있다.[15] 2005년에 베조스는 이렇게 말했다.

"때로 사람들은 어떤 문제가 존재한다는 걸 깨달은 다음에, 정말 짜증 나게 만드는 그 문제를 해결할 방법을 찾아낸다. 그런데 때로는 이 과정을 반대로 진행함으로써 효과를 볼 수 있다. 사실 하이테크 분야에서는 많은 혁신이 이런 반대 방향의 과정에서 나타난다고 생각한다. 어떤 새로운 기술이 가능하다는 걸 먼저 알아차린 다음에 이 기술 혹은 해결책을 기반으로 사람들이 현재 곤란함을 겪는 문제가 무엇인지 찾아낼 수 있다는 말이다."[16]

베조스가 현재 사로잡혀 있는 과제는 이것이다.

"우리는 지구를 구하기 위해서 우주로 나아가야만 한다."[17]

⬦ 천재가 남긴 아이러니

주변 사람들에게 재미있는 사람이 되고 싶으면 반대로 생각하라. 유머에는 아이러니나 모순 혹은 상식에 맞지 않는 생각이 담겨 있다. 야유도 마찬가지다. 우리가 "너, 저어어엉말 똑똑하구나"라고 말할 때 이말의 실제 뜻은 이 말과 반대다. 창의적인 코미디언들은 때로, 진짜 과녁은 감춰져 있어서 우리가 잘못된 과녁만 가지고 있다는 진실을 역설적으로 드러내는 철학자이다. 크리스 록의 스탠드업 코미디 스페셜 프로그램 〈비거 앤 블랙커Bigger and Blacker〉의 내용 가운데 일부를 축약해서 소개하면 다음과 같다.

총기 규제라고? 우리에게는 총알 규제가 필요합니다! 총알 하나 가격이 5,000달러씩은 돼야 한다고 생각합니다. 총알 하나에 5,000달러고 하면, 사람들은 총을 쏘기 전에 과연 자기가 그 총을 쏠 경제 사정이 되는지 곰곰이 생각부터 할 테니까 말입니다. (…) 무고한 구경꾼은 더는 나오지 않을 겁니다. 혹여 그런 구경꾼이 있다고 하더라도, 총을 쏘는 사람들이 "내 비싼 총알을 돌려줘!"라고 말하면서 돌아다닐 테니까 말입니다.

록은 이 코미디에서 어떤 진실에 반하는 '새롭게 깨친' 진실(즉 사람을 죽이는 것은 총기가 아니라 총알이라는 사실)을 설정함으로써 역설이 도덕성을 갖춘 정설이 될 수 있다는 논리를 구축했다. 어쩌면 총알 자체를 금지하는 게 옳을 수도 있다. 록은 또한 "코미디는 노래를 부르지 못하는 사람들을 위한 블루스다"라고 말하기도 했다. 농담이 인간 경험의 정반대 지점을 탐구하며 또 거기로 나아가는 길에서 사람들이 큰 소리로 웃을 수 있게 해준다는 사실을 그는 잘 알고 있다. 프로이트가 저서 《농담과 무의식의 관계》(1905)에서 주장했듯이 농담은 우리 모두 안에 녹아 있는 결점과 공포와 모순을 드러낸다. 여기에서 농담을 하나 하자면, 농담을 소재로 한 프로이트의 책은 역대 최고로 재미없을 것이다.

아래는 과거와 현재의 여러 천재가 남긴 어록이다. 반대 의미, 오해, 논리적으로 불가능한 일 혹은 단어들의 위치 재선정 등을 담고 있어서 재미있다.

세익스피어   "오, 악당아! 너는 이 일로 영원한 구원 속에서 저주를 받으리라!"《헛소동》

벤저민 프랭클린	"만일 우리가 한꺼번에 목을 매지 않는다면, 우리는 분명 모두 따로 목을 맬 것이다."
	"아무래도 나는 나의 겸손함을 뽐내야 할 것 같다."
찰스 다윈	"토머스 칼라일*은 런던의 디너파티장에서 침묵의 이점을 설파하는 연설로 모든 사람을 침묵시켰다."
마크 트웨인	"만약 음악이란 게 없었다면 바그너의 음악이 그렇게 고약하지는 않을 것이다."
알베르트 아인슈타인	"권위를 경멸하는 나를 벌하기 위해 운명은 나를 권위자로 만들었다."
윌 로저스	(가뭄이 심하던 텍사스에서) "리오그란데강은 여태껏 내가 본 강들 가운데서 관개용수가 필요한 유일한 강이다."
윈스턴 처칠	"과거를 멀리 바라볼수록 미래를 그만큼 더 멀리 바라볼 수 있다."
마틴 루서 킹 주니어	"우리가 가진 과학의 힘은 우리가 가진 정신의 힘을 넘어섰다. 우리는 미사일을 유도해왔지만 사람은 잘못 인도해왔다."
일론 머스크	"사람들이 나에게 로켓 회사를 세운 이유를 물을 때마다 나는 '재산을 까먹는 방법을 배우려고요'라고 말한다."

* 영국의 비평가이자 역사가.

	"최고의 서비스는 서비스를 하지 않는 것이다."
N.C. 와이어스	"일을 하지 않으려는 시도는 세상에서 가장 어려운 일이다."
잭 보겔	"사람은 자기가 값을 지불하지 않는 것을 얻는다."
오스카 와일드	"일은 술꾼에게 저주이다."
	"진정한 친구는 친구를 배신한다."
J. K. 롤링	"우리는 '투명한 투명술 책' 200부를 엄청나게 비싸게 샀는데, 그 책을 끝내 찾지 못했다."《해리포터와 아즈카반의 죄수》
오스카 레반트	"세상이 필요로 하는 것은 겸손함을 갖춘 더 많은 천재다. 그런데 남은 사람들 가운데는 그런 천재가 별로 없다."

농담은 재미있다. 그러나 그 재미의 이유는 보이지 않게 감춰져 있다. 바로 '반대로 생각한다'는 사실이다.

이 세상에 존재하는 위대한 종교들은 시작과 끝의 끝없는 순환 혹은 대립하는 힘들의 끊임없는 끌어당김이라는 요소를 신학에 담고 있다. 불교에서는 반대되는 힘과 하나로 통합된 힘이 열반과 윤회로서 공존한다. 열반은 환생 순환의 끝이고 윤회는 생명체가 죽고 다시 환생하는 끝없는 과정이다.[18] 궁극적인 상태인 열반 그 자체는 죽음이 아닌 동시에 생명도 아니다. 도교에서는 음과 양이 정반대이면서도 보편적인 도덕 원리이며, 이 둘은 하나의 힘으로서 함께 작용한다. 히브리어로 '진리'를 뜻하는 'אמת'는 유대교 신의 여러 이름 가운데 하나로 히브리어

알파벳의 첫 번째 글자(알레프)와 마지막 글자(타우)를 사용한다. 기독교의 종말론에서는 사탄과 신의 천사들이 전쟁을 벌인다.《요한계시록》에 묘사된 것처럼 그리스어 알파벳의 첫 번째 글자와 마지막 글자를 동원하는 표현인 "나는 알파요 오메가다"라는 말은 화자가 신임을 상징한다.

마틴 루서 킹 주니어는 1951년에 크로저신학대학을 졸업했으며 4년 뒤에 보스턴대학교에서 박사 학위를 받았다. 그는 알파와 오메가(즉 시작과 끝)에 대해서 알고 있었으며, 자기가 했던 가장 유명한 연설 '나에게는 꿈이 하나 있습니다'(1963)에서 이 대구 표현을 사용했다.

본인의 운명을 가르는 결정적인 순간이자 미국인이 갖고 있는 인종의식의 전환점이 됐던 그의 이 연설을 두고 많은 사람이 글을 써왔다. 그들은 이 연설의 수사적 힘이 '나에게는 꿈이 하나 있습니다'라는 단 하나의 후렴구를 계속 반복해서 사용한다는 점에서뿐만 아니라, 모순적인 이미지를 망설임 없이 사용한다는 점에서 비롯된다고 입을 모은다. 수사적인 표현이 곧바로 앞을 향해 나아가는 동안에 시적인 표현은 서로 모순관계인 양극단을 끊임없이 오간다.

지금은 인종차별의 어둡고 황폐한 계곡에서 인종평등의 양지바른 길로 올라서는 바로 그때입니다. (…)
흑인의 정당한 불만으로 찌는 듯이 뜨거운 여름은 자유와 평등의 상쾌한 가을이 올 때까지 끝나지 않을 것입니다.
1963년은 끝이 아니라, 시작에 불과합니다. (…)
우리의 정당한 지위를 획득하는 과정에서, 우리는 불법적인 행위를 하는 죄를 지어서는 안 됩니다.

고통과 증오의 잔으로 자유를 향한 우리의 갈증을 달래려 애쓰지 맙시다. (…)

우리는 계속 전진해야 합니다. 우리는 되돌아갈 수 없습니다.(…)

나에게는 꿈이 하나 있습니다. 언젠가 조지아의 붉게 물든 언덕에서, 과거에 노예였던 사람의 후손들과 노예를 소유했던 사람의 후손들이 형제애의 원탁에 함께 둘러앉는 꿈입니다.

나에게는 꿈이 하나 있습니다. 탄압의 열기와 불의의 열기로 들끓는 미시시피가 언젠가 자유와 정의의 오아시스로 바뀌는 꿈입니다. (…)

나에게는 꿈이 하나 있습니다. 언젠가 모든 골짜기가 솟아오르고, 모든 산과 언덕이 낮아지고, 험한 땅이 평지가 되고, 비뚤어진 자리가 곧게 펴지는 (…) 꿈입니다. (…)

이 신념으로 우리는 우리 나라의 귀에 거슬리는 불협화음을 형제애의 아름다운 교향곡으로 바꿀 수 있을 것입니다.[19]

대학교 시절에 킹은 인도의 종교를 접하고 마하트마 간디의 일생을 연구했으며, 1959년에는 인도로 가서 간디의 제자들로부터 소극적 저항에 대해서 배웠다. 남부기독교지도자회의SCLC의 지도자였던 킹은 폭력에 맞서는 무기로 비폭력을 들고 거리로 나섰다. 앨라배마의 버밍엄에서 물대포와 경찰견이 여성과 어린이를 노리고 직격했지만, 오히려 시위 진압과는 정반대의 효과가 빚어졌다. 엄청난 규모의 대중적인 반발이 일어났던 것이다. 킹은 자기가 채택했던 역방향 접근법 덕분에

1964년에 노벨 평화상을 받았다.

◖ 반대의 힘

종합하면, 이 장에 소개한 천재들은 인생의 모순점을 많이 활용할수록 잠재적인 천재성이 그만큼 더 많이 발현됨을 보여준다. 위대한 화가, 시인, 극작가, 음악가, 코미디언, 도덕주의자는 어떤 극적인 (혹은 때로 재미있는) 효과를 노리고서 자기가 하는 일에 일부러 반대적인 힘을 끌어들인다. 탁월한 과학자와 수학자는 얼른 봐서는 모순점들을 찾아 나서지 않는 것처럼 보이지만, 사실은 이런 것들을 떠안고 있을 때 오히려 마음이 편안해진다. 개혁적인 기업가들은 역방향의 해결책을 찾는다. 바흐는 위대한 작품을 작곡하려고 대위법을 사용했다. 베조스는 문제에서 출발해서 해결책을 찾아 나선 게 아니라, 거꾸로 해결책을 갖고 문제를 찾아 나섰다. 킹은 미국에서의 인종 관련 여론을 바꾸려고 모순 어법을 구사했으며 격렬한 소극적 저항 전략을 선택했다.

우리도 누구나 이 전략을 채택할 수 있다. 아이가 잠자리에 들기 전에 동화를 들려주고는 이번에는 거꾸로 아이에게 이야기를 하나 들려달라고 하라. 이야기를 하는 사람과 이야기를 듣는 사람 둘 다의 관점에서 선견지명이 있는 생각을 하도록 장려하라. 새로운 사업을 시작하기 전에, 그 사업이 실패할 경우를 가정하고 그 이유를 거꾸로 되짚어서 찾는 이른바 '사전 부검'을 실시하라. 회사 보고서나 연설문을 한층 더 잘 쓰려면 소재를 잘 살핀 다음에 결론을 어떻게 매듭지을지부터 먼저 정하라. 자기가 하려는 주장을 단순화하라. 적은 게 오히려 더 많을 수 있다. 어떤 중대한 결정을 할 때 개인적인 편견이나 추론의 실수를 줄이기 위해서 그 결정의 장점과 단점 혹은 강점과 약점의 목록을 작성하라.[20] 자기가 취하는 논리나 태도의 정당성을 검증하고 싶다면, 자기를 조목조목 비판하고 반박해줄 사람을 일부러라도 구해라. 아내나 친구가 이 역할을 해주면 당신의 문제점을 파악하고 해결책을 찾는 데 많은 도움이 될 것이다. 재치 넘치는 대화를 이끌어가고 싶다면 정반대되는 대꾸를 생각해. '반대로 생각하기' 전략이 다른 사람들 눈에 두드러지지는 않겠지만 이것이 가져다주는 개선의 효과는 뚜렷할 것이다.

11

행운은 준비된 자에게 온다
_기회를 잡는 법

천재 마크 트웨인은 1904년에 〈성 잔 다르크〉라는 제목의 에세이를 발표했다. 이 에세이에서 트웨인은 다른 개혁적인 사람들뿐만 아니라 이 여성 영웅에게서 위대함이 발현된 방식을 다음과 같이 주장했다.

"나폴레옹이나 셰익스피어, 라파엘, 바그너, 에디슨 등과 같은 사람 혹은 그 밖의 비범한 사람을 설명하려고 할 때, 그 사람의 재능만으로는 그 모든 결과를 혹은 그 결과의 가장 큰 부분조차도 설명할 수 없음을 우리는 잘 안다. 그 재능이 성숙되는 분위기로도 그 결과를 설명할 수 없다. 그 사람이 성장하는 동안에 받은 훈련, 독서와 연구와 사례 그리고 각각의 발전 단계에서 다른 사람들로부터 받는 인정 및 자기 스스로 내리는 인정 등에서 그 사람이 얻은 자양분을 갖고서 우리는 그 결과를 설명할 수 있다. 이 모든 세부적인 사항을 모두 알 때 비로소 우리는 그 사람이 자기에게 기회가 다가올 때 그 기회를 붙잡을 준비가 이미 돼 있었던 이유를 온전히 알 수 있다."[1]

트웨인에게 있어 천재성의 그 모든 외부적인 '세부사항'은 맨 마지막 조건인 '기회'의 전제조건이다. '기회opportunity'라는 단어는 배가 항구로 쉽게 항해할 수 있도록 항구 쪽으로 부는 바람이라는 뜻의 라틴어 '오포르투나opportuna'에서 비롯됐다. '운이 좋다fortunate'는 단어는 '운명fate'이나 '운luck'을 뜻하는 라틴어 '포르투나fortuna'에서 비롯됐다. 불어오는 바람은 그걸 타고 항해할 준비가 온전하게 돼 있는 사람들에게만 행운의 바람이 된다. 천재성과 위대함 그리고 성공도 마찬가지로 준비가 된 사람에게만 찾아간다.

이런 맥락의 메시지는 전설적인 골프 선수인 게리 플레이어가 했다는 다음 말에서 한층 선명하게 드러난다.

"연습을 많이 하면 할수록 행운도 그만큼 더 많이 따라주더라."[2]

열심히 노력하거나 용감하게 행동하거나 혹은 대담한 행보를 이어가는 '운이 좋은' 사람에게 더 좋은 결과가 돌아간다는 사실을 누가 부정할 수 있겠는가? 그런데 이런 움직임은 지적인 의사결정의 결과일 수도 있고 사실상 물리적인 갈아엎기의 결과일 수도 있다. 어떤 사람에게는 출생과 함께 천재성이 따라붙는다. 그러나 어떤 사람들은 이상하게도 죽은 뒤에야 천재로 이름을 날린다. 우선 출생이라는 복권부터 살펴보자.

천재에게는 부자로 태어나는 것이 반드시 행운이라고는 볼 수 없다. 매우 부유한 환경에서 천재가 나타난 경우는 거의 없다. 젊은 시절에 아버지에게 전적인 지원을 받았으며 나중에는 상당한 유산까지 물려받은 찰스 다윈은 예외적인 경우라고 할 수 있다. 비슷한 맥락인데, 귀족 계급이나 정치적인 지배 계급에서는 천재가 나오지 않는 경향이 있다.

천재는 세상을 바꾸겠다고 작정한 사람들인데 귀족 계급은 현상이 유지되길 바라기 때문이다. 그러니 이런 집단에 속한 사람으로서는 세상이든 뭐든 굳이 바뀌길 바라지 않는다. 천재는 경제적으로 매우 부유한 환경에서나 매우 가난한 환경에서도 나오지 않는다. 후자의 경우에는 재능을 발휘할 기회가 거의 주어지지 않고 전자의 경우에는 재능을 발휘할 동기가 주어지지 않기 때문이다.

천재와 그들의 아버지 직업을 살펴보자. 셰익스피어(피혁공), 뉴턴과 링컨(농부), 프랭클린(양초 제조업자), 바흐(마을의 트럼펫 연주자), 브론테 자매(마을 교구목사), 패러데이(대장장이), 퀴리(교사), 킹(전도사), 모리슨(용접공), 베조스(자전거포 주인). 천재들에게 행운을 타고난다는 것은 대체로 중산층 집안에 태어난다는 것이다.

운은 좋은 것이든 나쁜 것이든 때로 천재가 죽은 뒤에 따라오기도 한다. 시간이 흐르고 온갖 사건이 일어나면서 그를 바라보는 사회의 눈이 달라지기 때문이다. 윌리엄 셰익스피어는 당대에 매우 성공한 극작가로 런던 관객들의 상상력을 사로잡았지만, 그의 연극을 보는 사람은 적었다. 그러다가 18세기에 영국의 상업적인 영향력이 점점 커지면서 그의 희곡이 프랑스어, 독일어, 스페인어로 번역됐다. 그리고 지금 영어가 세계에서 공통으로 통용됨에 따라서 그의 영향력은 아시아로까지 확대됐다.[3]

현재 역대 가장 위대한 극작가이자 모든 인류의 도덕적 잣대가 된 셰익스피어 문학의 중요성은 부분적으로는 현대에 접어들어 세계적인 언어로 자리 잡은 언어의 위상에 크게 힘입었다. 셰익스피어 당대에는 전 세계 인구의 겨우 0.8퍼센트만 영어를 알아들었지만 지금은 이 숫자가 약 20퍼센트로 늘어났다. 셰익스피어는 운이 좋았다. 밀물이 들어온 덕분에 그가 죽은 뒤에라도 그의 배는 물에 떴다.

1911년 8월 22일 이른 아침, 루브르박물관의 시설 유지 보수공이었던 빈센초 페루지아가 이 박물관에서 〈모나리자〉를 훔쳤다.* 이 사건과 도난 당한 〈모나리자〉의 사진은 전 세계의 주요 언론에 보도됐고, 도난품을 찾는 노력이 국제적인 공조 속에 시작됐다.

〈뉴욕타임스〉도 "형사 60명이 도난당한 〈모나리자〉를 찾고 있다"[4]고 보도했다. 저인망 수사가 펼쳐졌고, 수사 당국이 루브르박물관에서 도난당한 골동품 흉상 여러 점을 추적하는 과정에서 피카소마저 용의자로 지목됐다. 그 흉상들이 그의 아파트에서 발견됐기 때문이다.** 이런 소동 속에서 페루지아는 〈모나리자〉를 자기 침대 아래에 숨겨뒀다. 그리고 2년이 지난 뒤에 이 그림을 플로렌스에 있는 우피치미술관 관계자에게 팔려고 시도했다.

하지만 이것은 천재와는 거리가 먼 시도였다. 그때는 이미 온 세상이 다 그 그림을 알고 있었기 때문이다. 곧바로 경찰이 출동했고, 페루지아는 체포됐으며, 〈모나리자〉는 파리로 돌아갔다. 그러자 다시 더 많은 사진과 온갖 이야기가 신문에 실리고 사람들에게 알려졌다. 〈모나리자〉가 루브르박물관에 재전시될 때 처음 이틀 동안만 12만 명이 넘는 관람객이 이 그림을 보러 왔다.[5]

---

* 당시에는 박물관에서 도난 사건이 빈번하게 일어났고, 박물관에서는 주요 작품에 보호 유리를 설치했는데, 페루지아가 바로 이 유리를 만드는 사람이었다.
** 당시 피카소는 그 흉상들을 장물인지 모르고 샀고, 나중에 증거불충분으로 풀려났다.

〈모나리자〉는 전 세계의 거의 모든 사람이 알아보는 유일한 그림이다. 이유가 뭘까? 이 그림의 명성이 이토록 높은 것은 부분적으로는 도난 사건 덕분이다. 1912년 4월 14일에 여객선 타이타닉호가 침몰하는 사건이 일어나기 전까지 〈모나리자〉 도난 사건은 서구에서 가장 충격적인 사건이었기 때문이다.[6] 미국의 공영 라디오 방송국인 NPR은 〈모나리자〉 도난 사건 100주년에 이 사건을 "〈모나리자〉를 걸작으로 만들었던 절도 사건"이라고 설명했다. 과장된 말이긴 하지만 통계적인 증거가 이런 주장을 뒷받침한다.

나는 예일대학교의 통계수집 데이터를 사용해서 1911년 이전을 기준으로 '미켈란젤로'와 '레오나르도 다빈치'를 주제로 다룬 책이나 기사 및 논문의 수를 계산했다. 이 두 거장의 비율은 68 대 32로 미켈란젤로가 앞섰다. 그런데 1911년 이후를 기준으로 하자 그 비율이 50 대 50으로 나왔다. 또 두 대가를 표준적인 참고로 삼은 저작들 및 각각의 이름이 언급된 횟수를 놓고 보더라도 1911년 이전에는 미켈란젤로가 7 대 5로 앞섰지만 1911년 이후에는 반대로 레오나르도가 2 대 1로 앞섰다. 만일 대중적인 관심이 천재를 판정하는 기준이라면, 박물관 직원의 절도 행위가 레오나르도의 예술적인 지위를 뜻하지 않게 올려준 셈이다.

⬥ 비운의 천재들

DNA는 '생명체의 기초단위'로 일컬어져왔다.[7] 인체 각 세포의 핵에 들어 있는 DNA는 그 사람의 유전 형질들을 유전자 형태로 담고 있다. 유전자는 각 생물이 성장하고 발달하도록 몰아가는 최소 단위의 암호이다. 1950년대 초만 해도 DNA라는 존재가 알려진 지 이미 100년 가까이 됐지만 과학자들은 DNA가 어떻게 조직돼 있는지 또 더 중요하게는 체내의 각 분자가 어떻게 스스로를 복제하며 또 그럼으로써 어떻게 완벽한 생명체가 형성되는지 아직도 알지 못했다.

이 궁금증을 해소할 열쇠는 유전자 암호 해독인데, 그 열쇠가 1953년 4월 25일에 인간의 손에 넘겨졌다. 바로 〈네이처〉에서 발표된 길지 않은 과학 논문이 그 열쇠다. 논문 제목은 〈디옥시리보핵산의 구조〉였으며, 케임브리지대학교 캐번디시연구소에 있던 두 젊은 과학자 프랜시스 크릭과 제임스 왓슨의 연구 결과였다.[8] 현대 역사에서 가장 중요한 과학적인 발표가 될 이 논문의 저자명을 적는 난에 둘 가운데서 누구의 이름을 먼저 넣어야 했을까? 크릭과 왓슨은 동전을 던졌고, 왓슨의 이름이 먼저 적혔다.

생명체의 감춰진 여러 과정을 설명하고자 했던 사람은 왓슨과 크릭만이 아니었다. 1944년에 오즈월드 에이버리가 이미 DNA가 형질 정보를 담고 있는 유전 물질인 '형질전환 물질'임을 입증했다. 왓슨 및 크릭과 가까이 지내던 모리스 윌킨스와 로절린드 프랭클린은 단일한 DNA 분자의 이미지를 확보하기 위해서 X선 회절 사진 작업에 몰두하고 있었다. 게다가 저명한 화학자이던 라이너스 폴링도 DNA의 3차원 세 가닥 모델을 이미 만들어냈었다. 비록 나중에 틀린 것으로 판명되지만 말이다.[9]

왓슨과 크릭은 다른 사람들의 저작 및 통찰을 바탕으로 해서 그 모든 것들을 종합해 DNA 구조, 즉 서로 맞물려 있는 이중나선구조를 정확하게 나타내는 분자 모델 하나를 완성했고, 이를 자기들 논문에서 설명했다. 왓슨과 크릭의 통찰에는 로절린드 프랭클린이 촬영한 엑스선 '사진 51'이 결정적인 기여를 했는데, 이 사진은 이미 DNA의 이중나선구조를 보여줬다. DNA 구조가 발견되고 나자 인간 게놈의 배열과 유전자적 특성을 이용해서 범죄를 저지른 범인을 특정하는 기법 그리고 유전자 편집 및 치료와 관련된 재조합 DNA 연구 등이 지금 수십억 달러 규모의 생명공학 산업을 이끌어가고 있다. 1962년에 노벨위원회는 노벨 생리·의학상을 프랜시스 크릭, 제임스 왓슨 그리고 모리스 윌킨스에게 수여했다. 그렇다면 로절린드 프랭클린은? 이 대답은 단순하다. 그녀는 운이 나빴다.

프랭클린의 중요한 엑스선 촬영술은 도둑질을 당한 셈이다. 프랭클린의 감독자들은 그녀의 허락도 받지 않고 1953년 2월에 DNA 이중나선구조 이미지를 왓슨과 크릭에게 보여줬다. 이 사진들을 통해서 왓슨과 크릭은 DNA가 나선구조로 돼 있다는 사실과 이 구조의 3차원적 특성을 알았으며 또 한 번의 나선마다 몇 개의 염기쌍이 들어 있는지 알았다.[10]

프랭클린은 당시 세계 최고의 과학대학이던 케임브리지대학교에 입학해서 여기에서 화학 박사 학위를 받았다. 그리고 1951년에 런던으로 이주한 뒤에 킹스칼리지에서 박사후 과정 연구 책임자로 일했다. 프랭클린은 최고 수준의 교육을 받았으며, 자기 분야에서 확고한 지위를 가졌고 또 야망이 컸다. 이처럼 그녀는 천재의 모든 전제조건을 갖추고 있었다. 그러나 그 시대의 장애물이 그녀를 가로막았다. 여자라는 사실이 바로 그 장애물이었다. 다음 인용 글은 로절린드 프랭클린과 그녀의 선임 연구원이었던 모리스 윌킨스에 대해서 왓슨이 쓴 것이다.[*]

> 엑스선 회절 작업 분야에서 초심자였던 모리스는 이 분야의 전문적인 도움을 받고자 했는데, 엑스선 결정학 분야의 숙련된 연구자이던 로지[**]가 합류해서 자기 연구에 속도를 내주길 희망했다. 그러나 로지는 그 상황을 모리스와 다르게 받아들였다. 그녀는 DNA 관련 과제를 자기만의 독자적인 과제로 생각했으며 자신을 모리스의 보조 연구원이라고는 전혀 생각하지 않았다고 주장했다.
>
> 모리스는 애초에 로지가 금방 수그러들 것이라고 생각했던 게 아닌가 싶다. 그러나 조금만 깊이 생각해도 그녀가 쉽게 고개를 숙일 것 같지는 않았다. 그녀는 자기가 여성이라는 사실을 굳이 강조하지 않았다. 그녀는 이목구비가 강하긴 했지만 꽤 매력적이었고, 옷에 조금만 신경을 썼더라면 깜짝 놀랄 정도로 아름다웠을 것이다. 하지만 그녀는 그렇게 하지 않았다. 검은색 직모 머리카락과 잘 어울릴 립스틱을 바른 적도 없었다. 서른한 살이었지만 그녀가 입은 옷에서 연상되는 것은 학문과 연구에만 매진하는 영국 성인의 이미지뿐이었다. (…) 로지가 정당한 자기 자리를 차지하거나 누군가 나서서 그 자리에 그녀를 앉혔어야 했다.[11]

프랭클린은 여성적인 매력을 발산하길 거부했으며 여자도 DNA 분

[*] 프랭클린은 1920년생이고 윌킨스는 1916년생이다.

[**] 로절린드의 애칭.

석이라는 첨단 과학 분야에서 선도자가 될 수 있음을 대담하게 입증했다. 그러나 '로지'는 남자들과 사이좋게 지내려 하지 않았다. 그리고 결국 남자들은 그녀에게 벌을 줬다. 그녀는 자기가 발견한 과학적 사실을 온전하게 인정받지 못했다. 그녀는 남자 동료들에게서 배척받았을 뿐만 아니라, 노벨상 위원회가 불운했던 사람들을 구제하려고 마련했던 이른바 '사후 규정'에서도 배척됐다.

노벨재단의 규정에는 겉보기에도 임의적인 조항이 한두 개 포함돼 있다. 예컨대 첫 번째 항목의 네 번째 규정은 다음과 같다.

> 상금은 수상 자격이 있다고 여겨지는 두 개의 업적에 동일한 금액으로 수여된다. 만약 어떤 수상 업적이 두 사람 혹은 세 사람이 공동으로 작업한 것일 때 상은 그들에게 합동으로 수여된다. 어떤 경우에도 상금은 네 명 이상이 나누면 안 된다.[12]

1961년에 노벨위원회는 DNA 및 이것의 이중나선구조가 뜻하는 내용이 어마어마하다는 것을 깨달았다. 그런데 그 명예는 누구에게 돌아가야 할까? 기본적인 연구를 수행했던 왓슨과 크릭은 확실히 자격을 갖췄다. 라이너스 폴링도 최종 마무리를 했으니 어느 정도는 자격이 됐다. 형식적인 관계이긴 했지만 프랭클린이 했던 연구의 선임 감독자이던 모리스 윌킨스도 어느 정도 자격은 있었다. 실질적인 기여도를 놓고 본다면 프랭클린에게도 자격이 있었다. 그런데 노벨재단 규정의 두 번째 항목 네 번째 규정이 프랭클린을 가로막았다.

DNA 분석 작업에서 로절린드 프랭클린이 결정적으로 기여한 지
4년이 지난 뒤이자 DNA 분석 업적에 노벨상이 수여되기 4년 전이던
1958년에 프랭클린은 서른일곱 살 나이에 난소암으로 세상을 떠났다.
명성과 영광은 그 어느 것도 그녀에게 돌아가지 않았다.

DNA 구조 발견과 관련된 그 운명적인 이야기를 좀 더 깊이 이해하
려고 나는 2017년 3월의 어느 날에 스콧 스트로벨Scott Strobel을 만나서
점심을 함께 먹었다. 스트로벨은 예일대학교 분자 생물물리학 및 생화
학과 '헨리 포드 2세' 교수*였으며 지금은 예일대학교 부총장이다.

스트로벨은 왓슨과 크릭이 운이 좋았으며 라이너스 폴링은 운이 나
빴다는 얘기부터 했다. 만일 폴링이 프랭클린이 찍은 사진들을 봤다면
DNA 구조 발견의 영광은 폴링에게 돌아갔을 것이라고 했다. 그러나
1953년 초에 폴링은 프랭클린이 찍은 사진을 보겠다는 분명한 목표가
있었지만 비자 문제 때문에 히드로공항을 떠나지 못했다. 스트로벨은
또한 이중나선구조의 발견은 개인이 아닌 팀이 노력한 결과임을 강조
했다. 다음은 그가 나에게 했던 설명이다.

"관찰 과학은 점점 더 복잡해지고 있습니다. 이제는 그 누구도 어떤
분야를 혼자서 통제할 수 없습니다. 그래서 과학적 발견이 공동연구의
결과인 경우가 점점 많아지고 있습니다. 그러다 보니 의도하지 않았던

---

* '헨리 포드' 2세 재단의 지원을 받는 교수.

결과가 빚어지는데, 독불장군식의 외로운 천재는 멸종 위기를 맞은 생물종 목록에 이름이 올라 있습니다."

유전공학 분야의 새롭고 흥미로운 분야인 크리스퍼CRISPR* 발견에 대해서 노벨상이 수여될 가능성에 대해서 스트로벨은 다음과 같은 아이러니의 상황을 이야기했다.

"가장 유력한 후보는 캘리포니아대학교의 제니퍼 다우드나 교수입니다. 예전에는 나와도 연구를 함께했던 사람입니다. 그런데 문제는 크리스퍼와 관련해서는 노벨상을 받을 후보자가 너무 많습니다. 버클리에도 있고 MIT에도 있고 또 다른 데도 있고요. 상황이 이렇다 보니까 노벨위원회로서는 세 사람을 딱 집어서 선정하기가 무척 어려울 겁니다. 그래서 아마도 이 분야의 수상자 선정은 앞으로도 좀 더 미뤄지지 않을까 합니다."[13]

◉ 행운은 준비된 자를 찾아간다

어쩌면 우리는, 운명은 죽은 뒤에 행운의 여신의 손에 달려 있다는 발상을 받아들여 운명론자가 되는 편이 나을지도 모르겠다. 그러나 이 장의 내용은 정확하게 그것과 반대되는 주장을 담고 있다. 즉 비록 어떤 과정에서든 간에 우연이 작동하지만, 천재로 일컬어지는 이들은 훨

---

* 유전자 가위의 일종으로, 유전자의 특정 부위를 절단해 유전체 교정을 가능하게 하는 리보핵산 기반 인공 제한효소.

썬 더 나은 결과로 이어지는 결정을 의식적이고 습관적으로 내린다는 것이 이 장에서 주장하고자 하는 내용이다.

엘리자베스 1세는 1588년에 운이 좋았다. 영국을 노리고 달려오던 스페인 함대가 사나운 허리케인을 만나서 영국 해안에 도달하기 전에 가라앉았기 때문이다. 그러나 그 이전 30년 동안 엘리자베스 1세는 적이 스스로 자멸하도록 내버려두는 무관여 외교정책을 펼쳤다.

빌헬름 뢴트겐은 1895년에 운이 좋았다. 음극선관을 가지고 실험을 하던 중에 사진 건판을 실험실에 우연히 뒀는데 나중에 그 건판에 빛줄기 몇 가닥이 찍힌 것이다. 뢴트겐은 고에너지 파동high-energy wave을 연구하던 물리학자였기에, 일반 사람이라면 무심코 넘겼을 그 현상이 무엇을 의미하는지 즉각 알아차렸다. 그 광선들이 어떤 물체는 그냥 통과하지만 어떤 물체에는 자국을 남기는 이유를 알았던 것이다.

퍼시 스펜서는 1945년에 운이 좋았다. 주머니에 사탕을 넣어둔 채로 마그네트론(전자관)이 작동 중이던 실험실에 들어갔는데 그 사탕이 녹아내린 것이다. 숙련된 전기 기술자였던 스펜서는 금속 상자 내부의 전자파가 발휘하는 화력을 알아채고는 곧 팝콘을 가지고 실험을 했으며, 결국 전자레인지 특허권을 등록했다. 루이 파스퇴르는 1879년에 운이 좋았다. 닭 콜레라를 퇴치하는 데 사용하려던 배양균을 우연히 한 달 동안 방치했다가 발견했는데, 그는 이 '오염된' 콜레라균을 의도하지 않게 닭에게 접종했다가 이것이 예방접종 효과를 발휘한다는 사실을 확인했다.

노련한 미생물학자였던 파스퇴르는 이보다 훨씬 오래전인 1854년에 프랑스 두에Douai에서 열린 의학회 자리에서 운이 얼마나 중요하게 작용하는지를 연설 속에서 이미 밝힌 바 있다.

"관찰이 주요 연구 방식인 과학 분야에서 행운은 오로지 준비된 사람에게만 찾아갑니다."[14]

♦ 통찰과 우연

닭부터 먼저, 그다음에 인간. 알렉산더 플레밍의 페니실린 발견은 의학사에서 '우연한 천재성'의 가장 유명한 사례로 일컬어진다. 그러나 과연 그것이 전적으로 우연이기만 했을까? 플레밍은 1881년에 스코틀랜드의 시골에서 농부의 아들로 태어났으며, 그의 가족은 열두 살 때 런던으로 이사했고, 런던에서 그는 의학 학위를 받았다. 1921년에 그는 리소자임이라는 항생물질을 발견했으며, 이어서 하나의 박테리아가 다른 박테리아를 파괴할 수 있는 과정을 실험했다.

그런데 그에게는 실험실을 깨끗하게 정리하지 않는 버릇이 있었다. 1928년 8월에 그는 한 달 동안 휴가를 가면서 박테리아가 묻어 있는 배양접시들을 씻지 않은 채 쌓아뒀다. 휴가를 마치고 돌아와서 보니까 단 하나의 접시만 제외하고 다른 모든 접시에서는 박테리아가 엄청나게 증식해 있었다. 박테리아가 거의 살아남지 못했던 그 접시는 '페니킬리움 노타툼'이라는 푸른곰팡이로 오염돼 있었다. 그 곰팡이의 포자가 이웃 실험실에서 우연히 바람에 날려서 플레밍의 실험실에 들어왔고 또 하필이면 그 접시에 자리를 잡았던 것이다.

예일대학교에 있는 동료 교수이자 화학 박사인 마이클 맥브라이드는 언젠가 나에게 "과학자들에게는 '유레카!'라고 외치는 순간이 없다. 오히려 '그것 참 이상하네'라는 순간을 경험한다"고 말했는데, 맥브라이드 교수의 말처럼 플레밍은 박테리아가 유일하게 증식하지 않은 배양접시의 이상한 조건을 살피면서 "그것 참 재미있네"라고 중얼거렸다.[15] 그리고는 무엇이 박테리아를 죽였을까 하고 자기 자신에게 물었고, 이어서 곧바로 우연히 그 실험실에 묻어 들어온 곰팡이가 원인이라고 결론을 내렸다. 그런 다음에 그는 그 곰팡이의 치료 효과를 관찰하기 시작했는데, 이런 우연을 통해서 기적의 약으로 일컬어지는 페니실린이라는 항생제가 등장했다.

과학자들은 페니실린의 발견을 파스퇴르의 미생물 발견 및 왓슨과 크릭의 DNA 구조 발견과 함께 의학 발전 역사의 3대 사건으로 꼽는다. 최초의 항생제인 페니실린의 등장으로 서구 의학은 현대라는 시기로 진입했으며, 수백만 명이 잃을 수도 있었던 목숨을 구했다. 만일 천재가 세상을 바꿔놓는 통찰을 가지고서 자기를 증명한다면, 천재의 그 통찰은 알렉산더 플레밍의 실험실에서처럼 우연히 탄생한다. 사실이 그렇지 않은가.

그러나 알렉산더 플레밍이 페니실린을 발견하기까지의 역사는 우연보다 훨씬 더 많은 것들로 채워져 있다. 윈스턴 처칠은 제2차 세계대전에서 자기가 수행하는 역할을 놓고 언젠가 이렇게 말했다.

"나는 내가 운명과 함께 걸어가고 있다고 느꼈다. 그리고 그때까지의 내 인생 모두가 바로 그 한 시간을 위한 또 그 시련을 위한 준비였다고 느꼈다."[16]

플레밍 역시 처칠처럼 잘 준비돼 있었다. 당시에는 본인도 몰랐던 사실이지만 그는 바로 그 '행운의 순간'을 위해서 30년 가까운 세월 동안 훈련하면서 결정적인 순간을 맞이할 준비를 했던 것이다. 그는 관찰에 필요한 기술과 과학적 지식을 연마하고 쌓았기에, 자기 눈앞에 펼쳐져 있던 현상을 제대로 이해하고 또 거기에서 자기가 필요로 하는 것을 뽑아낼 수 있었다. 이 점을 의학 사학자인 존 월러는 다음과 같이 명쾌하게 요약했다.

"플레밍은 다른 사람들이라면 무시해버렸을 어떤 것을 바라볼 줄 아는 천재성을 가지고 있었다."*17*

플레밍의 준비 과정 및 그 이전에 있었던 리소자임 발견이라는 획기적인 성취로 인해 그는 이미 과학계에서 확고한 자리를 차지하고 있었다. 즉 다른 사람들이 그에게 언제든 충분한 관심을 기울일 수 있었다는 말이다. 그런데 사실 플레밍 이전에 누군가가 이미 페니실린의 치료 효과를 확인했다.

그러나 이 사실을 당사자 외에는 그 누구도 알아차리지 못했다. 이 사람은 프랑스 리옹의 군사대학교 학생이던 에르네스트 뒤셰인Ernest Duchesne(1874 – 1912)이었다. 1897년에 뒤셰인은 파리에 있던 파스퇴르 연구소로 논문을 한 편 보냈는데, 이 논문은 플레밍이 나중에 발견되게 될 것들을 묘사하는 내용을 담고 있었다.*18* 그러나 스물세 살의 뒤셰인에게는 운이 따르지 않았다. 그는 전혀 인정받지 못했으며, 나중에 입대했다가 결핵에 걸려 요절했다. 안타깝게도 결핵은 항생제만 있었어도 얼마든지 치료할 수 있는 질병이었다. 그리고 그로부터 30년 뒤, 플레밍은 과학계에서 단단한 인맥과 연줄을 가진 세계 정상급 미생물학자였기에 사람들은 그의 말에 귀를 기울였다. 뒤셰인은 감춰져 있던 과녁을 명중시켰지만, 그의 말에 귀를 기울일 사람은 없었다. 듀세인의 발견을 알아차린 사람은 아무도 없었고, 아무것도 바뀌지 않았다.

마지막으로, 기적의 약인 페니실린을 대량생산해서 상용화의 실마리를 푼 사람도 알렉산더 플레밍이 아니었다. 이 일은 10년도 더 지난 시점에 옥스퍼드대학교에서 하워드 플로리가 이끌던 미생물학자 팀이 진행했다. 그러나 플레밍은 '나의 소중한 페니실린'이라고 불렀던 것에 욕심이 있었고 이에 대한 재산권을 주장했다.[19] 유럽에서 전운이 짙어지고 영국 정부로서는 군대에 직접적인 도움을 주면서 장병의 사기를 높일 '특효약magic bullet'이 절실하게 필요로 하던 상황에서 플레밍은 그 새로운 약을 선전하는 상징적인 대표자로 기꺼이 나섰다. 1945년에 노벨위원회는 노벨 생리·의학상 수상자를 세 사람으로 선정했다. 알렉산더 플레밍과 하워드 플로리 그리고 플로리의 옥스퍼드대학교 미생물학자 팀 구성원이었던 언스트 체인이었다.

그렇다면 왜 우리는 플레밍만 기억할까? 비록 지나치게 단순하긴 하지만 '행운의 발견'이라는 이야기 구조가 매력적으로 다가왔기 때문이다. 운이 아닌 다른 어떤 요소가 페니실린 발견에 작용했음은 분명하다. 플레밍은 잘 준비돼 있었으며 또 중요한 대의를 위해 '대단한 사람'이라는 자기 이미지를 유지하려고 노력했고, 그리고 최초에 가졌던 희망이 결실을 이룰 수 있도록 개인이 아닌 팀으로서의 노력을 의식적으로 기울였다.

위대함이라는 경지에 다다르고자 한다면 "잘 준비돼 있어라"라는 루이 파스퇴르의 소년 같은 경구 외에도 다른 두 가지 격언이 더 필요하다. 그것은 바로 "앞으로 계속 나아가라"와 "자기가 발견한 것을 놓치지 마라"이다.

♦ 무모함이 만든 행운

"행운은 용감한 사람을 편든다."

이 속담의 기원은 고대 로마까지 거슬러 올라가는데 대(아버지) 플리니우스, 테렌티우스, 베르길리우스 등이 했던 말이라고 한다. 용감하다는 것은 자기에게 기회가 찾아오면 위험을 무릅쓰고서라도 그 기회를 놓치지 않는다는 뜻이다. 그러나 용감하게 기회를 잡는다는 것은 무슨 의미일까? 결과가 비록 불확실하지만 예컨대 50 대 50이라는 식으로 계량화할 수 있을 때 기꺼이 대담하게 행동에 나선다는 뜻일까? 혹은 '그것은 순전히 우연이었다'라고 말할 때처럼 그저 운에 맡긴다는 뜻일까? 페이스북 창업자인 마크 저커버그는 계산된 위험이나 우연 둘 다에 전혀 휩쓸리지 않는 모습을 보여왔다.

사회에 미치는 충격적인 영향을 천재를 판가름하는 기준으로 삼는다면 저커버그는 천재가 분명하다. 그렇다. 저커버그는 최근까지 프라이버시 분야 전문가들과 미국 연방거래위원회 그리고 미국 47개 주의 검찰총장들과 갈등을 이어오고 있다(이에 대해서는 12장을 참조하라). 그럼에도 현재 20억 명에 육박하는 사람이 그가 만든 페이스북에 하루에 거의 한 시간씩은 소비한다.[20]

2010년에 〈타임〉은 저커버그를 '올해의 인물'로 선정했고, 스물여섯 살이던 그는 역대 두 번째로 어린 〈타임〉 선정 '올해의 인물'이 되는 기록을 세웠다. 준비성과 (그는 컴퓨터 프로그래밍 분야의 영재였다) 끝을 모르는 야망이 지금의 저커버그를 만들었다. 스물한 살 이전에 그가 실천했던 위험한 행보들을 보면 대담한 (그러나 때로는 불법적인) 실천을 과감하게 수행하는 그의 배포가 얼마나 컸는지 짐작할 수 있다.

위험한 행보 1

하버드대학교 전산 시스템을 해킹해서 페이스북스의 학생 자료를 '빌렸다.'

('페이스북Facebook'이라는 이름은 하버드대학교의 '페이스북스face books'에서 딴 것이다. 페이스북스는 각 학생의 사진 및 정보를 모아놓은 카탈로그이고, 학생들이 거주하는 기숙사인 '하우스house'에서 정리한 것이다.)

2003년 10월 28일 밤, 마크 저커버그는 하버드대학교 기숙사 커크랜드하우스 H33호실의 책상에 앉아서 프로그래밍 작업을 하고 있었다. 그 이전 학기에 그는 하버드대학교 학생들이 자기 친구들이 무슨 강좌를 수강하는지 알 수 있게 해서 필요하다면 스터디그룹을 조직할 수 있게 해주는 프로그램인 코스매치CourseMatch를 개발했다.

하지만 이제 그는 한층 더 대담한 어떤 작업을 하고 있다. 바로 하버드대학교 학생들이 다른 학생들을 보고서 그들이 '성적인 만남을 가질 준비가 돼 있는지 아닌지hot or not' 판단할 수 있는 온라인 헌팅 사이트를 만드는 작업이었다. 처음에 그는 심지어 못생긴 학생들의 사진을 올려서 사용자들로부터 비교를 유도하려는 생각까지 했다가 그만뒀다.

그 프로그램을 만들기 위해서 저커버그는 도둑질(혹은 적어도 무단사

325

용)을 했다. 저커버그는 하버드대학교 서버에 접속해서 학생들의 사진 및 데이터를 기숙사의 페이스북스에서 내려받았다. 이와 관련해서 하버드대학교 졸업생인 소설가 벤 메즈리치는 소설《우연한 억만장자The Accidental Billionaires》*에서 다음과 같이 말했다.

"어떤 점에서 보면 그건 분명 도둑질이었다. 그는 그 사진들에 대한 합법적인 권리를 가지고 있지 않았으며, 또 대학 당국이 그 사진을 누군가가 내려받으라고 거기에 올려둔 것도 아니었다. 그런데 설령 어떤 정보를 어떤 식으로든 손을 넣을 수 있다고 해서 그 정보를 가질 권리가 마크에게 있었다고 할 수 있을까?"[21]

마침내 저커버그는 29일 새벽에 페이스매시Facemash라고 이름 붙인 사이트를 열었다.

이 프로그램이 몰고 온 충격은 어마어마했다. 얼마나 많은 학생이 페이스매시에 접속했던지 대학교 서버의 속도가 느려질 정도였다. 하버드의 여학생들은 펄쩍 뛰었다. 학교 당국은 저커버그에게 그 사이트를 즉각 닫으라고 요구하는 한편 그에게 징계위원회에 출두하라고 명령했다. 그는 그 사이트를 폐쇄했고 또 징계위원회에 출석했다. 그리고 학교 컴퓨터를 해킹해서 학생들의 데이터를 훔친 것에 대해서만 질책을 받았다.[22]

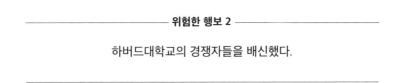

─── 위험한 행보 2 ───

하버드대학교의 경쟁자들을 배신했다.

---

* 이 소설은 〈소셜네트워크〉라는 영화로도 제작됐다.

페이스매시 소동으로 키 170센티미터이던 마크 저커버그는 하버드 대학교에서 갑자기 거인이 됐다. 그런데 저커버그의 이런 갑작스러운 성장이 그보다 훨씬 더 큰 (키가 202센티미터였다) 거인이던 쌍둥이 형제 카메론 윙클버스와 타일러 윙클보스의 눈에 띄었다. 두 사람은 2인조 스컬 솜씨로 학교에서 이미 유명했는데 2008년 미국 올림픽에 조정 대표선수로 출전하기로 돼 있었다. 그러나 2003년 11월에 두 사람은 이미 다른 계획을 마음에 두고 있었다. 전 세계를 아우르는 소셜네트워킹 사이트인 하버드커넥션Harvard Connection을 만들겠다는 계획이었다.

이 쌍둥이 형제는 프로그래밍의 마지막 퍼즐 한 조각을 맞추기 위해서 마크 저커버그를 직접 만나서 부탁했고, 저커버그는 필요한 컴퓨터 코딩 작업 및 그래픽 작업을 하기로 했다. 이 세 사람은 직접 만나기도 하고 또 52건의 이메일을 주고받기도 했다.[23] 저커버그는 쌍둥이가 만든 코드를 봤고 쌍둥이를 도울 것이라는 인상을 줬다.

그렇지만 저커버그는 2004년 2월 4일에 그것과 비슷한 경쟁 사이트인 더페이스북닷컴Thefacebook.com을 독자적으로 내놨다. 그리고 엿새 뒤에 저커버그는 다시 한번 더 하버드대학교 행정위원회에 소환됐는데, 윙클보스 쌍둥이 형제가 저커버그가 자기들 아이디어를 훔침으로써 학생으로서의 명예를 저버렸다고 문제를 제기한 것이다.

쌍둥이를 대변하는 변호사들은 지적재산권을 침해했다며 저커버그에게 정지 명령을 요청했다. 일곱 달 뒤에는 쌍둥이 형제가 저커버그를 고소했다. 그리고 2008년에 120만 주의(돈으로 환산하면 6,500만 달러 가치가 있었다) '페이스북' 주식을 받는 것으로 (당시에는 이름이 '페이스북'으로 바뀌어 있었다) 저커버그와 합의를 봤다고 한다.[24] 쌍둥이 형제의 번호사들은 그 주식을 현금화하라고 강하게 권고했지만 두 사람은 대담하게도 그 주식을 계속 보유했고, 결과적으로는 수십억 달러의 부자가 됐다. 그리고 이 형제는 나중에 '제미니'라는 회사를 세워서 한층 더 위험스러운 블록체인 사업에 뛰어들었으며('제미니'는 라틴어로 '쌍둥이'를 뜻한다), 지금 두 사람은 비트코인을 전 세계에서 통용되는 가상화폐로 만들려 하고 있다. 한편 저커버그는 자기가 일으킨 사업에만 몰두하면서, 자기 회사(페이스북)에 어떤 나쁜 일이 일어나더라도 자기는 절대로 쫓겨나지 않도록 안전장치를 마련한 경영 구조를 구축했다.[25]

───────────── **위험한 행보 3** ─────────────

대학교를 2년만 다니고 중퇴했다.

───────────────────────────────

"아버지 어머니, 저는 회사를 창업하려고 하버드대학교에서 중퇴하려고 합니다."

이 소식을 듣고 그의 부모는 과연 뭐하고 말했을까? 그런데 이런 대담한 행보는 저크버그 말고도 다른 사람이 그전에 이미 보였었다. 2003년 가을에 저커버그는 빌 게이츠가 했던 컴퓨터학 강연을 들었는데, 하버드대학교를 중퇴했던 게이츠는 이 자리에서 "하버드대학교가 위대한 이유는 언제든 다시 복학할 수 있다는 점입니다"라고 말했다.[26] 그러나 게이츠나 저커버그 두 사람 모두 복학은 하지 않았다. 다만 명예 학위만 받았을 뿐이다. 이들의 두둑한 배짱은 나중에 두둑한 보상으로 돌아왔다.

스무 살에 혼자 캘리포니아로 이사했다.

대학교를 박차고 나온 마크 저커버그는 한층 무거워진 그러나 한층 더 큰 보상을 안겨줄 수도 있는 운명의 짐을 지고서, 뉴욕시티 외곽의 안락한 부모 집을 떠나서 실리콘밸리의 중심지인 캘리포니아 팔로알토로 이사했다. 그곳은 컴퓨터 기술자 및 벤처투자자의 메카라는 명성을 갖고 있었기에 그의 이런 행보는 용기 있는 실천인 동시에 어떻게 보면 논리적인 선택이기도 했다.

아닌 게 아니라 저커버그는 나중에 "실리콘밸리에는 모든 기술자가 다 모인 곳이므로 나도 당연히 거기에 가 있어야 한다는 생각이 들었다"[27]고 회상했다. 래리 엘리슨, 머스크, 브린, 베조스, 게이츠, 저커버그 등 기술 분야 거인들의 대담한 행보에는 모두 활동 근거지를 바꾸는 것이 포함돼 있었다.

🜄 부지런히 이동하라

셰익스피어는 "행운은 아무도 조종하지 않는 배를 타고 온다"고 말했다(희곡 《심벌린》). 항구에 단단히 정박해서 꼼짝도 하지 않는 배가 행운을 가져다줄 리 없다. 여기에서 천재들의 또 다른 감춰진 습관을 알수 있다. 천재는 모두 자기가 설정한 목표를 달성하기 위해서 자기가 머물 장소를 대도시로 또 대학교로 부지런히 옮긴다.

이 장에서 소개한 천재들 및 기회를 놓치지 않는 그들의 기민한 행보를 생각해보라. 셰익스피어와 프랭클린 그리고 플레밍은 런던으로 이주했다. 왓슨과 크릭은 케임브리지대학교로 갔다. 파스퇴르는 릴_{Lille}로 간 다음에 파리로 갔다. 저커버그는 실리콘밸리로 갔다. 이 사람들은 모두 성인이 된 직후에 대도시나 대학교 혹은 대도시에 있는 대학교로 갔다. 오프라 윈프리도 2011년에 이렇게 말했다.

"나는 행운을 믿지 않는다. 행운은 기회의 순간을 맞이할 준비일 뿐이다."[28]

맞는 말이다. 그러나 우선 그 순간을 맞이해야 한다. 그러기 위해서 윈프리도 시카고로 이주했다.

이 장에서 언급하는 천재들과 그들이 위대한 작업을 한 도시들을 생각해보자. 먼저 아테네. 소크라테스와 플라톤은 처음부터 아테네에 있었다. 그런데 아리스토텔레스는 열일곱 살 때 아테네에 갔다. 런던은 어떨까? 패러데이는 런던에서 태어났지만 셰익스피어와 디킨스 그리고 울프는 나중에 런던으로 이사했다.

이번에는 빈을 보자. 슈베르트와 쇤베르크는 빈에서 태어났지만 하이든, 모차르트, 베토벤, 브람스 그리고 말러는 이주민이었다. 프로이트 역시 다른 곳에 살다가 빈으로 이주했다. 알렉산더 해밀턴은 카리브해의 작은 섬에서 태어났다가 미국 뉴욕으로 이주한 이민자였다. 또 역시 이민자의 아들이던 린-마누엘 미란다는 알렉산더 해밀턴의 생애에 영감을 받아서 뮤지컬 흥행의 역사를 바꿔놓은 〈해밀턴〉을 만들었다.

그리고 쿠사마, 폴락, 로버트 마더웰, 마크 로스코, 워홀 등과 같은 뉴욕의 야심가들이 없었다면 후기 현대 미술의 세계는 어떻게 됐을까? 1951년에 일본의 보수적인 시골 마을에서 미국 뉴욕시티로 이주했던 자신의 선택을 두고 쿠사마는 "나는 거기에서 빠져나왔어야만 했다"[29] 고 말했다.

대학교에 대해서도 그렇다. 뉴턴은 케임브리지대학교에 다녔고, 아인슈타인은 프린스턴고등연구소에 최종 정착하기 전에 베를린의 막스플랑크연구소에 몸담고 있었다. 머스크, 브린, 래리 페이지, 피터 틸과 같은 기술 분야의 거물들은 길든 짧든 스탠퍼드대학교에서 시간을 보냈다. 천재들은 집에 그냥 머물러 있지 않고 조금이라도 더 유리한 환경을 찾아 나선다.

천재들이 보여주는 이런 특성을 '관성을 거스르는 천재의 법칙'이라고 부르자. 물론 이 법칙에도 예외는 있다.

예를 들어서 라이트 형제는 오하이오의 작은 도시 데이턴을 떠나지 않았다. 식물학자들인 그레고어 멘델과 조지 워싱턴 카버는 드넓은 들판에 쉽게 접근할 수 있어야 했다. 다윈과 같은 박물학자들이나 클로드 모네나 조지아 오키프와 같은 외광파* 화가들은 직업적인 필요성 때문에 어쩔 수 없이 그 법칙의 예외가 될 수밖에 없다. 심지어 〈별이 빛나는 밤〉을 그린 빈센트 반 고흐조차도 젊을 때는 동생에게 보낸 편지에서 이렇게 썼다.

"내 앞에 놓여 있는 길고 긴 세월이 도시에 살면서, 즉 여기 앤드워프에서나 혹은 나중에 파리에 살면서 내가 이룩해야 할 것들과 밀접하

---

* 야외의 자연광선에 비취진 자연의 밝은 색채효과를 재현하기 위해 야외에서 그림을 그린 화파.

게 엮여 있는데, 나더러 한 달에 50프랑도 되지 않을 돈을 보고 시골로 돌아가라는 네 말을 나는 도저히 이해할 수 없다."[30]

결국 고흐는 1886년에 파리로 이주했다.

그 무렵 혹은 그 직후에 화가 가운데서는 피카소, 마티스, 모딜리아니, 샤갈, 브라크, 콘스탄틴 브랑쿠시, 호안 미로, 디에고 리베라가 그랬고, 작곡가 가운데서는 클로드 드뷔시, 스트라빈스키, 아론 코플랜드가 그랬으며, 시인이나 작가 가운데서는 에즈라 파운드, 기욤 아폴리네르, 제임스 조이스, 스타인, 헤밍웨이, 피츠제럴드가 그랬다. 샤갈은 "만일 내가 파리로 가지 않았다면 지금의 나는 없을 것이다"라고 했고, 헤밍웨이는 "우리가 누구든 간에 우리는 언제나 파리로 돌아갔다"라고 했다.[31]

'아름다운 시절'*의 파리나 20세기 중반의 뉴욕 혹은 실리콘밸리와 같은 거대도시로 천재를 끌어당기는 것의 정체는 무엇일까? 창의적인 도시들은 역사적으로, 제각기 다른 생각을 가진 다양한 사람들이 모여드는 교차 지점에(최근에는 이민자들이 많이 찾는 곳에) 있었다.[32]

신입자가 기존의 지적 풍토에 참신한 발상의 씨를 뿌리고, 이렇게 해서 새로운 사고방식이 탄생한다. 실리콘밸리는 기술 분야에서 내로라하는 사람들이 H-1B를 들고서(H-1B는 전문직 분야의 고급 기술을 가진 외국인 취업자에게 발급되기 때문에 '천재 비자'로 일컬어진다) 전 세계에서 모여드는 곳이다. 역사학자 케네스 클라크는 "문명사에서 거의 모든 위대한 발전은 (…) 국제 교류가 가장 활발하던 시기에 이뤄졌다"[33]고 말했

---

*   1차 세계대전 이전의 평화롭던 시절.

다. 지금 미국인은 미국 남서부에 있는 국경선에 대해서 클라크가 느꼈던 것과 똑같은 것을 느끼지 않을까?

마지막으로, 교차수분*이 이뤄지도록 하려면 다양한 발상이 정부 차원의 규제 없이 자유롭게 흘러야 한다. 존 스튜어트 밀은 "천재는 자유의 대기 안에서만 자유롭게 숨을 쉴 수 있다"[34]고 말했다. 자유는 반드시 장려돼야 한다. 실리콘밸리 투자자들은 세계 다른 어떤 곳에서보다 많은 투자를 하고 있다. 2018년 기준으로 이 투자금은 105억 달러인데, 이는 가장 가까운 경쟁 지역인 보스턴의 30억 달러와 비교하면 세 배가 넘는다.[35] 재정적인 지원, 신속하고도 쉽게 접촉할 수 있는 새로운 발상, 표현의 자유, 경쟁, 최고의 경쟁자와 자기를 비교할 기회, 이 모든 것들이 천재를 끌어당기는 인력引力, gravitational force이다.

그렇다면 그 도시는 얼마나 커야 할까? 최소한의 기준을 충족할 정도로 충분히 커야 할 것이다. 예컨대 작곡가에게는 극장, 연주자, 제작자, 관객, 비평가가 필요하다. 화가에게는 도움을 줄 동료 화가들뿐만 아니라 대리인, 화랑, 축제, 전시 공간, 후원자가 필요하다. 기술 분야 엔지니어에게는 다른 엔지니어들과 장비와 연구자금이 필요하다. 이들에게는 모두 경쟁자가 필요하며 또 일자리가 필요하다. 천재를 끌어들이는 것은 바로 온갖 기회의 복합체이다.

천재들과 마찬가지로 이런 창의적인 중심지들도 언제나 이동하고 있다. 역사적으로 보면 이런 도시들은 동쪽에서 서쪽으로, 중국에서 근동으로 유럽으로 영국으로 또 미국의 대서양 연안으로 또 태평양 연안

---

* 다른 꽃의 수술에서 꽃가루를 받아서 암술에 수정시키는 것.

으로 이동했다.

그렇다면 다음 차례의 실리콘밸리는 어느 곳에서 형성될까? 천재들이 이번에는 다들 다시 아시아로 몰려갈까? 이미 이런 현상이 싱가포르에서 나타나는 것은 아닐까? 파리가 관광객들로 미어터지고 뉴욕시티의 집값이 하늘을 찌르고 있는데 다음 차례의 혁신 중심지는 어디가 될까? 답을 알고 싶으면 부지런히 이동하는 천재를 쫓아다녀라. 이보다 더 좋은 방법은, 자기에게 유리한 바람이 어디에서 불어오는지 알아차린 다음에 짐을 싸서 그곳에 맨 먼저 달려가는 것이다.

속도에 집착하는 이유

_창조적 파괴의 아이콘이 되기까지

"그렇게나 혐오스러웠던 인간으로서 살았던 삶을 다른 것으로 만회할 수 있는 사람이라면 위대한 천재가 분명하다."[1]

작가이자 종군기자로 이름을 날렸던 마사 겔혼이 남편 어니스트 헤밍웨이와 이혼하기 직전이던 1945년에 헤밍웨이를 요약한 말이다.[*] 헤밍웨이는 1954년에 노벨 문학상을 받았다. 그는 또한 약한 사람을 괴롭히며 골목대장질을 했고 툭하면 싸움질이었으며 늘 바람을 피웠고 또 술에 절어서 살았다. 그러다가 결국 자살했다. 사람은 누구나 자기가 흠모하는 천재가 슈퍼히어로이길, 즉 인간이라는 종의 가장 고결한 존재이길 바란다. 알베르트 아인슈타인도 1934년에 "인류의 수준 및 사람이 사람으로서 살아가는 삶을 드높이는 데 가장 많이 기여한 위인들이 가장 많은 사랑을 받아야 함은 당연하다"[2]고 말했다. 그러나 천재들은

---

[*] 겔혼은 헤밍웨이의 세 번째 아내였으며, 헤밍웨이는 그 뒤에 한 차례 더 결혼했다.

습관적으로 우리를 실망시킨다. 적어도 개인적인 차원에서는 확실히 그렇다.

하지만 잘못은 천재들이 아니라 우리에게 있다. 우리는 천재의 기준이 그 사람의 인성이 아니라 업적임을 쉽게 잊어버린다. 인성과 업적은 서로 전혀 상관없는 독립적인 변수임을 너무도 쉽게 잊어버린다. 인성만으로 보자면 천재라고 해서 평범한 사람보다 특별히 더 나을 게 없다. 실제로는 천재가 더 못돼 보인다. 왜냐하면 천재는 세상을 바꾸겠다는 개인적인 관심사에만 온통 사로잡혀 있기 때문이다. 그럼에도 시간은 천재의 편이다. 시간이 흐르면 그들이 저질렀던 개인적인 일탈 및 잘못은 희미하게 흐려지고 그들이 사회에 기여한 공로만 부각되기 때문이다. 또 우리는 노벨상이 수여될 때 함께 수여되는 상금이 다이너마이트와 포탄을 만들어서 판 수익금을 종잣돈으로 한다는 사실과 옥스퍼드대학교 로즈장학재단은 세실 로즈가 당시에 영국 식민지였던 로디지아*에서 아프리카인의 노동을 착취해서 번 돈으로 만들어졌다는 사실을 쉽게 잊어버린다. 사람들의 기억이 희미해지면서 천재와 관련된 부정적인 연상은 점점 사라지고 또 그의 잘못된 개인적인 습관들은 정상적이었던 것으로 바로잡힌다. 소설가 에드몽 드 콩쿠르가 1864년에 말했듯이 "천재는 죽고 나서야 비로소 사람들로부터 사랑을 받는다."[3]

모범적인 인간으로 꼽을 수 있는 천재가 과거나 현재에 있을까? 역사의 백미러로 바라볼 때 레오나르도 다빈치나 마리 퀴리 그리고 찰스 다윈이 존경받을 만한 인성을 가지고 있었던 것 같다. 알렉산더 플레밍

---

* 지금은 잠비아와 짐바브웨로 분리해서 독립해 있다.

과 조너스 소크는 공익을 위해서 일했다. 그러나 어떤 사람의 도덕적인 잣대 및 동기부여에 대해서 우리는 과연 얼마나 알 수 있을까? 오늘날의 천재들 가운데 몇몇은 실제로 그렇든 혹은 소망으로든 간에 이타주의적인 목표를 가지고 있음을 공공연하게 천명한다. 예컨대 오프라 윈프리는 "나는 사람들에게 그 사람들이 가져본 적 없던 기회를 주는 것을 무척 좋아한다. 왜냐하면 다른 누군가가 나에게 그렇게 했기 때문이다"[4]라고 말했다. 물론 우리에게는 윈프리의 진정성을 의심할 이유가 없다. 일론 머스크도 인류 구원이 자기 목표라고 천명한다. "나는 인류가 지구 이외의 다른 행성에도 거주할 수 있도록 내가 할 수 있는 한 최대로 기여하고 싶다"고 말함으로써, 지구가 점점 사람이 살 수 없는 행성이 될 때 사람들을 화성으로 이주시키겠다는 자기의 목표를 암시한다.[5] 그러나 모든 곳에서 들리는 말을 종합하면 머스크는 가족과 친구와 직원을 거칠고 무례하고 냉정하게 대한다.[6] 마크 저커버그도 마찬가지다. 그는 "페이스북은 연결과 공유를 위한 것이다. 친구와 가족과 공동체를 연결해서 그들이 정보를 나누게 하려는 것이다"라고 여러 차례 말했다.[7] 그러나 우리가 페이스북에 접속해서 서로 연결하고 정보를 나눌 때 저커버그는 우리의 데이터를 팔아서 이득을 취하고 있으며, 또한 여러 가지 사항에서 전 세계의 민주주의를 침해하고 있다.

몇몇 천재들은 도덕적이지만, 의식하든 않든 간에 (의도하지 않은 결과의 법칙에 따라서) 여러 가지를 파괴하고 있다. 어떤 천재들은 변화를 이루는 과정에서 불가피하게 제도를 파괴하며, 또 어떤 천재들은 자신의 강박관념을 충족시키기 위해 정신적인 에너지를 끌어내는 수단으로서 사람들을 파괴한다. 파괴 행위를 하는 것만으로는 천재가 되지 못한다.

그러나 모든 창의적인 천재는 파괴라는 습관을 가지고 있다.

1995년에 중국의 설치 미술가 아이 웨이웨이는 한나라 시대에 만들어진 100만 달러짜리 자기를 번쩍 들어서 바닥에 내동댕이쳤다. 전 세계의 미술 애호가들이 깜짝 놀랐음은 당연하다. 그러나 그가 전하려던 메시지는 새로운 예술을 창조하려면 낡은 관습과 습관과 문화를 파괴해야 한다는 것이었다. 1942년에 하버드대학교의 경제학자 조지프 슘페터는 기존의 기술이나 산업을 파괴하지 않고서는 그 어떤 새로운 기술이나 산업을 일으킬 수 없음을 주장하려고 '창조적 파괴'라는 개념을 공식화했다.[8] 미국의 연방준비제도 이사회 의장을 역임했던 앨런 그린스펀은 창조와 파괴 사이의 공생 관계를 다음과 같이 표현했다.

"파괴는 창조의 불행한 부작용 이상의 의미를 지닌다. 파괴는 창조의 핵심 요소이다."[9]

디지털 혁명이 진행됨에 따라서 최근에 일어났던 창조적인 파괴의 '불행한' 희생자들 가운데서 몇몇을 꼽자면 은행 창구 직원, 식품점 점원, 여행업체 직원, 사서, 기자, 택시 운전사, 생산공장의 조립라인 노동자 등이 있다. 웨이웨이가 극적인 행위로써 주장했듯이 파괴는 우리가 진보의 대가로 지불하는 비용이다.

⬥ 천재인가, 괴짜인가

스티브 잡스는 비서, 전화교환원, 카메라 제조업체 그리고 레코드 회사를 업계에서 쫓아낸 기술 지식의 선지자였다. 그의 목표는 인간의

339

삶을 개선하는 것이었으며, 그가 자신의 혁명적인 애플 컴퓨터와 아이폰이 파괴하는 일자리보다 창출하는 일자리가 더 많을 것이라고 봤음은 분명하다. 2011년에 〈포브스〉에 실린 기사 '스티브 잡스: 창조하다. 붕괴시키다. 파괴하다'는 "잡스보다 기존의 작업 방식을 더 많이 파괴한 사람은 지금까지 없었다"[10]고 썼다. 그러나 스티브 잡스보다 더 불쾌하고 고약한 사람이 있었을까? 어떤 천재의 삶을 기록한 전기에서든 간에 '공격적인 행동'이라는 색인을 찾아볼 수 있는 자서전은 월터 아이작슨이 쓴 《스티브 잡스》밖에 없다.

스티브 잡스가 '거만한 ××끼'였음은 누구나 알고 있었다. 심지어 본인도 그걸 알고 있어서 "나는 그런 사람입니다"라고 말했다. 2008년의 〈뉴욕타임스〉 기사에서 칼럼니스트 조 노세라는 잡스와 나눴던 통화를 회상하면서 잡스가 이렇게 말했다고 했다.

"스티브 잡스입니다. 아마도 당신은 내가 거만한 ×××[비속어 삭제]라서 법 위에 군림한다고 생각하겠죠. 그런데 나는 당신이 사실을 왜곡하는 더러운 인간이라고 생각하거든요."[11]

잡스는 자기가 품위 넘치고 자애로운 사람이라고 생각했다. 잡스가 애플 직원들에게 했던 인사는 한층 전형적이었는데, 제품관리 책임자였던 데비 콜먼은 그가 했던 말을 다음과 같이 회상했다.

"'야, 이 멍청아, 너는 무슨 일이든 똑바로 하는 게 하나도 없어.' 이게 그 사람이 하던 인사였습니다. 그것도 한 시간에 한 번씩 말입니다."[12]

1981년에 잡스가 제록스의 컴퓨터 기술자이던 밥 벨빌과 나눴던 통화도 이런 식이었는데, 그는 "당신이 평생 한 일은 모두 다 개똥이야, 그런데 왜 내 밑에 들어와서 일하겠다는 거지?"[13]라고 말했다.* 아이작슨이 《스티브 잡스》에서 썼듯이 "잡스의 발끈하고 까칠한 행동은 부분적으로는 그가 갖고 있던 완벽주의 때문이었다. 정해진 예산으로 정해진 시간 안에 제품을 만들어내기 위해서 어떤 식으로든 타협을 하는 사람을 그는 도저히 그냥 보아 넘기지 못했다."[14]

잡스가 파괴적인 행동을 하도록 유발하는 또 다른 요인이 있었다. 그것은 별다른 이유도 없이 남에게 상처를 주는 그의 습관이었다. 이 습관은 눈에 보이는 어떤 이득을 얻기 위함이 아니라 그저 상대방을 깔아뭉갬으로써 자기가 더 똑똑함을 과시하려는 가학적인 쾌감을 위함이었다. 잡스가 식당의 웨이터든 다른 기업의 CEO든 간에 자기와 맞닥뜨리는 사람에게 가차없이 굴욕을 안겨줬다는 이야기는 널려 있다.[15] 가까운 가족도 예외는 아니어서 그의 학대를 피하지 못했다. 그는 어마어마한 부자였지만 리사 브레넌-잡스가 자기 딸임을 한사코 부인하다가 법정 공방을 거친 뒤에야 그 사실을 인정했다.** 리사는 자기 이야기를 담은 책 《스몰 프라이》에서 아버지 스티브가 자기를 혼란스럽게 만들거나 자기에게 겁을 주려는 수단으로 얼마나 자주 돈을 이용했는지 모른다면서 다음과 같이 예를 들었다.

"때로 그는 식당에서 함께 밥을 먹고서도 계산하지 않고 먼저 휙 나가버리곤 했다."[16]

한번은 가족끼리 외식하던 저녁 식사 자리에서 리사의 이종사촌인

---

* 잡스는 제록스의 하드웨어 설계자였던 밥 벨빌을 애플에 합류시켰다.
** '브레넌'이라는 성은 엄마를 따른 것이고, 재판이 끝난 뒤에야 리사는 '브레넌-잡스'라는 성을 사용했다.

사라가 잡스가 채식주의자임을 깜박 잊고 고기를 주문했다. 잡스는 리사에게 이렇게 말했다.

"너는 네 목소리가 다른 사람에게 얼마나 끔찍하게 들리는지 생각해본 적 있니? 그 끔찍한 소리 좀 안 낼 수 없니? 너는 자신이 뭐가 잘못됐는지 진지하게 생각한 다음에 그것을 고치려고 노력해야 돼."

당시를 리사의 어머니인 크리스 브레넌은 이렇게 회상했다.

"그 사람은 깨침을 얻은 사람이면서도 잔인하기 짝이 없는 사람이기도 했다. 정말 이상한 조합이었다."[17]

왜 그런 잔인함이 나타났을까?

잡스는 인간 행동의 일반적인 법칙이 자기에게는 적용되지 않는다고 믿었다. 그는 자기가 특별하며 선택받은 존재, '깨친 존재enlightened being'이며 '법을 초월하는' 사람이라고 느꼈다. 그는 자기 자동차에 번호판을 붙이는 걸 거부했으며 회사에서도 장애인 주차구역에 주차했다. 잡스가 처음 시작했던 매킨토시 팀에서 그와 함께 일했던 소프트웨어 전문가 앤디 허츠펠트*는 "그는 이 세상에서 특별하다고 할 수 있는 사람은 몇 명 되지 않는다고 생각한다. 아인슈타인과 간디 그리고 자기가 인도에서 만났던 스승들 등이 그런 사람인데, 자기도 그런 인물들 가운데 한 명이라고 생각한다"[18]라고 말했다. 때로 잡스는 한층 혁명적이면서 돈벌이가 될 잠재력을 가진 것(예를 들어, 아이폰)을 내놓음으로써 자기 제품(아이팟)을 파괴해야 할 시점이 언제인지 알았다. 또 때로 잡스의 집착적인 열정이 (본인도 "똥구멍에 박힌 벌레 한 마리"라는 상스러운 말로

---

* '매킨토시의 아버지'로 불린다.

그 열정을 표현했다)[19] 기술 분야의 세상을 바꿨으며, 또 때로 그것 때문에 쓸데없이 사람들에게 개인적인 상처를 입히기도 했다. 잡스는 때로는 천재였지만 때로는 그냥 '이상한 놈'이었다.

토머스 에디슨은 정말 아무것도 모르는 멍청이였다. 에디슨은 개인적으로 파괴적이고 해로운 사람이 되겠다는 생각을 전혀 하지 않았다. 그는 그저 동정심이 부족했을 뿐이다. 에디슨이 사망하기 9년 전인 1922년에 이뤄졌던 한 여론조사에서 미국인 75만 명이 에디슨을 "역사상 가장 위대한 인물"로 꼽았다.[20] 어쨌거나 그는 수명이 오래가고 밝은 백열등을 발명해서 이 세상에서 밤을 없애버린 인물이다. 그로 인해 양초 제조업체는 망하고 양초 원료를 제공하던 포경업은 몰락했다. 그러나 다른 사람들에 대한 연민에 관한 한 그는 아무것도 몰랐다. 그가 가족이나 가족 외의 다른 사람들을 어떻게 대했는지는 첫 번째 아내였던 메리 스틸웰에게 했던 청혼에서 엿볼 수 있다. 스틸웰은 뉴저지 뉴어크에 있던 그의 연구실 직원이었고 당시에 나이는 열여섯 살이었으며, 그때 오갔던 구체적인 대화 내용은 20년 가까운 세월이 흐른 뒤에 어떤 신문에 보도됐다.

"어린 아가씨, 나를 어떻게 생각하나요? 나를 좋아하나요?"

"왜 그러세요, 에디슨 씨. 놀라게 하지 마세요. 저는… 그러니까 저는…"

"지금 당장 말하지 않아도 돼요, 나를 어떻게 생각하는지는. 당신이 나와 기꺼이 결혼하지 않겠다고 해도 뭐, 괜찮습니다. (…) 아, 그러니까… 그렇지만 서두르지는 마세요. 천천히 두고두고 생각하세요.

당신 어머니에게도 말씀드리고 의논하세요. 그리고 나중에 편할 때 나에게 얘기해주세요. 화요일에 해주세요. 화요일이면 괜찮을까요, 다음 주 화요일? 괜찮죠?"[21]

에디슨은 1871년 크리스마스에 스틸웰과 결혼했다. 그리고 바로 그 날 에디슨은 연구실로 돌아가서 일했고, 스틸웰은 "남편의 지속적인 무관심의 완벽한 피해자"가 됐다고 전기작가 닐 볼드윈은 썼다.[22] 1878년 에 에디슨의 조수이던 에드워드 존슨은 〈시카고 트리뷴〉 기자에게 "에디슨은 나흘 동안 집에 가지 않고 있다. 집에 가서 음식을 먹지도 않고 잠을 자지도 않는다"고 말했다. 나중에 존슨은 에디슨이 언젠가 한번은 자기에게 "우리는 합선이 일어나지 않도록 조심해야 해. 잘못해서 고객 이 죽기라도 하면 사업이 망해버릴 테니까 말이야"라고 경고한 적이 있다고 회상했다.[23] 그러나 에디슨이 어떤 아이디어를 붙잡고 매달릴 때 거기에 얼마나 강렬하게 집착했는지 알아보려면 그가 니콜라 테슬라와 벌인 '전류 전쟁'의 역사와 그 전쟁 속에서 서커스 코끼리를 전기로 처형했던 일을 간략하게 살펴보기만 하면 된다.

그 일의 개요는 다음과 같다. 1885년에 토머스 에디슨은 최대의 경쟁자이던 니콜라 테슬라와 전쟁을 벌이고 있었다. 미국 땅에 전등을 밝힐 주인공이 에디슨의 직류가 될지 테슬라의 교류가 될지 결판을 내야 했다. 에디슨은 테슬라의 교류 전기가 치명적으로 위험하다는 인식을 사람들에게 심어주는 홍보 활동을 시작했다. 맨 먼저 교류 전기로 개를 감전시켜서 죽이는 실험을 했는데, 길거리 개를 잡아 오는 아이들에 게 개 한 마리당 25센트를 쥐여줬다. 그리고 1890년에는 뉴욕주의 명령에 따라서 사형수를 전기로 사형시키는 장치를 만들었다. 그런데 에디슨은 여기에서 한 걸음 더 나아가서, 교류 전기가 사람을 죽일 수 있다면 코끼리도 죽일 수 있지 않을까 하는 생각을 했다. 그래서 1903년 1월 3일에 서커스단에 있던 톱시라는 이름의 암컷 코끼리를 놀이공원 코니아일랜드에서 공개적으로 전기로 처형했고, 이 처형 장면은 사람들에게 엄청난 구경거리가 됐다. 에디슨은 피부가 두껍기 짝이 없는 코끼리 발에 전극을 어떻게 설치할지 곰곰이 따져봤다. 그리고 교류 전류가 위험함을 모든 사람이 분명히 알아볼 수 있도록 영화 기사를 고용해서 코끼리 전기 처형 장면을 생생하게 기록하게 했다.[24] 이렇게 기록된 길지 않은 영상은 지금까지 보존돼 있으며 유튜브로도 볼 수 있다. 그런데 영상 시작 부분에 흔히 넣는 '신중하게 생각한 다음에 시청할 것'이라는 경고 문구는 오히려 사람들을 호기심을 자극하기 위한 것인데, 이 영상에는 그 문구가 없다.

◗ 때로는 너무나 이기적인 사람들

탁월한 재능을 가진 개인에게는 파괴적인 성향이 있다는 게 사실임은 오랜 세월 속에서 입증됐다. 1711년에 아이작 뉴턴은 미적분학을 누가 발명했는지를 두고 벌인 옥신각신 다툼 속에서 고트프리트 라이프니츠의 명성을 파괴하려고 했다. 왕립과학학회 회장이던 뉴턴은 이 판단을 내릴 재판을 청구했다. 뉴턴은 이 재판에서 자기가 직접 평결을 내리고 의견서를 작성했는데, 이 의견서의 내용은 라이프니츠의 명성을 깎아내리는 것이었다.[25] 뉴턴은 또한 자기가 했던 여러 실험에서 증거를 조작했고[26] 다른 동료들의 자료를 훔쳤으며 또 마땅히 인용 출처를 밝혀야 할 곳에서는 그렇게 하지 않았다. 이 모든 잘못된 일들을 그는 과학 발전이라는 미명 아래 저질렀다.[27] "인간 뉴턴은 실패작이었지만 괴물 뉴턴은 엄청난 성공이었다"고 한 작가 올더스 헉슬리의 논평이 과연 과장이기만 할까?[28] 뉴턴과 마찬가지로 물리학자였던 스티븐 호킹은 "아이작 뉴턴은 유쾌한 사람이 아니었다 Isaac Newton was not a pleasant man "[29]라는 단 일곱 개 단어로 뉴턴을 요약했다.

같은 물리학자였던 알베르트 아인슈타인도 유쾌한 사람은 아니었다. 적어도 직계 가족에게는 확실히 그랬다. 그에게는 딸이 있었지만, 사생아였던 이 딸과는 연락을 전혀 하지 않았으며, 둘째 아들을 스위스의 요양원에 입원시켰는데 이 아들은 1933년부터 아인슈타인이 죽은 1955년까지 그 누구의 방문도 받지 않았다. 그의 첫 번째 아내 밀레바 마리치는 1912년 12월에 이렇게 말했다.

"그는 잠시도 쉬지 않고 자기가 풀어야 하는 문제들에만 매달린다. 그는 오로지 그 문제들을 위해서만 사는 사람이라고 할 수도 있다. 부끄러운 사실이지만 솔직하게 고백하자면 우리는 그 사람에게 중요하지 않은 존재이며, 그 사람이 하는 일에 늘 떠밀려서 뒷전인 찬밥 신세다."[30]

아인슈타인 본인도 자기가 이기적인 성정을 가지고 있음을 인정했다.

"나는 다른 사람들 및 여러 공동체 단위와 직접적인 접촉을 할 필요성을 느끼지 못한다. 나는 진정으로 '외로운 여행자'이다. 나는 나의 조국, 나의 가정, 나의 친구들 혹은 나의 가장 가까운 가족들에 온 마음을 다해서 소속된 적이 단 한 번도 없었다."[31]

♦ 강박적인 생산성이 낳은 부작용들

왜 천재들은 다른 사람들을 두 번째 자리로 떨쳐내는 습관을 가지고 있을까? 그런 성향이 단순히 천재는 최고가 돼야 한다는 이기주의적인 태도일까?

"나는 돈벌이보다는 다른 사람을 앞지르는 것에 더 많이 신경을 쓴다."[32]

토머스 에디슨이 1878년에 했던 말이다. 아니면 천재의 그런 성향은 그저 단순한 집착일까? 노벨 문학상을 받은 작가 펄 벅은 창의성을 '압도적인 필요성'이라고 표현했다. 비록 그녀는 그 뒤에 이어지는 글에서 '그'나 '그의'라는 표현을 썼지만 모든 천재를 염두에 두고서 했던 표현임은 분명하다.

"창조하고 창조하고 또 창조하는 것은 압도적인 필요성이다. 그러므로 그가 음악이나 시나 책이나 건물이나 혹은 의미 있는 어떤 것을 창조하지 않을 때 그의 존재는 그에게서 단절된다. 그는 무엇이든 창조해야 한다. 창조물을 내놓아야만 한다. 이상하고 알려지지 않은 내면의 어떤 충동 때문에, 창조하는 작업을 하고 있지 않을 때 그는 사실상 살아 있는 게 아니다."[33]

베토벤도 "나는 악보에 완전히 묻혀서 산다. 작품 하나를 끝내고 나면 어느새 다음 작품을 이미 시작하고 있다"[34]고 했다. 피카소도 베토벤과 비슷한 심경을 "화가가 정말 최악일 수밖에 없는 것은 작업이 결코 끝나지 않기 때문이다. '아, 이제 일이 다 끝났구나. 내일은 일요일이니까 쉬어야지'라고 말할 수 있는 순간은 없다"라는 말로 표현했다. 마찬가지 맥락에서 토머스 에디슨도 "조금도 쉬지 못한다는 것이 불만이고, 불만은 발전의 첫 번째 조건이다. 자신에게 온전하게 만족하는 사람을 보여다오, 그렇다면 나는 그 사람이 실패했음을 보여주겠다"[35]라고 말했다.

이 발언들은 모두 솔직하게 표현된 심경이다. 실제로 우리 가운데 얼마나 많은 사람이 가족으로서의 의무 그리고/혹은 사회 구성원으로서 의무를 회피하기 위해서 '우리의 일'이라는 표현을 사용하는지 모른다. 직장을 가진 많은 부모는 밤마다 고민한다. 밀린 업무를 해야 할 것인가, 아니면 아이가 하는 숙제를 도와줄 것인가? 집착증을 가진 천재들이 이 경우에 잘못된 사례를 가지고서 우리에게 타산지석의 깨우침을 전해주는 것은 아닐까?

그러나 집착에는 생산성 향상이라는 긍정적인 측면도 있다. 셰익스피어는 37편의 희곡을 썼는데, 이 작품들의 공연 시간은 평균 세 시간이다. 그리고 소네트도 154편 썼다. 어떤 비평가들은 한 사람이 그 많은 작품을 썼다고 보기 어렵다면서 셰익스피어가 다른 작가들을 데리고 팀을 이뤄 작업했을 것이라고 주장한다. 다른 분야의 비평가들도 비슷한 맥락에서, 똑같은 생각을 한다. 레오나르도가 10만 개의 스케치 및 드로잉 작품과 1만 3,000쪽의 메모를 남겼고, 바흐는 한 주에 소나타 한 곡을 작곡하는 속도로 300곡의 소나타를 작곡했으며, 모차르트는 30년 세월 동안 800곡을 작곡했고 (여기에는 공연 시간이 세 시간인 오페라 작품도 여럿 포함돼 있다), 에디슨은 1,093개의 특허권을 가지고 있었으며, 피카소는 2만 개의 작품을 남겼고, 또 프로이트는 150건의 저작과 2만 통의 편지를 썼기 때문이다. 아인슈타인은 1905년에 썼던 논문 다섯 편으로 가장 많이 알려져 있다. 그러나 그는 이것 외에도 248편의 논문을 썼다. 강박적인 생산성은 천재의 습관이며, 이런 사실을 부정할 근거는 찾을 수 없다.

셰익스피어를 오늘날 사람들이 기억하는 인물로 만든 곳은 런던이다. 그런데 만일 셰익스피어가 런던에 가는 대신에 스트래트퍼드 온 에이븐에 있던 자기 집에 머물면서 가족을 부양했다면 어떻게 됐을까? 아마도, 제발 술을 그만 좀 마시라고 호소하던 딸 질에게 소설가 윌리엄 포크너가 모질게 말했던 것처럼 "아무도 '셰익스피어의 자식들'을 기억하지 않을 것이다."[36] 만일 폴 고갱이 타히티로 영원히 떠나버리지 않고 코펜하겐에서 아내 그리고 다섯 아이와 함께 머물렀다면 어떻게 됐을까? 그 가족은 행복했을 것이다. 그러나 폴리네시아를 배경으로 한 그의 걸작들은 탄생하지 않았을 것이다. 요약하자면, 천재는 무엇이든 자기 마음대로 할 수 있는 자유이용권을 가질 자격이 있다는 말일까?

물론 천재의 전기를 쓰는 작가들은 천재가 그 어떤 파괴적인 행동을 했다 한들 그 행동을 기꺼이 변호하려 들 것이다. 1791년 12월 5일에 모차르트가 사망했고, 그다음 날 빈의 한 신문은 "모차르트는 불행하게도 가족을 돌보는 일에 무관심했는데, 이는 위대한 사람들에게는 흔한 일이었다"[37]라고 썼다. 그러나 그의 누나 난네를은 1800년에 쓴 짧은 전기에서 모차르트의 평판을 지키려 애쓰면서 이렇게 말했다.

"머릿속에서 들끓는 수도 없이 많은 온갖 생각들에 사로잡혀 있으며 또 지상에서 천국으로 무서운 속도로 솟아오르는 천재가 자기를 낮춰서 일상의 자잘한 일들에 매달리고 처리하는 일을 극도로 꺼린다는 것은 정말이지 이해하기 쉽다."[38]

그리고 로빈 윌리엄스에 대해서 〈뉴요커〉에 자주 글을 썼던 기자 릴리안 로스는 이 코미디 배우에 대해서 2018년에 이렇게 썼다.

"로빈은 천재였다. 그런데 천재는 가정적이며 아내와 아이를 잘 돌보는 그런 유형이 아니다. 천재는 자기만의 방식으로 세상을 바라보고 또 세상 안에서 살아가는 방식을 필요로 하는데, 이 방식이 늘 전통적인 생활방식과 양립하지는 않는다."[39]

그런데 과연 우리는 예술가는 미워하면서 그 예술가의 작품을 사랑할 수 있을까? 이 질문에 대해서 이스라엘은 수십 년 동안 '아니오'라는 대답을 했다. 유대인을 반대했던 리하르트 바그너의 개혁적인 음악 작품이 콘서트홀에서 연주되는 것을 금지하는 것이 그 증거이다. 2018년에 워싱턴국립미술관의 큐레이터들이 척 클로스의 작품 전시를 연기했는데, 그 이유는 클로스가 여자 모델 여러 명을 성폭행했다는 혐의를 받고 있었기 때문이다. 다큐멘터리 영화 〈리빙 네버랜드〉가 마이클 잭슨이 아동들을 성추행했다는 혐의를 제기한 뒤로 그의 음악이 팔리고 또 스트리밍되는 규모는 점점 줄어들고 있다.[40] 2019년에 캘리포니아대학교에서는 학생 2만 명이 아동 성추행 혐의를 받는 우디 앨런의 영화들을 다루는 인기 강좌를 폐강하라고 시위를 벌였다.[41] 같은 해에 런던국립미술관은 "이제 고갱 작품 관람을 중단해야 할 때인가?"라는 질문을 던졌는데, 고갱이 "어린 여성들과 무분별하게 반복해서 성 관계를 가졌다"는 게 이유였다.[42]

그러나 천재를 바라보는 이런 시각에 반대하는 예일대학교미술관의 명예관장 자크 레이놀즈의 반문은 정당하다.

"우리는 지금 모든 예술가가 어떻게 행동하고 살았는지를 놓고 얼마나 많이 따질 참인가?"[43]

거의 혼자서 바로크 미술의 극적인 키아로스쿠로 명암법을 개척한 천재 화가 카라바조는 살인 혐의로 기소됐다. 2018년에 뉴욕, 파리, 런던 그리고 빈에서 사후 100년을 기리는 전시회가 열렸던 화가 에곤 실레는 열세 살 소녀를 강간했다는 죄목으로 감옥에서 스물네 시간을 보냈다. 이 일은 100년도 더 전에 일어났다. 예술가가 했던 파괴적인 행동에는 공소시효도 없을까? 그게 아니라면, 서구의 모든 화가들 가운데서도 가장 위대한 천재이자 괴물인 파블로 피카소를 우리는 어떻게 해야한단 말인가?

◍ 창조자이자 파괴자

1965년에 문화비평가 라이오넬 트릴링은 예술 분야에서의 위대한 순간은 "그 순간이 과연 얼마나 많은 손상을 사람들에게 입힐 수 있는가" 하는 기준으로 판단할 수 있다고 썼다.[44] 파블로 피카소는 자기 인생에서 만난 여자들에게 많은 피해를 입히고 아픔을 줬다. 피카소는 아내들과 동반자들 그리고 애인들을 정서적으로나 신체적으로 학대하고 공포심을 안겨줬으며 또 그들이 서로 싸우게 만들었다. 우선 피카소가 어떤 시기에 어떤 여자들을 만났는지 순서대로 나열하는 것이 그의 여성 편력을 이해하는 데 도움이 될 것 같다.

    ◦   **페르낭드 올리비에(1904-1911):** 그녀를 모델로 삼아서 그린 피카소의 입체파

그림은 2016년에 6,340만 달러에 팔렸다.

- ◦ **올가 코클로바**(1917-1955): 피카소의 첫 번째 아내였고, 이혼을 원했지만 재산 분배 문제로 피카소는 이혼해주지 않았고, 법률적으로는 사별했다. 아들 파울로의 어머니다.
- ◦ **마리-테레즈 월터**(1927-1935): 마야의 어머니. 피카소는 월터를 다른 여자보다 두 배나 많이 그렸다.
- ◦ **도라 마르**(1935-1943): 피카소의 그림 〈게르니카〉 탄생에 영향을 준 인물이었다.
- ◦ **프랑수아즈 질로**(1943-1953): 클로드와 팔로마의 어머니. 성공한 화가로 현재 뉴욕에 살고 있다.
- ◦ **주느비에브 라포르타**(1950년대): 고등학생일 때 처음 피카소를 만났다.
- ◦ **재클린 로크**(1953-1973): 피카소가 1973년에 죽을 때까지 그의 두 번째 아내였다.

이 편력의 목록만을 놓고 보면 피카소의 여자들은 겹치지 않고 한 사람씩 차례대로 이어지는 것처럼 보이지만, 사실은 많이 겹쳐졌다. 피카소가 1938년에 프랑스 모긴에서 지낼 때 피카소의 새로운 정부인 도라가 함께 따라갔으며, 그의 아내 올가와 마리-테레즈도 도라와 거리를 둔 채로 함께 있었다. 1944년에 피카소가 파리의 '그랑 조귀스탱 거리'에 거주할 때 올가, 도라, 마리-테레즈, 프랑수아즈가 함께 있었다. 도라가 고른 그 집에서 한 번은 도라와 마리-테레즈가 대판 싸웠다. 이를 두고 피카소는 "나의 가장 멋진 기억들 가운데 하나"라고 나중에 회상했다.[45]

만일 피카소의 여자들이 자기들끼리 서로 파괴할 수 없었다면 아마도 피카소가 나서서 그렇게 하라고 도왔을 것이다. 피카소가 즐겨 하던 말 가운데 하나가 "나에게 여자는 오로지 여신과 발닦개 두 부류뿐이다"[46]였다.

피카소가 저질렀던 신체적인 학대를 살펴보자. 올가는 보에티 거리에 있던 아파트에서 피카소에게 맞아서 쓰러지고 머리채를 잡힌 채 질질 끌려다녔다. 도라는 스튜디오에서 피카소에게 맞아서 기절했다. 프랑수아즈는 피카소가 깔깔거리면서 지켜보는 가운데 지중해 전갈 세 마리로부터 공격을 받았는데, 이 맹독성의 전갈은 피카소의 별자리였다. 프랑스 골프주앙에서는 질로의 얼굴을 불이 붙은 담배로 지졌다. 불로 지지는 행위가 피카소에게는 무척 매력적으로 느껴졌던 것 같다. 질로와의 관계가 끝나가던 1952년에 그는 그녀에게 이렇게 말했다.

"아내를 바꿀 때마다 나는 관계가 끝난 사람을 태워야만 한다. 그래야만 그 사람을 나에게서 온전하게 지워버릴 수 있다. 이렇게 하면 그들이 더는 내 주변에서 나의 존재를 복잡하게 만들지 않을 테기 때문이다. 그리고 또 어쩌면 그렇게 하면 내 젊음이 다시 돌아올 것 같아서다. 이렇게 그 여자를 죽이면 그 여자로 대표되는 과거를 지워버리게 된다."[47]

자기 생애의 여자들에게 테러를 가함으로써 새로운 활력을 얻은 피카소는, 부정적인 방식으로 창출했던 정신적인 에너지를 그림에다 쏟았다. 이와 관련해서는 마리-테레즈가 다음과 같이 회상했다.

"그는 처음에 여자를 강간했다. (…) 그러고는 그림을 그렸다. 그 여자가 나였든 혹은 다른 사람이었든 간에, 그는 늘 그렇게 했다."[48]

붓을 손에 든 피카소는 마리-테레즈의 육감적인 몸을 자신의 성적 환상의 제물로 삼았다. 그는 그녀를 그리면서 여러 차례 그녀의 이마에 커다란 성기를 (아마도 자기 것을 그대로 모사한 성기를) 덧붙였다. 아름답고 재능이 넘치던 도라 마르는 피카소의 마음속에서 첨단 유행의 패션 아이콘으로 시작했지만 결국 〈울고 있는 여인〉([자료 16])이 되고 말았다. 그녀의 얼굴은 점점 여위어갔고 또 일관성을 잃어갔다. 즉 첨단 유행의 여신에서 발닭개로 전락한 것이다. 마리-테레즈와 도라 그리고 프랑수아즈는 각자 분리된 사이코드라마 속에서 등장한다. 이 사이코드라마에는 쉽게 상처받을 수 있는 여자와 미노타우로스가 등장하는데, 여자는 희생자이고 남자는 이 여자를 강간하려는 끔찍한 야수이다.([자료 17])

피카소는 이 장면을 묘사한 드로잉 작품들 가운데 하나를 살피면서 이렇게 혼잣말을 했다.

"그[미노타우로스]는 여자를 연구하고 있다, 여자의 생각을 읽으려고 애를 쓴다, 여자가 자기를 사랑하는지 어떤지 알아내려고 애를 쓴다. 왜냐하면 그는 괴물이기 때문이다. 여자는 이런 일을 당해도 될 정도로 충분히 이상하다. 다들 잘 알겠지만 말이다. 그가 여자를 깨우고 싶은 건지 아니면 죽이고 싶은 건지 확실하게 말하긴 어렵다."[49]

과연 어떤 지점에서 그 희생자는 미노타우로스에게 벗어날 수 있을까? 그 미노타우로스가 아무리 천재라고 하더라도 말이다.

미노타우로스로서의 피카소에 대해서 할 말이 더 있긴 하지만, 핵심은 충분히 정리됐다. 한마디로 그는 괴물이었다. 모든 혁명가가 그렇듯이 이 괴물은 오로지 대중이 허락할 때까지만 존재한다. 이런 사실은

[자료 16] 파블로 피카소의 〈울고 있는 여인〉(도라 마르의 초상화), 1937. (런던의 테이트모던) "나에게 그녀는 울고 있는 여인이다. 여러 해 동안 나는 지독하게 괴로운 모습으로 그녀를 그렸다."

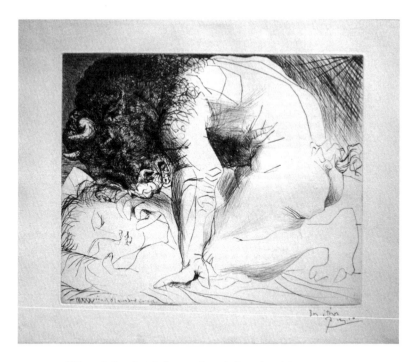

[자료 17] 파블로 피카소의 〈잠자는 소녀를 덮치는 미노타우로스〉(도라 마르의 초상화), 1937. (오타와의 캐나다국립미술관) 이것 및 이와 비슷한 피카소의 드로잉 작품들이 캐나다국립미술관의 2016년 전시회 '피카소, 남자와 야수'에서 전시됐다.

괴물도 잘 알고 있었다. 그랬기에 피카소는 이렇게 말했다.

"그들[대중]은 충격을 받고 공포에 떨기를 기대한다. 만일 그 괴물이 미소만 짓는다면 그들은 실망하고 말 것이다."[50]

피카소는 사람들을 실망시키지 않았지만, 그의 예술적 테러는 부수적인 피해를 남겼다.

그러나 피카소에게 그건 아무런 문제가 되지 않았다. 예컨대 그는 프랑수아즈 질로에게 이렇게 말했다.

"나에게 진정으로 중요한 사람은 아무도 없다. 오로지 나만 중요할 뿐이고 나 이외의 다른 사람들은 햇볕 속에 떠다니는 작은 먼지 알갱이일 뿐이다. 빗자루로 쓱 한번 밀어버리면 사라지고 마는 것들이다."[51]

반쯤 미쳐버리고 말았던 첫 번째 아내 올가는 1954년에 죽을 때까지 피카소가 어디를 가든 스토커처럼 그를 따라다녔다. 마리-테레즈는 1977년에 목을 매고 자살했다. 두 번째 아내 재클린은 1986년에 머리에 총을 쏴 자살했다. 전기충격 치료를 받았으며 수녀원 학교에 다니기도 했던 도라 마르는 1997년에 죽었다. 상처를 받았지만 살아남은 프랑수아즈 질로는 나중에 또 다른 천재로 앞에서 언급했던 조너스 소크와 결혼했다. 허핑턴포스트의 창업자인 아리아나 허핑턴은 1988년에 쓴 피카소의 자서전 제목으로 피카소를 정확하게 설명했다. 그 자서전은 《피카소, 창조자이자 파괴자Picasso: Creator and Destroyer》이다.

♦ 너무나 비윤리적인

2009년에 마크 저커버그는 이렇게 말했다.

"빠르게 움직여서 일을 해치워라. (…) 일을 해치우지 않는다면 충분히 빠르게 움직이는 게 아니다."[52]

실리콘밸리의 컴퓨터 전문가들은 중앙컴퓨터에서 워크스테이션으로, 데스크탑으로, 태블릿으로 그리고 마지막으로 스마트폰으로 빠르게 움직였으며, 각각의 새로운 제품은 선임 제품이 차지하고 있던 독점적인 지위를 파괴했다. 저커버그는 도대체 무슨 '일'을 해치우려 했을까? 제품일까, 제도일까 혹은 사람일까?

오늘날 페이스북의 시총 가격은 거의 5조 달러에 육박하며, 저커버
그 본인이 가진 자산 가치는 600억 달러가 넘는다. 페이스북은 전지구
적 차원의 천재다. 자회사인 인스타그램과 왓츠앱 그리고 메신저까지
포함하면 구독자가 27억 명이 넘는 페이스북은 전 세계 인구 3분의 1을
아우르면서 사람들에게 뉴스 및 타인과의 연결성을 보장하는 기본적인
정보원으로 기능한다. 페이스북이 가져다주는 이점은 분명하다. 다양
한 소통 및 상업(돈, 메시지, 사람 찾기, 뉴스 제공, 사진, 동영상, 영상 회의, 포커
스그룹 등)을 단일 플랫폼에 집결함으로써 사람과 제품은 유례없이 빠른
속도 및 높은 효율성으로 연결된다. 총기 규제 시위에 사람을 모으거나
이웃 사람들에게 자기가 쓰지 않는 물건을 팔 때 이제는 굳이 포스터를
그려서 길거리에 붙일 필요가 없다. 이런 일을 빠르고 효율적이고 거대
한 규모로 얼마든지 할 수 있다. 그것도 모두 '공짜'로! 그저 자기의 프
라이버시를 (그리고 또 어쩌면 자유를) 희생하기만 하면 된다.

그러나 소설《시녀 이야기》의 작가 마거릿 애트우드가 말했듯이
"인간이 만든 모든 기술은 부정적인 측면이 있다. 예를 들면 활과 화살
이 그렇다."[53] 페이스북의 부정적인 측면은 데이터가 유출된다거나 개
인 정보가 본인의 허락도 없이 광고업자에게 불법적으로 팔리는 것에
서부터 시작된다. '감시 자본주의'*의 페이스북 세상 속에서는 기밀 정
보가 직접적으로 혹은 협력업체들이나 스마트폰의 앱 개발업체들을 통
해서 간접적으로 페이스북으로 흘러 들어간다. 누가 누구를 만나서 무
슨 말을 하는지, 어디에 있는지, 무슨 약을 먹는지, 심장박동수가 얼마
인지, 정치적으로 어떤 단체에 소속돼 있는지, 휴가 때는 어디에서 무엇

을 하려고 하는지, 페이스북은 이 모든 정보를 이용해 '페이스북 광고_{sponsored post}'로 이득을 취한다.[54]

실제보다 다소 덜 알려진 게 있는데, 그것은 바로 사람들을 표적집단(포커스 그룹)**별로 묶어내는 페이스북의 알고리즘 역량이다. 이 표적집단들은 점점 더 특화된 정보를 받게 되는데, 그러다 보면 이들이 극단주의적인 집단으로 성장할 수도 있다. 2019년 2월 12일에 〈뉴욕타임스〉는 연속하는 두 면을 통째로 할애해서 두 개의 머리기사를 실었다. '프랑스의 언론인들로 구성된 페이스북 그룹이 여러 해 동안 여성을 괴롭혀왔다'와 '페이스북이 증오를 조장할 때 한 독일 경찰관이 평범하지 않은 시도를 했다'라는 기사였다. 두 기사는 각각 괴롭힘과 호도를 가능하게 하는 페이스북의 기술 역량을 입증했다. 2019년 3월 15일에는 뉴질랜드에서 백인 극단주의자 한 명이 모스크에 있던 무슬림 50명을 살해했는데, 범인이 이런 짓을 저지른 데는 범행 상황을 자기가 페이스북으로 직접 생중계할 수 있다는 조건도 하나의 동기로 작용했다. 지금까지 드러난 내용으로 보자면 페이스북은 정보 왜곡, 괴롭힘, 따돌림, 증오 연설 등을 통제하지 못한다. 2016년 미국 대통령 선거 기간에 러시아의 정보 요원들이 미국인 행세를 하면서 가짜 페이스북 계정을 만들었고 이런저런 정치 단체에 가입해서 정치적인 메시지를 올렸으며 또 무려 1억 2,600만 명에게 전파되는 페이스북 광고를 했다.[55] 때로 이 '미국인들'은 달러화가 아닌 루블화로 대금을 지급하기도 했다.[56] (이

---

* 온라인에서 수집한 개인 정보를 이용해 수입을 창출하는 자본주의로 개인 정보의 수집이 일종의 감시라는 데서 나온 말이다.

** 시장 조사나 여론 조사를 위해 각 계층을 대표하도록 소수의 사람들을 선정한 그룹.

걸 보면 그들은 천재가 아님이 분명하다.) 2019년 2월 14일에는 영국 하원의 한 위원회가 '브렉시트' 찬반을 묻는 투표에 부정한 개입이 있었다는 보고서를 제출했는데, 이에 대해 대변인은 페이스북이 마치 '디지털 조직 폭력배'처럼 행동했다고 결론을 내렸다.[57] 같은 달에 오랜 세월 실리콘밸리에서 벤처투자자이자 관찰자로 활동했던 로저 맥나미가 페이스북을 비평하는 책《마크 저커버그의 배신》을 출간했다. 통제받지 않는 독점기업에 의해서 조작된 자유 민주주의는 그야말로 '저커버그돼버렸다 Zucked.'*

그런데 천재 저커버그 본인은 데이터 도둑질로 야기되는 이 모든 파괴 상황을 예측했을까, 아니면 그 역시 의도하지 않았던 결과의 피해자일까? 2003년 11월 19일 자 〈하버드 크림슨〉에 게재된 기사 하나를 돌이켜보자. 이 기사는 저커버그가 "보안 사항을 누설하고 저작권 및 개인의 프라이버시를 침해했다는 혐의 때문에" 하버드대학교에서 거의 쫓겨날 뻔했다고 보도했다. 당시에 저커버그는 컴퓨터 코딩에 미쳐 있으며 사회성이 결여된 컴퓨터 괴짜로 비춰졌다.[58] 그때 그가 무슨 생각을 하며 살았는지는 그가 온라인에서 친구와 나눈 대화를 보면 알 수 있는데, 이 대화 내용을 〈비즈니스 인사이더〉가 보도했다.[59]

저커버그 그래, 하버드 학생 누구의 정보든 간에 궁금한 게 있으면,
저커버그 나에게 물어봐.
저커버그 나는 4,000개가 넘는 이메일과 사진과 주소와 SNS를 가지

---

*   한글 번역서는 '저커버그되다'를 '배신당하다'로 번역했다.

고 있거든.

친구　　우와 대박! 그걸 어떻게 구했어?

저커버그　사람들이 그냥 줬어.

저커버그　나도 이유를 모르겠어.

저커버그　그 사람들이 '나를 믿어.'

저커버그　명청한 쪼다들이지.

이런 상황이 그 뒤로 지금까지 과연 얼마나 바뀌었을까? 겉으로만 보자면 그다지 많이 바뀐 것 같지 않다. '명청한 쪼다들'이 27억 명으로 늘어났다는 것만 빼고는 말이다.

⬛ 그럼에도 불구하고 천재를 사랑하는 이유

셰익스피어는 희곡 〈줄리어스 시저〉(1599)에서 이렇게 말했다.

"인간의 악행은 죽은 후에도 남지만, 인간의 선행은 흔히 뼈와 함께 묻힙니다."

셰익스피어의 웅변이 가진 힘이 얼마나 강력한지 모른다. 그래서 사람들은 그 천재도 틀릴 수 있다는 사실을 알아채지 못한다. 우리는 좋은 것은 간직하지만 나쁜 것은 잊어버린다. 이런 집단 기억상실증이 인류의 진화 과정에서 강점으로 작용해서 인류 발전을 가능하게 했을지도 모른다. 우리는 개혁적인 괴짜들 그리고 그들이 일으키는 개인적 혹은 제도적 파괴 행위를 너그럽게 받아들인다. 전체적으로 보면 그들 및 그들의 행위가 장기적으로 우리에게 이득을 안겨준다는 게 이유이다. 소설가 아서 케슬러가 1964년에 말했듯이 "천재의 기본적인 표식은 완벽함이 아니라 독창성, 새로운 개척지를 열어나가는 것이다."[60] 천재가 가져다준 혁신이 충분히 많은 이득을 안겨줄 때 사람들은 그의 잘못을 용서하고 잊어버리는 경향이 있다.

몸과 마음의 휴식이 선물하는 것들

_유레카의 순간

"지금까지 내가 떠올렸던 정말 좋은 아이디어들은 모두 내가 암소의 젖을 짤 때 나왔다."[1]

〈미국식 고딕〉(1930)이라는 대표작으로 가장 많이 알려진 화가 그랜트 우드가 했던 말이다. 그렇다면 당신은 어떤가? 당신은 최고의 아이디어를 언제 그리고 어디에서 얻는가? 어떤 환경에 있을 때 그런 아이디어를 얻는가? 밤에 느긋하게 와인 잔을 들고 있을 때인가? 아니면 하루의 첫 번째 커피를 마신 뒤에 책상에 앉을 때인가?

아이작 뉴턴은 꼼짝 않고 서서 생각하고 생각하고 또 생각하는 능력을 가지고 있었다. 이런 강력한 집중력과 사정없이 논리적인 탐구력이 창의적인 통찰의 열쇠일까? 늘 그렇지는 않다. 아르키메데스가 "유레카!"라고 외쳤던 순간이 느긋하게 목욕을 할 때 찾아왔음을 기억하라.

많은 천재가 일하는 습관을 놓고 판단하자면, 창의적이려면 아무런 생각도 하지 않고 긴장을 풀어야 한다. 예를 들면 욕조에 몸을 담그거나 소 젖을 짜거나 음악을 듣거나 달리기를 하거나 기차 여행을 하거나 하면서 말이다. 그리고 어쩌면 창의적인 아이디어를 떠올리는 데에는 밤에 깊은 잠을 자는 것이 가장 중요한지도 모른다. 온갖 환상적인 꿈들로 넘쳐나는 그런 잠 말이다.

♦ 밝혀진 꿈의 역할

꿈이란 무엇인가? 우리는 왜 꿈을 꿀까? 꿈이 의미하는 것은 무엇일까? 천재였던 지그문트 프로이트는 이런 질문들에 대한 대답을 《꿈의 해석》(1900)에서 제시하려고 했다. 꿈은 무의식에 감춰져 있으면서 충족되지 않은 욕망이 표현된 것이라고 프로이트는 믿었다. 이것은 탁월한 이론이었다. 그러나 그 누구도 그의 이 가설을 과학적으로 입증하거나 반증할 수 없었다. 그러다가 뇌 영상 촬영 장비들이 등장하면서 꿈을 이용한 정신 치료가 프로이트적인 분석에서 신경생리학 분야로 넘어갔다.

'꿈 공장' 해석에 있어서는 안구 운동이 빠르게 일어나는 렘수면 동안에 어떤 일이 일어나는지 이해하는 것이 관건이라고 현재의 과학은 주장한다. 렘수면은 수면 주기의 마지막 단계에서 사람들이 경험하는 환각과 유사한 상태다. 때로는 심지어 낮잠을 잘 때도 렘수면 상태를 경험하기도 한다.

자기공명영상 단층 촬영은 렘수면이 이어지는 동안에 뇌의 어떤 부위들은 활동을 멈추지만 뇌의 다른 부위들은 한층 활발하게 활동한다는 사실을 밝혀냈다. 의사결정과 논리적인 생각을 담당하는 전두엽의 가장 왼쪽 및 오른쪽 측면 부분이 활동을 정지하지만, 기억과 감정 그리고 영상 이미지들을 담당하는 해마와 편도체, 그리고 시공간 피질의 활동은 활발해진다.[2] 그로 인해 사람들이 상식적으로 생각하는 것과 전혀 다르게, 기억과 감정과 이미지들이 자유롭게 흘러가는 가운데서 문제 해결이 좀 더 잘 이뤄지고 또 한층 더 창의적인 발상들이 나타난다는 것이다.[3] 오늘날의 신경과학은 "한숨 자면서 천천히 생각하는 게 좋다Better go sleep on it"는 속담이 문제 해결의 진리를 담고 있음을 입증하고 있다.

하버드대학교의 신경의학자 로버트 스틱골드와 그의 동료 (지금은 버클리대학교에 있는) 매슈 워커는 수면과 관련된 실험을 해서 특별한 사실 한 가지를 입증했다. 렘수면 상태에서 깨어난 사람들이 렘수면이 아닌 상태에서 깨어난 사람들이나 잠을 자지 않고 깨어 있던 사람들에 비해서 아나그램* 퍼즐을 15~35퍼센트나 더 잘 푼다는 사실을 확인한 것이다.[4]

또 다른 실험에서 스틱골드는, 렘수면 상태에서 꾸는 꿈의 내용이 잠에서 깼을 때 해결해야 할 어떤 문제와 상관이 있을 경우에는 그렇지 않은 경우에 비해서 실험 참가자들이 해결책을 (이때 실험 참가자들에게 제시된 문제는 미로 탈출 문제였다) 열 배나 잘 찾아낸다는 사실을 확인했다.[5]

워커는 베스트셀러였던 2017년 저서 《우리는 왜 잠을 자야 할까》에

---

* 철자 순서를 바꾼 말.

서 렘꿈을 꾸는 매우 이완된 상태에서 뇌는 기억 은행 전체를 넘나드는 자유연상을 통해서 서로 아무런 관련 없이 멀리 떨어져 있는 정보 조각들을 하나로 묶어서 사물이나 상황을 이해하려 노력하는 작업에 매달린다고 주장했다.

"잠을 자며 꿈을 꿀 때 뇌는 이미 확보하고 있던 방대한 양의 지식을 늘어놓고 생각을 하며, 그런 다음에는 거기에서 포괄적인 규칙 및 공통점, 즉 '핵심'을 뽑아낸다. (…) 꿈을 꾸는 이 과정에서 (이 과정을 나는 아이디어시지아ideasthesia, 착상 감각*라고 부른다) 인류 발전으로 이어지는 가장 혁명적인 도약들이 비롯돼왔다."[6]

🜄 꿈과 현실 사이에서

1869년에 러시아 화학자 드미트리 멘델레예프는 이미 알려진 화학 원소들 사이의 관계를 놓고 씨름하다가 잠이 들었다. 그런데 잠을 자는 동안에 그 문제의 해법이 그의 머리에 떠올랐다. 그것은 바로 원소주기율표 체계였다.

작가 스티븐 호킹은 자기의 스릴러 소설《살렘스 롯》이 어린 시절에 자주 꾸던 악몽에서 비롯됐다고 말했다. 브로드웨이 뮤지컬〈라이온 킹〉을 창의적으로 연출한 줄리 테이머도 꿈에서 아이디어를 떠올렸다고 썼다.

---

* 특정 개념의 활성화가 공감각을 일으키는 현상.

"내가 떠올린 많은 이상한 아이디어들은 새벽잠에서 나왔는데, 정말 믿을 수 없는 순간이었다. 잠에서 깨어 일어나면, 신기하게도 그 아이디어가 선명해졌다. 그것도 매우 빠르게."

빈센트 반 고흐도 같은 맥락에서 "내가 그림을 그리는 꿈을 꾸는데, 어느 순간엔가 나는 내 꿈을 그리고 있다"고 비유적으로 말했다. 초현실주의 화가 살바도르 달리의 작품은 꿈에서나 본 것 같은 형상처럼 보인다. 달리는 꿈이 갖고 있는 창의적인 힘에 얼마나 집착했던지 잠을 잘 때 일부러 손에 숟가락을 들고 잤다. 깜박 잠이 들면 손에 쥐고 있던 숟가락이 바닥에 떨어지면서 땡그랑 소리를 내는데, 그 소리를 듣고 얼른 잠에서 깨어 일어나 꿈에서 스쳐 지나간 생각을 비몽사몽 간에 화폭에 담기 위해서였다.[7]

화가가 꿈을 꾸듯이 사물을 바라보는 것처럼 음악가는 꿈을 꾸듯이 그 사물이 내는 소리를 듣는다. 리하르트 바그너는 1853년에 산책을 하고 돌아와서 소파에서 깜박 졸다가 〈니벨룽의 반지〉의 도입부 음악을 들었다. 이고르 스트라빈스키는 〈관악기를 위한 8중주〉가 어떻게 탄생했는지 다음과 같이 회상했다.

"이 곡은 '꿈'에서 시작됐다. 꿈을 꿨는데 나는 작은 방에 있었고, 몇 명 되지 않는 연주자 집단이 나를 둘러싸고 서서 어떤 매력적인 곡을 연주했다. 어떤 음악인지 알 수 없었지만 나는 귀를 곤두세우고 들었다. 다음 날 나는 그 음악이 어떤 특징을 갖고 있었는지 도무지 기억할 수 없었지만 내가 꿈속에서 연주자들이 몇 명이나 되는지 알고 싶다고 생각했던 것은 기억한다. (⋯) 나는 이 작은 연주회에서 깨어날 때 정말 환희에 넘쳐 있었고, 다음 날 아침부터 작곡을 하기 시작했다."[8]

빌리 조엘은 자기의 팝 음악들이 오케스트라 버전으로 연주되는 꿈을 꿨다고 했다. 롤링 스톤스의 키스 리차드는 자기 노래 〈만족할 수 없어(I Can't Get No) Satisfaction〉가 플로리다의 한 호텔에서 잠을 잘 때 자기에게 다가왔다고 했다. 그때 그는 녹음기가 천천히 돌아가도록 틀어놨는데, 바로 이 녹음기가 그 노래의 도입부를 포착했다는 것이다.[9]* 그러나 음악적 영감이 초현실적인 잠에서 비롯됐음을 정말 실감 나게 묘사한 사람은 비틀즈의 폴 매카트니다.

20세기 최고의 팝송들 가운데 하나로 꼽히는 매카트니의 〈예스터데이〉는 1963년에 그가 꾼 꿈에서 탄생했다. 처음에는 곡조가 탄생했고, 그다음에는 가사가 탄생했다. 매카트니는 2010년에 미국 의회도서관에서 콘서트를 하면서 이 노래를 다음과 같이 소개했다.

"오늘밤의 마지막을 장식할 노래를 이제 곧 부를 텐데요. 이 노래[〈예스터데이〉]는 꿈속에서 나에게 찾아왔습니다. 그래서 나는 마법이라는 것을 믿습니다."[10]

매카트니는 〈예스터데이〉가 탄생한 기원을 여러 차례 이야기했다. 여자친구 집에서 잠을 자다가 깨어나서는 곧바로 피아노로 달려가서 그 멜로디에 화음을 넣었다고 했다. 그런데 그렇게 해서 나온 멜로디가 꿈에서 만들어졌다는 사실을 그는 도저히 믿을 수 없었다. 그래서 비틀즈의 동료인 존 레넌과 조지 해리슨은 말할 것도 없고 제작자 조지 마틴 등 여러 친구에게 그 멜로디가 어떤 곡에서 나온 것인지 몇 주 동안이나 묻고 다녔다.

---

* 그는 잠을 자다가 꿈에서 들리던 음악을 비몽사몽간에 기타로 연주하면서 녹음하고 다시 잠들었다.

"'도대체 이건 무슨 노래의 멜로디지? 이 멜로디는 꿈에서가 아니라 내가 기억하던 어떤 노래에서 나온 게 분명한데, 그 노래가 뭔지 모르겠단 말이야.' 그런데 아무도 그 멜로디를 알지 못했고, 그래서 결국 그걸 내가 작곡했다고 주장할 수밖에 없었습니다. 정말 마법과 같지 않습니까? 어느 날 아침에 잠에서 깨어보니 이 멜로디가 내 머릿속에 들어와 있더란 말입니다. 그리고 약 3,000명이 이 곡을 녹음했습니다. 원래 가사는 '스크램블된 달걀, 오, 베이비, 당신의 두 다리가 정말 사랑스러워'였는데, 그 가사를 바꿨습니다."

🝔 유레카의 순간을 준비하라

매카트니가 밤에 어떤 영감을 깨치도록 유도한 건 무엇이었을까? 과학자들은 신경전달물질을 이야기한다. 이것은 신체 내의 세포와 세포 사이에서 전기화학적 신호를 전달하는 물질이다. 잠을 자지 않고 깨어 있는 동안에 이 화학적인 노르아드레날린은 뇌 안 여기저기로 흐르면서 뇌를 활성화한다. 이것은 '행동을 부르는' 호르몬인 아드레날린이 인체 내에서 기능하는 방식과 비슷하게 기능한다.

그러나 렘수면 중에는 노르아드레날린이 사라지고 '조용하고 안전한' 신경전달물질인 아세틸콜린이 전면에 나서서 뇌가 느긋하게 이완된 연상의 자유비행을 하게 만든다.[11]

독일 출생의 약리학자 오토 뢰비(1873-1961)가 아세틸콜린의 힘을 처음 발견했는데, 이 발견도 꿈에서 이뤄졌다. 그 이전인 1915년에 헨리 핼릿 데일이 아세틸콜린을 발견하긴 했지만 신경전달물질로서의 작동원리는 1921년 3월 25일 저녁에 뢰비가 잠자리에 들 때까지는 아무도 알지 못했다. 그러나 뢰비의 사례에서 정말 중요한 사실은 뢰비의 통찰이 단 한 차례의 꿈이 아니라 연속적으로 여러 차례의 꿈에서 나타났다는 점이다.

그해[1921년] 부활절 일요일 전날 밤에 나는 잠에서 깨어나서 불을 켜고 작은 종잇조각에 몇 가지 메모를 끄적이고는 다시 잠들었다. 그런데 아침 6시에 문득 밤에 내가 뭔가 정말 중요한 어떤 것을 메모했다는 사실을 깨달았다. 그래서 메모를 살펴봤지만 워낙 글자를 휘갈겨 써서 도무지 알아볼 수 없었다. 그리고 다음 날 밤 3시, 그 생각이 다시 떠올랐다. 그것은 바로 내가 17년 전에 정리했던 화학전달물질에 대한 가설이 맞을지 틀릴지 판단할 수 있는 실험을 설계하는 방식에 대한 생각이었다. 나는 곧바로 잠자리를 털고 일어나 실험실로 가서 꿈에서 떠올린 그 방식대로 개구리 심장에 단순한 실험 한 가지를 했다.[12]

꿈에서 얻은 통찰에 따라서 뢰비는 아세틸콜린을 개구리 심장에 주입했다. 그러자 개구리 심장의 심박수가 빨라졌다. 이로써 심장은 외부의 전기적인 자극뿐만 아니라 신체 내부의 화학적인 자극으로도 자극을 받는다는 사실이 입증됐다. (오늘날에는 심전도기록기와 심박조율기 같은 현대적인 장치가 심장 내의 전기적 점화를 관찰하거나 통제한다.) 뢰비는 이 발견으로 1936년에 노벨 화학상을 받았다.

여기에서 우리가 실용적인 응용 차원에서 확인해야 할 중요한 점은 세 가지다.

첫째, 꿈을 통해서 어려운 문제를 해결했던 많은 사람과 마찬가지로 뢰비는 똑같은 꿈을 두 차례 이상 꿨다. 둘째, 그는 오랜 기간 한 문제를 놓고 씨름하면서 잠시도 그 문제를 머리에서 지우지 않았다. 무려 17년이라는 세월 동안 그 문제를 숙성시켰고, 마침내 그 숙성의 마지막 순간에 그 통찰의 순간을 맞았다. 마지막으로, 그는 준비를 갖추고서, 즉 연필과 종이를 침대 곁에 두고서 잠자리에 들었다.

알베르트 아인슈타인 역시 '깨침'의 순간이 올 것에 대비해 언제나 준비를 하고 있었다. 한번은 그가 뉴욕에서 친구와 함께 밤을 보내고 있었는데, 그 친구가 아인슈타인에게 잠옷이 필요한지 물었다. 그러자 아인슈타인은 "나는 일을 마치고 나면 자연 그대로의 모습으로 잔다"[13]고 대답했다. 아인슈타인은 잠옷 대신 펜과 종이를 침대 협탁에 놓아달라고 부탁했다.[14] 당신도 기억하라. 침대맡에 펜과 종이를 준비할 것!

펜과 종이를 욕실에 준비해둘 필요도 있다. 〈비즈니스 인사이더〉의 2016년 조사에서 미국인 72퍼센트가 샤워를 하는 도중에 멋진 아이디어가 떠오른다고 응답했다. 펜실베이니아대학교의 심리학자 스콧 카우프만은 이렇게 말했다.

"우리는 여러 개 국가의 시민을 대상으로 연구를 했으며 사람들이 일할 때보다 샤워할 때 창의적인 영감을 더 많이 떠올린다는 사실을 확인했다."[15]

이렇게 될 수밖에 없는 이유를 신경과학자들은, 아세틸콜린처럼 꿈을 유발하는 신경전달물질들은 아침에 스위치처럼 켜졌다 꺼졌다 하는 게 아니라 조수처럼 서서히 밀려왔다가 서서히 밀려간다는 식으로 설명한다.[16] 샤워는 따뜻한 물과 끊임없이 이어져서 산만함을 막아주는 백색소음 덕분에 신체와 정신을 이완시킨다.

그러나 무엇보다 중요한 점은 잠에서 깨어난 다음 약 20분이라는 시간이 지나야만 정신이 화학적으로 온전하게 깨어 있는 상태에 도달한다는 사실이다.[17] 바로 이 '중간 지대'의 시간 동안에 뇌는 감각적으로는 깨어 있지만 생각의 자유로운 흐름을 여전히 경험한다. 그러니 자기 앞에 놓인 이 기회, 적어도 잠에서 깬 직후의 20분이라는 이 시간을 놓치지 말아야 한다. 그리고 다시 한번 더 말하지만, 펜과 종이를 가까이 둬라.

◍ 긴장을 푸는 연습

자음조화*나 부드럽게 흔들리는 음악적인 리듬이 우리를 편안하게 하듯, 샤워할 때 사람들은 이완된다. 심지어 자궁 속 태아도 그렇다. 아인슈타인은 이런 사실을 알았고, 그래서 그는 어디를 가든 늘 바이올린을 가지고 다녔다. 아인슈타인의 두 번째 아내 엘사가 1931년에 배우 찰리 채플린에게 했던 이야기는 중요하고도 획기적인 순간에는 음악이 그다지 조용한 동반자만은 아닐 수 있다고 말한다.

---

* 단어에서 같은 성질의 자음들이 배열되는 것.

박사[아인슈타인]님이 평소처럼 실내복을 입고서 아침을 먹으러 내려왔지만 음식에는 거의 손도 대지 않더라고요. 그래서 나는 뭔가 잘못됐다고 생각하고 뭐가 문제냐고 물었죠. 그러자 "여보, 정말 멋진 생각을 떠올렸어요"라고 하더군요. 그러고는 커피를 마신 다음에 피아노 앞에 앉더니 연주를 하기 시작하는 겁니다. 아닌 게 아니라 박사님은 가끔 하던 일을 멈추고 연주를 하곤 해요.[18]

아인슈타인은 획기적인 의미를 지닌 어떤 것을 놓고 생각할 때 30분 동안 악기를 연주하곤 했다. 이렇게 연주하고는 곧바로 서재로 들어가서 연구에 몰두하고, 그러다가 다시 또 내려와서 악기를 연주하고… 그리고 마침내 두 주 뒤에 그는 일반상대성이론을 증명하는 방정식이 빼곡히 들어찬 종이 뭉치를 손에 들고 내려왔다.[19]

이 이야기는 과장된 것일 수도 있다. 그러나 아인슈타인의 장남 한스 알베르트도 비슷한 말을 했는데, 자기 아버지는 연구에 몰두하다가 어디선가 막혀서 진도가 나가지 않을 때는 가족이 있는 거실로 나와서 바이올린을 연주하면서 자기 마음을 탈일상의 상태로 밀어 넣으려 하곤 했다는 것이다.

"아버지는 작업이 막히거나 어려운 상황에 맞닥뜨렸다고 느낄 때마다 음악을 도피처로 삼았으며, 그러다 보면 어느 순간엔가 음악이 아버지가 안고 있던 어려운 문제들을 풀어주곤 했다."[20]

때로는 숙련된 연주자도 이완을 통해서 막혀 있던 길을 뚫고 앞으로 나아간다. 여러 해 동안 나는 예일대학교에서 음악 듣기 강의를 하면서 학생들에게 모차르트는 피아노를 누운 자세로 연주할 수 있었다는 말을 해줬다. 그런 다음에는 "그게 어려워 보이지만 사실은 그다지 어렵지 않다"고 말하고 또 그것을 입증했다. 나는 머리를 피아노를 향한 채 의자에 등을 대고 누운 다음에 두 팔을 교차한 자세로 두 손으로 피아노를 연주하곤 한다. (이 모습을 담은 동영상은 내 웹사이트를 방문하면 볼 수 있다.) 시간이 흐르면서 내가 손가락을 어디에 놓아야 할지 집중할 때마다 실수할 수 있다는 걸 알았지만, 나 자신에게 "어떻게 하는지 잘 알고 있잖아. 심호흡 크게 한번 하고 긴장을 풀고서 해봐. 잘될 거야"라고 말하면 이상하게도 실수하지 않고 잘할 수 있게 됐다.

언젠가 한번은 한 학생이 내가 알지 못하던 사실을 일러줬다.

"교수님이 연주하실 때 눈을 감고 계신 거 아시죠?"

아니, 몰랐다. 하지만 충분히 그럴 수 있다. 우리는 각자 자신의 장기기억 창고에 공부한 많은 것들을 담아두고 있음을 알아야 한다. 그러니까 우리는 긴장을 풀고서 그것들이 그저 앞으로 나오도록 하기만 하면 된다.

⬛ 걷기의 힘

글을 써야 하는데 꽉 막혀서 고생한 적이 있는가? 그렇다면 운동화를 신고 바깥으로 나가서 2, 3킬로미터 달려라. 근거 없는 얘기가 아니라 2014년에 〈가디언〉에 게재된 기사에서 제시한 해결 방법이다. 이 기사는 창의성과 운동 사이의 상관성을 연구한 학자들이 발견한 사실을 근거로 삼았다.[21] 사실 현재 신경학자들과 심리학자들이 수행한 연구 결과에 따르면 운동량이 늘어날 때 (심지어 걷기 운동이라고 할지라도) 확산적 사고와 창의성뿐만 아니라 인지 기능이 향상된다.[22] 역사에 등장했던 천재들은 이미 이런 사실을 알고 있었다, 의식했든 하지 않았든 간에.

고대 그리스에서 소요학파에 속한 학자들은 라이세움(아테네의 학원) 주변을 걸으면서 철학적인 문답을 주고받았다.* 찰스 디킨스는 단편소설《크리스마스 캐럴》을 구상하는 동안 런던 거리를 여기저기 쏘다니며 하루에 15마일(약 24킬로미터)씩 걸었다.[23] 마크 트웨인의 아들은 자기 아버지는 걸으면서 일을 했다고 회상했다.

"집에서 아버지는 구술을 하면서 계속 걸었다. (…) 그럴 때마다 언제나 새로운 정신이 방에 가득 퍼지는 것 같았다."[24]

빌 게이츠 역시 걷는 것을 좋아하는데, 그의 아내였던 멜린다는 "걷는 것이 그에게는 생각을 정리하고 다른 사람이 보지 못하는 것을 보는 데 도움이 된다"[25]고 말했다. 걷는 것을 광적으로 좋아했던 헨리 데이비드 소로는 1851년에 "나의 두 다리가 움직이기 시작하면 내 생각들도 흐르기 시작한다"[26]고 썼다. 앞에서도 봤듯이 당시의 여자들과는 매우 달랐던 소설가 루이자 메이 올컷은 달리기를 무척 좋아했다. 그래서 1868년에《작은 아씨들》을 집필할 때 "일이 너무 많아서 음식을 먹거나 잠잘 시간도 없다. 그저 하루에 한 차례씩 달릴 뿐이다"[27]라고 썼다.

야외에서든 실내에서든 간에 걷거나 달릴 때에는 신경전달물질이 작동해서 거리낌이나 개념적인 구속이 줄어들며 기억 자원이 풍부해진

---

* '소요(逍遙)'는 '느긋하고 자유롭게 거니는 행위'를 뜻한다.

다. 그러나 운동하는 모든 창의적인 사람이 명심해야 할 점이 있다. 활동이 이뤄지는 장소는 중요하지 않지만 속도는 중요하다는 점이다.

예를 들어, 걷는 속도를 1마일당 17분에서 12분으로 높이거나 달리는 속도를 1마일당 10분에서 8분으로 높일 때 보통의 뇌는 이완된 상태에서 벗어나서 걷거나 달리는 행위 자체에 초점을 맞추게 된다.[28] 그러므로 만일 런닝머신으로 운동한다면 전자 모니터는 종류를 가리지 않고 피해야 한다. 만일 야외에서 운동한다면 핏비트를 버려라. 길에서는 어느 것 하나에만 집중하는 것이 창의성의 적이다.

♦ 아무도 예상치 못한 순간의 발견

니콜라 테슬라는 1882년의 어느날 오후에 부다페스트 시티파크를 느긋하게 걷고 있었다. 스물여섯 살이던 그는 신생회사인 부다페스트 전기회사에서 일하려고 그 도시에 가 있었다. 그런데 친구이던 아니탈 시케티 Anital Szigety가 그에게 규칙적인 운동이 중요하다는 사실을 강하게 각인시켰고, 그래서 두 사람은 긴 거리를 함께 걷곤 했다.[29] 테슬라는 그때의 일을 자서전에서 다음과 같이 회고했다.

어느날 오후의 일은 지금까지도 기억에 생생하다. 나는 친구와 함께 시티파크를 즐겁게 걸으면서 시를 암송했다. 당시에 나는 모든 책을 단어 하나까지 달달 외웠다. 그 책들 가운데 하나가 괴테의《파우스트》였다. 해가 막 지고 있었는데, 그 모습을 보자 영광스러운 구절들이 떠올랐다.

> 이글거림은 뒷걸음질쳐 물러나고, 하루의 수고는 끝이 났다;
> 그러나 그것은 멈추지 않고 나아간다, 새로운 생명을 향하여;
> 아, 그 어떤 날개라도 나를 대지에서 들어 올릴 수 없으리
> 계속 따라가야만 하는 그 길이 있으니, 다시 또다시!
> 영광스러운 꿈이여!

> 영감을 주는 이 단어들을 하나씩 뱉을 때 '그 생각'이 마치 번개처럼 떠올랐다. 그 찰나의 순간에 진실이 모습을 드러냈다.[30]

테슬라가 발견한 것은 투입하는 전류를 바꿈으로써 자기장이 돌아가도록 유도하는 방식이었다. 바로 이 통찰을 기반으로 해서 유럽과 미국을 장차 산업 분야의 최강국으로 바꿔놓을 다상 전동기가 개발됐다. 오늘날의 식기세척기, 진공청소기, 전기드릴, 펌프, 선풍기 등은 모두 테슬라가 시티파크를 걸으면서 떠올렸던 통찰이 있었기에 가능한 도구들이다.

그러나 정말 중요한 점이 있는데, 사실은 테슬라가 1875년에 그라츠대학교의 공학도 시절부터 교류 전동기와 관련된 문제를 붙잡고 해결책을 모색해왔다는 사실이다. 그는 1921년에 자신의 사고 과정에 대한 질문을 받고는 "나는 어떤 생각을 내 머릿속 깊은 곳에 넣어두고 몇 달, 아니 몇 년씩 묵힌다"[31]라고 대답했다.

유레카의 순간은 그가 전동기를 의식적으로 생각하지 않을 때 갑작

스럽게 찾아왔다. 그는 괴테의 《파우스트》를 친구에게 암송해주면서 공원을 걷고 있었다. 그리고 지구가 자전rotate함으로써 발생하는 현상인 일몰을 즐기고 있었다. 앞의 시에서 독일어 원문에는 'rucken(되돌아오다)'이라는 단어가 포함돼 있었다. 이 단어에서 지구의 회전이 연상됐고 또 교류를 전원으로 하는 자기장의 회전이 연상됐으리라. 그런데 우연찮게도 그가 암송한 시의 그 부분은 '영광스러운 꿈이여!'라는 구절로 끝난다.

그런데 만일 당신이 걷기나 달리기 같은 운동이라는 방식을 통해서 통찰로 다가갈 마음이 들지 않는다면 어떻게 하겠는가? 교통편을 이용해서 그 통찰에 다가가겠는가? 놀랍게도 우리 천재들은 '그렇다'라고 대답한다.

많은 천재가 기차, 버스, 마차 혹은 버스를 타고서 최고의 생각을 떠올렸다. 이미 앞에서 살펴봤듯 조앤 롤링을 베스트셀러 저자 J. K. 롤링으로 바꿔놓았던 그 놀라운 여정은 그녀가 《해리포터》 시리즈를 구상하면서 기차 여행을 할 때 시작됐다. 월트 디즈니는 기차를 타고 가다가 미키마우스를 떠올렸다. 린-마누엘 미란다는 뮤지컬 〈해밀턴〉에 나오는 노래 〈웨이트 포 잇 Wait for It〉이 뉴욕에서 파티에 참석하려고 지하철을 탔을 때 떠올랐다고 했다. 그는 그 멜로디를 휴대폰에 녹음했고, 파티장에서 서둘러 나온 다음에 집으로 돌아오는 지하철에서 전체 곡을 완성했다.[32] 이 여러 천재가 했던 경험의 공통점은 바로 끊임없이 흔들리는 움직임과 부드러운 배경 리듬이었다. 그것이 바로 사람들이 기차를 타면 쉽게 잠드는 이유가 아닐까?

루트비히 판 베토벤은 1810년에 썼던 한 편지에서 바덴에서 마차를 타고 그다지 멀지 않은 거리에 있던 빈으로 가던 길에 잠에 곯아떨어졌던 일을 이야기했다.

"어제 마차를 타고 빈으로 가던 길이었는데 잠이 얼마나 쏟아지던지 (…) 그래서 잠이 들었고 꿈을 꿨는데 내가 멀리 여행을 하고 있었어. 그런데 이 여행이 계속 이어져서 멀리 시리아까지 가고, 또 인도까지 가고, 아라비아로 가고, 그러다가 마지막에는 예루살렘으로까지 갔어. (…) 꿈에서 여행을 하는 동안에 다음 캐논*이 머릿속에 떠올랐어. 그런데 잠에서 깨자마자 그 캐논은 사라지고 단 한 마디도 생각이 나지 않는 거야."[33]

다음 날 우연하게도 베토벤은 어제의 그 마차를 타고 바덴으로 돌아갔다. 그런데…

"거 참 이상하지, 생각 연상의 법칙에 따라서 지난번 그 캐논이 다시 떠오른 거야. 그래서 번쩍 눈을 뜨고 빠르게 적었지, 메넬라오스가 프로테우스를 붙잡았듯이 또 프로테우스의 마지막 부탁을 들어줬듯이, 3성부로 수정하도록 했어."**

움직이는 것, 긴장을 풀고 이완하는 것, 잠을 자는 것 그리고 연상 기억을 떠올리는 것(동일하고 편안한 장소에서), 이 모든 것 덕분에 베토벤은 마차를 타고 여행하던 중에 두 번이나 캐논을 탄생시켰다.

---

* 가수나 악기가 번갈아가며 한 멜로디를 반복하는 음악 형식.
** 프로테우스는 변신의 귀재였다.

⚫ 휴식의 선물을 놓치지 마라

소크라테스*에서 폴 매카트니(〈예스터데이〉)에 이르기까지 역사에 등장했던 천재들은 창의적인 통찰이 밤이든 낮이든 간에 충분히 이완된 순간에 나타난다는 사실을 입증해왔다. 이런 사실에서 야망을 가진 오늘날의 창작자들에게 훌륭한 도움말이 될 교훈을 추론할 수 있다.

참신한 발상이 필요하다면 산책을 하거나 달리기를 하라. 혹은 정신이 한가롭고 자유로운 시간을 누릴 수 있도록 느긋하게 휴식할 수 있는 교통수단에 몸을 맡겨라. 자동차와 사람이 많아서 신경 써야 할 게 많은 시내로는 운전해서 들어가지 마라. 넓게 확 트인 공간으로 나가라.

단, 집중력을 요구하는 오디오북이나 라디오 뉴스는 듣지 마라. 사실 단순반복 작업처럼 '아무런 생각 없이 하는' 신체 활동이 상상력에 날개를 달아줄 수 있다. 노벨상 수상자인 토니 모리슨은 잔디를 깎으면서 "머릿속으로 온갖 구상을 하곤 했다."[34] 발레단 단장이자 안무가인 조지 발란신은 "내가 일을 가장 많이 하는 때는 다림질을 할 때다"[35]라고 주장했다.

아침에 잠에서 깨어 눈을 뜨면 곧바로 스마트폰을 집어 들지 말고 그 자리에서 몇 분 동안 가만히 이런저런 생각을 하라. 바로 그 시간에 당신의 정신은 최상의 상태이다. 비슷한 맥락이지만 백일몽이나 낮잠을 시간 낭비라고 생각하지 마라. 이런 것들이야말로 새로운 통찰을 얻

---

* 플라톤의 《파이돈》에서는 소크라테스가 죽기 직전 감옥에서 이솝 이야기들을 운문으로 만들었다고 하는데, 소크라테스는 자기가 평소에 하지 않던 시가 작업을 한 이유를 꿈에서 "시를 짓는 작업을 하라"는 이야기를 들었기 때문이라고 대답했다.

을 기회이다. 마지막으로, 아인슈타인처럼 행동하라. 즉 잠을 자거나 샤
워를 하다가 좋은 생각이 떠오르면 곧바로 메모할 수 있도록 펜과 종이
를 침대맡이나 욕실에 둬라. 사람은 누구나 집중해서 '생산적인 상태가
되기를 바란다. 그런데 천재는 언제 그렇게 하지 않아야 하는지를 잘
안다.

14

몰입의 순간을 찾아서

_천재의 집중력

이완을 하는 데는 때로 규율이 필요하다. 그런데 집중을 하는 데도 규율이 필요하다. 처음에는 해결해야 할 문제를 분석해야 하고 그다음에는 '결과물(제품)'을 내놓아야 한다. 이것은 천재들뿐만 아니라 성공한 사람들에게도 적용된다. 어떤 해결책을 마련하려면 집중해야 함을 우리는 잘 안다. 그러나 과연 그러기 위해 당장 행동에 나서야 할까, 아니면 미루고 질질 끌어야 할까? 뒤에서 살펴보겠지만 레오나르도 다빈치는 엄청나게 강력한 분석적 집중력을 가지고 있었다. 그러나 그는 해결책을 찾고 나면 흔히 관심을 잃어버리고 결과물을 만들어내지 않았다. 그가 내놓은 완성품이 채 스물다섯 개도 되지 않는 이유도 여기에 있지 않을까 싶다. 찰리 브라운이 주인공인 만화 〈피너츠〉를 1만 7,897회 연재한 만화작가 찰스 슐츠는 연필을 들고 낙서를 하면서 이런저런 생각으로 시간을 많이 보내는 것으로 유명했다. 그러나 전기작가 데이비드 마이클리스에 따르면 "그러다가도 그는 어떤 아이디어 하나를 떠올리면, 영감이 말라버리기 전에 극도의 집중력으로 빠르게 작업해서 그 아이디어를 종이 위에 옮겼다."[1] 느긋하게 이완된 상태에서 나온 생각이든 혹은 극도의 분석적인 집중력에서 나온 생각이든 간에 세상을 바꾸는 힘을 가진 생각이 개혁적인 힘을 발휘하려면 우선 구체화돼야 하고 타당한 것으로 입증돼야 하며 또 대중으로부터 인정받아야 한다. 분석과 실천, 이 둘은 모두 집중적인 각고의 노력을 필요로 한다.

⬥ 분석과 실천

분석적인 집중은 실천에 선행한다. 파블로 피카소는 펜이나 붓으로 그림을 그리기 전에 흔히 눈과 마음으로만 대상을 분석하는 작업을 했다. 1940년대에 피카소의 뮤즈였던 프랑수아즈 질로는 피카소가 가장 좋아하던 대상인 여자의 몸을 얼마나 집중해서 분석했는지를 다음과 같이 회상했다.

그다음 날에 파블로가 "당신이 내 앞에서 누드로 포즈를 취해주면 좋겠어"라고 말했다. 내가 옷을 벗고 나자 그는 나더러 문 앞에 서라고 했다. 두 팔을 모두 옆으로 늘어뜨리고 꼿꼿하게 서는 자세를 요구했다. 내 오른쪽으로 높은 창문에서 들어오는 한 줄기의 밝은 햇살을 제외하고는 방 전체가 모두 회색에 가깝게 어두웠다. 파블로는 나에게서 3, 4미터 떨어진 거리에서 나를 바라봤다. 긴장하고 또 어딘가 거리감을 두는 눈빛이었다. 그의 두 눈은 잠시도 내 몸에서 떠나지 않았다. 그는 화첩에는 손도 대지 않았다. 연필은 쥐지도 않았다. 무척 긴 시간이 흐른 것 같았다.

마침내 파블로가 말했다. "나는 내가 바라볼 필요가 있는 것을 보는 거야. 이제는 옷을 입어. 됐어, 다시 포즈를 취하지 않아도 돼." 옷을 입으면서 나는 내가 한 시간 남짓한 시간 동안 서서 포즈를 취했음을 알았다.[2]

레오나르도 다빈치도 그냥 가만히 서서 사물을 응시하곤 했다. 실제로 밀라노 산타마리아 델레 그라치에 성당의 〈최후의 만찬〉 구도를 구상하는 데 들인 시간은 이 작품을 직접 그리는 데 들인 시간만큼 많았던 것 같다. 레오나르도와 같은 시대를 살았던 작가이자 수도사였던 마테오 반델로는 이렇게 기록했다.

"그는 때로 이틀이나 사흘 혹은 나흘씩이나 붓을 들지도 않은 채 가만히 서 있곤 했다. 게다가 그림을 그리는 날도 그림 앞에 팔짱을 끼고 서서 그림 속의 인물들을 구상하느라 몇 시간씩 가만히 서 있었다."[3]

이런 집중을 두고 레오나르도는 자기가 '정신적인 연구'를 하는 것이라고 했다.

〈최후의 만찬〉 작업이 느리게 진행되자 화가 난 수도원장이 레오나르도의 후원자이던 밀라노 공작에게 불평을 늘어놨다. 그런데 작업이 지연되는 이유를 해명하기 위해서 소환된 레오나르도는 다음과 같이 천명했다.

"위대한 천재들은 때로 일을 적게 할 때 오히려 더 많은 것을 성취합니다. 왜냐하면 마음속으로 새로운 발명 거리를 찾고 있으며 또 그렇게 해서 완벽한 생각을 만들어내기 때문입니다. 그리고는 그 생각을 두 손으로 표현하는데, 이렇게 하기 전에 자기가 지성으로써 생각했던 것을 전혀 다르게 새로 만들어내는 것입니다."[4]

이례적이게도 레오나르도는, 그동안 계속했던 집중을 통해서 〈최후의 만찬〉에 활용할 '발명 거리들'을 확보하고 나서는 무시무시한 속도로 '실천' 작업을 이어갔다. 그의 이런 모습을 반델로는 "때로 그는 먹고 마시는 것도 잊어버린 채 새벽부터 해가 질 때까지 잠시도 쉬지 않고 붓질을 했다"라고 묘사했다.

레오나르도와 비슷하게 피카소도 그림을 그릴 때는 마치 홀린 사람처럼 미친 듯이 일했다. 오랜 세월 그의 개인 비서로 일했던 하이메 샤바르테스는 그 모습을 다음과 같이 말했다.

심지어 팔레트를 만질 때도 곁눈으로는 계속 그림을 바라보면서 생각을 이어간다. 캔버스와 팔레트는 서로 그의 관심을 얻으려고 다투는데, 그의 관심은 어느 한쪽도 포기하려 하지 않는다. 둘 다 그의 시야 초점 안에 머물고, 그의 시야는 각각의 총체성 및 둘 다의 총체성을 끌어안는다. 그는 신체와 정신을, 자기의 존재 이유인 그 활동에 온전히 바치는 상태에서, 사랑의 몸짓을 다해 붓질을 하는데, 그의 모든 감각은 그림을 그린다는 단 하나의 목적에 초점이 맞춰져 있다. 그는 마치 마법에 걸린 것 같다.[5]

🌢 놀라운 집중력의 소유자들

알베르트 아인슈타인은 몸이 어디에 있든 간에 자기 정신의 저장고 속에서 집중할 수 있었다. 아인슈타인이 바젤에서 일하던 1903년 무렵이었다. 아인슈타인에게 아이가 새로 태어났는데, 그의 친구 한 사람이 당시 그의 모습을 다음과 같이 묘사했다.

> 방에서는 기저귀 냄새와 퀴퀴한 연기 냄새가 났으며, 난로에서는 시도 때도 없이 연기가 새어 나왔다. 그러나 아인슈타인에게는 이런 것들이 아무렇지도 않은 모양이었다. 그는 갓난아기를 무릎에 올려두고서 노트에다 방정식들을 적어나갔는데, 그러다가 아이가 조금이라도 보채기 시작하면 아이를 빠르게 흔들어댔다.[6]

나중에 이 아기가 성장해서는 "아기가 아무리 크게 울어도 아버지는 조금도 방해를 받지 않는 것 같았다. 아버지는 주변에서 일어나는 소음에 전혀 개의치 않고 자기가 하던 일을 계속할 수 있었다"[7]고 말했다. 아인슈타인의 여동생 마야에 따르면 이런 일은 군중 속에 있을 때도 마찬가지였다.

"사람들이 많이 모여 있어서 시끄러울 때도 오빠는 펜과 종이를 들고 혼자 소파에 가서 (…) 많은 사람이 만들어내는 소음과 대화에 방해를 받는 게 아니라 오히려 자극을 받는 듯 자기가 풀고자 하는 문제에 완벽하게 몰두하곤 했다."[8]

때로 아인슈타인의 집중력은 우스꽝스러운 장면을 빚어내기도 했다. 한번은 아인슈타인을 칭송하는 어떤 리셉션 자리에서 그를 칭찬하는 연설이 이어지는데도 그는 펜을 집어 들고서는 행사 진행지 뒷면에다 방정식들을 휘갈겨 쓰기 시작했다. 그는 연설자가 자기에 대해서 무슨 말을 하는지 생각도 하지 않았다.

"연설이 끝나고 커다란 박수가 이어졌다. 모든 사람이 자리에서 일어나 박수를 치면서 아인슈타인이 있는 자리로 시선을 돌렸다. 그러자 (그의 비서이던) 헬렌이 그에게 자리에게 일어나라고 귓속말을 했고, 그가 자리에서 일어났다. 그러나 그는 사람들의 박수가 자기를 향하고 있음을 전혀 알지 못한 채 다른 사람들을 따라서 박수를 쳤다."[9]

모차르트 역시 이런 강력한 집중력을 가지고 있었다. 그의 아내 콘스탄체는 1787년에 있었던 야외 볼링 파티 때 모차르트가 오페라 〈돈 조반니〉 작업에 열중하느라 자기 주변에서 무슨 일이 일어나는지 까맣게 잊어버렸던 일을 이야기했다. 모차르트는 자기 차례가 돌아왔을 때 자리에서 일어나서 볼링공을 굴린 뒤 "아무런 말도 없이 곧바로 다시 악곡 구상에 몰두했는데, 다른 사람들은 이런 그의 모습을 보고 손뼉을 치며 깔깔거리고 웃었지만 그 웃음소리도 그가 하는 작업에는 전혀 방해가 되지 않았다."[10] 그러나 1783년에 첫아이인 라이문트를 낳고 있는데 남편이라는 사람은 곁에서 현악 4중주 15번 라단조 K.421을 작곡하고 있을 때 콘스탄체는 얼마나 황당했을까? 모차르트는 아마도 아내를 잠깐 돌아봤다가는 곧바로 다시 작곡 작업에 몰두했을 것이다.[11]

🝆 제4의 벽을 만들어라

오늘날 혼란스러움 속에서도 어떤 문제에 집중하려면 마음속으로 이른바 '제4의 벽'을 세울 필요가 있을지 모른다. 이 표현은 연극 무대에서 배우가 자기와 관객 사이에 가상의 벽을 설정해서 자기만의 심리적인 공간 안에 머무는 것에서 비롯됐다. 나중에 당신도 공항에서 탑승을 기다리거나 혹은 일반석에 앉아서 비행 소음에 시달릴 때 제4의 벽을 세워서 온전하게 자기만의 명상 공간을 만드는 시도를 해보기 바란다. 마음속 자기만의 공간에서 아인슈타인이나 모차르트처럼 외부의 모든 소음과 간섭에서 완전히 차단된 상태로 무슨 작업이든 할 수 있을 것이다.

아이작 뉴턴의 집중력은 거의 정신병 수준이었던 것 같다. 그의 하인이었던 험프리 뉴턴은 한 편지에서 이렇게 썼다(두 사람은 성은 같았지만 인척 관계가 아니었다).

"그분은 자기 연구에 얼마나 집중하고 몰두하셨는지 음식도 아주 조금밖에 안 드셨습니다 아니, 가끔씩은 아예 먹는 것 자체를 잊어버리고 연구실에 들어가셨습니다. 음식에 손도 대지 않은 걸 보고 왜 식사하지 않았느냐고 일러드리면 '먹었는데?'라고 대답하시곤 했습니다. 그러고는 식탁으로 가서 선 채로 조금 드셨지요. 아닌 게 아니라 나는 그분이 혼자서 식탁에 앉아 계신 모습을 본 적이 없습니다."[12]

뉴턴의 집중력이 어느 정도인지 보려면 [자료 18]을 보면 된다. 이 메모에서 우리는 그가 무한수열의 시작점을 계산하는 것을 볼 수 있는데, 55개의 숫자열이 깔끔한 행으로 전개돼 있다. 그가 알아낸 모든 것

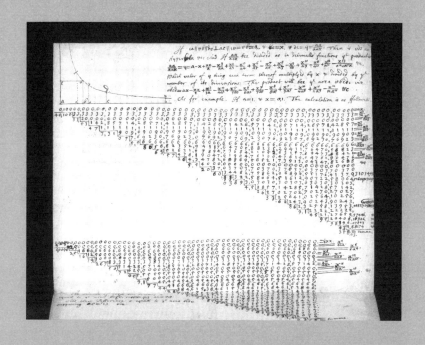

[자료 18] 뉴턴은 하나의 쌍곡선 아래의 영역을, 무한수열 각 항의 값을 더하는 방식으로 소수점 이하 55자리까지 계산한다. 대략 1665년. 뉴턴은 당시 케임브리지대학 마을을 휩쓸던 전염병 때문에 링컨셔에 있던 집에서 '자가 격리'를 하던 중에 미적분학을 개발하는 과정의 일환으로 이 작업을 했음이 분명하다. (Additional Manuscript 3958, fol. 78v, 영국 케임브리지대학교 도서관).

은 그의 머릿속에 이미 완전히 정리돼 있었다. 또 다른 천재인 경제학자 존 메이너드 케인스는 뉴턴의 집중력을 다음과 같이 요약했다.

"그의 걸출함을 무엇으로 설명할 수 있을까? 지금까지 태어났던 모든 인류 가운데서 가장 강력하고 또 가장 지구력이 강한 직관의 근육을 그가 가지고 있지 않았나 하고 나는 생각한다. 순수하게 과학적 혹은 철학적 생각을 시도했던 사람이라면 누구나, 어떻게 하면 어떤 문제를 마음속에 아주 잠시나마 담아둘 수 있는지 또 자기가 가진 모든 집중력을 동원해서 어떻게 그 문제를 꿰뚫을 수 있는지, 그렇지만 어떻게 해서 그 문제가 어느 사이엔가 매끄럽게 달아나서 자기가 허망하게 놓쳐버리고 마는지를 잘 안다. 그런데 뉴턴은 달랐다. 뉴턴은 어떤 문제든 간에 마음속에 몇 시간이고 며칠이고 몇 주고 간에 계속 끈질기게 담아두고서, 마침내 그 문제가 항복하고 자기 비밀을 순순히 털어놓을 때까지 절대로 놓아주지 않았다고 나는 믿는다."[13]

케인스가 지적했듯이 집중하려고 노력할 때 사람은 모두 자기가 생각하는 대상이 '매끄럽게 달아나버리는' 것을 경험한다. 그러므로 집중을 하는 데는 좋은 기억력이 필요하다.

◗ 기억력을 높이는 방법들

로버트 헤스는 2011년에 예일대학교에 입학했다. 그때 헤스는 미국에서 태어난 체스 선수 가운데서는 순위가 가장 높았는데, 두 해 전인 열일곱 살 때 '국제 그랜드마스터' 타이틀을 획득했다. 2008년에 체스 전문기자인 제리 행켄은 헤스가 가장 최근에 했던 체스 대결을 "보비 피셔의 전성기 이후로 미국의 10대가 이룩한 위대한 경기들 가운데 하나"[14]라고 평가했다. 나는 신입생이던 로버트에 대해서 궁금한 점이 여러 가지로 많았고, 그래서 그에게 연락했다. 그리고 내가 강의하는 '천재 강좌'에서 체스를 다룰 때 이 강의에 함께해달라고 초대했다. 그는 그러겠다고 했고, 수업을 좀 더 재미있게 진행하려고 체스를 제법 잘 두는 학생 세 명을 미리 선정해서 로버트와 동시에 대국을 벌이게 했다. 게다가 로버트에게는 눈을 가리는 조건까지 덧붙였다. 대국은 로버트가 어떤 말을 어디에서 어디로 움직이라고 말하면 다른 사람이 대신 그의 말을 그 자리로 옮겨주는 방식으로 진행됐다. 수강생들뿐만 아니라 다른 구경꾼들까지 빽빽하게 몰려들어서 로버트가 세 명을 상대로 동시에 대국을 진행하는 모습을 지켜봤다. 그런데 로버트와 상대한 세 사람 모두 10분에서 15분 사이에 패배했다. 지켜보던 사람들은 열광했다.

한마디로 대단했다. 그러나 놀라기에는 일렀다.

"로버트, 자네의 기억력은 얼마나 좋은가?[15] 어떻게 동시에 진행되는 세 대국의 모든 말 위치를 다 기억하지?"

"나는 모든 것을 다 기억합니다."

그는 정중하지만 아무렇지도 않게 대답했다. 그러고는 칠판으로 가서 자기가 방금 대국한 세 게임에서 진행됐던 10수에서 20수 사이의 행마를 차례대로 적어 보였다.

"저는 열 명을 상대로도 눈을 가린 채 대국을 벌였습니다."

자랑을 하려는 게 아니라 그는 있었던 사실을 담백하게 이야기하고 있었다.

"사진기와 같은 기억력이네요!"

한 학생이 말하자, 다른 학생이 끼어들었다.

"아니, 눈을 가리고 있었으니 아무것도 볼 수 없었지. 볼 수 없는데 어떻게 사진을 찍어?"

아마도 로버트는 자기가 마음속으로 본 것을 '사진으로 찍을 수 있을'지도 모른다.

역사상 많은 위대한 인물은 사진기와 같은 기억력, 즉 어떤 것을 한 번 보기만 해도 나중에 그 이미지를 떠올리는 기억력eidetic memory을 가지고 있었으며 이것을 집중의 도구로 활용했던 것 같다. 한번은 미켈란젤로가 여관에서 누가 가장 추한 이미지를 그릴 수 있을지를 두고 동료 화가들과 논쟁을 벌였다. 여기에서 미켈란젤로가 이겼는데, 자기는 로마 길거리에 있는 모든 낙서를 다 봤으며 그것들을 모두 다 기억한다고 했기 때문이다.[16] 피카소 주변에 있던 사람들도 시각적인 이미지에 관한 한 피카소가 사진기와 같은 기억력을 갖고 있다고 믿었다. 왜냐하면 그가 잃어버렸다는 어떤 사진을 기억력에 의존해서 그림으로 그렸는데, 나중에 그 사진이 나타나서 피카소가 그린 그림과 비교해보니 사진과 그림이 세세한 모든 부분까지 똑같았기 때문이다.[17] 예수회 계열의 클롱고우스우드칼리지의 한 교사는 제임스 조이스를 "스펀지 같은 정신을 가졌던 소년"[18]으로 기억했다. 일론 머스크가 어릴 때 그의 어머니는 자기 아들이 사진기와 같은 기억력을 가지고 있다며 "천재 소년"이라고 불렀다.[19] 1951년에 교향악단 지휘자이던 아르투로 토스카니는 자기가 지휘하는 NBC교향악단이 요아힘 라프의 4중주 5번을 느리게 연주해서 관객에게 들려주고 싶었다. 그런데 10분짜리 그 곡의 악보를 뉴욕에서는 도저히 찾을 수가 없었다. 토스카니니는 여러 해 동안 본 적이 없던 그 악보를 순전히 기억력에 의존해서 음표 하나하나를 모두 적었다. 나중에 확인해보니 음표 딱 하나만 틀렸고 모두 정확했다.[20]

방금 언급한 이런 천재들의 사진기와 같은 기억력을 가진 사람이 우리 가운데에는 별로 없다. 심지어 재능을 타고난 사람이라고 해도 연상 기호*와 관련된 기량을 갖춰야만 한다. 로버트 헤스는 다섯 살 때부터 날카로운 눈을 가진 (그의 부모가 유급으로 고용한) 선생들 아래에서 체스 공부를 했다. 이 소년은 역사적으로 유명한 대국뿐만 아니라 표준적인 포석과 행마와 끝내기 기법을 놓고 날마다 연습에 연습을 거듭했다. 한편 레오나르도 다빈치는 기억력을 높이려고 의도적으로 노력했다. 레오나르도와 같은 시대에 살았던 전기작가인 조르조 바사리는 그의 이런 노력을 다음과 같이 묘사했다.

"턱수염이나 머리카락이 야만인처럼 보이는 특이하게 생긴 사람들의 얼굴 모습을 그가 얼마나 사랑했던지 관심이 가는 사람을 발견하기라도 하면 하루 종일 그 사람을 졸졸 따라다녔다. 그가 이렇게 관찰한 사람의 모습을 얼마나 잘 기억했던지, 집에 돌아와서 그 사람의 얼굴을 그릴 때면 그 사람이 마치 자기 앞에 있는 것처럼 똑같이 그렸다."[21]

밤에 레오나르도는 침대에 누워서 그날 하루 동안 자기가 봤던 이미지들을 마음속으로 재현하곤 했다.[22] 우리도 이렇게 할 수 있다. 체스나 스도쿠**와 같은 문제를 머릿속으로 푼다거나 악보를 떠올린다거나 혹

* 기억을 돕기 위해 선정한 간략화된 기호.
** 숫자 퍼즐 게임의 일종.

은 순서를 정확하게 따라야 하는 조립 과정을 머릿속으로 처음부터 끝까지 시뮬레이션한다든가 함으로써 기억력을 향상하고자 했던 레오나르도의 노력을 따라갈 수 있다. 하버드헬스퍼블리싱에 따르면 술을 멀리하고 운동을 규칙적으로 해서 뇌의 혈류를 높여주면 누구나 기억력을 키울 수 있다.[23] 레오나르도의 전기작가 프리초프 카프라에 따르면 레오나르도는 규칙적으로 역기를 들어 올리는 운동을 했다.[24]

무거운 역기를 드는 게 싫은 사람도 있을 것이다. 이런 사람들의 기억력 향상에 도움이 될 또 다른 실용적인 기법이 있다. 그것은 바로 마감 시한을 설정하는 것이다. 천재들은 자기가 하는 일에 대해서 기본적으로 동기가 부여돼 있으며, 따라서 그 일에 열정을 쏟는다. 그러나 때로는 이들조차도 어떤 일을 반드시 끝내야만 한다는 점을 확실하게 해두려고 시한에 쫓기는 식의 외적인 동기부여 방식을 활용한다. 예를 들어서 찰스 슐츠는 자기 작품이 연재되는 2,600개 신문이 인쇄되기 전에 카툰을 완성해야만 했다. 모차르트로서는 극장은 이미 빌려뒀고 또 관객들이 오페라를 보러 오기로 돼 있었으니 어떻게든 〈돈 조반니〉를 완성해야만 했다. 일론 머스크는 테슬라 자동차를 팔기로 약속한 물량이 있으니 어떻게든 그 자동차를 만들어야만 했다. 제프 베조스는 아마존프라임 고객과 한 약속을 지키려면 하루나 이틀 안에 어떻게든 제품을 배송해야만 한다. 심지어 인위적으로 마감 시한을 설정하는 것이 집중력을 높이고 또 중요하지 않은 것들을 제거하는 데 도움이 될 수 있다.

🜄 스티븐 호킹의 블랙홀

스티븐 호킹은 중요한 것과 중요하지 않은 것을 모두 자기에게서 떼어낸 사람이다. 호킹은 '휠체어를 탄 천재'로뿐만 아니라 '아인슈타인 이후로 가장 위대한 천재'로 일컬어져왔다.[25] 그런데 호킹 본인은 휠체어를 탄 천재라는 표현은 영웅을 향한 대중의 갈망에서 비롯된 과장된 선전문구일 뿐이라고 주장했다.[26] 아닌 게 아니라 대중은 장애라는 덫에 갇힌 천재를 유난히 좋아하는 경향이 있긴 하다. 노트르담의 꼽추나 오페라의 유령이나 혹은《해리포터》에 등장하는 '미친 눈'이라는 별명을 가진 앨러스터 무디를 떠올려보라. 이들은 모두 장애라는 외모 뒤에 천재성을 숨기고 있는 사람이다.

호킹은 스물한 살이 돼서야 비로소 진지하게 집중하기 시작했다. 그리고 그렇게 된 이유는 순전히 그때 루게릭병이 발병했고 그로서는 집중하지 않을 수 없었기 때문이다. 그 이전까지만 하더라도 그는 성적이 변변찮은 학생이었고 인생을 느긋하게 즐기면서 살자는 인생관을 가지고 있었던 것 같다. 본인 말로는 여덟 살이 돼서야 글을 깨쳤고 중고등학교에서도 성적은 중간밖에 되지 않았으며, 또 대학교에 진학해서도 친구들과 어울려 놀기 바빠 공부라고는 하루에 한 시간 정도밖에 하지 않았다.[27] 그러다가 스물한 살이던 1963년에 갑자기 치명적인 마감 시한을 선고받았다. 루게릭병이라는 진단과 함께 앞으로 기껏해야 2, 3년밖에 살지 못할 것이라는 선고를 받은 것이다. 그리고 1985년에는 언어 능력을 상실했으며 컴퓨터를 통하지 않고서는 다른 사람과 소통할 수 없었다. 그래서 그는 어쩔 수 없이 자기가 선택한 분야인 천체물리학에 초점을 맞춰야만 했다. 호킹의 친구이자 그의 전기를 쓴 키티 퍼거슨에게 내가 물었다.

"고립이라는 조건이 호킹의 집중력을 높였을까요?"

그러자 그녀는 다음과 같은 중요한 통찰을 제시했다.

"그의 장애가 그의 집중하는 역량을 높이지는 않았겠지만 집중하겠다는 그의 성향, 그래서 성장하고 하나에 초점을 맞추고 시간 낭비를 줄이겠다는 그 의지는 높이지 않았을까 생각합니다. 그가 전에 내게 '나에게 다른 선택의 여지가 있기나 했겠어?'라고 한 적이 있으니까요."[28]

1970년대 초로 접어들자 호킹은 손도 움직일 수 없었다. 그런데 이 조건은 심각한 문제를 야기했다. 물리학자는 온갖 방정식을 종이나 칠판이나 벽이나 문이나, 아무튼 평평한 표면이 있는 어떤 곳에서 쓰면서 생각을 이어나가야 했지만, 즉 분석적인 집중을 하고 이것을 다시 실행하는 과정을 되풀이해야 했지만, 손을 움직일 수 없었던 호킹으로서는 그렇게 할 수가 없었기 때문이다. 그러나 호킹은 그 작업을 계속 이어가기 위해서 대안이 되는 방법을 개발했다. 뉴턴이 했던 방식과 비슷하게 집중력을 발휘해서 머릿속에서 그 모든 것들을 진행하는 것이었다. 호킹의 이런 시도와 관련해서 호킹의 친구이자 노벨상 수상자인 킵 손은 다음과 같이 말했다.

"그는 펜과 종이를 사용하지 않은 채 수학과 물리학의 모든 것을 머릿속에서 처리하는 방법을 익혔다. 그는 물체의 형태, 곡선의 형태, 표현 형태의 모든 이미지를 조작함으로써 논리 전개 과정을 순전히 머릿속에서 처리했다. 그것도, 단순히 3차원에서가 아니라 시간 변수를 포함한 4차원에서 그렇게 했다. 설령 루게릭병을 앓지 않았다 하더라도 그때보다 훨씬 더 잘할 수 있었던 다양한 방면의 계산 역량 덕분에 그는 다른 모든 물리학자보다 특별했을 것이다."[29]

정신이 산만해지기라도 하면 호킹은 아인슈타인이 그랬던 것처럼, 집중해서 생각하는 자기만의 공간으로 들어감으로써 온정신을 거기에 집중했다.

"내가 연구하는 문제들을 머릿속에서 굴리는 것이 내가 생애의 절반 가까운 세월 동안 구사했던 나만의 발견 방법이었다. 주변 사람들이 대화를 나누면서 소란스러울 때면 나는 나만의 공간으로 조용히 들어 갔다. 그리고 오로지 내가 하는 생각에만 잠겨서 우주의 작동원리를 알아내려 노력하곤 했다."[30]

키티 퍼거슨은 호킹의 집중력을 다음과 같이 요약했다.

"호킹만큼 강력한 집중력과 자기통제력을 가진 사람은 거의 없다. 호킹과 같은 수준의 천재성을 가진 사람은 거의 없다."[31]

블랙홀 분야의 장인인 이 대가는 자기만의 블랙홀 안에서 잘해나가는 방법을 터득했던 것이다.

🜄 집중에 이르는 규율

2014년 7월 1일, 뇌경색이 갑작스럽게 나를 덮쳤다. 아내는 나를 급히 플로리다의 사라소타에 있는 한 병원으로 데리고 갔다. 검사 결과 왼쪽 경동맥이 완전히 막혀 있었으며(이런 상태는 지금도 여전하다), 동맥 내막절제 수술을 통해서 이 문제를 해결하려고 해봐야 소용없다고 했다. 사흘 동안 나는 나만의 블랙홀에 갇힌 채 병원의 여러 장비와 연결돼 있었다. 생각은 할 수 있었지만 말은 할 수 없었다. 내 신체 안에 사로잡혀 있는 가상의 포로인 나는 조용히 말했다.

"크레이그, 지금 이 상태는 심각하다고. 너는 네 스스로의 힘으로 여기에서 벗어나야만 할 거야. 생각하고 집중해서 정신을 똑바로 차려야 해."

단기기억을 회복하고 말을 할 수 있는 상태가 되기 위해서 나는 난이도 순서를 따라서 설정한 몇 가지 정신 훈련을 하기 시작했다. (1) '파란색 황소 개blue bull dog'라고 말을 하되, 세 번째 단어를 마친 뒤에는 첫 번째 단어를 기억한다. (2) 바흐 시대와 브람스 시대 사이에 살았던 작곡가 두 사람을 알아맞힌다. (3) 롱보트키 거리 남쪽에서 북쪽으로 갈 때 나타나는 식당 세 곳을 말한다. (4) 탐파에서 마이애미까지 가는 도로의 이름에 있는 네 음절을 모두 말한다(타미아미). 이 연습을 하면서 나는 몇 시간이고 계속 집중했다. 사실 이렇게라도 하지 않으면 내가 달리 무엇을 했겠는가? 이런 의지의 노력 덕분이었는지 어쨌는지는 모르겠지만, 입원한 지 세 번째 날에 막혀 있던 혈관이 뚫렸고, 그 뒤 몇 달에 걸쳐서 나는 평소의 인지기능을 서서히 회복했다. 운이 좋았다. 나의 이런 경험이 비록 당시에는 무척 심각했어도 호킹의 루게릭병에 비하면 아무것도 아니었다. 그러나 그 경험을 통해서 나는 정신의 창고 속에서만 갇혀 있는 게 어떤 것일지 어렴풋하게나마 알 수 있었다. 호킹은 "정신이 활발하게 움직이도록 유지하는 것이 내 생존 비밀의 열쇠이다"[32]라고 말했는데, 그는 의사들이 선고했던 수명보다 50년 넘게 더 살았다. 인생을 살면서 때로는 반드시 긴장을 풀고 느긋한 마음으로 자기의 정신이 자기를 독창적인 통찰로 인도하도록 해야 한다. 그러나 어떤 때는, 호킹 같은 천재이든 혹은 나 같은 범재이든 간에 누구나 당장 해결해야만 하는 현실적인 문제들을 만난다. 우주와 관련된 문제든 혹은 다른 문제든 간에 말이다. 이런 순간을 맞을 때에는 집중에 이를 수 있는 규율을 발견해야만 한다.

♦ 천재들의 습관 배우기

모든 천재에게는 일을 하고 과제를 완수하는 데 필요한 시간-장소-환경이 있다.[33] 이것을 '습관habit'이라고 부를 수 있고(내가 이 책에서 그렇게 부르며 또 블라드미르 나보코프와 셸 실버스타인이 그랬다), '일상의 규칙적인 틀routine, 루틴'이나(레오 톨스토이와 존 업다이크), '일정schedule'이라고도 부를 수 있고(아이작 아시모프, 야요이 쿠사마, 스티븐 킹이 그랬다), '바퀴 자국rut'이라고 부를 수 있으며(앤디 워홀) 혹은 '의례ritual'라고 부를 수도 있다(공자와 안무가 트와일라 타프가 그랬다). 이런 위대한 사람들의 습관은 화려하지 않으며 대단히 우아하지도 않다. 이런 맥락에서 화가 척 클로스는 "번득이는 영감은 아마추어에게나 나타나는 것이고, 우리 같은 사람들은 그저 늘 하던 대로 자기 일터에서 일을 할 뿐이다"[34]라고 말한다.

모든 천재가 서로 다 다르듯이 집중하는 방식도 저마다 제각각이다. 키가 198센티미터나 됐던 작가 토머스 울프는 대략 자정 무렵부터 부엌 냉장고 위판에다 글을 썼다. 어니스트 헤밍웨이는 아침에 집필을 시작했는데, 키웨스트에 있는 그의 집 본채에서 가까운 별채의 책장 위에 놓인 언더우드 타자기로 타이핑을 했다. 존 치버는 아침이면 마치 다른 전문직 종사자들이 출근을 준비하듯이 그렇게 딱 한 벌밖에 없던 양복을 입었다. 그러고는 자기가 거주하던 뉴욕시티 아파트 건물의 지하층으로 엘리베이터를 타고 내려간 다음에 쌓아둔 보관 상자에 기대서 글을 썼다. 그러다가 정오가 되면 작업을 멈추고 다시 코트를 입고는 점심을 먹으러 집으로 올라갔다.[35]

강렬한 집중을 하려면 때로 신체 운동을 포함하는 휴식이 필요하다. 빅토르 위고는 두 시간 동안 일을 팽개치고 바다 쪽으로 나가서 해변에서 격렬한 운동을 했다. 이고르 스트라빈스키는 활력이 떨어지고 집중력이 떨어지면 잠시 물구나무를 서곤 했다. 노벨 문학상 수상자인 솔 벨로도 마찬가지였는데, 아마로 물구나무서기는 뇌로 피가 원활하게 잘 흐르도록 하기 위함이었으리라. 안무가 트와일라 타프에게는 신체적인 조건이 그녀가 수행하는 창의적인 과정의 한 부분이었으므로, 그녀는 날마다 오전 5시 30분에는 꼬박꼬박 체육관으로 나갔다. 그러나 그녀가 저서 《창의적인 습관》에서 썼듯이 "나에게 의례는 아침마다 체육관에서 하는 스트레칭과 근력 운동이 아니다. 내게 의례는 택시 기사와의 대화다. 내가 택시 기사에게 행선지를 말하면, 그것으로 내 하루 시작의 의례가 완성된다." 규율이 있는 의례를 지킬 때 인생은 한결 단순해지고 생산성이 높아진다. 그래서 타프는 이런 말도 했다.

"그것은 적극적으로 반사회적이고, 다른 한편으로는 창의성을 북돋운다."[36]

천재는 대부분 사무실이나 연구실 혹은 스튜디오에서, 즉 외부 세계와 단절된 공간에서 어떤 창의적인 것을 만들어낸다. 화가 N. C. 와이어스는 작업실에서 그림을 그릴 때는 안경에다 카드보드로 만든 '가림판'을 붙여서 캔버스 외에 다른 것들은 들어오지 않도록 시야를 차단했다. 톨스토이는 자기 방의 문을 잠갔다. 디킨스는 소음을 차단하려고 서재에 문을 추가로 하나 더 달았다. 나보코프는《롤리타》를 집필할 때 밤마다 주차된 자기 차의 뒷자리로 들어가서 작업했는데, 이 자리를 그는 "소음도 없고 찬바람도 들어오지 않는, 이 나라에서 유일한 장소"라고 불렀다. 마르셀 프루스트는 자기 아파트의 벽면을 모두 코르크로 마감했다. 소음을 막기 위한 조치였다. 이 모든 사례가 일러주는 사실은, 천재들은 집중할 필요가 있다는 점이다. 아인슈타인은 신출내기 과학자들에게 "아무런 방해를 받지 않고 생각에 몰두할 수 있으려면" 등대지기를 직업으로 하는 것이 좋다고 여러 번 조언했다.[37]

등대가 됐든 안전가옥이 됐든 간에 위대한 사람들은 모두 오롯이 일에만 몰두할 수 있는 공간을 갖고 있었다. 추리 작가 아가사 크리스티는 사교적인 일이나 직업적인 일로 자주 방해를 받곤 했는데, 이 방해를 차단하려고 시도했던 노력을 그녀는 다음과 같이 회상했다.

"그렇지만 어떻게든 거기에서 빠져나오고 나면 나는 문을 닫아버리고 사람들이 나를 방해하지 않도록 했다. 그렇게 하고 나면 완전히 몰두해서 최고 속도로 작업을 진행할 수 있었다."[38]

당신은 그녀의 이런 사례를 따르되, 한 걸음 더 앞으로 나아가라. 그것은 바로 인터넷으로 검색을 한다거나 이메일을 뒤적거리는 일로써 스스로를 방해하지 않는 것이다. 자기가 닮고 싶은 영웅의 사진뿐만 아니라 자기가 과거에 이룩한 성취의 증거들(졸업장, 자격증, 상장 등)을 눈에 잘 띄는 곳에 둬서 스스로에게 자신감을 주고 다독여라. 브람스는 자기 피아노 위에 베토벤의 석판화를 뒀다. 아인슈타인은 자기 서재에 뉴턴, 패러데이, 맥스웰 등 자기에게 영감을 주는 사람들의 사진을 뒀다. 그리고 다윈도 서재에 자기 우상들(후커, 라이엘, 웨지우드)의 초상화를 걸어뒀다. 창의적인 과정 그 자체는 깜짝 놀랄 만한 것이며 (이 과정과 비교될 때 흔히 '위대한 작품'은 갑자기 아무런 가치가 없어 보이기도 한다), 또 단순한 장치들이 그 과정에 도움이 될 수 있다. 의지할 수 있는 의례를 갖추고 있으면 아무리 힘들어도 다시 일어나 시도할 수 있다. 존 업다이크가 말했듯이 "일상의 규칙적인 틀을 견고하게 마련해두면, 이 틀이 당신이 포기하지 않도록 구해준다."[39]

이 책에서 소개한 천재들에게서 우리가 배울 마지막 교훈은, 한층 효율적이고 생산적이려면 일상의 규칙적인 틀 및 건설적으로 집중할 수 있는 자기만의 안전지대를 만들라는 것이다. 사무실이나 연구실 혹은 작업실에 가서 내면의 생각에 골몰할 수 있는 공간과 시간을 확보해라. 물론 다양한 의견과 정보를 접해야 한다. 어쨌거나 정보를 종합하고 가치 있는 어떤 것을 생산할 책임은 오로지 자기에게 있을 뿐임을 명심하라. 우리에게는 오늘 세상이 잘 돌아가게 해주는 성공한 사람들이 필요하다. 그런데 내일 세상이 더 잘 돌아가도록 보장해줄 천재도 우리에게는 필요하다.

에필로그

예상하지 못한 결과

　우리는 아이들에게 '바르게 행동하고' 또 규칙을 잘 따르라고 가르친다. 많은 아이가 대학교에 진학한다. 그런데 대학교에 가면 상황이 달라진다. 대학교에서 이 아이들은, 전혀 '바르게 행동하지' 않았고 규칙 깨기를 일삼았던 위대한 사람들, 즉 서구 문화의 개혁적인 천재들에게 초점을 맞추는 나와 같은 교수들에게서 강의를 듣는다. 뭔가 이상하지 않은가? 그렇지만 이런 현상은 내가 예일대학교에서 '천재 강좌' 강의를 하면서 보낸 10여 년의 세월 동안에 그리고 또 이 책의 원고를 집필하는 과정에서 나타났던 예상치 못한 많은 결과 가운데 단지 하나일 뿐이다.

　이 책 작업을 처음 시작할 때 나는 천재에 대한 어떤 그림 하나를 마음에 뒀었다. IQ가 엄청나게 높고 어린 나이에 갑작스럽게 '어떤 통찰의 깨달음'을 얻긴 했지만 워낙 괴팍한 괴짜라서 어디로 튈지 도무지 예측할 수 없는 그런 사람…. 이것이 내가 상상하던 천재의 그림이었다. 이 전형적인 이미지의 모든 특성이 대부분 잘못됐거나 정확하지 않음을 어느 시점에선가 나는 깨달았다. 예를 들어서 천재는 인생에서 치르는 모든 표준화된 시험에서 최상위의 점수를 기록하는 머리가 비상하게 좋은 사람이라는 발상을 놓고 보자. 사실 내가 천재들을 연구하다 보니 최고 명문대학교의 최우수 학생들만큼이나 중간 성적이나 그보다 낮은 성적을 기록하는 학생들도 나중에는 천재로 꼽히는 경우가 많았다. 호킹은 여덟 살이 돼서야 겨우 글을 읽었고, 피카소와 베토벤은 기초적인 수학조차 하지 못했다. 잭 마, 존 레논, 토머스 에디슨, 윈스턴 처칠, 월트 디즈니, 찰스 다윈, 윌리엄 포크너 그리고 스티브 잡스 같은 사람들은 모두 학교에 다닐 때는 성적이 좋지 않은 학생이었다. 이런 위대한 인물들은 '똑똑했다.' 그러나 매우 비표준화되고 예측할 수 없는 방식으로 똑똑했다. 그러므로 내가 살펴본 천재 집단을 통해서 나는 어떤 아이가 나중에 커서 천재가 될지 예측하는 게 불가능함을 깨달았다. 그렇기에 나는 앞으로 어떤 학생이든 간에 표준화된 시험의 결과나 성적을 토대로 혹은 심지어 유별난 행동을 근거로 그 학생을 판단하는 실수를 더는 저지르지 않으려 한다. 또한 모든 부모에게 자기 아이를 영재의 길로 억지로 떠밀어 넣지 말라고 경고하려 한다. 이렇게 등이 떠밀려진 아이들이 과연 세상을 바꿔놓았는지 지난 20년을 돌아보자. 그런 경우는 거의 없다.

미처 예측하지 못했던 사실은 또 있다. 성공한 사람은 성공한 자식을 낳지만, 천재는 천재를 낳지 않는다는 사실이다. 천재성은 유전적인 특성이 아니라 '일회성'의 현상일 뿐이다. 성공한 사람에게는 멘토가 있었다. 이것을 우리는 잘 안다. 그러나 천재는 멘토 없이도 나타난다. 천재는 일반적으로 대상을 빠르게 흡수하고, 좀 더 많은 것을 직관하며 또 그 어떤 멘토든 빠르게 추월한다. 아닌 게 아니라 천재는 단어의 규정상 결과의 불평등을 전제로 하며(아인슈타인의 예외적인 생각 혹은 바흐의 비범한 음악은 평범한 사람들의 수준과는 압도적으로 다르다) 또 그에 따라서 보상의 불평등도 나타난다(바흐는 영원한 명성을 보장받았고, 베조스는 넘치고도 넘치는 재산을 가지고 있다). 이것이 바로 세상이 작동하는 방식이다. 같은 맥락에서 천재의 행동은 보통 파괴의 행동을 동반한다. 이는 일반적으로 발전progress이라는 이름으로 불린다.

천재는 또한 갑자기 나타나지 않음이 밝혀졌다. '아하!'라는 깨달음의 순간은 오랜 기간 묵혀뒀던 어떤 발상이 마침내 결실을 맺는 절정의 순간이다. 알베르트 아인슈타인도 일방상대성이론을 2년 동안 붙잡고 씨름한 끝에 마침내 "인생이 그 어느 때보다도 행복해지는 순간"을 맞았으며, 니콜라 테슬라는 7년 동안 생각에 생각을 거듭한 끝에 마침내 유도전동기를 떠올렸고, 또 오토 뢰비는 거의 20년이나 걸려서 마침내 어느 날 밤에 꿈을 꾸다가 아세틸콜린의 작동원리를 깨쳤다. 그런데 할리우드 영화에서는 왜 모든 천재가 갑자기 '유레카'의 순간을 맞이할까? 왜냐하면 영화 관객은 극장 좌석에 앉아서 20년씩 기다릴 수 없기 때문이다.

"천재는 일찍 죽는다."

코미디언 그루초 막스가 한 말이다. 그러나 통계적으로 보면 이 명제는 거짓이다. 끈질긴 집착은 오히려 그들의 수명을 길게 늘여준다. 천재는 세상을 바꾼다. 그렇다. 그러나 흔히 천재는 우연히 세상을 바꾼다는 사실이 밝혀졌다. 때로는 어떤 발명자가 자기 구원의 필요성에 따라서 발명한 물건이 그 발명자의 의도와 무관하게 우리가 사는 사회를 더 나은 곳으로 바꿔놓는다. 이런 사실은 얼마나 많은 걸작이 화가가 자기 영혼을 달랠 목적으로 그린 그림인지를 살펴보면 알 수 있다. 또, 얼마나 많은 위대한 책이 애초에 독자가 아닌 저자 자신을 위해서 집필됐던가?

마지막으로, 내가 강의를 하는 예일대학교 학생들과 나는 영속적인 가치를 지니는 한 가지 통찰을 경험했다. 어쩌면 우리가 진작 알고 있었던 것인지도 모른다. 그것은 바로 많은 위대한 인물이 사실은 그다지 위대하지 않은 사람이었다는 사실이다. '천재 강좌'를 학기 초에 시작할 때 나는 늘 학생들에게 질문 하나를 한다. 웃음과 토론을 유발하기 위한 질문이다.

"여기 있는 사람들 가운데 누가 천재인가요? 자기가 천재라고 생각하는 사람은 모두 손을 들어보세요."

적지 않은 학생이 쭈뼛거리면서 손을 든다. 그걸 보고 나는 다시 묻는다.

"아직 천재는 아니지만 앞으로 천재가 되고 싶은 사람은 몇 명이나 될까요?"

이 질문에는 대략 4분의 3이 자신 있게 손을 든다.

그리고 이 강좌의 마지막 수업 시간에 나는 학생들에게 이렇게 묻는다.

"지금까지 많은 천재를 공부했는데, 지금도 여전히 천재가 되고 싶다는 사람은 얼마나 될까요? 손을 들어보세요."

이번에는 전체의 4분의 1만 손을 든다. 이때 한 학생이 나서서 정리를 해준다.

"학기 초에는 천재가 되고 싶다고 생각했지만 지금은 확신이 서지 않습니다. 너무도 많은 천재가 집착적이고 자기중심적인 괴짜들이라서 말입니다. 솔직히 말해서 이런 사람들은, 친구나 기숙사 룸메이트가 되면 좋겠다 싶은 그런 유형이 아니라서요."

요컨대 천재는 집착적이고 자기중심적이다.

우리가 천재의 여러 습관에서 혜택을 얻긴 하지만 자기 주변의 누군가가 천재는 아닌지 조심해서 살펴야 한다. 만일 당신이 천재에게 고용되어 일한다면 당신은 아마도 배신당하거나 학대당할 것이고, 혹은 일자리를 잃을 수도 있다. 만일 당신과 가까운 사람 누군가가 천재라면 당신은 아마도 그 사람의 일이나 열정이 늘 가장 우선적으로 고려되고 다루어짐을 알 수 있을 것이다. 하지만 그렇게 학대당하고 정리해고되고 이용당하고 무시당하는 사람들에게 우리는 진심으로 고마워해야 한다. 그들이 우리를 대신해서 희생되기 때문이다. 전체 사회에 속한 우리 모두는 천재들이 베풀어온 위대한 문화적 선행의 혜택을 고맙게 누리기 때문이다. 작가 에드몽 드 콩쿠르의 말을 인용하자면 "천재는 죽고 나서야 비로소 사람들로부터 사랑을 받는다." 그러나 그때 가서 우리가 천재를 사랑하는 이유는 인생이 한결 더 나아졌기 때문이다.

감사의 말

아이 하나를 키우는 데 온 마을이 동원된다는 말이 있다. 내가 책을 쓰는 데도 나 혼자가 아니라 온 마을이 동원됐다. 나의 네 아이도 이 마을 주민이었는데, 이 아이들에게 이 책을 바친다. 또 지난 45년 동안 가장 친한 친구이자 마음이 통하는 토론 상대였으며 동료이기도 한 프레드 핀켈스타인 박사와 수 핀켈스타인 부부에게도 함께 이 책을 바친다. 그리고 마지막으로는 이 책의 모든 단어를 두 번 이상 읽은 가장 예리한 비평가이자 사랑하는 아내인 셰리에게 이 책을 바친다. 이 책에 대한 믿음을 끝까지 잃지 않았던 출판대리인 피터 베른스타인에게는 큰 빚을 졌다. 또 내 책을 맡아서 편집해준 제시카 신들러에게도 역시 큰 빚을 졌는데, 그녀는 내가 말하고자 하는 내용이 현대 사회에 적절하게 먹혀들도록 틀을 잡아주는 비상한 솜씨를 발휘했다. 예일대학교에서 한창 왕성하게 활동할 때 나는 여러 소중한 동료들로부터 따뜻한 도움과 통찰을 많이 받았는데, 이들은 내가 강의하는 '천재 강좌'에 정기적으로 '특별 강연자'로 나서서 지혜를 나눠줬다. 몇 분을 소개하면 물리학 교수 더그 스톤, 수학자 짐 롤프, 미생물학자로 지금은 예일대학교 교무처장인 스콧 스트로벨, 그리고 예일대학교에서 자산운용 책임을 맡고 있는 데이비드 스웬슨이다. 스웬슨에게는 언제나 이 강좌의 마지막 강의를 맡기는데, 왜냐하면 천재에게는 돈이 필요하지만 돈은 천재가 아님을 그가 잘 알고 있기 때문이다. 재능이 넘치는 신경과학자로 지금은 다트머스대학교에 있는 캐롤라인 로버트슨은 여섯 번이나 내 강의실에서 강의를 해줬다. 그리고 고인이 된 소설가 아니타 슈리브, 고인이 된 예술사가 데이비드 로산드, 기업가인 로저 맥나미와 케빈 라이언, 메트로폴리탄 오페라의 총감독인 피터 겔브, 그리고 비범한 문화 활동가인 애덤 글릭, 이들이 나의 '천재 강좌'를 찾아줬고 내게 커다란 도움을 줬다. 천재라는 폭넓기 짝이 없는 소재를 갖고 나는 특정 주제에 대해 도움을 청하려고 여기저기 찾아다니며 여러 사람에게 끊임없이 손을 벌렸다. 그리고 많은 사람이 선뜻 내 부탁을 들어줬다. 오랜 친구인 레온 플랜틴가(베토벤), 키티 퍼거슨(호킹), 노벨상 수상자인 킵 손(물리학자들 사이에서 오간 여러 관념), 루카스 스와인퍼드(온라인 교육), 록펠러아카이브센터의 책임자인 잭 메이어스 등이 그런 사람들이다. 또 많은 사람이 친절하게 초고를 읽고 비평을 해줬다. 아들 크리스토퍼와 며느리 멜라니, 동료인 키스 폴크, 이웃들인 팜 라이터, 켄 마시, 바샤르 네지드위가 그런 사람들이다. 특히 재치 있는 말을 만드는 데 특별한 재능을 가진 클라크 백스터는 나에게 문장 표현과 관련해서 수많은 고마운 잔소리를 했는데, 그에게는 그 누구도 바라보지 못하는 과녁을 찾아서 명중시키는 재주가 있다. 이 모든 사람에게 고마운 마음을 전한다!

서문

1   George Eliot, *Middlemarch* (Ware, Hertfordshire, UK: Wordsworth Editions, 1994), p. 620.

2   Darrin M. McMahon, *Divine Fury: A History of Genius* (New York: Basic Books, 2013), p. 229.

3   아인슈타인 사후에 있었던 그의 뇌 해부와 관련된 이야기는 다음에 자세히 기술돼 있다. Michael Paterniti, *Driving Mr. Albert: A Trip Across America with Einstein's Brain* (New York: Random House, 2001).

4   Paul G. Bahn, "The Mystery of Mozart's Skull: The Face of Mozart", *Archeology* (March–April 1991): pp. 38–41; Luke Harding, "DNA Detectives Discover More Skeletons in Mozart Family Closet", *Guardian*, January 8, 2006, https://www.theguardian.com/world/2006/jan/09/arts.music.

5   "Leonardo da Vinci's DNA: Experts Unite to Shine Modern Light on a Renaissance Genius", *EurekAlert!*, May 5, 2016, https://www.eurekalert.org/pub_releases/2016-05/tca-ldv050316.php.

6   Paul Israel, *Edison: A Life of Invention* (New York: John Wiley & Sons, 1998), pp. 119–120.

7   쇼펜하우어의 다음 독일어 원전을 번역한 것이다. *Die Welt als Wille und Vorstellung*, 3rd ed., vol. 2, book 3, chap. 31 (Leipzig: Brockhaus, 1859), https://www.amazon.com/Die-Welt-Wille-Vorstellung-German/dp/3843040400, 627.

8   Dylan Love, "The 13 Most Memorable Quotes from Steve Jobs", *Business Insider*, October 5, 2011, https://www.businessinsider.com/the-13-most-memorable-quotes-from-steve-jobs-2011-10.

9   Nikola Tesla, *My Inventions: The Autobiography of Nikola Tesla*, edited by David Major (Middletown, DE: Philovox, 2016), p. 55.

10   Immanuel Kant, Critique of Pure Reason, quoted in McMahon, *Divine Fury*, p. 90.

11   다음을 참조하라. Mihaly Csikszentmihalyi, "Implications of a Systems Perspective for the Study of Creativity" in *Handbook of Creativity*, edited by Robert J. Sternberg (Cambridge, UK: Cambridge University Press, 1999), pp. 311–334.

1장

1   Plato, *Apology*, translated by Benjamin Jowett, para. 8, http://classics.mit.edu/Plato/apology.html.

2   Charles Darwin, *The Autobiography of Charles Darwin*, edited by Nora Barlow (New York: W. W. Norton, 1958), p. 38.

3   Simone de Beauvoir, *The Second Sex*, edited and translated by H. M. Parshley (New York: Random House, 1989), p. 133.

4   Giorgio Vasari, *The Lives of the Artists*, translated by Julia Conaway Bondanella and Peter Bondanella (Oxford, UK: Oxford University Press, 1991), p. 284.

5   Leonardo da Vinci, *Codex Atlanticus*, quoted in Walter Isaacson, Leonardo da Vinci (New York: Simon & Schuster, 2017), p. 179.

6   Carmen C. Bambach, *Michelangelo: Divine Draftsman and Designer* (New Haven, CT: Yale University Press, 2017), p. 35, p. 39.

7   다음에서 인용했다. Helia Phoenix, *Lady Gaga: Just Dance: The Biography* (London: Orion Books, 2010), p. 84.

8   Lewis Lockwood, *Beethoven: The Music and the Life* (New York: W. W. Norton, 2003), p. 12.

9   Tom Lutz, "Viewers Angry After Michael Phelps Loses Race to Computer-Generated Shark", *Guardian*, July 24, 2017, https://www.theguardian.com/sport/2017/jul/24/michael-phelps-swimming-race-shark-discovery-channel.

10   Danielle Allentuck, "Simone Biles Takes Gymnastics to a New Level. Again", *New York Times*, August 9, 2019, https://www.nytimes.com/2019/08/09/sports/gymnastics-simone-biles.html.

11   Sade Strehlke, "How August Cover Star Simone Biles Blazes Through Expectations", *Teen Vogue* (June 30, 2016), https://www.teenvogue.com/story/simone-biles-summer-olympics-cover-august-2016.

12   "Simone Biles Teaches Gymnastic Fundamentals", MasterClass, 2019, lesson 3, at 0:50.

13   Francis Galton, *Hereditary Genius: An Inquiry into Its Laws and Consequences* (London: MacMillan, 1869), http://galton.org/books/hereditary-genius/1869-FirstEdition/hereditarygenius1869galt.pdf, p. 1.

14   말의 번식 및 근친교배에 대해서는 다음을 참조하라. Allison Schrager, "Secretariat's

Kentucky Derby Record Is Safe, Thanks to the Taxman", *Wall Street Journal*, May 3, 2019, https://www.wsj.com/articles/secretariats-kentucky-derby-record-is-safe-thanks-to-the-taxman-11556920680. 생물학적 결정론에 대해서는 다음을 참조하라. Stephen Jay Gould, *The Mismeasure of Man* (New York: W. W. Norton, 1981), chap. 5.

15   다음을 참조하라. Robert Plomin, *Nature and Nurture: An Introduction to Human Behavioral Genetics* (Belmont, CA: Wadsworth, 2004).

16   Andrew Robinson, *Sudden Genius? The Gradual Path to Creative Breakthroughs* (Oxford, UK: Oxford University Press, 2010), 9.

17   다음에서 인용했다. ibid., p. 256.

18   Dean Keith Simonton, "Talent and Its Development: An Emergenic and Epigenetic Model", *Psychological Review* 106, no. 3 (July 1999): p. 440.

19   David T. Lykken, "The Genetics of Genius", in *Genius and the Mind: Studies of Creativity and Temperament*, edited by Andrew Steptoe (Oxford, UK: Oxford University Press, 1998), p. 28; Robinson, *Sudden Genius?*, p. 256.

20   Havelock Ellis, *A Study of British Genius* (London: Hurst and Blackett, 2017 [1904]), pp. 94-95.

21   Gilbert Gottlieb, "Normally Occurring Environmental and Behavioral Influences on Gene Activity: From Central Dogma to Probabilistic Epigenesis", *Psychological Review* 105, no. 3 (1995): pp. 792–802.

22   K. Anders Ericsson, Ralf Th. Krampe, and Clemens Tesch-Römer, "The Role of Deliberate Practice in the Acquisition of Expert Performance", *Psychological Review* 100, vol. 3 (July 1993): pp. 363–406. 아울러 다음을 참조하라. John A. Sloboda, Jane W. Davidson, Michael J. A. Howe, and Derek G. Moore, "The Role of Practice in the Development of Performing Musicians", *British Journal of Psychology* 87 (May 1996): pp. 287–309.

23   Ericsson et al., "The Role of Deliberate Practice", p. 397.

24   Ellen Winner, *Gifted Children: Myths and Realities* (New York: Basic Books, 1997), p. 3.

25   세잔의 경력에 대해서는 다음을 참조하라. Alex Danchev, *Cézanne: A Life* (New York: Random House, 2012), p. 106, p. 110, p. 116; Lawrence Gowing, *Cézanne: The Early Years* (New York: Harry N. Abrams, 1988), p. 110.

26   *La Voz de Galicia*, February 21, 1895, 다음에서 인용했다. John Richardson, A Life of Picasso: *The Prodigy*, 1881–1906 (New York: Alfred A. Knopf, 1991), p. 55.

27   Richardson, *A Life of Picasso*, p. 67.

28   David W. Galenson, *Old Masters and Young Geniuses* (Princeton, NJ: Princeton University Press, 2006), p. 24.

29   Ibid., p. 23.

30   Danchev, *Cézanne*, p. 12.

31   "'The Father of Us All'", *Artsy*, February 6, 2014, https://www.artsy.net/article/matthew-the-

father-of-us-all.

32 Brooke N. MacNamara, David Z. Hambrick, and Frederick L. Oswald, "Deliberate Practice and Performance in Music, Games, Sports, Education, and Professions: A Meta-analysis", *Psychological Science* 8 (July 2014): pp. 1608–1618.

33 2019년 8월 4일에 첸이 보낸 이메일을 요약했다. 이 이메일에서 첸은 다음과 같이 덧붙였다. "추신. 저는 이 글을 저의 (중국인) 어머니에게 읽어드렸습니다. 그런데 어머니는 20퍼센트 대 80퍼센트라는 주장에 동의하지 않았습니다. 어머니는 노력이 무엇보다 중요해서, 노력이 80퍼센트고 20퍼센트가 행운이라고 생각합니다. '호랑이 엄마'의 사고방식이죠?" 이런 쟁점에 대해 문화권(양육 방식)이 개인의 의견에 전혀 다르게 영향을 미친다는 사실은 무척 흥미롭습니다."

34 IQ 검사법의 발전 과정에 대해서는 다음을 참조하라. Simonton, "Talent and Its Development", pp. 440–448; Darrin McMahon, *Divine Fury: A History of Genius* (New York: Basic Books, 2013), pp. 178–185.

35 Deborah Solomon, "The Science of Second-Guessing", *New York Times*, December 12, 2004, https://www.nytimes.com/2004/12/12/magazine/the-science-of-secondguessing.html.

36 Martin André Rosanoff, "Edison in His Laboratory", *Harper's Magazine* (September 1932), https://harpers.org/archive/1932/09/edison-in-his-laboratory/.

37 Gould, *The Mismeasure of Man*, pp. 56–57.

38 Griggs v. Duke Power Company, 1971. 그러나 IQ 검사나 이와 비슷한 검사가 직업 성과에 대한 예측 변수이고 인종, 종교, 국적 또는 성별을 이유로 차별하지 않는다면 계속 사용될 수 있다.

39 William E. Sedlacek, *Beyond the Big Test: Noncognitive Assessment in Higher Education* (San Francisco: Jossey-Bass, 2004), pp. 61–63.

40 Catherine Rampell, "SAT Scores and Family Income", *New York Times*, August 27, 2009, https://economix.blogs.nytimes.com/2009/08/27/sat-scores-and-family-income/; Zachary Goldfarb, "These Four Charts Show How the SAT Favors Rich, Educated Families", *Washington Post*, March 5, 2014, https://www.washingtonpost.com/news/wonk/wp/2014/03/05/these-four-charts-show-how-the-sat-favors-the-rich-educated-families/;Sedlacek, Beyond the Big Test, p. 68.

41 Aamer Madhani, "University of Chicago Becomes the First Elite College to Make SAT, ACT Optional for Applicants", *USA Today*, June 14, 2018, https://www.usatoday.com/story/news/2018/06/14/university-chicago-sat-act-optional/701153002/.

42 Anemona Hartocollis, "University of California Is Sued over Use of SAT and ACT", *New York Times*, December 10, 2019, https://www.nytimes.com/2019/12/10/us/sat-act-uc-lawsuit.html.

43 다음을 참조하라. Lenora Chu, *Little Soldiers: An American Boy, a Chinese School, and the Global Race to Achieve* (New York: HarperCollins, 2017), p. 252; Sedlacek, *Beyond the Big*

Test, p. 60.

44 Caitlin Macy, "AP Tests Are Still a Great American Equalizer", *Wall Street Journal*, February 22, 2019, https://www.wsj.com/articles/ap-tests-are-still-a-great-american-equalizer-11550854920.

45 다음을 참조하라. Caroline Goldenberg, "School Removes AP Courses for Incoming Freshmen", *Horace Mann Record*, June 5, 2018, https://record.horacemann.org/2078/uncategorized/school-removes-ap-courses-for-incoming-freshman-class/.

46 Adam Grant, "What Straight-A Students Get Wrong", *New York Times,* December 8, 2018, https://www.nytimes.com/2018/12/08/opinion/college-gpa-career-success.html.

47 Tom Clynes, "How to Raise a Genius", *Nature* (September 7, 2016), https://www.nature.com/news/how-to-raise-a-genius lessons-from-a-45-year-study-of-super-smart-children-1.20537.

48 다음에 요약돼 있다. Nancy Andreasen, *The Creating Brain: The Neuroscience of Genius* (New York: Dana Foundation, 2005), pp. 10–13. 아울러 다음을 참조하라. Barbara Burks, Dortha Jensen, and Lewis Terman, *Genetic Studies of Genius, vol. 3: The Promise of Youth: Follow-Up Studies of a Thousand Gifted Students* (Stanford, CA: Stanford University Press, 1930).

49 Marjorie Garber, "Our Genius Problem", *The Atlantic* (December 2002), https://www.theatlantic.com/magazine/archive/2002/12/our-genius-problem/308435/.

50 Malcolm Jones, "How Darwin and Lincoln Shaped Us", *Newsweek* (June 28, 2008), https://www.newsweek.com/how-darwin-and-lincoln-shaped-us-91091.

51 Thomas Montalbo, "Churchill: A Study in Oratory: Seven Lessons in Speechmaking from One of the Greatest Orators of All Time", *International Churchill Society*, https://winstonchurchill.org/publications/finest-hour/finest-hour-069/churchill-a-study-in-oratory/.

52 Ann Hulbert, *Off the Charts* (New York: Alfred A. Knopf, 2018), p. 56; Andrew Robinson, "Is High Intelligence Necessary to be a Genius?", Psychology Today (January 2, 2011), https://www.psychologytoday.com/us/blog/sudden-genius/201101/is-high-intelligence-necessary-be-genius.

53 J. K. Rowling, *Very Good Lives: The Fringe Benefits of Failure and the Importance of Imagination* (New York: Little, Brown, 2008), p. 23.

54 Walter Isaacson, *Albert Einstein: His Life and Universe* (New York: Simon & Schuster, 2007), p. 48.

55 Duncan Clark, *Alibaba: The House That Jack Ma Built* (New York: HarperCollins, 2016), p. 44.

56 Michael Barrier, *The Animated Man: A Life of Walt Disney* (Berkeley: University of California Press, 2007), pp. 18–19.

57 Jaime Sabartés, *Picasso: An Intimate Portrait* (London: W. H. Allen, 1948), pp. 36–39. 아울러 다음을 참조하라. Roland Penrose, *Picasso: His Life and Work*, 3rd ed. (Berkeley: University

of California Press, 1981), pp. 18–19; Richardson, *A Life of Picasso*, p. 33.

58 Howard Gardner, *Frames of Mind: The Theory of Multiple Intelligence*s (New York: Basic Books, 1983), esp. chap. 4.

59 Rowling, *Very Good Lives*, pp. 11–23.

60 Alison Flood, "JK Rowling's Writing Advice: Be a Gryffindor", *Guardian*, January 8, 2019, https://www.theguardian.com/books/booksblog/2019/jan/08/jk-rowlings-writing-advice-be-a-gryffindor.

61 몇몇 심리학자들이 이 검사법을 실행했다. 다음을 참조하라. Robert Sternberg, Juan-Luis Castejon, M. Prieto, et al., "Confirmatory Factor Analysis of the Sternberg Triarchic Abilities Test in Three International Samples: An Empirical Test of the Triarchic Theory of Intelligence", *European Journal of Psychological Assessment* 17, no. 1 (2001): pp. 1–16.

62 Abraham J. Tannenbaum, "The IQ Controversy and the Gifted", in *Intellectual Talent*, edited by Camilla Benbow and David Lubinsky (Baltimore: Johns Hopkins University Press, 1996), pp. 70–74; Anders Ericsson and Robert Pool, *Peak: Secrets from the New Science of Expertise* (Boston: Houghton Mifflin Harcourt, 2016), p. 235. 아울러 다음을 참조하라. Robert Sternberg, *Wisdom, Intelligence, and Creativity Synthesized* (Cambridge, UK: Cambridge University Press, 2003).

63 다음에서 인용했다. Casey Miller and Keivan Stassun, "A Test That Fails", *Nature* 510 (2014): pp. 303–304, https://www.nature.com/naturejobs/science/articles/10.1038/nj7504-303a. 아울러 다음을 참조하라. Robert J.Sternberg and Wendy M. Williams, "Does the Graduate Record Exam Predict Meaningful Success and Graduate Training of Psychologists? A Case Study", *American Psychologist* 52, no. 6 (June 1997): pp. 630–641.

64 윌리엄 세들라첵이 2019년 10월 2일에 저자에게 보낸 이메일.

65 다음을 참조하라. George Anders, "You Can Start Anywhere", in Anders, *You Can Do Anything: The Surprising Power of a "Useless" Liberal Arts Education* (New York: Little, Brown, 2017), esp. p. 58.

66 Malcolm Gladwell, *Outliers: The Story of Success* (New York: Little, Brown, 2008), pp. 80–84

67 Billy Witz, Jennifer Medina, and Tim Arango, "Bribes and Big-Time Sports: U.S.C. Finds Itself, Once Again, Facing Scandal", *New York Times*, March 14, 2019, https://www.nytimes.com/2019/03/14/us/usc-college-cheating-scandal-bribes.html.

68 Melissa Korn and Jennifer Levitz, "In College Admissions Scandal, Families from China Paid the Most", *Wall Street Journal*, April 26, 2019, https://www.wsj.com/articles/the-biggest-clients-in-the-college-admissions-scandal-were-from-china-11556301872.

69 John Bacon and Joey Garrison, "Ex–Yale Coach Pleads Guilty for Soliciting Almost $1 Million in Bribes in College Admissions Scandal", USA Today, March 28, 2019, https://www.usatoday.com/story/news/nation/2019/03/28/rudy-meredith-ex-yale-coach-expected-plead-guilty-college-admissions-scam/3296720002/; Melissa Korn, "How to Fix College

Admissions", *Wall Street Journal*, November 29, 2019, https://www.wsj.com/articles/how-to-fix-college-admissions-11575042980.

70 오랫동안 아인슈타인이 한 말로 알려져 있었지만, 다음 팩트체크 웹사이트를 참조하라. "Everybody Is a Genius. But If You Judge a Fish by Its Ability to Climb a Tree, It Will Live Its Whole Life Believing That It Is Stupid", *Quote Investigator*, April 6, 2013, https://quoteinvestigator.com/2013/04/06/fish-climb/.

2장

1 Catherine Nichols, "Homme de Plume: What I Learned Sending My Novel Out Under a Male Name", *Jezebel*, August 4, 2015, https://jezebel.com/homme-de-plume-what-i-learned-sending-my-novel-out-und-1720637627.

2 다음을 참조하라. "Employers' Replies to Racial Names," National Bureau of Economic Research, https://www.nber.org/digest/sep03/w9873.html.

3 다음을 참조하라. "Publishing Industry is Overwhelmingly White and Female, US Study Finds", *Guardian*, January 27, 2016, https://www.theguardian.com/books/2016/jan/27/us-study-finds-publishing-is-overwhelmingly-white-and-female.

4 Sheryl Sandberg, "Women at Work: Speaking While Female", *New York Times*, January 12, 2015, https://www.nytimes.com/2015/01/11/opinion/sunday/speaking-while-female.html.

5 Christopher F. Karpowitz, Tali Mendelberg, and Lee Shaker, "Gender Inequality in Deliberative Participation", *American Political Science Review* 106, no. 3 (August 2012): pp. 533–547, https://pdfs.semanticscholar.org/c0ef/981e1191a7ff3ca6a63f205aef12f64d2f4e.pdf?_ga=2.81127703.1000116753.15841352521227194247.1574373344.

6 Catherine Hill, Christianne Corbett, and Andresse St. Rose, *Why So Few? Women in Science, Technology, Engineering, and Mathematics*, AAUW, February 2010, https://www.aauw.org/aauw_check/pdf_download/show_pdf.php?file=why-so-few-research.

7 Suzanne Choney, "Why Do Girls Lose Interest in STEM? New Research Has Some Answers—and What We Can Do About It", Microsoft Stories, March 13, 2018, https://news.microsoft.com/features/why-do-girls-lose-interest-in-stem-new-research-has-some-answers-and-what-we-can-do-about-it/.

8 Dean Keith Simonton, *Greatness: Who Makes History and Why* (New York: Guilford Press, 1994), pp. 33–34.

9 Ibid., p. 37.

10 Virginia Woolf, *A Room of One's Own* (New York: Fountain Press, 2012 [1929]), p. 24.

11 Ibid., p. 48.

12 Ibid., p. 56.

13 다음에서 인용했다. Lord Byron, *The Works of Lord Byron, with His Letters and Journals, and His Life*, vol. 2, edited by Thomas Moore (New York: J. & J. Harper, 1830–31), p. 275.

14 Sean Smith, *J. K. Rowling: A Biography: The Genius Behind Harry Potter* (London: Michael O'Mara Books, 2001), p. 132.

15 Woolf, A Room of One's Own, pp. 53–54.

16 Ibid., p. 56.

17 Ibid., p. 35.

18 Byron, *The Works of Lord Byron*, vol. 2, p. 399.

19 다음에서 인용했다. Cecil Gray, *A Survey of Contemporary Music* (London: Oxford University Press, 1924), p. 246.

20 Charles Darwin, "This Is the Question", in *The Autobiography of Charles Darwin, 1809–1882*, edited by Nora Barlow (New York: W. W. Norton, 1958), pp. 195–196.

21 Françoise Gilot and Carlton Lake, *Life with Picasso* (London: McGraw-Hill, 2012 [1964]), p. 77.

22 Arthur Schopenhauer, *The World as Will and Idea*, 6th ed., vol. 3, translated by R. B. Haldane and J. Kemp (London: Kegan Paul, 1909), Project Gutenberg, http://www.gutenberg.org/files/40868/40868-h/40868-h.html, p. 158.

23 Arthur Schopenhauer, The Essays of Schopenhauer, edited by Juliet Sutherland, Project Gutenberg, https://www.gutenberg.org /files/11945/11945-h/11945-h. htm#link2H_4_0009.

24 다음에서 인용했다. Darrin McMahon, Divine Fury: *A History of Genius* (New York: Basic Books, 2013), p. 161.

25 Emma Brockes, "Return of the Time Lord", *Guardian*, September 27, 2005, https://www.theguardian.com/science/2005/sep/27/scienceandnature.highereducationprofile.

26 Suzanne Goldenberg, "Why Women Are Poor at Science, by Harvard President", *Guardian*, January 18, 2005, https://www.theguardian.com/science/2005/jan/18/educationsgendergap.genderissues.

27 Alexander Moszkowski, *Conversations with Einstein*, translatedby Henry L. Brose (New York: Horizon Press, 1970), p. 79.

28 Nikolaus Pevsner, *Academies of Art, Past and Present* (Cambridge, UK: Cambridge University Press, 1940), p. 231; Linda Nochlin, "Why Have There Been No Great Women Artists?", 1971, http://davidrifkind.org/fiu/library_files/Linda%20Nochlin%20%20Why%20have%20there%20been%20no%20Great%20Women%20Artists.pdf.

29 Peter Saenger, "The Triumph of Women Artists", *Wall Street Journal*, November 23, 2018, https://www.wsj.com/articles/the-triumph-of-women-artists-1542816015.

30 Anna Klumpke, *Rosa Bonheur: Sa vie, son oeuvre* (Paris: Flammarion, 1908), pp. 308–309.

31 Alan Greenspan and Adrian Wooldridge, *Capitalism in America: A History* (New York: Random House, 2018), p. 363.

32 다음에서 인용했다. Jerome Karabel, *The Chosen: The Hidden History of Admission and Exclusion at Harvard, Yale and Princeton* (New York: Mariner Books, 2014), p. 444.

33 Celestine Bohlen, "Breaking the Cycles That Keep Women Out of Tech-Related Professions", *New York Times*, November 26, 2018, https://www.nytimes.com/2018/11/20/world/europe/women-in-stem.html?searchResultPosition=9.

34 이것과 멘델스존의 인용 출처는 다음이다. Craig Wright, *Listening to Music*, 7th ed. (Boston: Cengage Learning, 2017), pp. 252–253.

35 Mason Currey, *Daily Rituals: How Artists Work* (New York: Alfred A. Knopf, 2018), p. 44.

36 Alexandra Popoff, *The Wives: The Women Behind Russia's Literary Giants* (New York: Pegasus, 2012), p. 68.

37 "Hatshepsut", Western Civilization, ER Services, https://courses.lumenlearning.com/suny-hccc-worldhistory/chapter/hatshepsut/.

38 뉴욕 메트로폴리탄미술관에 있는 핫셉수트의 조각상 및 이들의 역사에 대해서는 다음을 참조하라. "Large Kneeling Statue of Hatshepsut, ca. 1479–1458 B.C.", https://www.metmuseum.org/art/collection/search/544449. 특히 다음을 눈여겨보라. "Sphinxof Hatshepsut", https://www.metmuseum.org/toah/works-of-art/31.3.166/.

39 힐데가르트 폰 빙엔에 대해서는 다음을 참조하라. Barbara Newman, *Saint Hildegard of Bingen: Symphonia* (Ithaca, NY: Cornell University Press, 1988), 서문; Mathew Fox, *Hildegard of Bingen: A Saint for Our Times* (Vancouver: Namaste, 2012). 글쓰기 사례는 다음을 참조하라. Sabina Flanagan, *Secrets of God: Writings of Hildegard of Bingen* (Boston: Shambhala, 1996). 편지 사례는 다음을 참조하라. Matthew Fox, ed., *Hildegard of Bingen's Book of Divine Works with Letters and Songs* (Santa Fe, NM: Bear & Co, 1987).

40 하나의 사례가 〈롯과 두 딸〉로 예전에는 베르나르도 카발리노의 작품으로 여겨졌고 톨레도 미술관이 소장하고 있다. 다음을 참조하라. Josef Grabski, "On Seicento Painting in Naples: Some Observations on Bernardo Cavallino, Artemisia Gentileschi and Others", *Artibus et Historiae 6*, no. 11 (1985): pp. 23–63. 아울러 다음을 참조하라. Sarah Cascone, "Sotheby's Offers Lost Artemisia Gentileschi Masterpiece", *Artnet News*, June 10, 2014, ttps://news.artnet.com/market/sothebys-offers-lost-artemisia-gentileschi-masterpiece-37273.

41 이 재판에 대해서는 다음을 참조하라. Tracy Marks, "Artemesia: The Rape and the Trial", http://www.webwinds.com/artemisia/trial.htm.

42 에이다 러브레이스에 대해서는 다음을 참조하라. Betty A. Toole, *Ada, the Enchantress of Numbers: Prophet of the Computer Age* (Moreton-in-Marsh, Gloucestershire, UK: Strawberry Press, 1998); William Gibson and Bruce Sterling, *The Difference Engine: A Novel* (New York: Bantam Books, 1991). 컴퓨터 선지자로서의 러브레이스 이야기는 다음을 참조하라. Walter Isaacson, *The Innovators: How A Group of Hackers, Geniuses, and Geeks Created the Digital Revolution* (New York: Simon & Schuster, 2014), pp 7–33.

43 다음을 참조하라. Ruth Levin Sime, *Lise Meitner: A Life in Physics* (Berkeley: University of California Press, 1996), https://www.washingtonpost.com/wp-srv/style/longterm/books/chap1/lisemeitner.htm?noredirect=on.

44 Adam Parfrey and Cletus Nelson, *Citizen Keane: The Big Lies Behind the Big Eyes* (Port Townsend, WA: Feral House, 2014).

45 Ariane Hegewisch and Emma Williams-Baron, "The Gender Wage Gap: 2017 Earnings Differences by Race and Ethnicity", Institute for Women's Policy Research, March 7, 2018, https://iwpr.org/publications/gender-wage-gap-2017-race-ethnicity/.

46 Rachel Bachman, "Women's Team Sues U.S. Soccer", *Wall Street Journal*, March 9, 2019, https://www.wsj.com/articles/u-s-womens-soccer-team-alleges-gender-discrimination-11552059299.

47 Gené Teare, "In 2017, Only 17% of Startups Have a Female Founder", *TC*, April 19, 2017, https://techcrunch.com/2017/04/19/in-2017-only-17-of-startups-have-a-female-founder/; Valentina Zarya, "Female Founders Got only 2% of Venture Capital in 2017", *Fortune* (January 31, 2018), https://fortune.com/2018/01/31/female-founders-venture-capital-2017/.

48 Adnisha Padnani, "How an Obits Project on Overlooked Women Was Born", *New York Times*, March 8, 2018, https://www.nytimes.com/2018/03/08/insider/overlooked-obituary.html.

49 Mary Ann Sieghart, "Why Are Even Women Biased Against Women?", BBC Radio 4, February 4, 2018, https://www.bbc.co.uk/programmes/b09pl66d. 아울러 다음을 참조하라. Caroline Heldman, Meredith Conroy, and Alissa R. Ackerman, *Sex and Gender in the 2016 Presidential Election* (Santa Barbara, CA: Praeger, 2018).

50 Adrian Hoffmann and Jochen Musch, "Prejudice Against Women Leaders: Insights from an Indirect Questioning Approach", *Sex Roles 80*, nos. 11–12 (June 2019): pp. 681–692, https://link.springer.com/article/10.1007/s11199-018-0969-6.

51 Mahzarin R. Banaji and Anthony G. Greenwald, *Blind Spot: Hidden Biases of Good People* (New York: Bantam Books, 2013).

52 Hill et al., *Why So Few?*, p. 74.

53 Corinne A. Moss-Racusin, John F. Dovidio, Victoria L. Brescoll, et al., "Science Faculty's Subtle Gender Biases Favor Male Students", *Proceedings of the National Academy of Sciences of the United States of America*, October 9, 2012, https://www.pnas.org/content/109/41/16474.

54 Banaji and Greenwald, *Blind Spot*, p. 115.

55 Brigid Schulte, "A Woman's Greatest Enemy? A Lack of Time to Herself", *Guardian*, July 21, 2019, https://www.theguardian.com/commentisfree/2019/jul/21/woman-greatest-enemy-lack-of-time-themselves.

56 Seth Stephens-Davidowitz, "Google, Tell Me. Is My Son a Genius?", *New York Times*, January 18, 2014, https://www.nytimes.com/2014/01/19/opinion/sunday/google-tell-me-is-my-son-a-genius.html.

57 Simonton, *Greatness*, 37.

3장

1   아울러 다음을 참조하라. Melissa Eddy, "A Musical Prodigy? Sure, but Don't Call Her 'a New Mozart'", *New York Times*, June 14, 2019, https://www.nytimes.com/2019/06/14/world/europe/alma-deutscher-prodigy-mozart.html.

2   "British Child Prodigy's Cinderella Opera Thrills Vienna", BBC News, December 30, 2016, https://www.bbc.com/news/world-europe-38467218.

3   Otto Erich Deutsch, *Mozart: A Documentary Biography*, translated by Eric Blom, Peter Branscombe, and Jeremy Noble (Stanford, CA: Stanford University Press, 1965), p. 9.

4   모차르트에게는 음악 분야에 보통 수준 이상으로 활동했던 아들이 둘 있었다. 한 명은 카를 토마스(Carl Thomas, 1784–1858)로 연주자 훈련을 받았지만 나중에 밀라노의 공무원이 됐다. 또 한 명은 프란츠 사버(Franz Xaver, 1791–1844)로 작곡가와 피아노 선생으로 또 가끔은 연주자로 활동하면서 생계를 해결했다. 두 아들 모두 후손을 남기지 않았다.

5   Erich Schenk, "Mozarts Salzburger Vorfahren", *Mozart-Jahrbuch*, 3 (1929): pp. 81–93; Erich Schenk, *Mozart and His Times*, edited and translated by Richard and Clara Winston (New York: Knopf, 1959), pp. 7–8; Erich Valentin, "Die Familie der Frau Mozart geb. Pertl", in *Valentin, "Madame Mutter": Anna Maria Walburga Mozart* (1720–1778) (Augsburg, Germany: Die Gesellschaft, 1991).

6   Deutsch, Mozart, p. 445.

7   Ibid., p. 27.

8   "Prodigy", *The Compact Oxford English Dictionary* (Oxford, UK: Oxford University Press, 1991).

9   *Inside Bill's Brain: Decoding Bill Gates*, Netflix, September 2019, episode 1.

10 요요마가 매사추세츠 탱글우드에서 저자와 나눈 대화, 2011년 8월 14일.

11 Dean Keith Simonton, Kathleen A. Taylor, and Vincent Cassandro, "The Creative Genius of William Shakespeare: Histiometric Analyses of His Plays and Sonnets", in *Genius and the Mind: Studies of Creativity and Temperament*, edited by Andrew Steptoe (Oxford, UK: Oxford University Press, 1998), p. 180.

12 Deutsch, *Mozart*, p. 360.

13 Cliff Eisen, *New Mozart Documents: A Supplement to O. E. Deutsch's Documentary Biography* (Stanford, CA: Stanford University Press, 1991), p. 14.

14 Alissa Quart, *Hothouse Kids: The Dilemma of the Gifted Child* (New York: Penguin, 2006), p. 77; *My Kid Could Paint That*, Sony Pictures Classic, 2007.

15 Deutsch, *Mozart*, p. 494.

16 마린 올솝이 코네티컷 뉴헤이븐에서 저자와 나눈 대화, 2017년 5월 22일.

17 Scott Barry Kaufman and Carolyn Gregoire, *Wired to Create: Unraveling the Mysteries of the Creative Mind* (New York: Random House, 2016), p. 151.

18 다음에서 인용했다. Helia Phoenix, *Lady Gaga: Just Dance: The Biography* (London: Orion

House, 2010), pp. 44–45.

19 다음에서 인용했다. Dean Keith Simonton, *Greatness: Who Makes History and Why* (New York: Guilford Press, 1994), p. 243.

20 Ellen Winner, *Gifted Children: Myths and Realities* (New York: Basic Books, 1996), p. 10; Alissa Quart, *Hothouse Kids: The Dilemma of the Gifted Child* (New York: Alfred A. Knopf, 2006), pp. 204–205; Ann Hulbert, *Off the Charts: The Hidden Lives and Lessons of American Child Prodigies* (New York: Alfred A. Knopf, 2018), p. 283, p. 291.

21 Maynard Solomon, *Mozart: A Life* (New York: Simon & Schuster, 1995), pp. 177–209.

22 레오폴트가 볼프강에게 보낸 편지, 1778년 2월 12일. *The Letters of Mozart and His Family*, edited by Emily Anderson (London: Macmillan, 1985), p. 478.

23 레오폴트가 볼프강에게 보낸 편지, 1777년 12월 18일. ibid., p. 423.

24 볼프강이 레오폴트에게 보낸 편지, 1778년 7월 21일. ibid., p. 587.

25 Liz Schumer, "Why Mentoring Matters and How to Get Started", *New York Times*, September 30, 2018, https://www.nytimes.com/2018/09/26/smarter-living/why-mentoring-matters-how-to-get-started.html.

26 다음에서 인용했다. John Richardson, A Life of Picasso: *The Prodigy*, 1881–1906 (New York: Alfred A. Knopf, 2007), p. 45.

27 Douglas Stone, 'Exploring the Nature of Genius' 수업 중에서, Yale University, February 2, 2014.

28 조기교육의 결과는 복제될 수 없는데, 이는 다음 기사로 발표됐다. Frances H. Rauscher, Gordon L. Shaw, and Catherine N. Ky, "Music and Spatial Task Performance", *Nature 365*, no. 611 (October 14, 1993). 이런 확장이 "아이를 한층 더 똑똑하게 만들어준다"는 주장은 음악비평가 알렉스 로스가 다음에서 처음 주장했다. Alex Ross, "Listening to Prozac...Er, Mozart", New York Times, August 28, 1994, https://www.nytimes.com/1994/08/28/arts/classical-view-listening-to-prozac-er-mozart.html.

29 Tamar Levin, "No Einstein in Your Crib? Get a Refund", *New York Times*, October 23, 2009, https://www.nytimes.com/2009/10/24/education/24baby.html.

30 Winner, *Gifted Children*, pp. 280–81.

31 Hulbert, *Off the Charts*, p. 291. '영재의 후회'에 대해서는 다음을 참조하라. Quart, *Hothouse Kids*, p. 210.

4장

1   그날 밤 그곳의 묘사는 다음을 근거로 했다. Mary Shelley, *History of a Six Weeks' Tour Through a Part of France, Switzerland, Germany and Holland, with Letters...* (London: T. Hookham and C. and J. Ollier, 1817), https://archive.org/details/sixweekhistoryof00shelrich/page/98/mode/2up, pp. 99–100. 날짜를 그날로 특정한 것은 다음을 근거로 했다. Fiona Sampson, *In Search of Mary Shelley* (New York: Pegasus, 2018), p. 124.

2   《프랑켄슈타인》과 대중문화에 대해서는 다음을 참조하라. *Frankenstein: How a Monster Became an Icon*, edited by Signey Perkowitz and Eddy von Mueller (New York: Pegasus, 2018).

3   다음을 참조하라. Kathryn Harkup, *Making the Monster: The Science Behind Mary Shelley's Frankenstein* (London: Bloomsbury, 2018).

4   Mary Shelley, *Frankenstein: Annotated for Scientists, Engineers, and Creators of All Kinds*, edited by David H. Guston, Ed Finn, and Jason Scott Robert (Cambridge, MA: MIT Press, 2017), p. 84.

5   이 서문은 다음에도 다시 실렸다. Frankenstein, Romantic Circles, https://www.rc.umd.edu/editions/frankenstein/1831v1/intro.html.

6   《프랑켄슈타인》의 출판 과정 및 수용에 대해서는 다음을 참조하라. Harkup, *Making the Monster*, pp. 253–255.

7   "Harry Potter and Me", BBC Christmas Special, British Version, December 28, 2001, transcribed by "Marvelous Marvolo" and Jimmi Thøgersen, http://www.accio-quote.org/articles/2001/1201-bbc-hpandme.htm.

8   Ibid.

9   다음을 참조하라. Arianna Stassinopoulos Huffington, *Picasso: Maker and Destroyer* (New York: Simon & Schuster, 1988), p. 379.

10 다음에서 인용했다. Ann Hulburt, *Off the Charts: The Hidden Lives and Lessons of American Child Prodigies* (New York: Alfred A. Knopf, 2018), p. 260.

11 다음에서 인용했다. Howard Gardner, *Creating Minds: An Anatomy of Creativity* (New York: Basic Books, 1993), p. 145.

12 Natasha Staller, "Early Picasso and the Origins of Cubism", Arts Magazine 61 (1986): pp. 80–90; Gertrude Stein, *Gertrude Stein on Picasso*, edited by Edward Burns (New York: Liveright, 1970).

13 프랑수아즈 질로에게 한 말이며, 이 내용은 다음에 나와 있다. Françoise Gilot and Carlton Lake, *Life with Picasso* (New York: McGraw-Hill, 1990 [1964]), p. 113.

14 다음에서 인용했다. Max Wertheimer, *Productive Thinking* (New York: Harper & Row, 1959), p. 213.

15 Albert Einstein, *Autobiographical Notes*, translated and edited by Paul Schlipp (La Salle, IL: Open Court, 1979), pp. 6–7.

16 Ibid., p. 49; Walter Isaacson, *Einstein: His Life and Universe* (New York: Simon & Schuster, 2007), p. 26; Peter A. Bucky, *The Private Albert Einstein* (Kansas City, MO: Universal Press, 1992), p. 26.

17 다음에서 인용했다. Isaacson, *Einstein*, p. 196.

18 J. Robert Oppenheimer, *Robert Oppenheimer: Letters and Recollections*, edited by Alice Kimball Smith and Charles Weiner (Cambridge, MA: Harvard University Press, 1980), p.

190.

19 Justin Gammill, "10 ACTUAL Quotes from Albert Einstein", October 22, 2015, I Heart Intelligence, https://iheartintelligence.com/2015/10/22/quotes-from-albert-einstein/.

20 아인슈타인이 오토 줄리스버거에게 보낸 편지, 1942년 9월 29일. Albert Einstein Archives, Hebrew University, Jerusalem, folder 38, document 238.

21 J. Randy Taraborelli, *Michael Jackson: The Magic, the Madness, the Whole Story, 1958–2009* (New York: Grand Central Publishing, 2009), p. 201.

22 Goodreads, https://www.goodreads.com/quotes/130291-the-secret-of-genius-is-to-carry-the-spirit-of.

23 Dann Hazel and Josh Fippen, *A Walt Disney World Resort Outing: The Only Vacation Planning Guide Exclusively for Gay and Lesbian Travelers* (San Jose: Writers Club Press, 2002), p. 211.

24 '미키마우스의 탄생'은 월트 디즈니의 다음 에세이에서 인용했다. Walt Disney, "What Mickey Means to Me", Walt Disney Family Museum, November 18, 2012, https://www.waltdisney.org/blog/birth-mouse.

25 Otto Erich Deutsch, *Mozart: A Documentary Biography, translated by Eric Blom, Peter Branscombe, and Jeremy Noble* (Stanford, CA: Stanford University Press, 1965), p. 462.

26 모차르트가 마리아 안나 테클라 모차르트에게 보낸 편지, 1777년 11월 5일. Wolfgang Amadeus Mozart, *The Letters of Mozart and His Family*, edited by Emily Anderson (London: Macmillan, 1985), p. 358.

27 M. J. Coren, "John Cleese—How to Be Creative", Vimeo, https://vimeo.com/176474304.

28 Frida Kahlo, *The Diary of Frida Kahlo: An Intimate Self-Portrait* (New York: Abrams, 2005), pp. 245–247.

29 Deutsch, *Mozart*, p. 493.

30 1787년 1월 15일의 편지. Mozart, *The Letters of Mozart and His Family*, p. 904.

31 Jeff Bezos, First Mover: *Jeff Bezos in His Own Words*, edited by Helena Hunt (Chicago: Agate Publishing, 2018), p. 93.

32 Amihud Gilead, "Neoteny and the Playground of Pure Possibilities", *International Journal of Humanities and Social Sciences 5*, no. 2 (February 2015): pp. 30–39, http://www.ijhssnet.com/journals/Vol_5_No_2_February_2015/4.pdf.

33 Stephen Jay Gould, "A Biological Homage to Mickey Mouse", https://faculty.uca.edu/benw/biol4415/papers/Mickey.pdf.

34 George Sylvester Viereck, "What Life Means to Einstein", *Saturday Evening Post* (October 26, 1929), http://www.saturdayeveningpost.com/wp-content/uploads/satevepost/einstein.pdf, p. 117.

35 Charles Baudelaire, *Le Peintre de la vie moderne* (Paris: FB Editions, 2014 [1863]), p. 13.

5장

1   Frank A. Mumby and R. S. Rait, *The Girlhood of Queen Elizabeth* (Whitefish, MT: Kessinger, 2006), pp. 69–72.

2   "Queen Elizabeth I of England", Luminarium: Anthology of English Literature, http://www.luminarium.org/renlit/elizlet1544.htm.

3   Elizabeth I, Elizabeth I: *Collected Works*, edited by Leah S. Marcus, Janel Mueller, and Mary Beth Rose (Chicago: University of Chicago Press, 2002), p. 182.

4   William Camden, *The Historie of the Most Renowned and Victorious Princess Elizabeth, Late Queen of England* (London: Benjamin Fisher, 1630), p. 6.

5   Elizabeth I, *Elizabeth I: Collected Works*, pp. 332–335. 다음을 참조하라. Folger Library, Washington, D.C., V.a.321, fol. 36, 다음도 함께 참조하라. *Modern History Sourcebook: Queen Elizabeth I of England* (b. 1533, r. 1558–1603); *Selected Writing and Speeches,* https://sourcebooks.fordham.edu/mod/elizabeth1.asp.

6   Susan Engel, *The Hungry Mind: The Origins of Curiosity in Childhood* (Cambridge, MA: Harvard University Press, 2015), p. 17 and chap. 4.

7   Kenneth Clark, "The Renaissance", in *Civilisation: A Personal View*, 1969, http://www.historyaccess.com/therenaissanceby.html.

8   레오나르도의 〈코덱스 아틀란티쿠스〉에서 추린 것으로, 다음에서 인용했다. Ian Leslie, *Curious: The Desire to Know and Why Your Future Depends on It* (New York: Basic Books, 2014), p. 16.

9   Fritjof Capra, *The Science of Leonardo: Inside the Mind of the Great Genius of the Renaissance* (New York: Random House, 2007), p. 2.

10 Sigmund Freud, *Leonardo da Vinci and a Memory of His Childhood*, edited and translated by Alan Tyson (New York: W. W. Norton, 1964), p. 85.

11 왼손잡이로 확인되었거나 추정되는 사람들의 명단은 다음에 있다. Dean Keith Simonton, *Greatness: Who Makes History and Why* (New York: Guilford Press, 1994), pp. 22–24.

12 Sherwin B. Nuland, *Leonardo da Vinci: A Life* (New York: Penguin, 2000), p. 17.

13 다음에서 인용했다. ibid., p. 18.

14 Amelia Noor, Chew Chee, and Asina Ahmed, "Is There a Gay Advantage in Creativity?", *The International Journal of Psychological Studies 5*, no. 2 (2013), ccsenet.org/journal/index.php/ijps/article/view/24643.

15 Giorgio Vasari, "Life of Leonardo da Vinci", in *Vasari, Lives of the Most Eminent Painters, Sculptors, and Architects*, translated by Lulia Conaway Bondanella and Peter Bondanella (Oxford, UK: Oxford University Press, 1991), p. 284, p. 294, p. 298.

16 Walter Isaacson, *Leonardo da Vinci* (New York: Simon & Schuster, 2017), p. 397.

17 Leonardo da Vinci, *The Notebooks of Leonardo da Vinci*, edited by Edward MacCurdy (New York: George Braziller, 1939), p. 166.

18 J. B. Bellhouse and F. H. Bellhouse, "Mechanism of Closure of the Aortic Valve", *Nature 217* (1968), https://www.nature.com/articles/217086b0, pp. 86–87.

19 Alastair Sooke, "Leonardo da Vinci—The Anatomist", *The Culture Show at Edinburgh*, BBC, December 31, 2013, https://www.youtube.com/watch?v=-J6MdN_fucUu&t=9s.

20 Isaacson, *Leonardo da Vinci*, p. 412.

21 "Blurring the Lines", *National Geographic* (May 2019): pp. 68–69.

22 다음에서 인용했다. Marilyn Johnson, "Life in Books", *Life* (September 1997): p. 47.

23 Ibid., p. 53.

24 Ibid., p. 60.

25 Oprah Winfrey, *Own It: Oprah Winfrey in Her Own Words*, edited by Anjali Becker and Jeanne Engelmann (Chicago: Agate, 2017), p. 77.

26 Benjamin Franklin, *Benjamin Franklin: The Autobiography and Other Writings*, edited by L. Jesse Lemisch (New York: Penguin, 2014), p. 15.

27 Richard Bell, "he Genius of Benjamin Franklin", lecture, Northwestern University Law School, Chicago, September 28, 2019.

28 Franklin, *Autobiography*, p. 18.

29 다음에서 인용했다. Bill Gates, *Impatient Optimist: Bill Gates in His Own Words*, edited by Lisa Rogak (Chicago: Agate, 2012), p. 107.

30 Franklin, *Autobiography*, p. 112.

31 대부분의 원문 출처는 다음과 같다. J. Bernard Cohen, *Benjamin Franklin's Experiments* (Cambridge, MA: Harvard University Press, 1941), p. 49 ff.

32 *The Papers of Benjamin Franklin*, March 28, p. 1747, https://franklinpapers.org/framedVolumes.jsp, p. 3, p. 115.

33 Ibid., December 25, p. 1750, https://franklinpapers.org/framedVolumes.jsp, 4, pp. 82–83.

34 Peter Dray, *Stealing God's Thunder* (New York: Random House, 2005), p. 97.

35 프랭클린이 조녀선 시플리(Jonathan Shipley)에게 보낸 편지, 1786년 2월 24일. Franklin, *Autobiography*, p. 290.

36 Nikola Tesla, *My Inventions: An Autobiography*, edited by David Major (San Bernardino, CA: Philovox, 2013), p. 15.

37 테슬라가 읽고 있는 책 제목은 추정이며, 이 추정은 같은 해인 1899년에 이보다 앞서서, 맨해튼 남쪽 휴스턴가 46-48번지에 있던 그의 실험실에서 이 사진과 비슷하게 연출해서 찍었던 사진을 근거로 했다.

38 W. Bernard Carlson, *Tesla: Inventor of the Electrical Age* (Princeton, NJ: Princeton University Press, 2013), p. 191.

39 Ibid., p. 282.

40 두 개의 인용 출처 모두 다음이다. Ashlee Vance, E*lon Musk: Tesla, SpaceX, and the Quest for a Fantastic Future* (New York: HarperCollins, 2015), p. 33.

41 shazmosushi, "Elon Musk Profiled: Bloomberg Risk Takers", January 3, 2013, YouTube, https://www.youtube.com/watch?v=CTJt547--AM, at 4:02.

42 Ibid., at 17:00.

43 Engel, *The Hungry Mind*, p. 33, p. 38.

44 Mary-Catherine McClain and Steven Pfeiffer, "Identification of Gifted Students in the United States Today: A Look at StateDefinitions, Policies, and Practices", *Journal of Applied SchoolPsychology 28*, no. 1 (2012): pp. 59–88, https://eric.ed.gov/?id=EJ956579.

45 "Eleanor Roosevelt: Curiosity Is the Greatest Gift", *Big Think*, December 23, 2014, quoting *Today's Health* (October 1966), https://bigthink.com/words-of-wisdom/eleanor-roosevelt-curiosity-is-the-greatest-gift.

46 Scott Kaufman, "Schools Are Missing What Matters AboutLearning", *The Atlantic* (July 24, 2017), https://www.theatlantic.com/education/archive/2017/07/the-underrated-gift-of-curiosity/534573/.

47 Henry Blodget, "I Asked Jeff Bezos the Tough Questions—No Profits, the Book Controversies, the Phone Flop—and HeShowed Why Amazon Is Such a Huge Success", Business *Insider*, December 13, 2014, https://www.businessinsider.com/amazons-jeff-bezos-on-profits-failure-succession-big-bets-2014-12.

48 다음을 참조하라. Engel, *The Hungry Mind*, pp. 17–18; Amihud Gilead, "Neoteny and the Playground of Pure Possibilities", *International Journal of Humanities and Social Sciences 5*, no. 2 (February 2015): pp. 30–33, http://www.ijhssnet.com/journals/Vol_5_No_2_February_2015/4.pdf; and Cameron J. Camp, James R. Rodrigue, and Kenneth R. Olson, "Curiosity in Young, Middle-Aged, and Older Adults", *Educational Gerontology 10*, no. 5 (1984): pp. 387–400, https://www.tandfonline.com/doi/abs/10.1080/0380127840100504?journalCode=uedg20.

49 아인슈타인이 칼 실리그에게 보낸 편지, 1952년 3월 11일. 다음에서 인용했다. Einstein, *The New Quotable Einstein*, edited by Alice Calaprice (Princeton, NJ: Princeton University Press, 2005), p. 14.

50 Albert Einstein, *Autobiographical Notes*, edited and translated by Paul Schlipp (La Salle, IL: Open Court, 1979), p. 9.

51 다음에서 인용했다. Walter Isaacson, *Einstein: His Life and Universe* (New York: Simon & Schuster, 2007), p. 18.

52 Max Talmey, *The Relativity Theory Simplified and the Formative Period of Its Inventor* (New York: Falcon Press, 1932), p. 164.

53 Einstein, *Autobiographical Notes*, p. 17.

54 Albert Einstein, *Ideas and Opinions*, edited by Cal Seelig (New York: Random House, 1982), p. 63.

55 이 라틴어 문구를 정확하게 표현하도록 팀 로빈슨이 도움을 줬다.

56 "Self-education Is the Only Kind of Education There Is", Quote Investigator, https://quoteinvestigator.com/2016/07/07/self-education/.

6장

1 빈센트 반 고흐가 테오에게 보낸 편지, 쿠아스메스에서, 1880년 7월. http://www.webexhibits.org/vangogh/letter/8/133.htm.

2 Alan C. Elms, "Apocryphal Freud: Sigmund Freud's Most Famous Quotations and Their Actual Sources", in *Annual of Psychoanalysis 29* (2001): pp. 83–104, https://elms.faculty.ucdavis.edu/wp-content/uploads/sites/98/2014/07/20011Apocryphal-Freud-July-17-2000.pdf.

3 Jon Interviews, "Gabe Polsky Talks About 'In Search of Greatness'", October 26, 2018, https://www.youtube.com/watch?v=fP8baSEK7HY, at 14:16.

4 Jean F. Mercier, "Shel Silverstein", *Publishers Weekly* (February 24, 1975), http://shelsilverstein.tripod.com/ShelPW.html.

5 Andrew Robinson, *Sudden Genius?: The Gradual Path to Creative Breakthroughs* (Oxford, UK: Oxford University Press, 2010), p. 164.

6 Marie Curie, "Autobiographical Notes", in Curie, *Pierre Curie*, translated by Charlotte and Vernon Kellogg (New York: Dover, 2012 [1923]), p. 84.

7 Ibid., p. 92.

8 Eve Curie, *Madame Curie: A Biography by Eve Curie*, translated by Vincent Sheean (New York: Dover, 2001 [1937]), p. 157.

9 이 회상 및 이어지는 이야기의 출처는 다음과 같다. Marie Curie, "Autobiographical Notes", p. 92.

10 Eve Curie, *Madame Curie*, p. 174.

11 Curie, "Autobiographical Notes", p. 92.

12 https://www.quotetab.com/quote/by-frida-kahlo/passion-is-the-bridge-that-takes-you-from-pain-to-change#GOQJ7pxSyyEPUTYw.97. I have been unable to identify the original source.

13 John Stuart Mill, *Autobiography* (New York: H. Holt, 1873), chap. 5, paraphrased in Eric Weiner, *The Geography of Bliss (*New York: Hachette, 2008), p. 74.

14 Arthur Schopenhauer, *The World as Will and Ide*a, translated by R. B. Haldane and J. Kemp (London: Kegan Paul, 1909), vol. 1, http://www.gutenberg.org/files/38427/38427-h/38427-h.html#pglicense, p. 240.

15 Harriet Reisen, *Louisa May Alcott: The Woman Behind Little Women* (New York: Henry Holt, 2009), p. 216.

16 Louisa May Alcott, *Little Women*, pt. 2, chap. 27, http://www.literaturepage.com/read/littlewomen-296.html.

17 Mason Currey, *Daily Rituals: Women at Work* (New York: Knopf, 2019), p. 52.

18 John Maynard Keynes, "Newton, the Man", July 1946, http://www-groups.dcs.st-and.ac.uk/history/Extras/Keynes_Newton.html.

19 뉴턴의 하인이었던 험프리 뉴턴이 전한 이런 종류의 일화들은 다음에 보존돼 있다. Cambridge, King's College Library, Keynes MS 135, and redacted at "The Newton Project", http://www.newtonproject.ox.ac.uk/view/texts/normalized/THEM00033.

20 다음을 참조하라. "Newton Beats Einstein in Polls of Scientists and Public", The Royal Society, November 23, 2005, https://royalsociety.org/news/2012/newton-einstein/.

21 "Newton's Dark Secrets", Nova, PBS, https://www.youtube.com/watch?v=sdmhPfGo3fE&t=105s.

22 John Henry, "Newton, Matter, and Magic", in *Let Newton Be!: A New Perspective on his Life and Works*, edited by John Fauvel, Raymond Flood, Michael Shortland, and Robin Wilson (Oxford,UK: Oxford University Press, 1988), p. 142.

23 Jan Golinski, "The Secret Life of an Alchemist", in *Let Newton Be*, pp. 147–167.

24 아이작 뉴턴이 존 로크에게 보낸 편지, 1692년 7월 7일. *The Correspondence of Isaac Newton*, vol. 3, edited by H. W. Turnbull (Cambridge, UK: Cambridge University Press, 1961), p. 215.

25 다음을 참조하라. Thomas Levenson, *Newton and the Counterfeiter: The Unknown Detective Career of the World's Greatest Scientist* (Boston: Houghton Mifflin Harcourt, 2009), pp. 223–232.

26 다음에 기술돼 있다. James Gleick, *Isaac Newton* (New York: Random House, 2003), p. 190.

27 Charles Darwin, *The Autobiography of Charles Darwin*, edited by Nora Barlow (New York: W. W. Norton, 2005), p. 53.

28 Janet Browne, *Charles Darwin: Voyaging* (Princeton, NJ: Princeton University Press, 1995), p. 102.

29 Darwin, *Autobiography*, p. 53.

30 Browne, *Charles Darwin*, pp. 88–116.

31 American Museum of Natural History, Twitter, February 12, 2018, https://twitter.com/AMNH/status/963159916792963073.

32 Darwin, *Autobiography*, p. 115.

33 Abigail Elise, "Orson Welles Quotes: 10 of the Filmmaker's Funniest and Best Sayings", *International Business Time*s, May 6, 2015, https://www.ibtimes.com/orson-welles-quotes-10-filmmakers-funniest-best-sayings-1910921.

34 *Harper's Magazine* (September 1932), 다음에서 인용했다. Thomas Alva Edison, *The Quotable Edison*, edited by Michele Albion (Gainesville: University Press of Florida, 2011), p. 82.

35 Randall Stross, *The Wizard of Menlo Park: How Thomas Alva Edison Invented the Modern World* (New York: Random House, 2007), p. 66.

36 Ibid., p. 229. 아울러 다음을 참조하라. "Edison at 75 Still a Two-Shift Man", *New York Times*,

February 12, 1922, https://www.nytimes.com/1922/02/12/archives/edison-at-75-still-a-twoshift-man-submits-to-birthday-questionnaire.html.

37 "Mr. Edison's Use of Electricity", *New York Tribune*, September 28, 1878, Thomas A. Edison Papers, Rutgers niversity, http://edison.rutgers.edu/digital.htm, SB032142a.

38 Ladies' Home Journal (April 1898), quoted in Edison, *The Quotable Ediso*n, p. 101.

39 "I Have Gotten a Lot of Results. I Know of Several Thousand Things that Won't Work", Quote Investigator, July 31, 2012, https://quoteinvestigator.com/2012/07/31/edison-lot-results/.

40 Jim Clash, "Elon Musk Interview", AskMen, 2014, https://www.askmen.com/entertainment/right-stuff/elon-musk-interview-4.html.

41 Dana Gioia, "Work, for the Night Is Coming", *Los Angeles Times*, January 23, 1994, https://www.latimes.com/archives/la-xpm-1994-01-23-bk-14382-story.html.

7장

1 프랑스 의사인 펠릭스 레이(Félix Rey)에게서 최근에 발견된 편지 덕분에 고흐가 자기 귀를 얼마나 많이 잘랐는지 드러났다. 이 발견은 다음에서 다루고 있다. Bernadette Murphy, Van *Gogh's Ear* (New York: Farrar, Straus and Giroux, 2016), chap. 14.

2 플라톤은 다음에서 네 가지 유형의 광증을 논의한다. *Phaedrus* (c. 360 b.c.), translated by Benjamin Jowett, The Internet Classics Archive, http://classics.mit.edu/Plato/phaedrus.html.

3 Aristotle, *Problems: Books 32–38*, translated by W. S. Hett and H. Rackham (Cambridge, MA: Harvard University Press, 1936), problem 30.1.

4 John Dryden, "Absalom and Achitophel", Poetry Foundation, https://www.poetryfoundation.org/poems/44172/absalom-and-achitophel.

5 Edgar Allan Poe, "Eleonora". 이 문장은 다음에 인용돼 있다. Scott Barry Kaufman and Carolyn Gregoire, *Wired to Create: Unraveling the Mysteries of the Creative Mind* (New York: Random House, 2016), p. 36.

6 "Quotes from Alice in Wonderland—by Lewis Caroll", Book Edition, January 31, 2013, https://booksedition.wordpress.com/2013/01/31/quotes-from-alice-in-wonderland-by-lewis-caroll/.

7 "Live at the Roxy", HBO (1978), https://www.youtube.com/watch?v=aTRtH1uJh0g.

8 Cesare Lombroso, *The Man of Genius*, 3rd ed. (London: Walter Scott, 1895), pp. 66–99.

9 Kay R. Jamison, *Touched with Fire: Manic-Depressive Illness and the Artistic Temperament* (New York: Simon & Schuster, 1993), esp. chap. 3, "Could It Be Madness—This?" 아울러 다음을 참조하라. Nancy C. Andreasen, "Creativity and Mental Illness: Prevalence Rates in Writers and Their First-Degree Relatives", *American Journal of Psychiatry* 144 (1987): 1288–1292. 다음도 참조하라. *Andreasen's The Creating Brain: The Neuroscience of Genius* (New York: Dana Press, 2005), esp. chap. 4, "Genius and Insanity".

10 Kay Redfield Jamison, "Mood Disorders and Patterns of Creativity in British Writers and Artists", *Psychiatry* 52, no. 2 (1989): pp. 125–134; Jamison, *Touched with Fire*, pp. 72–73.

11 François Martin Mai, "Illness and Creativity", in Mai, *Diagnosing Genius: The Life and Death of Beethoven* (Montreal: McGill-Queens University Press, 2007), p. 187; Andrew Robinson, *Sudden Genius?: The Gradual Path to Creative Breakthroughs* (Oxford, UK: Oxford University Press, 2010), pp. 58–61; Jamison, *Touched with Fire*, pp. 58–75

12 다음의 뒤 표지에서 인용했다. Christopher Zara, *Tortured Artists: From Picasso and Monroe to Warhol and Winehouse, the Twisted Secrets of the World's Most Creative Minds* (Avon, MA: Adams Media, 2012).

13 Roger Dobson, "Creative Minds: The Links Between Mental Illness and Creativity", LewRockwell.com, May 22, 2009, https://www.lewrockwell.com/2009/05/roger-dobson/creative-minds-the-links-between-mentalillness-andcreativity/.

14 M. Schneider, "Great Minds in Economics: An Interview withJohn Nash", *Yale Economic Review* 4, no. 2 (Summer 2008): pp. 26–31, http://www.markschneideresi.com/articles/Nash_Interview.pdf.

15 Sylvia Nasar, *A Beautiful Mind* (New York: Simon & Schuster, 2011), back cover.

16 다음을 참조하라. Anna Greuner, "Vincent van Gogh's Yellow Vision", *British Journal of General Practice* 63, no. 612 (July 2013): pp. 370–371, https://bjgp.org/content/63/612/370.

17 Derek Fell, *Van Gogh's Women: Vincent's Love Affairs and Journey into Madness* (New York: Da Capo Press, 2004), pp. 242–243, p. 248.

18 빈센트 반 고흐가 테오에게 보낸 편지, 1889년 1월 28일. Vincent van Gogh: The Letters, http://vangoghletters.org/vg/letters/let743/letter.html.

19 다음을 참조하라. Alastair Sooke, "The Mystery of Van Gogh's Madness", BBC, July 25, 2016, YouTube, https://www.youtube.com/watch?v=AgMBRQLhgFE.

20 빈센트 반 고흐가 테오에게 보낸 1889년 1월 28일 편지를 참조하라. Vincent van Gogh: The Letters, http://vangoghletters.org/vg/letters/let555/letter.html.

21 다음을 참조하라. Marije Vellekoop, *Van Gogh at Work* (New Haven, CT: Yale University Press, 2013); Nina Siegal, "Van Gogh's True Palette Revealed", *New York Times*, April 30, 2013, https://www.nytimes.com/2013/04/30/arts/30iht-vangogh30.html.

22 빈센트 반 고흐가 테오에게 보낸 편지, 1882년 7월 1일. Vincent van Gogh: The Letters, http://vangoghletters.org/vg/letters/let241/letter.html.

23 빈센트 반 고흐가 테오에게 보낸 편지, 1882년 7월 6일. Vincent van Gogh: The Letters, http://vangoghletters.org/vg/letters/let244/letter.html.

24 빈센트 반 고흐가 테오에게 보낸 편지, 1883년 7월 22일. Vincent van Gogh: The Letters, http://vangoghletters.org/vg/letters/let364/letter.html.

25 Gordon Claridge, "Creativity and Madness: Clues from Modern Psychiatric Diagnosis", in *Genius and the Mind*, edited by Andrew Steptoe (Oxford, UK: Oxford University Press,

1998), pp. 238–240.

26 다음에서 인용했다. Thomas C. Caramagno, *The Flight of the Mind: Virginia Woolf's Art and Manic-Depressive Illness* (Berkeley: University of California Press, 1991), p. 48.

27 Leonard Woolf, *Beginning Again: An Autobiography of the Years* 1911 to 1918 (Orlando, FL: Harcourt Brace Jovanovich, 1963), p. 79.

28 Caramagno, *The Flight of the Mind*, p. 75.

29 Virginia Woolf, *Virginia Woolf: Women and Writing*, edited by Michèle Barrett (Orlando, FL: Harcourt Brace Jovanovich, 1979), pp. 58–60.

30 *The Diary of Virginia Woolf*, vol. 3: 1925–30, edited by Anne Olivier Bell (Orlando, FL: Harcourt Brace & Company, 1981), p. 111.

31 *The Diary of Virginia Woolf*, vol. 4: 1931–35, edited by Anne Olivier Bell (San Diego: Harcourt Brace & Company, 1982), p. 161.

32 Yayoi Kusama, *Infinity Net: The Autobiography of Yayoi Kusama* (London: Tate Publishing, 2011), p. 205.

33 Ibid., p. 57, p. 191.

34 Ibid., p. 20.

35 Natalie Frank, "Does Yayoi Kusama Have a Mental Disorder?", Quora, January 29, 2016, https://www.quora.com/Does-Yayoi-Kusama-have-a-mental-disorder.

36 Kusama, *Infinity Net*, p. 66.

37 빈센트 반 고흐가 테오에게 보낸 편지, 1888년 7월 8일 혹은 9일. Vincent van Gogh: The Letters, http://vangoghletters.org/vg/letters/let637. Woolf: Woolf, *The Diary of Virginia Woolf*, vol. 3, p. 287; Kusama: Natalie Frank, "Does Yayoi Kusama Have a Mental Disorder?", Picasso: quoted in Jack Flam, *Matisse and Picasso* (Cambridge, MA: Westview Press, 2003), p. 34; Sexton: Kaufman and Gregoire, *Wired to Create*, p. 150.

Churchill: quoted in his 1921 essay "Painting as a Pastime"; Graham: quoted in her *Blood Memory: An Autobiography* (New York: Doubleday, 1991); Lowell: Patricia Bosworth, "A Poet's Pathologies: Inside Robert Lowell's Restless Mind", *New York Times*, March 1, 2017; Close: Society for Neuroscience, "My Life as a Rolling Neurological Clinic", Dialogues between Neuroscience and Society, New Orleans, October 17, 2012, YouTube, https://www.youtube.com/watch?v=qWadil0W5GU, at 11:35; Winehouse: interview withSpin (2007), quoted in *Zara, Tortured Artist*s, p. 200.

38 Ludwig van Beethoven, "Heiligenstadt Testament", October 6, 1802, in Maynard Solomon, *Beethoven*, 2nd rev. ed. (New York: Schirmer Books, 1998), p. 152; 아울러 이 편지의 필사본에 대해서는 144쪽을 참조하라.

39 저자가 다음을 직접 번역했다. Paul Scudo, "Une Sonate de Beethoven", *Revue des Deux Mondes*, new series 15, no. 8 (1850): p. 94.

40 Mai, Diagnosing Genius; D. Jablow Hershman and Julian Lieb, "Beethoven", in *The Key to*

Genius: Manic-Depression and the Creative Life (Buffalo, NY: Prometheus Books, 1988), pp. 59–92; Solomon, *Beethoven*, "mood swings"와 "alcohol excesses" 항목의 색인을 참조하라; *Beethoven's Concertos: History, Style, Performance* (1999)을 쓴 리언 플랜팅가(Leon Plantinga) 와 저자가 2017년 3월 7일 나눈 대화.

41 루트비히 판 베토벤이 프란츠 베겔러(Franz Wegeler)에게 보낸 편지, 1801년 6월 29일. in Ludwig van Beethoven, *Beethoven: Letters, Journals and Conversations*, edited and translated by Michael Hamburger (Garden City, NY: Doubleday, 1960), p. 24.

42 Solomon, *Beethoven*, p. 158.

43 저자가 베토벤 전문가인 리언 플랜팅가와 2019년 12월 11일에 개인적으로 대화를 나눌 때 그가 강조했던 점임을 밝혀둔다.

44 Solomon, *Beethoven*, p. 161.

45 내가 이런 사실을 깨달은 것은 다트머스대학교의 캐롤라인 로버트슨 교수의 친절함 덕분임 을 밝혀둔다.

46 Caroline Robertson, "Creativity in the Brain: The Neurobiology of Autism and Prosopagnosia", lecture, Yale University, March 4, 2015.

47 Close, "My Life as a Rolling Neurological Clinic", at 46:00. 아울러 다음을 참조하라. Eric Kandel, *The Disordered Mind: What Unusual Brains Tell Us About Ourselves* (New York: Farrar, Straus and Giroux, 2018), p. 131.

48 Close, "My Life as a Rolling Neurological Clinic", at 28:20.

49 자폐증 석학을 개괄하고 싶으면 다음을 참조하라. Joseph Straus, "Idiots Savants, Retarded Savants, Talented Aments, Mono-Savants, Autistic Savants, Just Plain Savants, People with Savant Syndrome, and Autistic People Who Are Good at Things: A View from Disability Studies", in *Disability Studies Quarterly* 34, no. 3 (2014), http://dsq-sds.org/article/view/3407/3640.

50 Oliver Sacks, *The River of Consciousness* (New York: Alfred A. Knopf, 2019), p. 142. 아울러 다음을 참조하라. Oliver Sacks, *An Anthropologist on Mars: Seven Paradoxical Tales* (New York: Vintage, 1995), pp. 197–206; Kandel, *The Disordered Mind*, p. 152; Eric Kandel, *The Age of Insight: The Quest to Understand the Unconscious in Art, Mind, and Brain, from Vienna 1900 to the Present* (New York: Random House, 2012), pp. 492–494.

51 Hans Asperger, "'Autistic Psychopathy' in Childhood", in *Autism and Asperger Syndrome*, edited by Ute Firth (Cambridge, UK: Cambridge University Press, 1991), pp. 37–92. 이 주 제와 관련된 전반적인 내용에 대해서는 다음을 참조하라. Ioan James, *Asperger's Syndrome and High Achievement: Some Very Remarkable People* (London: Jessica Kingsley, 2006), and Michael Fitzgerald, *Autism and Creativity: Is There a Link Between Autism in Men and Exceptional Ability?*(London: Routledge, 2004).

52 Many Things, *Robin Williams: Live on Broadway*, HBO, 2002, YouTube, www.youtube.com/watch?v=FS376sohiXc.

53 제임스 립튼(James Lipton)의 로빈 윌리엄스와의 인터뷰, *Inside the Actors Studio: 2001*, www.dailymotion.com/video/x64ojf8.

54 Zoë Kessler, "Robin Williams' Death Shocking? Yes and No", PsychCentral, August 28, 2014, https://blogs.psychcentral.com/adhd-zoe/2014/08/robin-williams-death-shocking-yes-and-no/.

55 Dave Itzkoff, *Robin* (New York: Henry Holt, 2018), p. 41.

56 다음을 참조하라. johanna-khristina, "Celebrities with a History of ADHD or ADD", IMDb, March 27, 2012, https://www.imdb.com/list/ls004079795/; Kessler, "Robin Williams' Death Shocking?"

57 Leonard Mlodinow, "In Praise of A.D.H.D," N*ew York Times*, March 17, 2018, https://www.nytimes.com/2018/03/17/opinion/sunday/praise-adhd-attention-hyperactivity.html; Scott Kaufman, "The Creative Gifts of ADHD," *Scientific American* (October 21, 2014), blogs.scientificamerican.com/beautiful-minds/2014/10/21/the-creative-gifts-of-adhd.

58 A. Golimstok, J. I. Rojas, M. Romano, et al., "Previous Adult Attention-Deficit and Hyperactivity Disorder Symptoms and Risk of Dementia with Lewy Bodies: A Case-Control Study," *European Journal of Neurology* 18, no. 1 (January 2011): pp. 78–84, https://www.ncbi.nlm.nih.gov/pubmed/20491888. 아울러 다음을 참조하라. Susan Schneider Williams, "The Terrorist Inside My Husband's Brain", *Neurology* 87 (2016): pp. 1308–1311, https://demystifyingmedicine.od .nih.gov/DM19/m04d30/reading02.pdf.

59 Jamison, *Touched with Fire*, p. 43.

60 Lisa Powell, "10 Things You Should Know About Jonathan Winters, the Area's Beloved Comic Genius", *Springfield News-Su*n, November 10, 2018, https://www.springfieldnewssun.com/news/local/things-you-should-know-about-jonathan-winters-the-area-beloved-comedic-genius/Dp5hazcCY9z2sBpVDfaQGI/.

61 다음에서 인용했다. Dick Cavett, "Falling Stars", in *Time: Robin Williams*(November 2014): pp. 28–30.

62 *Robin Williams: Live on Broadway*, 2002, YouTube, www.youtube.com/watch?v=FS376sohiXc.

63 YouTube Movies, *Robin Williams: Come Inside My Mind*, HBO, January 20, 2019, YouTube, https://www.youtube.com/watch?v=6xrZBgP6NZo, at 1:08 and 1:53.

64 "The Hawking Paradox," *Horizon*, BBC, 2005, https://www.dailymotion.com/video/x226awj, at 10:35.

65 Simon Baron-Cohen, quoted in Lizzie Buchen, "Scientists and Autism: When Geeks Meet", *Nature*(November 2, 2011), https:// www.nature.com/news/2011/111102/full/479025a.html; Judith Gould, quoted in Vanessa Thorpe, "Was Autism the Secret of Warhol's Art?," *Guardian*, March 13, 1999, https://www.the guardian.com/uk/1999/mar/14/vanessathorpe.theobserver.

66 이것은 스코틀랜드의 정신과 의사 J. D. 랭(Laing)이 제기한 질문이었다. 다음을 참조하라.

Bob Mullan, *Mad to Be Normal: Conversations with J. D. Laing* (London: Free Association Books, 1995).

67 Martin Luther King, Jr., "1966 Ware Lecture: Don't Sleep Through the Revolution", speech delivered at the Unitarian Universalist Association General Assembly, Hollywood, Florida, May 18, 1966, https://www.uua.org/ga/past/1966/ware.

68 Motoko Rich, "Yayoi Kusama, Queen of Polka Dots, Opens Museum in Tokyo", *New York Times*, September 26, 2017, https:// www.nytimes.com/2017/09/26/arts/design/yayoi-kusama-queen-of-polka-dots-museum-tokyo.html?mcubz=3&_r=0.

69 Itzkoff, *Robin*, pp. 221–222.

70 Lewina O. Lee, Peter James, Emily S. Zevon, et al., "Optimism Is Associated with Exceptional Longevity in 2 Epidemiologic Cohorts of Men and Women", *Proceedings of the National Academy of Sciences of the United States of America* 116, no. 37(August 26, 2019): 18357–62, https://www.pnas.org/content/116/37/18357.

71 "New Evidence That Optimists Live Longer", Harvard T. H. Chan School of Public Health, August 27, 2019, https://www.hsph.harvard.edu/news/features/new-evidence-that-optimists-live-longer/?utm_source=SilverpopMailing&utm_medium=email&utm_campaign=Daily%20Gazette%2020190830(2)%20(1).

72 Catherine Clifford, "This Favorite Saying of Mark Zuckerberg Reveals the Way the Facebook Billionaire Thinks About Life", CNBC Make It, November 30, 2017, https:// cnbc/207/11/30/why-facebook-ceo-mark-zuckerberg-thinks-the-optimists-are-successful.html.

8장

1 John Waller, *Einstein's Luck: The Truth Behind Some of the Greatest Scientific Discoveries* (Oxford, UK: Oxford University Press, 2002), p. 161.

2 David Wootton, *Galileo: Watcher of the Skie* (New Haven, CT: Yale University Press, 2010), p. 259.

3 Dennis Overbye, "Peering into Light's Graveyard: The First Image of a Black Hole", *New York Times*, April 11, 2019, https://www.nytimes.com/2019/04/10/science/black-hole-picture.html.

4 Jonathan Swift, *Essay on the Fates of Clergymen*, Forbes Quotes, https://www.forbes.com/quotes/5566/.

5 이 점에 관한 최근의 연구는 다음에 요약돼 있다. Jennifer S. Mueller, Shimul Melwani, and Jack A. Goncalo, "The Bias Against Creativity: Why People Desire but Reject Creative Ideas", *Psychological Science* 23, no. 1 (November 2011): pp. 13–17, https://digitalcommons.ilr.cornell.edu/cgi/viewcontent.cgi?article=1457&context=articles.

6 Erik L. Wesby and V. L. Dawson, "Creativity: Asset or Burden in the Classroom?", Creativity

Research Journal 8, no. 1 (1995): pp. 1–10, https://www.tandfonline.com/doi/abs/10.1207/s15326934crj0801_1.

7 Amanda Ripley, "Gifted and Talented and Complicated", *New York Times*, January 17, 2018, https://www.nytimes.com/2018/01/17/books/review/off-the-charts-ann-hulbert.html.

8 Wootton, *Galileo*, p. 218.

9 Ibid., pp. 145–147.

10 Ibid., pp. 222–223.

11 Printed with English translations in Eric Metaxas, *Martin Luther: The Man Who Rediscovered God and Changed the World* (New York: Viking, 2017), pp. 115–122.

12 Ibid., p. 104.

13 루터가 아우구스부르크와 보름에서 탈출한 내용에 대해서는 다음을 참조하라. Ibid., pp. 231–236.

14 Ibid., 113.

15 Martin Luther, *Luther's Works*, vol. 32, edited by George W. Forell (Philadelphia and St. Louis: Concordia Publishing House, 1957), p. 113.

16 다윈 및 신이라는 존재의 붕괴에 대해서는 다음을 참조하라. Janet Browne, *Charles Darwin: Voyaging* (Princeton, NJ: Princeton University Press, 1995), pp. 324–327.

17 다음에서 인용했다. Walter Isaacson, *Albert Einstein: His Life and Universe* (New York: Simon & Schuster, 2007), p. 527.

18 Steve Jobs, *I, Steve: Steve Jobs in His Own Words*, edited by George Beahm (Chicago: Agate, 2012), p. 75.

19 The Art Channel, *Andy Warhol: A Documentary Film*, pt. 2, directed by Ric Burns, PBS, 2006, YouTube, https://www.youtube.com/watch?v=r47Nk4o08pI&t=5904s.

20 Bob Colacello, *Holy Terror: Andy Warhol Close Up*, 2nd ed. (New York: Random House, 2014), xxiv.

21 Ibid., xiii.

22 다음에서 인용했다. Cameron M. Ford and Dennis A. Gioia, eds., *Creative Action in Organizations: Ivory Tower Visions and Real World Voices* (Thousand Oaks, CA: Sage Publications, 1995), p. 162.

23 Ryan Riddle, "Steve Jobs and NeXT: You've Got to Be Willing to Crash and Burn", Zurb, February 10, 2012, https://zurb.com/blog/steve-jobs-and-next-you-ve-got-to-be-will.

24 해리 터브먼의 전기 《해리엇 터브먼 인생의 몇 장면들(Scenes in the Life of Harriet Tubman)》은 1869년에 사라 홉킨스 브래드퍼드(Sarah Hopkins Bradford)가 출간했다. 최근에 발간된 학술적인 차원의 전기로는 다음이 있다. Kate Clifford Larson, *Bound for the Promised Land: Harriet Tubman: Portrait of an American Hero* (New York: Random House, 2004).

25 이 부고 기사는 다음에 실려 있다. Becket Adams, "103 Years Later, Harriet Tubman Gets Her Due from the New York Times", *Washington Examiner* (April 20, 2016), https://www.

washingtonexaminer.com/103-years-later-harriet-tubman-gets-her-due-from-the-new-york-times.

26 다음을 참조하라. Jennifer Schuessler, Binyamin Appelbaum, and Wesley Morris, "Tubman's In. Jackson's Out. What's It Mean?", *New York Times*, April 20, 2016, https://www.nytimes.com/2016/04/21/arts/design/tubmans-in-jacksons-out-whats-it-mean.html?mtrref=query.nytimes.com.

27 Will Ellsworth-Jones, Banksy: *The Man Behind the Wall* (New York: St. Martin's Press, 2012), pp. 14–16; Banksy, Wall and Piece(London: Random House, 2005), pp. 178–179.

28 Hermione Sylvester and Ashleigh Kane, "Five of Banksy's Most Infamous Pranks", Dazed, October 9, 2018, https://www.dazeddigital.com/art-photography/article/41743/1/banksy-girl-with-balloon-painting-pranks-sotherbys-london.

29 Christina Burrus, "The Life of Frida Kahlo", in *Frida Kahlo*, edited by Emma Dexter and Tanya Barson (London: Tate, 2005), pp. 200–201.

30 Andrea Kettenmann, *Kahlo*(Cologne: Taschen, 2016), p. 85.

31 Christina Burrus, *Frida Kahlo: I Paint My Reality*(London: Thames and Hudson, 2008), p. 206.

32 Frida Kahlo, *Pocket Frida Kahlo Wisdom*(London: Hardie Grant, 2018), p. 78.

33 Nikki Martinez, "90 Frida Kahlo Quotes for Strength and Inspiration", Everyday Power, https://everydaypower.com/frida-kahlo-quotes/.

34 Oprah Winfrey, *Own It: Oprah Winfrey in Her Own Words*, edited by Anjali Becker and Jeanne Engelmann (Chicago: Agate, 2017), p. 35.

35 Randall Stross, *The Wizard of Menlo Park: How Thomas Alva Edison Invented the Modern World*(New York: Random House, 2007), p. 28.

36 "Edison's New Phonograph," *Scientific American*(October 29, 1887), p. 273; reproduced in Thomas Edison, *The Quotable Ediso*n, edited by Michele Wehrwein Albion (Gainesville: University of Florida Press, 2011), p. 7.

37 Rich Winley, "Entrepreneurs: 5 Things We Can Learn from Elon Musk", *Forbes*(October 8, 2015), https://www.forbes.com/sites/richwinley/2015/10/08/entrepreneurs-5-things-we-can-learn-from-elon-musk/#24b3688c4098.

38 Jeff Bezos, "Read Jeff Bezos's 2018 Letter to Amazon Shareholders", *Entrepreneur*(April 11, 2019), https://www.entrepreneur.com/article/332101.

39 Jobs, I, Steve, p. 63.

40 J. K. Rowling, *Very Good Lives: The Fringe Benefits of Failure and the Importance of Imagination*(New York: Little, Brown, 2015), p. 9

41 Ibid., p. 32, p. 37.

42 Sean Smith, *J. K. Rowling: A Biography: The Genius Behind Harry Potter*(London: Michael O'Mara Books, 2001), p. 122.

43 Alex Carter, "17 Famous Authors and Their Rejections", Mental Floss, May 16, 2017, http://mentalfloss.com/article/91169/16-famous-authors-and-their-rejections.

44 동료 학생이었던 빅토르 하게만(Victor Hageman)의 증언으로 다음에 기록돼 있다. Louis Pierard, *La Vie tragique de Vincent van Gogh*(Paris: Correa & Cie, 1939), pp. 155–159, http://www.webexhibits.org/vangogh/data/letters/16/etc-458a.htm.

45 다음을 참조하라. Andrea Petersen, "The Overprotected American Child", *Wall Street Journal*, June 2–3, 2018, https://www.wsj.com/articles/the-overprotected-american-child-1527865038.

46 미국대학보건협회(American College Health Association)이 2018년에 대학생을 대상으로 실시한 조사에 따르면, 응답자의 21.6퍼센트가 전년도(2017년)에 불안과 관련된 문제로 진단을 받았거나 치료를 받았다고 응답했는데, 이 수치는 2008년 조사 때보다도 최대 10.4퍼센트 높아진 것이다. Ibid.

47 Christopher Ingraham, "There Has Never Been a Safer Time to Be a Kid in America", *Washington Post*, April 14, 2015, https:// www.washingtonpost.com/news/wonk/wp/2015/04/14/theres –never-been-a-safer-time-to-be-a-kid-in-america/; "Homicide Trends in the United States, 1980–2008," U.S. Department of Justice, November 2011, https://www.bjs.gov/content/pub/pdf/htus8008.pdf; Swapna Venugopal Ramaswamy, "Schools Take on Helicopter Parenting with Free-Range Program Taken from 'World's Worst Mom'", *Rockland/Westchester Journal News*, September 4, 2018, https://www.usatoday.com/story/life/allthemoms/2018/09/04/schools-adopt-let-grow-free-range-program-combat-helicopter-parenting/1191482002/.

48 Libby Copeland, "The Criminalization of Parenthood", *New York Times*, August 26, 2018, https://www.nytimes.com/2018/08/22/books/review/small-animals-kim-brooks.html.

49 Nim Tottenham, Mor Shapiro, Jessica Flannery, et al., "ParentalPresence Switches Avoidance to Attraction Learning in Children", *Nature Human Behaviour* 3, no. 7 (2019): pp. 1070–1077.

50 다음을 참조하라. Hanna Rosin, "The Overprotected Kid", *The Atlantic* (April 2014), https://www.theatlantic.com/magazine/archive/2014/04/hey-parents-leave-those-kids-alone/358631/.

9장

1 Samuel Johnson, *The Works of Samuel Johnson*, vol. 2, edited by Arthur Murray (New York: Oxford University Press, 1842), p. 3.

2 Leonardo da Vinci, *A Treatise on Painting*, translated by John Francis Rigaud (London: George Bell, 2005 [1887]), p. 10.

3 알베르트 아인슈타인이 데이비드 힐버트(David Hilbert)에게 보낸 편지, 1915년 11월 12일. 다음에서 인용했다. Walter Isaacson, *Einstein: His Life and Universe*(NewYork: Simon &

Schuster, 2007), p. 217.

4 Carl Swanson and Katie Van Syckle, "Lady Gaga: The Young Artist Award Is the Most Meaningful of Her Life", *New York*(October 20, 2015), http://www.vulture.com/2015/10/read-lady-gagas-speech-about-art.html.

5 〈엔터테인먼트 위클리(*Entertainment Weekly*)〉에 실린 인터뷰에서. 이 인터뷰는 다음에서 인용했다. Helia Phoenix, Lady Gaga: *Just Dance: The Biography*(London: Orion, 2010), p. 19.

6 Kevin Zimmerman, "Lady Gaga Delivers Dynamic Dance-Pop," BMI, December 10, 2008, https://www.bmi.com/news/entry/lady_gaga_delivers_dynamic_dance_pop.

7 Jessica Iredale, "Lady Gaga: 'I'm Every Icon'", *WWD*, July 28, 2013, https://wwd.com/eye/other/lady-gaga-im-every-icon-7068388/.

8 Benjamin Franklin, "Proposals Relating to the Education of Youth in Pennsylvania", September 13, 1749, reprinted in Franklin, *The Papers of Benjamin Frankli*n, vol. 3, p. 404, https://franklinpapers.org/framedVolumes.jsp.Volumes.jsp. 다음에 이어지는 내용은 이 자료의 401~417쪽을 참조했다. 아울러 다음을 참조하라. Franklin's earlier broadside "A Proposal for Promoting Useful Knowledge", May 14, 1743.

9 C. Custer, "Jack Ma: 'What I Told My Son About Education'", Tech in Asia, May 13, 2015, https://www.techinasia.com/jack-ma-what-told-son-education.

10 Abby Jackson, "Cuban: Don't Go to School for Finance—Liberal Arts Is the Future", Business Insider, February 17, 2017, https:// www.businessinsider.com/mark-cuban-liberal-arts-is-the-future–2017-2.

11 Rebecca Mead, "All About the Hamiltons", *The New Yorker*(February 9, 2015), https://www.newyorker.com/magazine/2015/02/09/hamiltons.

12 Todd Haselton, "Here's Jeff Bezos's Annual Shareholder Letter", CNBC, April 11, 2019, https://www.cnbc.com/2019/04/11/jeff-bezos-annual-shareholder-letter.html.

13 팀 버너스-리와의 인터뷰, Academy of Achievement, 2007년 6월 22일. 다음에서 인용했다. Walter Isaacson, *The Innovators: How a Group of Hackers, Geniuses, and Geeks Created the Digital Revolution*(New York: Simon & Schuster, 2014), p. 408.

14 Isaacson, *Einstein*, 67.

15 나보코프의 1974년의 다음 소설에서 인용했다. *Look at the Harlequins!*, in "Genius: Seeing Things That Others Don't See. Or Rather the Invisible Links Between Things," Quote Investigator, May 11, 2018, https://quoteinvestigator.com/2018/05/11/on-genius/.

16 Gary Wolf, "Steve Jobs: The Next Insanely Great Thing", *Wired*(February 1, 1996), https://www.wired.com/1996/02/jobs-2/.

17 Matt Rosoff, "The Only Reason the Mac Looks like It Does," Business Insider, March 8, 2016, https://www.businessinsider.sg/robert-palladino-calligraphy-class-inspired-steve-jobs-2016-3/.

18 Walter Isaacson, *Steve Jobs*(New York: Simon & Schuster, 2011), pp. 64–65.

19 Aristotle, *The Poetics of Aristotle*, XXII, translated by S. H. Butcher, Project Gutenberg, https://www.gutenberg.org/files/1974/1974-h/1974-h.htm.

20 다음에서 인용했다. David Epstein, Range: *Why Generalists Triumph in a Specialized World*(New York: Random House, 2019), p. 103.

21 다음을 참조하라. Leah Barbour, "MSU Research: Effective Arts Integration Improves Test Scores", Mississippi State Newsroom, 2013, https://www.newsarchive.msstate.edu/newsroom/article/2013/10/msu-research-effective-arts-integration-improves-test-scores; Brian Kisida and Daniel H. Bowen, "New Evidence of the Benefits of Arts Education", Brookings, February 12, 2019, https://www.brookings.edu/blog/brown-center-chalkboard/2019/02/12/new-evidence-of-the-benefits-of-arts-education/;and Tom Jacobs, "New Evidence of Mental Benefits from Music Training", *Pacific Standard*, June 14, 2017, https://psmag.com/social-justice/new-evidence-brain-benefits-music-training-83761.

22 Samuel G. B. Johnson and Stefan Steinerberger, "Intuitions About Mathematical Beauty: A Case Study in the Aesthetic Experience of Ideas", *Cognition* 189 (August 2019): pp. 242–259, https://www.ncbi.nlm.nih.gov/pubmed/31015078.

23 Barry Parker, *Einstein: The Passions of a Scientist* (Amherst, NY: Prometheus Books, 2003), p. 13.

24 이 주제를 온전하게 다룬 저작으로는 다음을 참조하라. Wright, "Mozartand Math", available at the author's website.

25 Friedrich Schlichtegroll, Necrolog auf das Jahr 1791, in Franz Xaver Niemetschek, *Vie de W. A. Mozart*, edited and translated by Georges Favier(Paris: CIERCE, 1976), p. 126, surely reporting information acquired from Nannerl.

26 Peter Bucky, *The Private Albert Einstein*(Kansas City, MO: Andrews McMeel, 1992), p. 156.

27 Donald W. MacKinnon, "Creativity: A Multi-faceted Phenomenon", paper presented at Gustavus Adolphus College, 1970, https://webspace.ringling.edu/~ccjones/curricula/01-02/sophcd/readings/creativity.html.

28 Jack Flam, *Matisse and Picasso: The Story of Their Rivalry and Friendship*(Cambridge, MA: Westview Press, 2018), pp. 33–39.

29 Ibid., p. 34.

30 "Copyright, Permissions, and Fair Use in the Visual Arts Communities: An Issues Report", Center for Media and Social Impact, February 2015, https://cmsimpact.org/resource/copyright-permissions-fair-use-visual-arts-communities-issues-report/; "Fair Use," in *Copyright & Fair Use*, Stanford University Libraries, 2019, https://fairuse.stanford.edu/overview/fair-use/.

31 다윈보다 앞서서 인간의 진화를 떠올렸던 발상에 대해서는 다음 책의 특히 16장을 참조하라. *Darwin: Voyaging* (Princeton, NJ: Princeton University Press, 1995), chap. 16.

32 이 점에 대해서는 다음을 참조하라. Steven Johnson, *Where Good Ideas Come From*(New York:

Riverhead, 2010), pp. 80–82.

33 Charles Darwin, *The Autobiography of Charles Darwin, edited by Nora Barlo*w(New York: W. W. Norton, 2005), p. 98.

34 다음에서 제시한다. Charles Darwin, *On the Origin of Species by Means of Natural Selection*(London: Taylor and Francis, 1859), introduction.

35 Browne, *Darwin*, p. 227

36 이 내용을 다른 저작은 많지만 그 가운데서도 다음을 참조하라. "Thomas Edison: 'The Wizard of Menlo Park'", chap. 3 in Jill Jonnes, Empires of Light: *Edison, Tesla, Westinghouse, and The Race to Electrify the World* (New York: Random House, 2003).

37 Paul Israel, *Edison: A Life of Invention*(New York: John Wiley & Sons, 1999), pp. 208–211.

38 David Robson, *The Intelligence Trap: Why Smart People Make Dumb Mistake*s(New York: W. W. Norton, 2019), p. 75.

39 Donald W. MacKinnon, "Creativity: A Multi-faceted Phenomenon", paper presented at Gustavus Augustus College, 1970, https://webspace.ringling.edu/~ccjones/curricula/01-02/sophcd/readings/creativity.html.

40 다음에서 인용했다. Margaret Cheney, *Tesla: Man Out of Time*(Mattituck, NY: Amereon House, 1981), p. 268.

41 Daniel Kahneman, *Thinking, Fast and Slow*(New York: Farrar, Straus and Giroux, 2011), pp. 216–220.

42 이 내용은 다음에 요약돼 있다. Epstein, *Range*, pp. 107–109.

43 이것과 그 뒤에 이어지는 진술에 대해서는 다음을 참조하라. Robert Root-Bernstein, Lindsay Allen, Leighanna Beach, et al., "Arts Foster Scientific Success: Avocations of Nobel, National Academy, Royal Society, and Sigma Xi Members", *Journal of Psychology of Science and Technology* 1, no. 2 (2008): pp. 51–63, https://www.researchgate.net/publication/247857346_Arts_Foster_Scientific_Success_Avocations_of_Nobel_National_Academy_Royal_Society_and_Sigma_Xi_Members; and Robert S. Root-Bernstein, Maurine Bernstein, and Helen Garnier, "Correlations Between Avocations, Scientific Style, Work Habits, and Professional Impact of Scientists", *Creativity Research Journal* 8, no. 2 (1995): pp. 115–137, https://www.tandfonline.com/doi/abs/10.1207/s15326934crj0802_2.

44 Patricia Cohen, "A Rising Call to Promote STEM Education and Cut Liberal Arts Funding", *New York Times*, February 21, 2016, https://www.nytimes.com/2016/02/22/business/a-rising-call-to promote-stem-education-and-cut-liberal--arts-funding.html. 아울러 다음을 참조하라. Adam Harris, "The Liberal Arts May Not Survive the 21st Century", *The Atlantic* (December 13, 2018), https://www.the atlantic.com/education/archive/2018/12/the-liberal-arts-may-not-survive-the-21st-century/577876/; and "New Rules for Student Loans: Matching a Career to Debt Repayment", LendKey, September 1, 2015, https://www.lendkey.com/blog/paying-for-school/new-rules-for-student-loans-matching-a-career-to-debt –repayment/.

45 Frank Bruni, "Aristotle's Wrongful Death", *New York Times*, May 26, 2018, https://www.nytimes.com/2018/05/26/opinion/sunday/college-majors-liberal-arts.html.

46 Scott Jaschik, "Obama vs. Art History," Inside Higher Ed, January 31, 2014, https://www.insidehighered.com/news/2014/01/31/obama-becomes-latest-politician-criticize-liberal-arts-discipline.

47 Tad Friend, "Why Ageism Never Gets Old," *The New Yorker*(November 20, 2017), https://www.newyorker.com/magazine/2017/11/20/why-ageism-never-gets-old.

48 Alina Tugent, "Endless School," *New York Times*, October 13, 2019, https://www.nytimes.com/2019/10/10/education/learning/60-year-curriculum- higher-education.html; 현재 랭엄 파트너십 인터내셔널(Langham Partnership International)의 국제 디렉터인 크리스토퍼 라이트(Christopher Wright)와 나눈 대화, 2019년 12월 17일.

49 Steve Jobs, *I, Steve: Steve Jobs in His Own Words*, edited by George Beahm(Agate: Chicago, 2011), p. 73.

50 Albert Einstein, *Ideas and Opinions*(New York: Crown, 1982), p. 69.

10장

1 "NASA Announces Launch Date and Milestones for SpaceX Flight," December 9, 2011, https://www.nasa.gov/home/hqnews/2011/dec/HQ_11-413_SpaceX_ISS_Flight.html.

2 Mariella Moon, "SpaceX Is Saving a Ton of Money by Re-using Falcon 9 Rockets," Engadget, April 6, 2017, https://www.engadget .com/2017/04/06/spacex-is-saving-a-ton-of-money-by-re-using-falcon-9-rockets/.

3 다음에서 인용했다. Elon Musk, *Rocket Man: Elon Musk in His Own Words*, edited by Jessica Easto(Chicago: Agate, 2017), p. 16.

4 왼손잡이와 창의성에 대한 논의는 다음을 참조하라. Dean Keith *Greatness: Who Makes History and Why*(New York: Guilford Press, 1994), pp. 20~24.

5 레오나르도의 많은 드로잉에 나타나는 거울 이미지를 지금은 고인이 되신 데이비드 로산드(David Rosand)에게서 소개받았음을 밝혀둔다. 그의 다음 책을 참조하라. *Drawing Acts: Studies in Graphic Representation and Expression*(Cambridge, UK: Cambridge University Press, 2002).

6 Bronwyn Hemus, "Understanding the Essentials of Writing a Murder Mystery", Standout Books, May 5, 2014, https://www.standoutbooks.com/essentials-writing-murder-mystery/.

7 Bruce Hale, "Writing Tip: Plotting Backwards," Booker's Blog, March 24, 2012, https://talltalestogo.wordpress.com/2012/03/24 /writing_tip_plotting_backwards/.

8 Kip Thorne, *Black Holes and Time Warps: Einstein's Outrageous Legacy*(New York: W. W. Norton, 1994), p. 147.

9 다음에서 인용했다. David M. Harrison, "Complementarity and the Copenhagen Interpretation of Quantum Mechanics", *UPSCALE,* October 7, 2002, https://www.scribd.

com/document/166550158 /Physics-Complementarity-and-Copenhagen-Interpretation-of-Quantum-Mechanics.

10 Albert Rothenberg, *Creativity and Madness: New Findings and Old Stereotypes*(Baltimore: Johns Hopkins University Press, 1990), p. 14.

11 Author's translation from Albert Einstein, *The Collected Papers of Albert Einstein, vol. 7: The Berlin Years: Writings, 1918–1921*, edited by Michael Janssen, Robert Schulmann, József Illy, et al., document 31: "Fundamental Ideas and Methods of the Theory of Relativity, Presented in Their Development," II: "The Theory of General Relativity," https://einsteinpapers.press. princeton.edu /vol7-doc/293, 245.

12 Albert Rothenberg, *Flight from Wonder: An Investigation of Scientific Creativity*(Oxford, UK: Oxford University Press, 2015), pp. 28–29.

13 Cade Metz, "Google Claims a Quantum Breakthrough That Could Change Computing", *New York Times*, October 23, 2019, https://www.nytimes.com/2019/10/23/technology/ quantum-computing-google.html.

14 Elon Musk, "The Secret Tesla Motors Master Plan (Just Between You and Me)", Tesla, August 2, 2006, https://www.tesla.com/blog/secret-tesla-motors-master-plan-just-between-you-and-me.

15 Franklin Foer, "Jeff Bezos's Master Plan", *The Atlantic*(November 2019), https://www. theatlantic.com/magazine/archive /2019/11/what-jeff-bezos-wants/598363/.

16 Jeff Bezos, *First Mover: Jeff Bezos in His Own Words, edited by Helena Hunt*(Chicago: Agate, 2018), p. 95.

17 다음에서 인용했다. Foer, "Jeff Bezos's Master Plan."

18 Rothenberg, *Creativity and Madness*, p. 25.

19 Martin Luther King, Jr., "I Have a Dream," "Great Speeches of the Twentieth Century," *Guardian*, April 27, 2007, https://www .theguardian.com/theguardian/2007/apr/28/ greatspeeches.

20 Bradley J. Adame, "Training in the Mitigation of Anchoring Bias: A Test of the Consider-the-Opposite Strategy," *Learning and Motivation* 53(February 2016): pp. 36–48, https://www. sciencedirec.com/science/article/abs/pii/S0023969015000739?via%3Dihub.

11장

1 First published in *Harper's Magazine*(December 1904): 10; reprinted in John Cooley, ed., *How Nancy Jackson Married Kate Wilson and Other Tales of Rebellious Girls and Daring Young Women*(Lincoln, NE: University of Nebraska Press, 2001), p. 209.

2 "The Harder I Practice, the Luckier I Get", Quote Investigator, https://quoteinvestigator. com/2010/07/14/luck/. 이 인용과 관련된 지식은 클라크 백스터(Clark Baxter)의 친절함 덕 분임을 밝혀둔다.

3   Frances Wood, "Why Does China Love Shakespeare?", *Guardian*, June 28, 2011, https://www.theguardian.com/commentisfree/2011/jun/28/china-shakespeare-wen-jiabao-visit.

4   다음에서 인용했다. Noah Charney, *The Thefts of the Mona Lisa: On Stealing the World's Most Famous Painting* (Columbia, SC: ARCA Publications, 2011).

5   Evan Andrews, "The Heist That Made the Mona Lisa Famous," History, November 30, 2018, https://www.history.com/news/the-heist-that-made-the-mona-lisa-famous.

6   Charney, *The Thefts of the Mona Lisa*, p. 74.

7   다음 저서의 서문에서 인용했다. James D. Watson and Francis Crick, "Molecular Structure of Nucleic Acids: A Structure for Deoxyribose Nucleic Acid", *Nature* 171, no. 4356 (April 25, 1953): pp. 737–738, in The Francis Crick Papers, U.S. National Library of Medicine, https://profiles.nlm.nih.gov/spotlight/sc/catalog/nlm:nlmuid-101584582X381-doc.

8   Reprinted with facsimile in James D. Watson, *The Double Helix: A Personal Account of the Discovery of the Structure of DNA*, edited by Gunther S. Stent(New York: W. W. Norton, 1980), pp. 237–241.

9   폴링의 실수에 대해서는 다음을 참조하라. Linus Pauling, "The Molecular Basis of Biological Specificity," reproduced in ibid., p. 152.

10 Ibid., 105; Robert Olby, *The Path to the Double Helix: The Discovery of DNA*(New York: Dover, 1994), pp. 402–403.

11 Watson, *The Double Helix*, p. 14.

12 "Statutes of the Nobel Foundation", The Nobel Prize, https://www.nobelprize.org/about/statutes-of-the-nobel-foundation/.

13 크리스퍼로 노벨상을 타게 될 가능성에 대한 업데이트 자료에 대해서는 다음을 참조하라. Amy Dockser Marcus, "Science Prizes Add Intrigue to the Race for the Nobel", *Wall Street Journal*, June 1, 2018, https://www.wsj.com/articles/science-prizes-add-intrigue-to-the-race-for-the-nobel-1527870861.

14 Author's translation from Louis Pasteur, inaugural address, Faculty of Sciences, University of Lille, December 7, 1854, Gallica Bibliothèque Numérique, https://upload.wikimedia.org/wikipedia/commons/6/62/Louis_Pasteur_Universit%C3%A9_de_Lille_1854-1857_dans_les_champs_de_l%27observation_le_hasard_ne_favorise_que_les_esprits_pr%C3%A9par%C3%A9s.pdf.

15 John Waller, Einstein's Luck: *The Truth Behind the Greatest Scientific Discoveries*(Oxford, UK: Oxford University Press, 2002), p. 247.

16 처칠이 수상 직책을 수행한 내용은 다음을 참조했다. *Winston Churchill, The Second World War, vol. 1: The Gathering Storm*(1948), quoted in "Summer 1940: Churchill's Finest Hour", International Churchill Society, https://winstonchurchill.org/the-life-of-churchill/war-leader/summer-1940/.

17 Waller, *Einstein's Luck*, p. 249.

18   Kevin Brown, *Penicillin Man: Alexander Fleming and the Antibiotic Revolution*(London: Sutton, 2005), p. 102.

19   Ibid., p. 120.

20   Mark Zuckerberg, *Mark Zuckerberg: In His Own Words*, edited by George Beahm (Chicago: Agate, 2018), 1.

21   Ben Mezrich, *The Accidental Billionaires: The Founding of Facebook: A Tale of Sex, Money, Genius, and Betrayal* (New York: Random House, 2010), p. 45.

22   Katharine A. Kaplan, "Facemash Creator Survives Ad Board", *Harvard Crimson*, November 19, 2003, https://www.thecrimson .com/article/2003/11/19/facemash-creator-survives-ad-board-the/.

23   Mezrich, *The Accidental Billionaires*, p. 105.

24   Roger McNamee, *Zucked: Waking Up to the Facebook Catastrophe*(New York: Random House, 2019), p. 54; David Enrich, "Spend Some Time with the Winklevii", *New York Times*, May 21, 2019, https://www.nytimes.com/2019/05/21/books/review/ben-mezrich-bitcoin-billionaires.html?searchResultPosition=5.

25   Farhad Manjoo, "How Mark Zuckerberg Became Too Big to Fail", *New York Times*, November 1, 2018, https://www.nytimes.com/2018/11/01/technology/mark-zuckerberg-facebook.html.

26   Mezrich, *The Accidental Billionaires*, p. 108.

27   Zuckerberg, *Mark Zuckerberg*, p. 46.

28   Oprah Winfrey, *Own It: Oprah Winfrey in Her Own Words*, edited by Anjali Becker and Jeanne Engelmann(Chicago: Agate, 2017), p. 7.

29   Yayoi Kusama, *Infinity Net: The Autobiography of Yayoi Kusama*(London: Tate Publishing, 2011), p. 77.

30   빈센트 반 고흐가 테오에게 보낸 편지, 1886년 1월 12-16일. Vincent van Gogh: The Letters, http://vangoghletters.org/vg/letters/let552/letter.html.

31   두 인용의 출처는 다음과 같다. *Paris: The Luminous Years: Towards the Making of the Modern*, written, produced, and directed by Perry Miller Adato, PBS, 2010, at 0:40 and 1:10.

32   Eric Weiner, *The Genius of Geography*(New York: Simon &Schuster, 2016), p. 167.

33   다음에서 인용했다. Dan Hofstadter, "'The Europeans' Review: Engines of Progress", *Wall Street Journal*, October 18, 2019, https://www .wsj.com/articles/the-europeans-review-engines-of-progress-11571409900.

34   James Wood, *Dictionary of Quotations from Ancient and Modern, English and Foreign Sources*(London: Wame, 1893), p. 120.

35   Richard Florida and Karen M. King, "Rise of the Global Startup City: The Geography of Venture Capital Investment in Cities and Metros Across the Globe," Martin Prosperity Institute, January 26, 2016, http://martinprosperity.org/content/rise-of-the-global-startup-

city/.

12장

1   다음에서 인용했다. Mary Dearborn, *Ernest Hemingway: A Biography* (New York: Vintage, 2018), p. 475.

2   Albert Einstein, *Ideas and Opinions*(New York: Random House, 1982), p. 12.

3   저자가 번역하고 원래의 프랑스어를 바꿔서 표현했다. 아울러 다음을 참조하라. Edmond and Jules de Goncourt, *Pages from the Goncourt Journal*s, edited and translated by Robert Baldick(Oxford, UK: Oxford University Press, 1962), p. 100.

4   Oprah Winfrey, *Own It: Oprah Winfrey in Her Own Word*s, edited by Anjali Becker and Jeanne Engelmann(Chicago: Agate, 2017), p. 65.

5   다음에서 인용했다. Ross Sorkin, "Tesla's Elon Musk May Have Boldest Pay Plan in Corporate History", *New York Times*, January 23, 2018, https://www.nytimes.com/2018/01/23/business/dealbook/tesla-elon-musk-pay.html/.

6   David Kiley, "Former Employees Talk About What Makes Elon Musk Tick", *Forbes*(July 14, 2016), https://www.forbes.com/sites /davidkiley5/2016/07/14/former-employees-talk-about-what-makes-elon-musk-tick/#a48d8e94514e; "What Is It Like to Work with/for Elon Musk?", Quora, https://www.quora.com/What-is-it-like-to-work-with-for-Elon-Musk.

7   Mark Zuckerberg, *Mark Zuckerberg*: In His Own Words, edited by George Beahm(Chicago: Agate, 2018), p. 189.

8   Joseph Schumpeter, *Capitalism, Socialism and Democracy*, 3rd ed.(New York: Harper, 1962), chap. 11.

9   Alan Greenspan and Adrian Wooldridge, *Capitalism in America: A History*(New York: Random House, 2018), pp. 420–421.

10   Zaphrin Lasker, "Steve Jobs: Create. Disrupt. Destroy", Forbes(June 14, 2011), https://www.forbes.com/sites/marketshare/2011/06/14/steve-jobs-create-disrupt-destroy/#6276e77f531c.

11   Joe Nocera, "Apple's Culture of Secrecy", *New York Times*, July 26, 2008, https://www.nytimes.com/2008/07/26/business/26nocera.htm.

12   다음에서 인용했다. Walter Isaacson, *Steve Jobs*(New York: Simon&Schuster, 2011), p. 124.

13   Dylan Love, "16 Examples of Steve Jobs Being a Huge Jerk", Business Insider, October 25, 2011, https://www.businessinsider.com/steve-jobs-jerk-2011-10#everything-youve-ever-done-in-your-life-is-shit-5.

14   Isaacson, *Steve Jobs*, pp. 122–123.

15   스티브 잡스와 막 짜낸 신선한 오렌지 주스 이야기는 다음을 참조하라. Nick Bilton, "What Steve Jobs Taught Me About Being a Son and a Father", *New York Times*, August 7, 2015, https://www.ny times.com/2015/08/07/fashion/mens-style/what-steve-jobs-taught-me-about-being-a-son-and-a-father.html.

16 이 내용 및 그 뒤에 이어지는 인용의 출처는 다음이다. Nellie Bowles, "In 'Small Fry,' Steve Jobs Comes Across as a Jerk. His Daughter Forgives Him. Should We?", *New York Times*, August 23, 2018, https:// www.nytimes.com/2018/08/23/books/steve-jobs-lisa-brennan-jobs-small-fry.html.

17 다음에서 인용했다. Isaacson, *Steve Jobs*, p. 32.

18 다음에서 인용했다. Ibid., p. 119.

19 Kevin Lynch, *Steve Jobs: A Biographical Portrait* (London: White Lion, 2018), p. 73.

20 "On Thomas Edison and Beatrix Potter", *Washington Times*, April 7, 2007, https://www.washingtontimes.com/news/2007/apr/7/20070407-095754-2338r/.

21 "Thomas A. Edison", *The Christian Herald and Signs of Our Time*s, July 25, 1888, http:// edison.rutgers.edu/digital/files/full size/fp/fp0285.jpg. 아울러 다음을 참조하라. Randall Stross, *The Wizard of Menlo Park: How Thomas Alva Edison Invented the Modern World*(New York: Random House, 2007), pp. 15–16.

22 Neil Baldwin, *Edison: Inventing the Century*(Chicago: University of Chicago Press, 2001), p. 60.

23 Stross, *The Wizard of Menlo Park*, p. 174.

24 정보의 많은 부분은 출처는 다음이다. Michael Daly, *Topsy: The Startling Story of the Crooked-Tailed Elephant, P. T. Barnum, and the American Wizard, Thomas Ediso*n(New York: Grove Press, 2013), chap. 26.

25 James Gleick, *Isaac Newton*(New York: Random House, 2003), pp. 169–170.

26 색깔 스펙트럼과 음악에서의 연속화음들 사이의 관계가 좋은 예이다. 다음을 참조하라. Penelope Gouk, "The Harmonic Roots of Newtonian Science", *in Let Newton Be!: A New Perspective on his Life and Works*, edited by John Fauvel, Raymond Flood, Michael Shortland, and Robin Wilson (Oxford, UK: Oxford University Press, 1988), pp. 101–126.

27 Sheldon Lee Glashow, "The Errors and Animadversions of Honest Isaac Newton", *Contributions to Science* 4, no. 1 (2008): pp. 105–110.

28 다음에서 인용했다. Ibid., p. 105.

29 Stephen Hawking, *A Brief History of Time*(New York: Bantam Books, 1998), p. 196.

30 Walter Isaacson, *Einstein: His Life and Universe*(New York: Simon & Schuster, 2007), pp. 174–175.

31 Albert Einstein, *Ideas and Opinions*(New York: Crown, 1982), p. 9.

32 Stross, *The Wizard of Menlo* Park, p. 81.

33 다음에서 인용했다. Scott Barry Kaufman and Carolyn Gregoire, *Wired to Create: Unraveling the Mysteries of the Creative Mind*(New York: Random House, 2016), p. 122.

34 루트비히 판 베토벤이 프란츠 베겔러에게 보낸 편지, 1801년 6월 29일. *Beethoven: Letters, Journals and Conversation*s, edited and translated by Michael Hamburger(Garden City: Doubleday, 1960), p. 25.

35 Thomas Alva Edison, *The Diary and Sundry Observations of Thomas Alva Edison*, edited by Dagobert D. Runes (New York: Greenwood, 1968), p. 110.

36 Sam Bush, "Faulkner as a Father: Do Great Novelists Make Bad Parents?", Mockingbird, July 31, 2013, https://www.mbird.com/2013/07/faulkner-as-a-father-do-great-novelists-make-bad-parents/.

37 Otto Erich Deutsch, *Mozart: A Documentary Biography*, translated by Eric Blom, Peter Branscombe, and Jeremy Noble(Stanford, CA: Stanford University Press, 1965), p. 423.

38 마리아 안나 모차르트가 프리드리히 쉴리테그롤에게 보낸 편지, 1800년. Translated from Mozart-Jahrbuch (Salzburg: Internationale Stiftung Mozarteum, 1995), p. 164.

39 다음에서 인용했다. Dave Itzkoff, *Robin*(New York: Henry Holt, 2018), p. 354.

40 Keith Caulfield, "Michael Jackson Sales, Streaming Decline After 'Leaving Neverland' Broadcast", *The Hollywood Reporter*, March 8, 2019, https://www.hollywoodreporter.com/news /michael-jacksons-sales-streaming-decline-leaving-neverland-1193509.

41 Emma Goldberg, "Do Works by Men Implicated by #MeToo Belong in the Classroom?", *New York Times*, October 7, 2019, https://www.nytimes.com/2019/10/07/us/metoo-schools.htm.

42 Farah Nayeri, "Is It Time Gauguin Got Canceled?", *New York Times*, November 18, 2019, https://www.nytimes.com/2019/11/18/arts/design/gauguin-national-gallery-london.html.

43 Robin Pogrebin and Jennifer Schuessler, "Chuck Close Is Accused of Harassment. Should His Artwork Carry an Asterisk?", *New York Times*, January 28, 2018, https://www.nytimes.com/2018/01/28/arts/design/chuck-close-exhibit-harassment-accusations.html.

44 Lionel Trilling, *Beyond Culture: Essays on Literature and Learning*(New York: Viking, 1965), p. 11.

45 Arianna Stassinopoulos Huffington, *Picasso: Creator and Destroyer*(New York: Simon & Schuster, 1988), p. 234.

46 Françoise Gilot and Carlton Lake, *Life with Picasso*(New York: McGraw-Hill, 1964), p. 77.

47 Ibid., p. 326.

48 Author's translation from Pierre Cabanne, quoting Marie-Thérèse Walter, in "Picasso et les joies de la paternité", *L'Oeil: Revue d'Art* 226 (May 1974): p. 7.

49 Gilot and Lake, Life with Picasso, p. 42.

50 Huffington, *Picasso*, p. 345.

51 Gilot and Lake, *Life with Picasso*, p. 77.

52 Henry Blodget, "Mark Zuckerberg on Innovation", Business Insider, October 1, 2009, https://www.businessinsider.com/mark –zuckerberg-innovation-2009-10.

53 Brainyquote, https://www.brainyquote.com/authors/margaret_atwood. 이 인용은 다음에서 취한 문구들을 편집한 것으로 보인다. Maddie Crum, "A Conversation with Margaret Atwood About Climate Change, Social Media and World of Warcraft", Huffpost, November

12, 2014, https://www.huffpost.com/entry /margaret-atwood-interview_n_6141840.

54 다음을 참조하라. Sam Schechner and Mark Secada, "You Give Apps Sensitive Personal Information. Then They Tell Facebook", *Wall Street Journal*, February 22, 2019, https:// www.wsj.com/articles/you-give-apps-sensitive-personal-information-then-they-tell-facebook-1155085163.

55 Sandy Parakilas, "We Can't Trust Facebook to Regulate Itself", *New York Times*, November 19, 2017, https://www.nytimes.com/2017/11/19/opinion/facebook-regulation-incentive. html?ref=todayspaper.

56 Ibid.

57 Digital, Culture, Media and Sport Committee, "Disinformation and 'Fake News': Final Report", House of Commons, https://publications.parliament.uk/pa/cm201719/cmselect/ cmcumeds/1791/1791.pdf; and Graham Kates, "Facebook 'Misled' Parliament on Data Misuse, U.K. Committee Says", CBS News, February 17, 2019, https://www.cbsnews.com/ news/facebook-misled-parliament-on-data-misuse-u-k-committee-says/.

58 페이스북의 모든 문제에 대한 해결책으로 저커버그가 오로지 컴퓨터 코드에만 집착하는 것과 관련된 논의는 다음에서 찾아볼 수 있다. Roger McNamee, *Zucked: Waking Up to the Facebook Catastrophe*(New York: Random House, 2019) pp. 64–65, p. 159, p. 193. 아울러 다음을 참조하라. Shoshona Zuboff, *The Age of Surveillance Capitalism: The Fight for a Human Future at the New Frontier of Power*(New York: Public Affairs, 2019), pp. 480–488.

59 Nicholas Carlson, "'Embarrassing and Damaging' Zuckerberg IMs Confirmed by Zuckerberg, *The New* Yorker", Business Insider, September 13, 2010, https://www.businessinsider. com /embarrassing-and-damaging-zuckerberg-ims-confirmed-by-zuckerberg-the-new-yorker-2010-9.

60 Arthur Koestler, *The Act of Creation*(London: Hutchinson,1964), p. 402.

13장

1 Jean Kinney, "Grant Wood: He Got His Best Ideas While Milking a Cow", *New York Times*, June 2, 1974, https://www.nytimes.com /1974/06/02/archives/grantwood-he-got-his-best-ideas-while-milking-a-cow-grant-wood-he.html.

2 Amir Muzur, Edward F. Pace-Schott, and J. Allan Hobson, "The Prefrontal Cortex in Sleep", *Trends in Cognitive Sciences* 6, no. 11 (November 2002): pp. 475–481, https://www. researchgate.net/publication/11012150_The_prefrontal_cortex_in_sleep; Matthew Walker, *Why We Sleep: Unlocking the Power of Sleep and Dreams*(New York: Scribner, 2017), p. 195.

3 Walker, Why We Sleep, chap. 11.

4 Matthew P. Walker, Conor Liston, J. Allan Hobson, and Robert Stickgold, "Cognitive Flexibility Across the Sleep-Wake Cycle: REM-Sleep Enhancement of Anagram Problem Solving", *Brain Research* 14, no. 3(November 2002): pp. 317–324, https://www.ncbi .nlm.

nih.gov/pubmed/12421655.

5 Robert Stickgold and Erin Wamsley, "Memory, Sleep, and Dreaming: Experiencing Consolidation," *Journal of Sleep Research* 6, no. 1 (March 1, 2011): pp. 97–108, https://www. ncbi.nlm .nih.gov/pmc/articles/PMC3079906/.

6 Walker, *Why We Sleep*, p. 219.

7 Tori DeAngelis, "The Dream Canvas: Are Dreams a Muse to the Creative?", *Monitor on Psychology* 34, no. 10 (November 2003): p. 44, https://www.apa.org/monitor/nov03/canvas.

8 Igor Stravinsky, *Dialogues and a Diary*, edited by Robert Craft(Garden City, NY: Doubleday, 1963), p. 70.

9 Jay Cridlin, "Fifty Years Ago, the Rolling Stones' Song 'Satisfaction' Was Born in Clearwater", *Tampa Bay Times*, May 3, 2015, https://www.tampabay.com/things-to-do/music/50-years-ago-the-rolling-stones-song-satisfaction-was-born-in-clearwater/2227921/.

10 이 콘서트 및 인터뷰는 다음 유튜브 동영상에서 볼 수 있다. "Paul McCartney Singing Yesterday at the Library of Congress," YouTube, https://www .youtube.com/ watch?v=ieu_5o1LiQQ.

11 Walker, *Why We Sleep*, p. 202.

12 다음에서 인용했다. Elliot S. Valenstein, *The War of the Soups and the Sparks: The Discovery of Neurotransmitters and the Dispute over How Nerves Communicate*(New York: Columbia University Press, 2005), p. 58.

13 Leon Watters, quoted in Walter Isaacson, *Albert Einstein: His Life and Universe*(New York: Simon & Schuster, 2007), p. 436.

14 킵 손은 타임머신과 중력파에 관한 연구(LIGO 프로젝트)의 일환으로 아인슈타인의 블랙홀 붕괴 이론이 올바르다는 사실을 입증한 공로로 2017년에 노벨 물리학상을 받았다. 나는 손 교수가 어떻게 잠을 자는지 모르지만, 그가 나에게 보낸 이메일은 그의 2014년 저서《인터스 텔라의 과학(*The Science of Interstellar*)》의 9쪽에 나오는 한 구절을 상기시켰는데, 이 구절에 서 그는 이렇게 말한다. "나는 한밤중에 생각이 가장 잘 돌아간다. 그래서 아침이면 늘 밤에 떠올랐던 생각을 도표와 그림을 넣어 여러 쪽에 걸쳐서 정리한다."

15 Jacquelyn Smith, "72% of People Get Their Best Ideas in the Shower—Here's Why", Business Insider, January 14, 2016, https://www.businessinsider.com/why-people-get-their-best-ideas-in-the-shower-2016-1.

16 Walker, *Why We Sleep*, p. 208, p. 223.

17 A. R. Braun, T. J. Balkin, N. J. Wesenten, et al., "Regional Cerebral Blood Flow Throughout the Sleep-Wake Cycle. An H2(15)O PET Study", *Brain* 120, no. 7(July 1997): pp. 1173–1197, https://www.ncbi.nlm.nih.gov/pubmed/9236630.

18 다음에서 인용했다. Jagdish Mehra, *Einstein, Hilbert, and the Theory of Gravitation*(Boston: Reidel, 1974), p. 76.

19 Barry Parker, *Einstein: The Passions of a Scientist* (Amherst, NY: Prometheus Books, 2003), p.

30.

20 다음에서 인용했다. Gerald Whitrow, *Einstein: The Man and His Achievement* (New York: Dover Publications, 1967), p. 21.

21 David Hindley, "Running: An Aid to the Creative Process", *Guardian*, October 30, 2014, https://www.theguardian.com/lifeandstyle/the-running-blog/2014/oct/30/running-writers-block-creative-process.

22 이와 관련해서는 다음과 같은 저작들이 있다. Marily Oppezzo and Daniel L. Schwarz, "Give Your Ideas Some Legs: The Positive Effect of Walking on Creative Thinking", *Journal of Experimental Psychology: Learning, Memory, and Cognition* 40, no. 4 (2014): pp. 1142–1152, https://www .apa.org/pubs/journals/releases/xlm-a0036577.pdf; Lorenza S. Colzato, Ayca Szapora, Justine N. Pannekoek, and Bernhard Hommel, "The Impact of Physical Exercise on Convergent and Divergent Thinking", *Frontiers in Human Neuroscience* 2(December 2013), https://doi.org/10.3389/fnhum.2013.00824; and Prabha Siddarth, Alison C. Burggren, Harris A. Eyre, et al., "Sedentary Behavior Associated with Reduced Medial Temporal Lobe Thickness in Middle-Aged and Older Adults", PLOS ONE(April 12, 2018), http://journals.plos.org/plosone/article?id=10.1371/journal.pone.0195549.

23 Eric Weiner, *The Geography of Genius: A Search for the World's Most Creative Places from Ancient Athens to Silicon Valley*(New York: Simon & Schuster, 2016), p. 21.

24 Ibid., p. 21.

25 *Inside Bill's Brain: Decoding Bill Gates*, Netflix, 2019, https://www.netflix.com/watch/80184771?source=35.

26 Henry David Thoreau, journal, August 19, 1851, in *The Portable Thoreau*, edited by Jeffrey S. Cramer, https://www.penguin.com /ajax/books/excerpt/9780143106500.

27 Mason Currey, *Daily Rituals: Women at Work*(New York: Random House, 2019), p. 52.

28 Daniel Kahneman, *Thinking, Fast and Slow*(New York: Farrar, Straus and Giroux, 2011), p. 40.

29 W. Bernard Carlson, *Tesla: Inventor of the Electrical Age* (Princeton, NJ: Princeton University Press, 2013), pp. 50–51.

30 Nikola Tesla, *My Inventions*, edited by David Major (Middletown, DE: Philovox, 2016), p. 35. 독일어 시를 저자가 직접 번역했다.

31 Carlson, *Tesla*, p. 404.

32 Rebecca Mead, "All About the Hamiltons", *The New Yorker* (February 9, 2015), https://www.newyorker.com/magazine/2015 /02/09/hamiltons.

33 루트비히 판 베토벤이 토비아스 하슬링거(Tobias Haslinger)에게 보낸 편지, 1821년 9월 10일. *Beethoven: Letters, Journals and Conversations*, edited and translated by Michael Hamburger(Garden City, NY: Doubleday, 1960), pp. 174–175. 베토벤의 이 원본 편지는 독일 본에 있는 베토벤하우스에 보관돼 있으며, 이 캐논에는 킨스키 번호 'WoO 182'가 붙어 있

다.

34 Danille Taylor-Guthrie, ed., *Conversations with Toni Morrison*(Jackson: University Press of Mississippi, 2004), p. 43.

35 Francis Mason, ed., *I Remember Balanchine: Recollections of the Ballet Master by Those Who Knew Him*(New York: Doubleday, 1991), p. 418.

14장

1 David Michaelis, *Schulz and Peanuts: A Biography*(New York: Harper Perennial, 2007), p. 370, quoted and condensed in Mason Currey, *Daily Rituals: How Artists Work*(New York: Alfred A. Knopf, 2018), pp. 217–218.

2 Françoise Gilot and Carlton Lake, *Life with Picasso*(New York: McGraw-Hill, 1964), pp. 109–110.

3 Fritjof Capra, *The Science of Leonardo*(New York: Random House, 2007), p. 30.

4 Giorgio Vasari, *The Lives of the Artists*, translated by Julia Conaway Bondanella and Peter Bondanella(Oxford, UK: Oxford University Press, 1991), p. 290.

5 Jaime Sabartés, Picasso: *An Intimate Portrait*(London: W. H. Allen, 1948), p. 79.

6 다음에서 인용했다. Barry Parker, *Einstein: The Passions of a Scientist*(Amherst, NY: Prometheus Books, 2003), p. 137.

7 Walter Isaacson, *Einstein: His Life and Universe*(New York: Simon & Schuster, 2007), p. 161.

8 Albert Einstein, *The Complete Papers of Albert Einstein*, vol. 1, xxii, quoted in ibid., p. 24.

9 Abraham Pais, *Subtle Is the Lord: The Science and the Life of Albert Einstein*(New York: Oxford University Press, 1982), p. 454.

10 Author's translation from Joseph Heinze Eibl, "Ein Brief Mozartsüber seine Schaffensweise?", *Österreichische Musikzeitschrift* 35 (1980): p. 586.

11 *Allgemeine musikalische Zeitung* 1(September 1799): pp. 854–856. 콘스탄체 모차르트의 이 설명은 1829년 잘츠부르크에서도 반복된다. 다음을 참조하라. *A Mozart Pilgrimage: Being the Travel Diaries of Vincent & Mary Novello in the Year 1829, edited by Nerina Medici di Marignano and Rosemary Hughes*(London: Novello, 1955), p. 112.

12 험프리 뉴턴이 존 콘듀이트에게 보낸 편지, 1728년 1월 17일. The Newton Project, http:// www.newtonproject.ox.ac.uk/view/texts/normalized/THEM00033.

13 *Let Newton Be!: A New Perspective on his Life and Works*, edited by John Fauvel, Raymond Flood, Michael Shortland, and Robin Wilson(Oxford, UK: Oxford University Press, 1988), p. 15.

14 Jerry Hanken, "Shulman Wins, but Hess Wows", *Chess Life* (June 2008): p. 16, p. 20.

15 체스 기억력 및 기억력 일반에 대해서는 다음을 참조하라. William G. Chase Chase and Herbert A. Simon, "The Mind's Eye in Chess", in *Visual Information Processing: Proceedings of the Eighth Annual Carnegie Psychology Symposium on Cognition*, edited by William G. Chase(New York: Academic Press, 1972). 사이먼과 체이스 및 그 밖의 사람들이 수행한 연구

저작에 대해서는 다음을 참조하라. David Shenk, *The Immortal Game: A History of Chess* (New York: Random House, 2006), pp. 303–304.

16 David Rosand, Meyer Shapiro Professor of Art History, Columbia University, presentation in the Yale "genius course", January 29, 2009.

17 Howard Gardiner, *Creating Minds: An Anatomy of Creativity*(New York: Basic Books, 1993), p. 148, p. 157.

18 저자가 조이스 장학생이자 스토니브룩대학교의 현대문학 교수인 엘리제 그레이엄(Elyse Graham)과 나눈 대화, 2010년 8월 1일.

19 Bloomberg, "Elon Musk: How I Became the Real 'Iron Man'", https://www.youtube.com/watch?v=mh45igK4Esw, at 3:50.

20 Alan D. Baddeley, *Human Memory*, 2nd ed. (East Essex, UK: Psychology Press, 1997), p. 24.

21 Giorgio Vasari, *Lives of the Artists*, 1550 edition, quoted in Capra, *The Science of Leonardo*, p. 25.

22 데이비드 로산드가 내가 진행하는 강의인 '천재 강좌'에서 학생들에게 들려준 이야기, 2009년 1월 29일.

23 Heidi Godman, "Regular Exercise Changes the Brain to Improve Memory, Thinking Skills", Harvard Health Publishing, April 9, 2018, https://www.health.harvard.edu/blog/regular-exercise-changes-brain-improve-memory-thinking-skills-201404097110.

24 Capra, *The Science of Leonardo*, p. 20.

25 "The Hawking Paradox", *Horizon*, BBC, 2005, https://www.dailymotion.com/video/x226awj, at 3:00.

26 Dennis Overbye, "Stephen Hawking Taught Us a Lot About How to Live", *New York Times*, March 14, 2018, https://www.nytimes .com/2018/03/14/science/stephen-hawking-life.html.

27 Niall Firth, "Stephen Hawking: I Didn't Learn to Read Until I Was Eight and I Was a Lazy Student", *Daily Mail*, October 23, 2010, http://www.dailymail.co.uk/sciencetech/article-1322807/Stephen-Hawking-I-didnt-learn-read-8-lazy-student.html.

28 키티 퍼거슨과 나눈 이메일. 2018년 4월 18일.

29 "The Hawking Paradox," at 9:00.

30 스티븐 피니건(Stephen Finnigan)이 연출한 다큐멘터리 〈호킹(*Hawking*)〉(2013년). YouTube, https://www.youtube.com/watch?v=hi8jMRMsEJo, at 49:00.

31 Kitty Ferguson, quoted in Kristine Larsen, *Stephen Hawking: A Biography*(New York: Greenwood, 2005), p. 87.

32 *Hawking*, at 49:30.

33 이 문단 및 다음 문단에 담긴 내용 가운데 많은 부분의 출처는 다음이다. Mason Currey *Daily Rituals: How Artists Work*(New York: Random House, 2019).

34 Currey, *Daily Rituals: How Artists Work*, p. 64.

35 Ibid., p. 110.

36 Twyla Tharp, *The Creative Habit: Learn It and Use It for Life*(New York: Simon & Schuster,

2003), p. 14, p. 237.

37 Isaacson, *Einstein*, p. 424.

38 Agatha Christie, *An Autobiography*(New York: Dodd, Mead, 1977), quoted in Currey, *Daily Rituals: How Artists Work*, p. 104.

39 존 업다이크가 아카데미 오브 어치브먼트(Academy of Achievement)를 상대로 했던 인터뷰. 2004년 6월 12일. 다음에서 인용했다. Currey, *Daily Rituals: How Artists Work*, p. 196.

재능, IQ, 그릿, 운, 환경에 숨어 있는 천재의 비밀

히든 해빗

1판 1쇄 발행   2021년 11월 19일
1판 3쇄 발행   2022년 1월 24일

지은이   크레이그 라이트
옮긴이   이경식
펴낸이   고병욱

책임편집 윤현주 **기획편집** 장지연 유나경 조은서
마케팅 이일권 김윤성 김도연 김재욱 이애주 오정민 **디자인** 공희 진미나 백은주 **외서기획** 이슬
제작 김기창 **관리** 주동은 조재언 **총무** 문준기 노재경 송민진

펴낸곳   청림출판(주)
등록   제1989-000026호

본사   06048 서울시 강남구 도산대로 38길 11 청림출판(주) (논현동 63)
제2사옥   10881 경기도 파주시 회동길 173 청림아트스페이스 (문발동 518-6)
전화   02-546-4341 **팩스** 02-546-8053
홈페이지   www.chungrim.com
이메일   cr1@chungrim.com
블로그   blog.naver.com/chungrimpub
페이스북   www.facebook.com/chungrimpub

ISBN   978-89-352-1365-8 03320